ıropa
Grenzen des Angevinischen Reiches unter Richard I.
Wahrscheinlicher Grenzverlauf
Richards Reise vor der Gefangennahme
Grenze des Heiligen Römischen Reiches
SACHSEN
THÜRINGEN
BÖHMEN
POLEN
Rhein
Würzburg
Main
Prag
Mainz
Worms
FRANKEN
MÄHREN
Ochsenfurt
Trifels
Speyer
Hagenau
Regensburg
ÖSTERREICH
Donau
SCHWABEN
BAYERN
Dürnstein
Wien
Donau
UNGARN
Pontebba-Paß
Friesach
DIE ALPEN
Görz
Aquileia
Venedig
Mailand
Verona
Lodi
(S)
KÖNIGREICH ITALIEN
Genua
Pisa
ADRIA

John Gillingham
Richard Löwenherz

John Gillingham

Richard Löwenherz

Eine Biographie

Deutsch von Rudi Heeger

claassen

Die Originalausgabe ist 1978 bei Weidenfeld and Nicolson Ltd., London, unter dem Titel RICHARD THE LIONHEART erschienen.

1. Auflage 1981

Gesetzt aus der Garamond der Fa. Hell
Satz: Bauer & Bökeler, Filmsatz GmbH, Denkendorf
Papier: Papierfabrik Schleipen GmbH, Bad Dürkheim
Druck und Bindearbeiten: Ebner Ulm
Printed in Germany
ISBN 3 546 43223 1

Für Kate und Emma

Inhalt

Vorwort

Dieses Buch über Richard Löwenherz habe ich geschrieben, um das herkömmliche Bild eines Königs zu korrigieren. Ob es mir gelingt, andere von meiner Sicht zu überzeugen, weiß ich nicht, für mich aber hat sich die genauere Beschäftigung mit Bereichen des Lebens Richards I. – vor allem den Jahren, als er Herzog von Aquitanien war – gelohnt. Dieses Gebiet ist bisher von der Forschung kaum erfaßt worden, und die Quellen erweisen meiner Meinung nach, daß Richard ein weit kompetenterer Politiker und Diplomat war, als die englische Geschichtsschreibung nahelegt. Ich glaube nicht nur, daß er weit davon entfernt war, »einer der schlechtesten Könige, die je auf dem englischen Thron saßen« zu sein, ich glaube, daß er einer der fähigsten war. Die englischen Historiker sind im allgemeinen allzu leichtgläubig davon ausgegangen, daß ein König, der es vorzog, sich von den englischen Angelegenheiten fernzuhalten, dumm oder verantwortungslos oder beides gewesen sein müsse. Einerseits gestanden sie durchaus zu, daß die Plantagenet-Könige auch ihre kontinentalen Territorien berücksichtigen mußten, andererseits aber geht aus ihrem Text kaum verhüllt die Meinung hervor, daß eigentlich nur England, oder bestenfalls England und die Normandie, im Vordergrund der Herrschaftsinteressen eines englischen Königs zu stehen habe.

So unterscheidet sich dieses Buch in doppelter Hinsicht von den mir bekannten Bearbeitungen desselben Themas: Erstens haben frühere Studien des Lebens von Richard Löwenherz sich sehr stark von der Quellenlage beeinflussen lassen. So erscheint er meist lediglich in zwei seiner Rollen: als Kreuzfahrer und als fast immer abwesender König von England. Da es nur wenig historisches Material über seine politische Rolle auf dem Kontinent gibt, fehlt eine Analyse dieser entscheidenden Phase seines Wirkens. Dabei verbrachte er den größten Teil seines Lebens auf dem Kontinent. So zeichnet jedes Buch, das nur der Quellenlage folgt, unweigerlich ein falsches Bild. In dem Versuch, das Gleichgewicht wiederherzustellen, habe ich den spärlichen Zeugnissen, die ich in Hinsicht auf Richards Rolle als Herzog von Aquitanien gefunden habe, großes Gewicht zugemessen. Aber auf diesem Feld ist immer noch viel zu tun. Die Arbeit des Sammelns und Sichtens und Veröffentlichens der Quellen hat kaum begonnen. Unter diesen Umständen setzt sich jede Deutung der Gefahr der Vorläufigkeit aus. Ich will trotzdem wagen, hier eine Darstellung zu geben, weil nur so eine gerechte Einschätzung von Richards Qualitäten als Herrscher möglich ist.

Zweitens ist meine Einschätzung dieser Qualitäten eine ungewöhnlich hohe. Unleugbar ist es die Gewohnheitssünde des Biographen, seinen Gegenstand zu überhöhen, und es mag sein, daß ich dieser Versuchung nicht hinreichend widerstanden habe. Aber ebensowenig wie wir die ökonomische, finanzielle und politische Bedeutung des westlichen Frankreichs im zwölften Jahrhundert unterschätzen sollten, dürfen wir die Bedeutung des Krieges im Leben eines mittelalterlichen Herrschers nach modernen Maßstäben messen. Mit wenigen Ausnahmen haben die Historiker wenig Neigung gezeigt, sich mit der Kriegführung jener Zeit zu befassen, wahrscheinlich aus einem natürlichen Widerwillen gegen ein so blutiges und zerstörerisches Geschäft. Folglich sind populäre Mißverständnisse der Formen mittelalterlicher Kriegführung auch von Historikern weitergegeben worden, und diese falschen Auffassungen haben das Bild von Richard Löwenherz noch weiter verzerrt. Ob es uns gefällt oder nicht, kriegerische Fähigkeiten waren ein wesentlicher Aspekt des mittelalterlichen Königtums, und eine erfolgreiche Kriegführung erforderte viele Qualitäten neben jenen des Mutes und der physischen Kraft.

Ich habe gebenüber dem LSE Research Fund eine Dankesschuld dafür abzutragen, daß mir ermöglicht wurde, die Normandie, Anjou und Aquitanien zu besuchen. Diese Reisen erst machten mir deutlich, wieviel ausgelassen und übergangen wurde, wenn Historiker über das Angevinische Reich schrieben und zugleich unterstellten, daß die Territorien südlich der Loire eigentlich bedeutungslos waren. Ich bin Christopher Falkus dankbar, daß er mich überredet hat, dieses Buch zu schreiben. Mrs. Nett Capsey, Miss Irene Leon und Mrs. Pat Welch danke ich, daß sie die Zeit gefunden haben, mein Manuskript abzuschreiben. Ich möchte Tommy und Joan Arkell, David Corner, Hans Eberhard Mayer, Janet Nelson und Rohan Watson für ihre Hilfe und ihren Rat danken.

John Gillingham

Bemerkung zum Geld

Fast alle mittelalterlichen Währungen leiten sich ursprünglich von einem Pfund reinen Silbers ab (*libra, livre, pound* oder Pfund). Dieser grundlegende Standard wurde aber nur sehr lose eingehalten, so daß die genannten Währungseinheiten alle mehr oder minder voneinander abwichen. Die Mark stand seit etwa dem 9. Jahrhundert zur römischen Libra in einem Verhältnis von 2 : 3. Seit der Mitte des 11. Jahrhunderts setzte sich in ganz Westeuropa die Mark zu acht Unzen als Edelmetallgewicht durch. Sie hatte einen Wert, der etwa der Hälfte des ursprünglichen Pfundes entsprach.

1
Der Löwenherz der Legende

Mehr als irgendein anderer König von England gehört Richard Löwenherz nicht der nüchternen Welt der Geschichte, sondern dem magischen Reich der Legende und Romantik an. Das Bild, welches wir von ihm haben, wird immer noch durch die Vorstellungen vom Mittelalter aus der Sicht eines Kindes geprägt: Ritter in Rüstung, Kreuzfahrer, die unter glühender Sonne einen Wüstenkrieg ausfechten, Minnesänger, Waldlager und Burgverliese. Die meisten Historiker werfen, wenn sie das Erwachsenenalter erreicht haben, ihre Kindheitsphantasien beiseite und wenden sich statt dessen Themen zu, die ihnen von größerer Wichtigkeit zu sein scheinen. Sie schreiben über Burgen so, als wären sie Banken, wo Bürokraten Schätze registrierten, nicht als militärische Bollwerke, wo Männer Taten der Tapferkeit oder Feigheit, der Loyalität oder des Verrats verrichteten. In Wirklichkeit waren Burgen beides. Diese Historiker schreiben zunehmend über Gesellschaft und Regierung, ob im nordwestlichen Europa oder im Mittleren Osten, nicht über das menschliche Drama der Kämpfe zwischen Richard und Philipp II. und Saladin. Mit anderen Worten, sie ziehen es vor, den Menschen als sozio-politisches Tier anstatt als ein kämpfendes Tier zu studieren, obgleich er natürlich beides ist. Nach Meinung eines hochkultivierten Arabers des zwölften Jahrhunderts, Usamah, waren die Europäer tatsächlich Tiere, die gut im Kämpfen waren – aber in nichts sonst. Natürlich wird niemand bestreiten, daß die grundlegenden Strukturen von Wirtschaft und Gesellschaft, Regierung und Administration und religiösem und weltlichem Denken wichtige Themen sind und daß die Wissenschaftler sie studieren sollten. Aber wir sollten auch erkennen, daß infolge ihrer Betonung die Historiker einem König, der auf dem Schlachtfeld zu Hause war, nur noch wenig Interesse entgegenbrachten.

Auch jene ehrwürdige, wenn auch irreführende akademische Tradition, die Könige ins Zentrum der Geschichte von der Entwicklung von Nationen wie England und Frankreich stellt, hat Richard nicht vor der Vernachlässigung der Historiker bewahrt. Zum Teil ist das so, weil die meisten Akademiker dazu neigen, einen König höher zu werten, der eher ein gekrönter Bürokrat als ein Krieger war. Zum Teil liegt das auch daran, daß Richard eine politische Einheit beherrschte, die nicht länger existiert, die sogar sofort nach seinem Tod auseinanderzubrechen begann: das Angevinische Reich. Heute denken und schreiben wir in politischen Kategorien wie »England« und »Frankreich«, und wenn wir geschichtsbewußt sind, interessieren wir uns vielleicht für die Vergangenheit dieser Länder. Wo bleibt da Richard? Obwohl er in der Westminsterabtei zum König gekrönt wurde, hat er niemals die Aufmerksamkeit der Studenten der englischen Geschichte auf sich gezogen, denn fast sein gesamtes Leben hielt ihn im Ausland. Während seiner zehnjährigen Regierung verbrachte er nur sechs Monate in England, und er wird deshalb der »Vernachlässigung seines Königreichs« bezichtigt.

Auf der anderen Seite des Kanals sind französische Historiker entweder an regionalen Studien oder am Aufstieg der capetingischen Monarchie interessiert. Im ersteren Falle schreiben sie möglicherweise über soziale Veränderungen im Anjou des zwölften Jahrhunderts, aber sie sind weniger geneigt, über das von den Grafen von Anjou aufgebaute Reich zu schreiben, da jenes Konglomerat von Territorien so viel kurzlebiger war als die einzelnen Provinzen, aus denen es sich zusammensetzte. Im letzteren Falle konzentrieren sie sich auf die großen Leistungen von König Philipp II. Richard ist nur einer der Statisten auf der Bühne, die in die Kulissen treten müssen, um den Helden des Dramas Platz zu machen – den Capetinger-Königen von Frankreich. Falls Richard überhaupt ernsthaft berücksichtigt wurde, dann von Geschichtsforschern der Kreuzzüge, aber obwohl er hier einen geschichtlichen Atemzug lang im Zentrum der Bühne agierte, war seine Rolle eine sehr kurze. Er verbrachte wenig mehr als ein Jahr in *Outremer*, dem Land der Kreuzfahrer, und in dieser Zeit eroberte er Jerusalem nicht zurück. Richards Laufbahn paßt in keines der beliebteren Studiengebiete, und so ist er, soweit es die akademischen Historiker betrifft, ein vergessener König.

Fast achthundert Jahre lang blieb Richard I. den Mythenerzählern überlassen. Selbst heute noch ist das legendäre Bild von Richard das dominierende. Gerade weil es wenig ernsthafte Arbeiten über ihn gibt, wird es sogar von Universitätshistorikern akzeptiert. Dies bedeutet natürlich nicht, daß sie vor Begeisterung für den Kreuzfahrerkönig übersprudeln. Statt dessen tendieren sie dazu, eine kindliche Sicht von Richards Charakter mit der moralischen Mißbilligung eines Erwachsenen zu verbinden. So wurde Richard für den großen englischen Historiker des neunzehnten Jahrhunderts, William Stubbs, zu »einem Mann des Blutes, und seine Verbrechen waren die eines Menschen, den die lange Gewohnheit des Kriegführens zu vertraut mit dem Blutvergießen gemacht hatte«. Was die führende französische Autorität über das Angevinische Reich, Jacques Boussard, betrifft, so war Richards Regierungszeit »völlig Taten der Tapferkeit gewidmet«, und er charakterisiert diese Taten als »brillant, aber steril«. Die gleiche Abneigung offenbart sich in Richards jüngstem Biographen, dem amerikanischen Historiker James Brundage, der ihn als »eine unvergleichlich leistungsfähige Tötungsmaschine« beschreibt: »Im Streit war er brillant und mutig; im Rat ein totaler Versager.« Alle diese Historiker bilden das Echo der aufgeklärten Worte Edward Gibbons: »Wenn Heldentum auf brutale und wilde Tapferkeit beschränkt ist, wird Richard Plantagenet einen hohen Platz einnehmen unter den Helden des Zeitalters.«

Natürlich kann kein Zweifel daran bestehen, daß der wirkliche Richard in einigen Punkten der romantischen Gestalt sehr ähnlich war. Er kehrte verkleidet vom Kreuzzug zurück, wurde erkannt, gefangengenommen und in einen deutschen Kerker geworfen. Er war ein König, der sich in jedes Kampfgetümmel stürzte, der Bewunderung einflößte, weil er so oft in vorderster Linie zu finden war. Es besteht eine gewisse historische Berechtigung für das von einem elisabethanischen Stückeschreiber beschworene Bild:

O, still, mich deucht, ich sehe König Richard stehen
In goldner Rüstung, befleckt von Heidenblut,
Auf einer Galeere Bug, gleich des Krieges grimmigem Gott.

Aber war er nur das und nichts weiter? Wenn wir den Helm des Löwenherz abnehmen, werden wir lediglich das zerschlagene Gesicht eines wilden Berufskriegers finden? »Sicher einer der schlechtesten Herrscher, die England jemals hatte.« Brundages Urteil wiederholt das berühmte Verdikt von Stubbs: »Ein schlechter Sohn, ein schlechter Gatte, ein selbstsüchtiger Herrscher und ein lasterhafter Mann.« Ist das die Wahrheit hinter der Legende?

Wenn wir diese Frage beantworten wollen, müssen wir zunächst zu unterscheiden versuchen: Was ist Legende und was nicht. Sobald wir uns einige der Geschichten über Richard ein bißchen näher ansehen, wird rasch offenbar, daß die legendäre Schicht, die ihn bedeckt, in der Tat sehr dick ist und daß eine enorme Menge Farbe abzulösen ist, bevor wir das zuversichtliche Gefühl haben können, auch nur zu beginnen, die historische Figur freizulegen. Er war der erste König seit der normannischen Eroberung, der ein Volksheld wurde, ein Status, den er bereits in der Mitte des dreizehnten Jahrhunderts errungen hatte. Zähe und intelligente Herrscher mögen seine Vorgänger gewesen sein, aber keiner von ihnen, nicht Wilhelm der Eroberer noch Heinrich I. noch Heinrich II., besaßen jene magische Eigenschaft, die offenbar Legende und Anekdote auf einen Menschen zieht. Richard besaß sie in hohem Maße. Kaum war er tot, setzte der Prozeß der Legendenbildung ein, die verwirrenden Umstände seines Todes gaben ihr Nahrung. Am bemerkenswertesten ist die Tatsache, daß die Legendenbildung auch heute noch andauert. Erst in den letzten dreißig Jahren ist die Geschichte in Umlauf geraten, daß Richard ein Homosexueller war. Obwohl dies jetzt allgemein als die »Wahrheit« über Richard akzeptiert wird, wiederholt in so seriösen Werken wie der *Encyclopaedia Britannica*, ist es tatsächlich nicht mehr als eine höchst schillernde Behauptung, deren Richtigkeit nicht bewiesen werden kann – mit anderen Worten eine neue Legende, die uns mehr über unsere eigene Zeit sagt als über den Charakter des Mannes, den sie angeblich betrifft.

Natürlich sind einige der Legenden um Richard niemals ernst genommen worden. Nehmen wir zum Beispiel die folgende Geschichte aus einer Romanze des dreizehnten Jahrhunderts. Bei seiner Rückkehr aus dem Heiligen Land wurde Richard von König »Modred von Almain« (Deutschland) gefangengenommen und eingesperrt. Modreds Tochter, Margarete, verliebte sich in ihn und bestach die Wachen, ihm zu gestatten, seine Nächte in ihrer Kammer zu verbringen, aber in der siebenten Nacht wurden sie entdeckt. Modred wollte Richard auf der Stelle töten lassen, aber seine Ratgeber schraken vor dem Gedanken, einen König hinzurichten, zurück und zogen es vor, einen »Unfall« zu arrangieren. Der Löwe in der königlichen Menagerie sollte ein paar Tage lang hungern, und dann wollte man ihn in die Zelle des Gefangenen »entfliehen« lassen. Margarete erfuhr von dem Plan und bat Richard, einen Fluchtversuch zu unternehmen, aber er wollte nichts davon hören. Statt dessen bat er sie um vierzig seidene Taschentücher, die er um seinen rechten Arm band. Als der Löwe in seine Zelle stürzte und ihn hungrig anfiel, stieß Richard seine Hand in den Schlund des Löwen hinein und riß ihm das Herz heraus. Nachdem er innegehalten hatte, um Gott zu danken, schritt er in die große Halle hinaus, das warme Herz noch immer in der Hand. Unter den entsetzten Blikken Modreds und seines Gefolges warf Richard das Herz auf die große Tafel, streute Salz darüber und schickte sich an, es mit Genuß zu verzehren.

Diese Geschichte ist natürlich eine Erfindung, die den Namen Löwenherz erklären sollte, und obwohl sie in späteren Balladen erneut erzählt wurde, bemerkte schon im sechzehnten Jahrhundert ein nüchterner Geschichtsschreiber: »Von den Gelehrten wird geglaubt, daß dies lediglich eine Fabel ist und daß er vielmehr wegen seiner Tapferkeit und Stärke so genannt wurde.« Auch einen anderen Bericht, demzufolge Richard nach dreiunddreißig Jahren im Fegefeuer im März 1232 in den Himmel aufgestiegen ist und der sich auf nicht weniger als drei Visionen eines Bischofs von Rochester im dreizehnten Jahrhundert stützte, haben die Historiker nicht sehr ernst genommen.

Nicht alle Legenden aber sind so durchsichtig. Einige werden immer noch ernst genommen und in Buch für Buch wiederholt, ob gelehrte Monographie, gemeinverständliche Biographie oder Schullesebuch. Der Löwenherz der Legende war (und ist immer noch) ein englischer König, der auf Kreuzfahrt zog. In Wirklichkeit war er kein Engländer und verbrachte nur einen kleinen Teil seines aktiven politischen Lebens als Kreuzfahrer; dagegen mindestens zwei Drittel seines Lebens auf dem Kontinent, vor allem in Aquitanien. Wir müssen lernen, die Legenden zu durchschauen und ihn auf seinem wirklichen Heimatboden zu sehen.

2

Die Häuser von Anjou und Aquitanien

Richard wurde am 8. September 1157 in Oxford, vermutlich im königlichen Palast von Beaumont, geboren. Obwohl er in England zur Welt kam, waren weder seine Eltern noch seine Großeltern Engländer. Sein Vater, König Heinrich II., war ein Franzose aus Anjou, der Nachkomme einer langen Reihe von Grafen, die in Anjou zweihundertfünfzig Jahre hindurch geherrscht hatten. Seine Mutter Eleonore war, aus eigenem Recht, Herzogin von Aquitanien, dem Herzogtum, welches ihre Vorfahren seit dem zehnten Jahrhundert regiert hatten. Um einen englischen Vorfahren zu finden, war es notwendig, in Richards Genealogie weit zurückzugehen – zu einer seiner Urgroßmütter, Edith, der Gattin König Heinrichs I. Dieses englische Bindeglied, so schwach es schien, war nichtsdestoweniger den Männern, die an den Höfen Europas ein und aus gingen, wohlbekannt, denn in ihrer Welt waren Familienverbindungen außerordentlich wichtig. Sie gestalteten nicht nur die Schicksale von Einzelpersonen, sondern die ganzer Provinzen und Königreiche. Ein zeitgenössischer Gelehrter, der Historiker Ralph of Diss, verfolgte Richards Abstammung über Edith zu den angelsächsischen Königen von Wessex, der Linie von Alfred dem Großen und Cerdic, und dann über diese zurück zu Wotan und Noah.

Aber so bemerkenswert Richards englische Ahnen auch waren, ihm scheinen sie wenig bedeutet zu haben – und dies trotz der Tatsache, daß der alte germanische Kriegsgott zu ihnen zählte. Als er im Spaß darauf anspielte, daß er vom Teufel abstamme, beabsichtigte er keine Respektlosigkeit gegenüber seinem Vorfahren Wotan. Er bezog sich vielmehr auf eine angevinische Sage, die Geschichte von Mélusine. Sie war eine Dame von überirdischer Schönheit, die einen Grafen von Anjou heiratete und ihm vier Kinder gebar. Alles an ihr und an ihrer Ehe schien vollkommen zu sein, abgesehen von einer beunruhigenden Tatsache: Sie haßte es, eine Kirche zu betreten und lehnte es gänzlich ab, bei der Weihung der Hostie anwesend zu sein. Eifersüchtige Stimmen erinnerten den Grafen immer wieder daran; schließlich beschloß er, sie auf die Probe zu stellen. Er forderte sie auf, dem Gottesdienst beizuwohnen, und dann, im Augenblick der Weihung, als sie die Kirche verlassen wollte, hinderten vier bewaffnete Männer sie daran. Als sie sie jedoch am Mantel ergriffen, schüttelte sie ihn von den Schultern, umschloß zwei von ihren Kindern mit den Armen und schwebte durch eines der Fenster hinaus, um nie wieder von ihrem Gatten und ihren zwei zurückgelassenen Kindern gesehen zu werden. Wie immer das zugegangen sein mag, Richards engste Familienverbindungen, ob real oder legendär, waren jene zum westlichen Frankreich, nicht zu England oder der Normandie.

Das ganze zehnte und elfte Jahrhundert über hatten die Grafen von Anjou einer Gruppe von Fürsten angehört, die in ständig wechselnden Bündnissen um Land und Macht im nördlichen und westlichen Gallien rangen. Ihr eindrucksvollster Erfolg war die allmähliche Eroberung der Touraine, Zoll für Zoll, Burg um Burg, auf Kosten ihrer östlichen Nachbarn, der Grafen von Blois. Der Besitz von Tours, der Stadt des heiligen Martin, eines wichtigen Marktes und entscheidenden Verkehrsknotenpunktes, verschaffte den Angevinern einen ungeheueren strategischen Vorteil; und der Bau der großen Burgen von Chinon, Loches und Loudun zeigte, daß sie entschlossen waren, ihn festzuhalten. Im dreizehnten Jahrhundert und vielleicht schon im zwölften waren Anjou und die Touraine eine einzige regionale Gesellschaft mit einem gemeinsamen Brauchtumsstamm. Andere territoriale Gewinne waren kurzlebig gewesen. Nach Norden hin hatten die Angeviner die Graftschaft von Maine besetzt, nur um sie wieder an Wilhelm den Eroberer, den Herzog der Normandie, zu verlieren. Nach Süden zu hielten sie eine Weile die Saintonge, aber die Grafen von Poitou (die auch Herzöge von Aquitanien waren) gewannen sie bald zurück. Als Dynastie hatten die Angeviner durchaus ihre Erfolge gehabt, doch in merklich geringerem Maße als ihre beiden Hauptrivalen, die Normannen (die England erobert hatten) und die Poiteviner (die die Gascogne an sich gebracht hatten). All dies sollte sich innerhalb von wenigen explosiven Jahren der Expansion in der Mitte des zwölften Jahrhunderts, kurz vor Richards Geburt, ändern.

Es begann mit der Heirat von Gottfried Plantagenet, auch als *le Bel* (der Schöne) bekannt, dem Erben von Anjou, und Matilda, Tochter von König Heinrich I. und wahrscheinlich Erbin von England und der Normandie. Das war 1128, aber alle Erwartungen auf einen raschen Antritt des Erbes, als Heinrich I. 1135 starb, wurden sofort durch einen dramatischen politischen Coup zunichte gemacht, der Stephan von Blois auf den Thron brachte – ein Mitglied jener Familie, welche vorher die Touraine an die Angeviner verloren hatte. Graf Gottfried gelang es zwar durch die Konzentration seiner Streitkräfte auf die Eroberung der Normandie, den kontinentalen Teil des Erbes seiner Gattin bis 1144 zurückzuerobern, und 1150 gab er ihn an seinen ältesten Sohn Heinrich Plantagenet weiter, der nun zwanzig Jahre alt war. Trotz aller Schwierigkeiten aber war es Stephan, einem liebenswürdigen und ritterlichen König, gelungen, England zu kontrollieren, und es bedurfte dreier seltsamer Schicksalswendungen, die Situation von Grund auf zu ändern.

Die erste war der vorzeitige Tod von Graf Gottfried, noch nicht vierzig Jahre alt, im Septemer 1151. Wenn er lange genug gelebt hätte, um die Krönung seines Sohnes Heinrich in Westminster noch zu erleben, wäre er wohl auch in der Lage gewesen, Anjou seinem zweiten Sohn Gottfried zu hinterlassen. Wie die Dinge lagen, konnte der sterbende Graf nichts weiter tun als die Anweisung erteilen, daß sein Leichnam nicht bestattet werden sollte, bevor Heinrich versprach, die Bedingungen des Letzen Willens seines Vaters einzuhalten. Der sah vor, daß Heinrich seinem jüngeren Bruder die Grafschaft Anjou überließ. Als Heinrich, der nicht am Totenbett zugegen gewesen war, zum Begräbnis eintraf, weigerte er sich zunächst, einen solchen Eid abzulegen, aber angesichts des verwesenden Leichnams seines Vaters gab er schließlich nach.

Das zweite bemerkenswerte Ereignis war Heinrichs Heirat im Mai 1152 mit einer weiteren großen Erbin – nicht umsonst ist das zwölfte Jahrhundert das »Jahrhundert der Erbinnen« genannt worden. Es war dies Eleonore von Aquitanien, und die Hochzeit wurde nur acht Wochen nach der Annullierung ihrer ersten Ehe mit König Ludwig VII. von Frankreich gefeiert. Als Herrscherin über das riesige Herzogtum von Aquitanien, das sich über etwa ein Drittel der Fläche des modernen Frankreich erstreckte, brachte sie ihrem neuen Gatten einen ungeheueren Zuwachs an Reichtum und Prestige ein.

Das dritte Ereignis war der unerwartete Tod von König Stephans älterem Sohn Eustace im August 1153. Durch diesen Schlag entmutigt, ließ der alte König sich dazu überreden, Heinrich Plantagenet als seinen Erben anzuerkennen. Im Dezember 1154 wurde Heinrich II. zum König von England gekrönt. Nun erwartete man von ihm, daß er Anjou endlich seinem jüngeren Bruder übergäbe. Jenen Eid hatte er aber geleistet, als Eleonore von Aquitanien noch mit Ludwig VII. verheiratet war. Ob Heinrich seinen Schwur gehalten hätte oder nicht, wenn sie die Frau Ludwigs VII. geblieben wäre, ist eine offene Frage, aber es ist klar, daß Heinrich niemals seinen Zugriff auf die Territorien aufgeben würde, die als die lebenswichtige Brükke zwischen den Ländereien seiner Mutter im Norden und den Ländereien seiner Gattin im Süden dienten. Also behielt Heinrich II. Anjou und herrschte über ein immenses Reich, das sich von der schottischen Grenze bis zu den Pyrenäen ausdehte. Zwischen 1144 und 1154 hatte sich die Macht des Grafen von Anjou als Folge einer Reihe von skrupellos ausgenutzten Glücksfällen ins Unermeßliche gesteigert. Er, der ein Fürst unter vielen anderen gewesen war, wurde zum mächtigsten Herrscher in Europa, reicher als der Kaiser und mächtiger als sein nomineller Lehnsherr, der König von Frankreich, den er nun überschattete.

Die Ansammlung von Ländereien, die er regierte, wird traditionell als das Angevinische Reich bezeichnet, und der Name ist wichtig. Denn wenn auch einige Historiker bezweifeln, ob ein loses Konglomerat von Territorien, jedes mit verschiedenen Traditionen und Sitten, zusammengeflickt durch »eine unheilige Kombination von fürstlicher Gier und genealogischem Zufall«, eigentlich ein Reich genannt werden kann, hat noch niemand die Richtigkeit der

Bezeichnung »angevinisch« in Frage gestellt. Das Herzland des Reiches lag im Tal der Loire, in Anjou, nicht in England. In englischen Geschichtsatlanten ist das Angevinische Reich wie das Britische Reich des neunzehnten Jahrhunderts häufig rot gefärbt, aber das ist irreführend. Es war nicht das erste Britische Reich. Heinrich II. wurde in Le Mans geboren, starb in Chinon und wurde in Fontevraud beigesetzt – alles Orte, welche innerhalb der Grenzen seines Patimoniums lagen, der von seinem Vater ererbten Ländereien.

Der phänomenale Aufschwung der angevinischen Macht in der Mitte des zwölften Jahrhunderts ließ jedoch unvermeidlich eine breite Spur von enttäuschten und grollenden Männern zurück. Unter ihnen vor allen Heinrichs Bruder Gottfried und der Exgatte von Heinrichs Frau, Ludwig von Frankreich. Gottfried war um seine Rechte betrogen worden, Ludwig war alarmiert und erzürnt durch Eleonores Wahl eines neuen Gatten, besonders, da sie nicht um seine Einwilligung gebeten hatte. Ludwig nannte sich denn auch weiterhin »Herzog von Aquitanien« und betrachtete Eleonore als sein Mündel. Bis zur Zeit von Richards Geburt schien Heinrich jedoch diese beiden Schwierigkeiten überwunden zu haben. Er wurde von der Verpflichtung, die Wünsche seines Vaters zu erfüllen, durch einen vom englischen Papst, Adrian IV., gewährten Dispens entbunden. Im Februar 1156 traf er Ludwig VII. an der Grenze zwischen der Normandie und Frankreich und leistete ihm dort für die Normandie, Anjou und Aquitanien den Lehnseid. Im Sommer zerschlug er einen bewaffneten Aufstand Geoffroys und zwang ihn, auf seinen Anspruch zu verzichten. Noch im selben Jahr war er in der Lage, seinen Bruder in noblem Stil zu entschädigen. Die Bürger von Nantes rebellierten gegen ihren Herrn, den Grafen Hoël, und baten Heinrich dringend um Hilfe. Sie wurde ihnen zuteil, und als Gegenleistung wurde Gottfried als der neue Graf von Nantes eingesetzt. Dies war eine bemerkenswerte Aquisition, nach der die Angeviner seit langem getrachtet hatten. Nantes war nicht nur die größte Stadt der Bretagne, es war auch ein wichtiger Seehafen, für die Angeviner in der Tat ein lebenswichtiger. An der Loiremündung gelegen, war es ihr Hauptauslaß für Exporte aller Art – die hervorragenden Schmiedearbeiten, für welche Tours berühmt war, zum Beispiel, aber vor allem die Weine von Anjou und der Touraine. Bis ins neunzehnte Jahrhundert hinein nannten die Weinbauern von Anjou und der Touraine ihre besten Weine *vins pour la mer.*

Mit diesen Gewinnen unter dem Gürtel des jungen Herrschers und der gesicherten Landroute nach Aquitanien schien das Reich gefestigt, als Heinrich und Eleonore 1156 in Bordeaux Weihnachten feierten. Die zwei großen politischen Probleme des nächsten halben Jahrhunderts, obwohl für den Augenblick beigelegt, deuteten sich indessen bereits an: die Spannungen innerhalb der angevinischen Familie und zweitens die Probleme der Beziehung zwischen Herr und Vasall, zwischen der französischen Krone und den Angevinern. Heinrich II. hatte den Lehnseid geleistet, als er König war, und obwohl der Eid seinen kontinentalen Besitzungen galt und nicht seinem Königreich, war dies ein Schritt, zu welchem keiner seiner Vorgänger unter den Königen von England sich jemals bereitgefunden hatte. Was immer die Zukunft bringen mochte, die freundliche Beziehung zwischen Heinrich und Ludwig, die dieser Huldigungsakt zu begründen geholfen hatte, war zunächst ein wichtiger Beitrag zu der glücklichen und optimistischen Atmosphäre, in welcher Richard geboren wurde – das vierte Kind von Eleonore und Heinrich in fünf Ehejahren.

Für Eleonore muß der Kontrast zwischen ihrem ersten und ihrem zweiten Gatten immens gewesen sein. Ihre Heirat 1137 mit dem Erben des französischen Thrones schien zunächst eine ideale Partie zu sein. Nach politischen Begriffen war es eine vernünftige Verbindung für eine fünfzehnjährige Erbin, die des Schutzes eines Vaters oder eines Onkels entbehrte. Ihr Vater, Herzog Wilhelm X. von Aquitanien, war plötzlich und ohne Söhne gestorben, während er sich auf einer Pilgerfahrt nach Compostela befand. Ihr Onkel, Raimund, Graf von Tripolis, war Herrscher eines der Kreuzfahrerstaaten und zu weit weg, um ihr entweder zu helfen oder zu drohen, ihr Erbe an sich zu reißen. Außerdem glaubten die Zeitgenossen, daß Ludwig VII. ihr als Gatte Liebe und Schutz gewährte. Im Laufe der Zeit aber wurde ihr die Ehe unerträglich. Ludwig verwandelte sich in einen extrem frommen und asketischen Mann. Man erzählte sich, daß ihm einmal, als er ernsthaft krank war, von seinen Ärzten empfohlen wurde, daß es seine Überlebenschancen verbessern würde, wenn er mit einer Frau schliefe. Eine attraktive junge Dame wurde zu ihm gebracht, aber Ludwig wollte nichts mit ihr zu tun haben, behauptete, lieber sterben zu wollen, als die Sünde des Ehebruchs, wenn auch nur zu medizinischen Zwecken, zu begehen. Eleonore andererseits war, wie man sagte, schön und lebhaft, dabei starrköpfig und unbesonnen. Ob an den Gerüchten über ihre Affären etwas Wahres ist oder nicht, die Tatsache bleibt bestehen, daß allgemein darüber geklatscht wurde. Mit der Zeit erreichten sie legendäre, Messalina-ähnliche Ausmaße. Sie, schrieb ein Historiker, war die wirkliche Mélusine. Es erstaunt nicht, wenn von ihr gesagt wird, sie habe darüber geklagt, daß Ludwig mehr ein Mönch als ein König sei.

Gegen Ende der 1140er Jahre war es klar, daß die beiden unvereinbar waren, doch dies allein konnte eine Annullierung nicht bewirken. Zu allen Zeiten ist die soziale Funktion der Ehe das Hervorbringen von Erben gewesen, und hierin hatte ihre Ehe versagt. Nach einer frühen Fehlgeburt gebar sie Ludwig nur zwei Kinder in vierzehn Jahren, und beide waren Mädchen. Die aus der jüngsten Geschichte Englands und der Normandie zu ziehende Lehre war, daß es für eine Tochter praktisch unmöglich war, ihr Erbe in Besitz zu nehmen. Wenn Ludwig VII. verhindern wollte, daß es in Frankreich zu Kämpfen um den Thron kam, so brauchte er Söhne. 1154, nachdem der Klerus von Frankreich seiner Ehe mit Eleonore ein Ende gesetzt hatte, heiratete er Konstanze von Kastilien. Auch sie gebar ihm jedoch nur Mädchen und starb dann 1160 im Kindbett. Das Bedürfnis nach einem männlichen Erben für den Thron von Frankreich war nun verzweifelt, und Ludwig benötigte nur fünf Wochen, um eine dritte Frau zu finden, Adela von Champagne. Endlich, im August 1165, wurde ein Sohn geboren. Die Stimmung der Pariser, als sie die Nachricht hörten, auf die sie so lange gewartet hatten, wurde von einem jungen Waliser festgehalten, der in einem gemieteten Zimmer auf der Ile de la Cité wohnte. Der Ruhm von Pierre Abélard hatte dazu beigetragen, Paris zum Zentrum der intellektuellen Welt des zwölften Jahrhunderts, dem Mekka aller

Studenten, zu machen. Gerald von Wales ging also nach Paris, und dort wurde er in einer warmen Sommernacht jäh geweckt, als alle Glocken der Stadt zu läuten anfingen. Durch sein Fenster konnte er das flackernde Licht von Flammen sehen. Sein erster Gedanke war, daß Paris brannte – eine stets gegenwärtige Bedrohung, da Holz das hauptsächliche Baumaterial war. Er stürzte ans Fenster. Doch die Feuer waren Freudenfeuer, und die Glocken kündeten nicht von Gefahr, sondern von Freude. Die engen Gassen waren überlaufen, und es dauerte nicht lange, bis Gerald den Grund des wild frohlockenden Treibens entdeckt hatte. »Durch die Gnade Gottes ist uns diese Nacht ein König geboren, der ein Hammer gegen den König der Engländer sein soll.« Dem neugeborenen Jungen wurde der Name Philipp gegeben. Im Laufe der Zeit sollte er und Richard Kreuzfahrergefährten und bittere Feinde werden.

In den späten 1150er Jahren war aber jene Nacht im August 1165 noch ferne Zukunft, und es ist nicht schwer, sich die gereizte Stimmung von Ludwig VII. vorzustellen. In vierzehn Jahren hatte Eleonore keinen Erben für das Königreich geboren, aber in den ersten sechs Jahren ihrer zweiten Ehe hatte sie fünf Kinder zur Welt gebracht, und vier von ihnen waren Jungen: Wilhelm, der 1156 starb, Heinrich, Richard und Gottfried. Insgesamt hatten Heinrich II. und Eleonore acht Kinder, von denen das letzte, Johann, 1167 geboren wurde. Heinrich, soviel ist klar, war alles andere als ein Mönch. 1157, im Jahr von Richards Geburt, war er ein kräftig gebauter junger Mann von vierundzwanzig, zwölf Jahre jünger als seine Frau. Er sollte ein großer König werden, fünfunddreißig Jahre lang der Meisterpolitiker der westlichen Christenheit, fähig, alle seine Rivalen zu überwältigen oder auszumanövrieren. Nur am Ende, geschwächt durch seine letzte Krankheit, wurde er besiegt. Er war ein intelligenter und gebildeter Mann, dem Diskussion und Konversation Vergnügen bereiteten, ob in Französisch oder Lateinisch. Ungeduldig gegenüber dem Hofzeremoniell und gleichgültig gegenüber dem Prunk der Majestät, fühlte er sich am wohlsten in den strapazierfähigen Kleidern des Jägers. Wie alle Mitglieder der Aristokratie war er von der Jagd besessen und liebte nichts mehr, als im Sattel zu sitzen und vor Morgengrauen hinauszureiten. Andererseits konnte er zu allen Stunden des Tages und der Nacht arbeiten – sehr zum Schrecken seiner Berater und seines Haushaltes, die eine geregeltere Routine vorgezogen hätten. Er haßte es, stillzusitzen, und war ständig in Bewegung, rastlos und scheinbar unermüdlich, und er zog es dem Nichtstun vor, nach Nadel und Faden zu rufen, um seine eigenen Kleider zu flicken.

Leicht erregbar bis hin zu unkontrollierbaren Wutausbrüchen – zum Beispiel durch das, was er als Beckets Verrat an ihm betrachtete –, konnte er andererseits wunderbar geduldig sein. So beschrieb ihn einer seiner Höflinge, Walter Map: »In welche Richtung er auch reist, er wird von der Menge mit Beschlag belegt und hierhin und dorthin gezogen, geschoben, wohin er nicht will, und doch, erstaunlich zu sagen, hört er jedem Manne mit Geduld zu, und obwohl er von allen mit Geschreie und Geziehe und grobem Geschiebe bestürmt wird, droht er keinem deswegen, noch zeigt er irgendeine Spur von Ärger, lediglich wenn er ganz unerträglich bedrängt wird, zieht er sich stumm an irgendeinen ruhigen Ort zurück.« Im allgemeinen scheint er mit Bittstellern so verfahren zu sein, daß er sagte, er werde etwas für sie tun, und dann dieses Versprechen wiederholte, wann immer er mußte, während er die Erfüllung so lange wie möglich hinauszögerte. Nach Walter Map entsprach dies einem Rat seiner Mutter: Er solle hoffende Bewerber warten lassen, sagte sie, indem er ihre Angelegenheiten bewußt auf die lange Bank schiebe, denn ein ungebärdiger Falke werde, wenn ihm Fleisch hingehalten und dann weggeschnappt oder versteckt würde, eifriger werden und geneigter sein, sich aufmerksam und gehorsam zu zeigen.

Ein König konnte aber nicht einfach zurückgelehnt dasitzen und darauf warten, daß Leute zu ihm kamen. Um sicherzustellen, daß seine Untertanen die Gewohnheit annahmen, seine Anweisungen auszuführen, mußte er so oft wie möglich im Land herumreisen, und es war mitunter nützlich, unangekündigt aufzutauchen. So sollte die Erziehung eines Königssohnes einschließen, daß er in einem harten Bett zu schlafen lernte, um ihn auf die Unbilden eines Lebens ununterbrochener, unbequemer Reisen vorzubereiten. Die Ausdehnung des Angevinischen Reiches zwang Heinrich II., weiter und schneller zu reisen als die meisten anderen Fürsten.

Unter diesen Umständen war es unvermeidlich, daß für Richard und seine Brüder und Schwestern ihr Vater eine ferne Gestalt war, immer in Eile. Es ist wahrscheinlich, daß sie sich als kleine Kinder in der relativen Sicherheit Englands aufhielten, während Heinrich die meiste Zeit auf dem Kontinent verbrachte, vertieft in das, was stets das zentrale Anliegen seines Lebens war, die Erhaltung der kontinentalen Dominien. In einem im Sommer 1160 geschriebenen Brief bat der Erzbischof Theobald von Canterbury den König, nach England zurückzukehren. Neben anderen Argumenten erinnerte er Heinrich an seine Kinder. »Selbst der hartherzigste Vater könnte es kaum ertragen, sie so lange nicht zu sehen.« Der Brief verfehlte jedoch seine Wirkung. Erst im Januar 1163 setzte Heinrich wieder den Fuß auf englischen Boden – nach einer Abwesenheit von viereinhalb Jahren. In diesem Stadium seines Lebens läßt nicht viel darauf schließen, daß er seine Kinder liebte. Im Mai 1165 nahm die Königin Richard und seine ältere Schwester Matilda (geboren 1156) mit in die Normandie; zwei Wochen später überquerte König Heinrich den Ärmelkanal in entgegengesetzter Richung, um zu einem größeren, wenngleich erfolglosen Feldzug gegen die Waliser zu rüsten. Alles an Richards späterem Leben zeigt, daß er seiner Mutter viel näherstand als seinem Vater. Doch auch Eleonore war viel unterwegs, und es war nahezu mit Bestimmtheit Richards Amme, die ihm in seinen frühesten Jahren Liebe und Sicherheit gab. Romanzen des zwölften Jahrhunderts machen deutlich, daß es für eine Edeldame ein ganz außergewöhnliches Maß an Liebe voraussetzte, wenn sie ihr Kind selbst stillte. Unzweifelhaft wurde Richard einer Amme übergeben. Wir wissen ein wenig über sie. Sie hieß Hodierna, und Richard scheint sich ihrer mit Zuneigung erinnert zu haben. Mehr als dreißig Jahre später, als er König wurde, gewährte er ihr eine großzügige Pension. Sie wurde eine wohlhabende und in ihrem Teil der Welt berühmte Frau – vielleicht die einzige Amme der Geschichte, nach der ein Ort benannt wurde: das Kirchspiel von Knoyle Hodierne in Wiltshire.

Obwohl keine unmittelbaren Zeugnisse über Richards Kindheit und Erziehung vorliegen – wir kennen nicht einmal die Namen seiner Tutoren wie im Falle seines Vaters –, ist es doch möglich, über die Darstellungen in Romanzen und Abhandlungen die Art von Ausbildung zu rekonstruieren, die er durchlaufen haben muß. Sobald er gehen konnte, wurde ihm das Reiten beigebracht, denn das Pferd war untrennbar mit dem sozialen Rang verbunden. Zuerst blieb er hauptsächlich in der Obhut von Frauen, lernte, sich zu benehmen, in höfischer Weise zu sprechen, die Laute zu spielen und zu singen. Dann, als er fünf oder sechs Jahre alt war, trat er in eine maskuline Welt ein, und seine formale Schulung begann. Die Beschreibung von Tristans Erziehung, die der große mittelalterliche deutsche Dichter Gottfried von Straßburg gibt, legt Zeugnis für die Tatsache ab, daß dieser Wechsel im Lebensmuster eines Kindes intensiv empfunden werden und lebhaft in Erinnerung bleiben konnte. »In seinem siebenten Jahr nahm ihn sein (Pflege-)Vater und unterstellte ihn der Obhut eines erfahrenen Mannes und schickte ihn unverzüglich mit diesem ins Ausland, um Fremdsprachen zu erlernen und sofort mit dem Studium der Bücher zu beginnen. Dies war sein erster Freiheitsverlust ... Gerade als er in den Frühling des Lebens eintrat, war seine beste Zeit vorbei ... er hatte die Freiheit nur gekostet, um sie wieder zu verlieren. Nun mußte er Sorgen und Verpflichtungen ins Auge sehen, die ihm vorher unbekannt gewesen waren; und der Anfang seiner Sorgen lag in der strengen Disziplin des Studiums der Bücher. Nachdem er aber einmal damit begonnen hatte, verwendete er seinen Geist und Fließ mit solcher Kraft darauf, daß er in jener kurzen Zeitspanne mehr Bücher gemeistert hatte als irgendein Kind vorher oder seitdem. Er verbrachte auch viele Stunden damit, Saiteninstrumente aller Art beharrlich vom Morgen bis in die Nacht zu spielen, bis er wunderbar geschickt darin wurde. Er lernte die ganze Zeit über, heute eine Sache, morgen eine andere, dies Jahr gut, nächstes Jahr besser.«

Tristan war natürlich ein Wunderkind. Alle, die ihn kennenlernten, waren verdutzt über seine mühelose Beherrschung unzähliger Sprachen, über seine glänzenden Manieren, über sein herrliches Musizieren und über seine Meisterschaft in höfischen Betätigungen wie der Jagd und dem Schachspiel – ganz zu schweigen von seinem erstaunlich guten Aussehen. Wahrscheinlich war Richard nicht ganz so vollkommen. Trotzdem müssen wir immer daran denken, daß er kein ungebildeter Krieger war. Noch war er bloß ein Patron der Troubadoure. Er war fähig, seine eigenen Lieder zu komponieren und Verse zu schreiben, sowohl in Französisch wie in Provenzalisch. Ferner bereitete ihm Sakralmusik Vergnügen. Wenn die Kanzlisten seiner königlichen Kapelle im Chor sangen, pflegte er häufig zwischen ihnen umherzugehen, wobei er sie mit Stimme und Hand antrieb, mit größerem Gusto zu singen. Auch sprach er ausreichend gut Latein, um in der Lage zu sein, einen lateinischen Witz auf Kosten des weniger gelehrten Erzbischofs von Canterbury zu reißen.

Es waren da aber noch mehr Dinge, die ein Jüngling lernen mußte. »Neben all diesem lernte Tristan, mit Schild und Lanze zu reiten, sein Pferd geschickt an jeder der beiden Flanken anzuspornen, es mit Schwung in Galopp zu bringen, zu wenden und ihm freien Lauf zu lassen und es mit den Knien anzutreiben, in strikter Übereinstimmung mit den ritterlichen Künsten. Er suchte oft Erholung im Fechten, Ringen, Laufen, Springen und Speerwerfen, und er setzte dabei seine Kraft und Geschicklichkeit bis zum äußersten ein.« In diesen Fächern war Richard Tristan sicher ebenbürtig. Die ritterliche Kunst des Kämpfens zu Pferd, besonders mit Lanzen, war eine äußerst schwierig zu beherrschende Disziplin – für Pferd wie Reiter. Der Ritter mußte im letzten Augenblick ausweichen, um eine Frontalkollision mit dem Gegner zu vermeiden, aber gleichzeitig mußte er die Lanze so dicht wie möglich an seiner Seite mit der Hand und unter dem Arm einlegen, so daß der Lanzenstoß mit dem vollen Gewicht und Schwung seines Pferdes hinter sich geführt wurde, denn wenn er beim Seitwärtsausweichen die Hand bewegte oder den Arm gebrauchte, um den Gegner zu treffen, verlor der Stoß alle Wirkung. Es war eine Technik, die ein scharfes Auge und reiterisches Können höchsten Ranges erforderte. Es bedeutete auch, daß guttrainierte Kampfrösser sehr wertvolle Besitztümer waren. Das Gedicht, welches uns den besten Einblick in das ritterliche und aristokratische Leben um 1200 gewährt, *L'Histoire de Guillaume le Maréchal*, versäumt selten, zu erwähnen, wieviel ein bestimmtes Pferd wert war: Es konnten bis zu vierzig, fünfzig oder sogar einhundert *livres* (Pfund Silber) sein – und dies zu einer Zeit, als ein

Leibeigener für zehn *livres* zu kaufen war. Im Falle eines Überraschungsangriffs wurde einem Ritter geraten, sofort aufzusteigen und sich erst dann, wenn noch möglich, zu bewaffnen. (Er hatte natürlich immer noch andere Pferde zum Tragen seines Harnisches und Gepäcks, zum Jagen und alltäglichen Reiten und zum Aufsitzen für seine Bediensteten, die mit ihm reisten – mindestens ein Schildknappe und ein Kammerdiener.)

Die beste Erprobung in diesen Disziplinen waren Kriegsspiele, die Turniere genannt wurden, prächtige gesellschaftliche Ereignisse, die durch die Anwesenheit einer großen Anzahl von Damen, Musikanten und Händlern, die Waren aus aller Welt mitbrachten, belebt wurden. Das Turnier des zwölften Jahrhunderts unterschied sich jedoch beträchtlich von dem formalisierten »Gestech« des späteren Mittelalters, welche wir von unseren Filmen her so gut kennen. Im Krieg wurden Scharmützel und Schlachten von Rittern gewonnen, die gelernt hatten, als eine Einheit zusammen zu streiten, nicht durch Beweise individueller Kühnheit. Turniere waren daher von Rittermannschaften ausgetragene Scheingefechte, wobei wie im Krieg die Anzahl der Ritter, die man in seiner Mannschaft hatte, entscheidend zum Sieg beitragen konnte. Wenn ein Ritter vom Rest der Mannschaft getrennt wurde, konnte er sich fünf oder sechs Gegnern gegenübersehen, die alle sofort auf ihn eindrangen, und einer von ihnen konnte ihm in den Rücken fallen. Wenn er vom Pferd geworfen wurde, gab man ihm keine Gelegenheit, wieder aufzusteigen. Im Turnier wie im Krieg war alles erlaubt. Es wurde als außergewöhnlich geschickte Taktik erachtet, wenn eine Mannschaft vortäuschte, nicht am Turnier teilzunehmen, und sich erst spät am Tage in den Kampf warf, wenn all die anderen Ritter, die schon seit kurz nach Sonnenaufgang fochten, erschöpft waren. Wie im Krieg verlor man sein Pferd und seine Rüstung an den siegreichen Ritter, und man mußte vielleicht auch ein Lösegeld bezahlen. In Anbetracht des Wertes von Pferden und Rüstungen bedeutete dies, daß ein landloser jüngerer Sohn ein Vermögen und Ruhm erringen konnte, wenn er ein Turnierchampion wurde. Das klassische Beispiel hierfür war Wilhelm Marshal, der vierte Sohn eines Barons in Wiltshire, dessen Geschichte seiner erfolgreichen Karriere auf dem Turnierfeld in *L'Histoire de Guillaume le Maréchal* mit liebevoller Ausführlichkeit erzählt wird.

Selbst Fußsoldaten spielten eine Rolle bei den Turnieren. Wie im Krieg konnte man sie als Schutzschirm benutzen, hinter welchen die Ritter sich zurückziehen und warten konnten, bis sie zum Angriff bereit waren. Unter diesen Umständen waren Turniere nicht auf eingezäunte Plätze beschränkt, sondern erstreckten sich über ein Gelände von mehreren Quadratmeilen, das Dörfer, Wälder und Weinberge einschloß, die alle soviel Schaden erleiden konnten wie im wirklichen Krieg. Als Richard ein junger Mann war, fand schätzungsweise etwa alle zwei Wochen einmal ein Turnier auf dem Kontinent statt; in England wurden sie auf Anordnung von Heinrich II. verboten. Die Kirche mißbilligte Turniere, aber Heinrich handelte nicht auf Geheiß des Papstes, als er sie verbot; er trat wie so oft in die Fußstapfen seines Großvaters, Heinrich I. Sie waren eindeutig eine Bedrohung der öffentlichen Ordnung. Wie man sich vorstellen kann, konnten sie leicht zu wilden Schlachten ausarten, die in tödlichem Ernst ausgefochten wurden. Außerdem, wenn Barone und Ritter sich bewaffnet wie zum Krieg versammelten, wer konnte da wissen, welche Verschwörungen und Rebellionen das nicht zur Folge haben könnte? Als jedoch Richard König wurde, ermutigte er Turniere in England. Er kannte ihren Wert als Vorbereitung auf den Krieg, und er fürchtete keine Rebellion.

Die politische und moralische Erziehung eines Jungen und »Ritterlehrlings« orientierte sich weniger an den Lehren der Kirche als an den *chansons de geste,* die von den Spielleuten an den Höfen vorgetragen wurden. Ihre Lieder von legendären Kriegern und Königen, Roland, Wilhelm von Oranien, Arthur und Karl dem Großen, von ihren großen Eroberungen und Waffentaten und ihrer Ritterlichkeit waren dazu bestimmt, die Herzen der Zuhörer zu rühren und sie zu veranlassen, ihr eigenes Leben nach den Vorbildern der Vergangenheit auszurichten. Die emotionale Kraft der *chansons* brachte dem jungen Menschen – stärker als alle abstrakten Lehren – die Begriffe von Ehre und Schande nahe. Während die Priester ihm sagten, daß er sterben müsse und entweder in den Himmel oder in die Hölle kommen werde, sagten die Lieder ihm, daß sein Name nicht sterben müsse, nur sein Leib, und daß es an ihm liege, ob er berühmt oder gescholten im Gedächtnis der Menschen weiterleben werde. Reue und Bekenntnis auf dem Totenbett konnten ihm vielleicht das Tor zum Himmel öffnen; sie konnten vielleicht seine Seele retten, aber sie konnten nicht seinen Ruf nach einem Leben der Ehrlosigkeit retten. Als Wilhelm Marshal starb, versuchte ein Geistlicher, ihn zu überreden, etwa achtzig schöne Gewänder zu verkaufen, um das Geld für die Rettung seiner Seele zu spenden. Der alte Mann ließ sich nicht dazu bewegen. Es war seine Gewohnheit gewesen, jedes Jahr zu Pfingsten Gewänder an die Ritter zu verteilen, welche ihn in seinem Haushalt umgaben, und ein solcher Akt der Freigebigkeit war Teil seiner Pflicht als guter Herr. Ärgerlich fuhr er den Geistlichen an: »Sei still, du lästiger Narr, hast du kein Schamgefühl? Pfingsten steht vor der Tür, und meine Ritter sollen ihre Gewänder bekommen. Dies ist das letzte Mal, daß ich in der Lage sein werde, sie damit zu versehen, doch du versuchst, mich daran zu hindern.« Als man ihm sagte, daß er nur in den Himmel gelangen werde, wenn er alle seine Turniergewinne zurückgäbe, antwortete Wilhelm gleichermaßen erbittert, daß dies unmöglich sein. »Wenn mir deswegen das Königreich Gottes verschlossen ist, so kann ich nichts dagegen tun, denn ich kann diese Dinge nicht zurückgeben. Ich kann mich nur Gott anvertrauen und meine Sünden bereuen. Die Geistlichkeit kann nicht mehr verlangen, es sei denn, sie wünschte meine völlige Verdammung. Ihre Lehre muß aber falsch sein, sonst würde niemand Erlösung finden.«

Diese Ideale, eher ritterlich als klerikal, wurden Richard nahegebracht, obwohl er am Ende, als er im Sterben lag, vielleicht weniger von ihnen überzeugt war als Wilhelm Marshal. Dies soll nicht heißen, daß Richard nicht religiös war. Wir können natürlich nicht in seine Seele schauen, doch auf der Grundlage seines ermittelbaren Betragens wuchs er zu einem Manne von herkömmlicher Frömmigkeit heran. Er wohnte eifrig der Messe bei. Angesichts seines Vergnügens an Musik und Zeremonie besteht aller Grund zu der Annahme, daß er die Liturgie der Kirche genoß. Als er König war, wurde er normalerweise von den Kanzlisten der königlichen Kapelle begleitet, so daß er genügend Gelegenheiten hatte, an den kirchlichen Ritualen teilzunehmen. Es war schließlich ein Ritual, welches Könige verherrlichte. Adam von Eynsham, der Biograph des heiligen St. Hugo von Lincoln, gibt uns eine aufschlußreiche Beschreibung von Richard im letzten Sommer seines Lebens. Richard hatte die Konfiskation der Grundstücke des Bischofssitzes Lincoln angeordnet, und Bischof Hugo beschloß, selbst in die Normandie zu reisen und zu protestieren. »Er fand den König in der Kapelle seines neuen Schlosses auf dem Felsen von Andelin [d.h. Château-Gaillard], wo er das Hochamt zum Fest von St. Augustin hörte, und er begrüßte ihn sogleich. Der König saß auf einem königlichen Thron nahe dem Eingang, und die zwei Bischöfe von Durham und Ely standen zu seinen Füßen ... Ein gutes Omen hatte Hugo ermutigt, denn gerade, als er die Kapellenstufen erreichte, hörte er den Chor mit voller Stimme die Worte ›Heil ruhmreicher Bischof Christi‹ singen. Als Richard seinen Gruß nicht erwiderte, sondern lediglich die Stirn runzelte und sich abwandte, sprach Hugo ihn unverzagt an: ›Herr König, küßt mich.‹ Aber Richard wandte den Kopf noch weiter ab und blickte in die andere Richtung. Darauf packte der Bischof die Tunika des Königs fest über der Brust und schüttelte sie heftig, wobei er sagte: ›Ihr schuldet mir einen Kuß, da ich einen langen Weg gekommen bin, um Euch zu sehen.‹ Der König entgegnete: ›Ihr verdient keinen Kuß von mir.‹ Er schüttelte ihn noch kräftiger als vorher, diesmal an seinem Mantel, und sagte kühn: ›Ich habe jedes Recht auf einen Kuß‹ und fügte hinzu: ›Küßt mich.‹ Richard, von seinem Mut und seiner Entschlossenheit überwältigt, küßte ihn nach einer kleinen Weile mit einem Lächeln. Nachher, in einer Erörterung mit den Mitgliedern seines Haushalts, bezog sich der König auf Hugo. ›Wenn die anderen Bischöfe wie er wären‹, sprach er, ›würde kein König oder Herrscher es wagen, ihnen die Stirn zu bieten.‹«

Richard konnte wie sein Vater, der Hugo von Lincoln zum Bischof ernannt hatte, dessen Mut und Untadeligkeit nur bewundern. Doch die Episode sagt uns mehr, als Adam von Eynsham vielleicht beabsichtigte. Sie zeigt Richard inmitten seines Chores und seiner Bischöfe thronend – insgesamt waren zwei Erzbischöfe und fünf Bischöfe bei dieser Gelegenheit in seiner Kapelle anwesend. Der König war eine zentrale Gestalt in dem Ritual der Kirche. Außerdem waren die zwei Bischöfe, die am Fuße des Thrones standen, aufgrund ihrer Verwaltungsarbeit bei Hofe in ihr hohes geistliches Amt berufen worden. Bevor der Magister Philipp von Poitiers 1197 Bischof von Durham wurde, war er Schreiber in der Kammer des Königs und sein ständiger Begleiter gewesen. Er war mit Richard auf den Kreuzzug gegangen und hatte mit ihm die Risiken einer gefährlichen Heimreise geteilt. Magister Eustace, 1198 zum Bischof von Ely geweiht, war seit 1194 Vizekanzler und Siegelbewahrer des Königs gewesen. Beide Männer waren typische Mitglieder einer neuen Klasse von Staatsbeamten, die an Universitäten ausgebildet worden waren und sich »Magister« betitelten. Richard war trotz aller Hochachtung vor Hugo von Lincoln immer entschlossen gewesen, daß andere Bischöfe nicht so mächtig wie er werden sollten. Er betrachtete Bistümer als Belohnungen, die er ihm treu und tüchtig dienenden Kanzleischreibern verleihen konnte. An diesem Standpunkt war nichts Außergewöhnliches. Nicht nur beinahe alle Fürsten dachten so, sondern auch beinahe alle Geistlichen. Sehr wenige Männer traten in den geistlichen Stand, weil sie sich seelsorgerischer Arbeit auf der Ebene eines Kirchspiels oder einer Diözese zu widmen hofften. Die meisten von ihnen sahen erwartungsvoll einer Karriere im Dienste eines Herrn entgegen, ob Papst, König, Bischof oder Graf.

Bei aller Achtung vor dem Ritual der Messe und den administrativen Fähigkeiten der Geistlichen machte Richard sich häufig in beißendem Sarkasmus über die Kirche lustig. Als Fulk von Neuilly, der berühmteste Prediger seiner Zeit, ihn anklagte, er habe drei böse Töchter, Stolz, Geiz und Sinnlichkeit, erheiterte Richard seine Höflinge durch das Angebot, seinen Stolz den Templern, seinen Geiz den Zisterziensern und seine Sinnlichkeit den Bischöfen und Äbten zu geben, womit er Fulk treffend an die berüchtigten Schwächen einiger Mitglieder der Kirche erinnerte. Solche Bemerkungen aber waren Gemeinplätze und wurden von glühenden Kirchenreformatoren genauso oft ausgesprochen wie vom Mann auf der Straße. Überdies war Richard trotz seiner Bemerkung über die Zisterzienser ein bemerkenswert großzügiger Wohltäter dieses Ordens, worauf von dem Chronisten aus dem Zisterzienserhaus zu Coggeshall in Essex hingewiesen wurde. Dasselbe galt für den alten Orden der Benediktiner. In St. Alban erinnerte man sich noch in der Mitte des dreizehnten Jahrhunderts an eine enge Beziehung zwischen der Abtei und dem König. Richard scheint auch eine besondere Verehrung für den Schrein von Bury St. Edmund empfunden zu haben – er mag sehr wohl von einem Kult angezogen worden sein, welcher einen König feierte, der im Kampf gegen Heiden den Tod fand.

Doch lange bevor Richards förmliche Erziehung überhaupt begonnen hatte, wurde bereits seine Zukunft erörtert. Wie bei allen Königskindern bestand seine Hauptfunktion in den Augen seiner Eltern darin, die Rolle eines Pfandes im diplomatischen Spiel zu übernehmen. Da die Diplomatie sich weitgehend um die Familienverbindungen der fürstlichen Dynastien drehte, bedeutete dies, daß Kinder damit rechnen mußten, früh versprochen – und gelegentlich sogar früh verheiratet – zu werden. Sein älterer Bruder Heinrich wurde im August 1158 mit Margarete, der ersten Tochter Ludwigs VII. aus seiner zweiten Ehe, verlobt. Zu diesem Zeitpunkt war Heinrich drei Jahre alt und Margarete noch ein Säugling. Sie war jedoch alt genug, um eine Mitgift zugeteilt zu erhalten, einen Landstrich, der zwischen den Flüssen Seine, Epte und Andelle lag, bekannt als der Normannische Vexin. Es wurde vereinbart, daß dieser an die Angeviner übergeben werden würde, wenn die Hochzeit selbst stattfand. Bis zu diesem Datum sollte Ludwig den Normannischen Vexin behalten, während Margarete in Heinrichs Obhut belassen werden sollte. Im September 1158 reiste Heinrich nach Paris und nahm dann auf dem Rückweg das kleine Mädchen in die Normandie mit. Der Kernpunkt dieses Verlöbnisses war, daß die Burgen des Vexin die Verbindungswege zwischen Paris und Rouen kontrollierten. Vor langer Zeit war der Vexin entlang der Linie des Flusses Epte zweigeteilt worden: am östlichen Ufer der Französische Vexin, den die Könige von Frankreich hielten, am westlichen der Normannische Vexin, den die Herzöge der Normandie hielten. 1145 jedoch hatten Graf Gottfried von Anjou und sein Sohn Heinrich den Normannischen Vexin an Ludwig VII. abgetreten als Gegenleistung für dessen Einwilligung in ihre Eroberung der Normandie. Jetzt wollte Heinrich II. ihn zurückhaben. Der Besitz der Burgen von Gisors, Neaufles, Dangu und einem Dutzend anderer war notwendig, wenn er in Rouen ruhig schlafen wollte.

Richard kam einige Monate später an die Reihe. Anfang 1159 reiste Heinrich II. durch Poitou und die Saintonge südwärts, bis er nach Blaye an der Gironde kam. Dort traf er Raimund-Berengar IV., Graf von Barcelona. Da Raimund-Berengar mit der Königin von Aragon verheiratet war und jenes Königreich im Namen seiner Gattin regierte, hätte er den Titel eines Königs annehmen können, weigerte sich aber, das zu tun, da es besser sei, als der größte Graf bekannt zu sein denn als der siebentgrößte König. Heinrich und er schlossen einen Bündnisvertrag und vereinbarten, daß Richard mit einer der Töchter des Grafen verlobt werden sollte und ihnen nach ihrer Verheiratung das Herzogtum Aquitanien verliehen werden sollte. Hinter der Absprache verbarg sich Heinrichs Plan, einen Feldzug gegen den Grafen Raimund V. von Toulouse zu führen, und da der reiche und mächtige Raimund-Berengar bereits mit Toulouse im Streit lag, war er ein natürlicher und tatkräftiger Verbündeter. Als Eleonores Gemahl hatte Heinrich II. den alten Anspruch der Herzöge von Aquitanien auf die Herrschaft über Toulouse übernommen. Eleonores Großvater, Wilhelm IX. von Aquitanien, hatte Philippa, das einzige Kind des Grafen Wilhelm IV. von Toulouse, geheiratet. Philippa wurde von ihrem Onkel, dem jüngeren Bruder Wilhelms IV., verdrängt, aber in den Augen ihrer Nachfahren war sie die legitime Gräfin von Toulouse, und sie zogen mehrfach in den Krieg, um diesen Anspruch erneut geltend zu machen. Toulouse war eine bedeutende Stadt, und es wäre töricht gewesen, zuzulassen, daß der Anspruch fallengelassen wurde. Herkömmlicherweise als die Hauptstadt des ehemaligen westgotischen Königreiches von Aquitanien angesehen, schien sie traditionell zu Aquitanien zu gehören. Als Knotenpunkt der Straßen, die die Atlantikhäfen von La Rochelle, Bordeaux und Bayonne mit dem blühenden Seehandel des Mittelmeeres verbanden, war Toulouse ein wichtiges kommerzielles Zentrum. Es wurde sorgfältig darauf geachtet, sicherzustellen, daß der Fluß Garonne die ganze Strecke von Bordeaux bis Toulouse über schiffbar blieb; Sümpfe wurden trockengelegt, und die die Flußufer säumenden Wälder wurden gelichtet. Finanziell und strategisch hatte somit der Anspruch seiner Gemahlin für Heinrich politisch sehr wohl einen Sinn, aber natürlich ließ der gegenwärtige Graf von Toulouse sich nicht ohne Kampf enteignen. Als Gatte der Schwester Ludwigs VII., Konstanze, konnte Raimund von Toulouse mit der Hilfe seines Schwagers rechnen. Die massive, im Sommer 1159 aufbrechende Expedition war die größte militärische Anstrengung, die Heinrich II. jemals unternahm. Obwohl sein Hauptziel, den Grafen von Toulouse zur Unterwerfung zu zwingen, fehlschlug, gelang es ihm, Cahors und die Quercy einzunehmen. Was Richards Verlöbnis betraf, so wurde nichts daraus. Das Mädchen, welches er heiraten sollte, verschwand aus den Blättern der Geschichte, wir kennen nicht einmal ihren Namen. Doch die kurzlebige diplomatische Episode war nicht ganz ohne Bedeutung. Sie markierte den Anfang von Richards Verbindung zu Aquitanien.

An Fläche war das Herzogtum Aquitanien ausgedehnter als Heinrichs normannische und angevinische Ländereien zusammengenommen. Als Grafen von Poitou hatten die Herzöge lange Poitou und die Saintonge regiert und waren als Lehnsherren von den Grafen von Angoulême, La Marche und Périgord und von den Vicomtes von Limoges anerkannt worden. Dann, mit dem Erwerb der Gascogne in der Mitte des elften Jahrhunderts, wurden sie Herrscher von Bordeaux und Lehnsherren einer Anzahl von Grafschaften und Baronien, die sich von der Mündung der Garonne bis zu den Pyrenäen erstreckten, an Fläche etwa zweimal so groß wie Poitou. Gegen Osten lagen Grenzregionen – Berry und die Auvergne –, wo selbst die nominelle Oberlehnsherrschaft des Herzogs zuzeiten zweifelhaft war. In Poitou sprachen die Bewohner einen nordfranzösischen Dialekt; nach Süden zu, von der Saintonge abwärts, war die Landessprache Limousinisch, ein Dialekt von Provenzalisch oder Okzitanisch, der Sprache der Troubadourpoesie und sehr verschieden vom Französischen des Nordens, der Langue d'Oeuil, in der Gegenüberstellung zur Langue d'Oc des Südens. Noch weiter südlich, in Richtung auf Navarra, sprachen die Bewohner Baskisch, eine Sprache, die niemand sonst verstehen konnte. Nach einer alten Geschichte versuchte der Teufel in der Absicht, die Seelen der Basken zu gewinnen, ihre Sprache zu erlernen, aber nach sieben Jahren unablässigen Studiums hatte er nur drei Wörter gemeistert.

Als Grafen von Poitou waren die Herzöge von Aquitanien hauptsächlich in die nordfranzösische Politik verwickelt gewesen, aber nachdem sie auch Grafen der Gascogne geworden waren, wandten sich ihre Interessen mehr und mehr dem Süden zu, nach Toulouse und nach Spanien, wo sie eine führende Rolle in dem heiligen Krieg gegen die Muselmanen übernahmen.

Richard also, seitens seines Vaters ein Angeviner, war seitens seiner Mutter ein Südländer. Während seiner eigenen Lebenszeit war der am lebhaftesten in Erinnerung gebliebene mütterliche Ahne sein Urgroßvater, Herzog Wilhelm IX. (1071–1127). Wilhelm war ein Kreuzfahrer, vielbewundert um seine Kühnheit, Großzügigkeit und stattliche Erscheinung. Aber er war auch ein Mann, dessen Einstellung zum Leben seine Zeitgenossen belustigte, erstaunte und beunruhigte. Vor allem war er der erste bekannte Troubadour und als solcher eine Schlüsselfigur in der Geschichte der europäischen Literatur. In einem seiner Lieder nannte er sich einen Meister in der Kunst der Liebe, gut genug, um seinen Lebensunterhalt damit verdienen zu können. Niemand könne eine Nacht mit ihm verbringen, ohne mehr haben zu wollen. Solch stolzer Anspruch sollte mit einiger Skepsis genossen werden, teils, weil er zu der als *gap* bekannten Art von prahlerischem Gedicht gehörte, einer Standardform des Troubadourverses, und teils, weil Wilhelm gern über sich selbst und andere spottete. Es gab aber Leute, die solche Verse für bare Münze nahmen und schockiert waren. Sie bezeichneten ihn als den »Feind aller Keuschheit« und schrieben ihm die Absicht zu, eine Abtei für Prostituierte gründen zu wollen, in welcher die Pflichten der Äbtissin, Priorin und so fort gemäß dem professionellen Geschick der Insassinnen verteilt werden würden. Das eigentlich Traurige an ihm war, so der anglo-normannische Chronist Wilhelm von Malmesbury, daß er nichts ernst nahm, »er verwandelte alles in einen Spaß und versetzte seine Zuhörer in unbändiges Lachen«. Soweit es aber die Kirche anging, hörte der Spaß auf, als er sich weigerte, die Exkommunikation ernst zu nehmen. Bei einer Gelegenheit soll er angeblich zu einem kahlen päpstlichen Legaten, der ihn soeben exkommuniziert hatte, weil er sich weigerte, seine Geliebte zu verlassen, gesagt haben, daß er das Haar des Legaten in Lockenwicklern sehen würde, bevor er sie aufgäbe. Die Verse aber, welche er schrieb, sind viel subtiler als diese plumpe Beleidigung. Ihre Kunstfertigkeit macht deutlich, daß er das Geschäft des Verse- und Musikkomponierens wirklich sehr ernst nahm. Er schrieb burleske Parodien und Liebeslyrik, Lieder, in denen, wie er es selbst ausdrückte, »Liebe, Freude und Jugend vermischt waren« (*totz mesclatz d'amor e de joy e de jouen*). Und da war auch das rätselhafte Gedicht *Farai un vers de dreyt nien* – »Ich werde ein Lied über gar nichts singen« – mit Strophen wie den folgenden:

Ich kann nicht sagen, wann ich schlafe
Oder wache – es sei denn, jemand sagt es mir.
Mein Herz droht zu zerspringen
An einem tiefen Kummer,
Und ich schwöre, daß dies mich nicht
Im geringsten beunruhigt.
Ich bin krank und zu Tode erschrocken,
Obwohl ich nur davon weiß, was die Menschen sagen.
Ich werde nach einem Arzt suchen, der mir paßt.
Aber ich kenne keinen,
Und er wird ein guter Arzt sein, wenn er mich heilen kann,
Da ich nicht krank bin.

In der Vergangenheit ist Wilhelm IX. als das Genie geschildert worden, welches aus eigener Kraft eine neue Kunstform schuf, die Poesie der romantischen und sexuellen Liebe, *amour courtois* oder (wie es gewöhnlich übersetzt wird) »höfische Liebe«. Im Wirklichkeit führte er eine Form der Liebeslyrik weiter (und parodierte sie zuweilen), die schon gut bekannt war, und er dichtete für ein Publikum, das ausreichend intellektuell war, seine Kunst ebenso wie seine Ironie zu würdigen. Unter seinen Nachfolgern als Herzog von Aquitanien ist nur von Richard bekannt, daß er Verse machte, und gewiß ist keines der beiden ihm zugeschriebenen erhaltenen Gedichte von dieser Güte. Ein großer Dichter ist aber vielleicht auch genug für eine Familie, selbst die kultivierteste. Denn dies ist, was Wilhelms Nachkommen waren: die kultivierteste Fürstenfamilie im Europa des zwölften Jahrhunderts.

Da Troubadourmusik und -poesie wesentliche Elemente der Atmosphäre waren, die Richard sein ganzes Leben hindurch atmete, ist es wichtig, zu begreifen, was höfische Liebe eigentlich war. Die Meinung, daß das Auftreten der *amour courtois* im Aquitanien des späten elften Jahrhunderts einer der großen Momente in der Geschichte der Menschheit war, wurde von C. S. Lewis in *The Allegory of Love* (Die Allegorie der Liebe) nachdrücklich zum Ausdruck gebracht:

»Es erscheint uns nur natürlich, daß Liebe das häufigste Sujet der ernsthaften imaginären Literatur sein sollte: Aber ein Blick auf die klassische Antike oder auf das frühe Mittelalter zeigt uns sogleich, daß das, was wir für ›natürlich‹ halten, in Wahrheit ein besonderer Stand der Dinge ist, der wahrscheinlich ein Ende haben wird und der bestimmt einen Anfang hatte ... Es scheint – oder es schien uns bis vor kurzem – eine natürliche Sache, daß Liebe (unter gewissen Bedingungen) als eine edle und veredelnde Leidenschaft angesehen werden sollte: Erst wenn wir uns vorstellen, daß wir versuchen sollten, diese Doktrin Aristoteles, Virgil, Paulus oder dem Autor des *Beowulf* zu erklären, wird uns bewußt, wie weit sie davon entfernt ist, natürlich zu sein. Sogar unsere Etikette mit ihrer Regel, daß Frauen stets den Vortritt haben, ist ein Vermächtnis der höfischen Liebe und wird im modernen Japan oder Indien keineswegs als natürlich empfunden ... Französische Dichter im elften Jahrhundert entdeckten oder erfanden jene romantische Form der Leidenschaft oder brachten sie als erste zum Ausdruck, über die englische Dichter noch im neunzehnten Jahrhundert schrieben. Sie bewirkten eine Veränderung, die keinen Winkel unserer Ethik, unserer Phantasie oder unseres täglichen Lebens unberührt ließ, und sie errichteten unüberwindliche Barrieren zwischen uns und der klassischen Vergangenheit oder der orientalischen Gegenwart. Mit dieser Revolution verglichen, ist die Renaissance ein bloßes Gekräusel auf der Oberfläche der Literatur.«

Diese beredten Worte enthalten ein Element der Übertreibung. Franzosen im späten elften Jahrhundert waren nicht die ersten Menschen, die romantische Leidenschaft erlebten; dieses Gefühl fand schon in früheren Gedichten Ausdruck an so weit auseinanderliegenden Orten wie dem alten Ägypten und dem Deutschland des zehnten Jahrhunderts. Während aber solche Gedichte in früheren Perioden selten sind, vermehren sie sich im Europa des zwölften Jahrhunderts derart explosiv, daß das Phänomen nicht einfach als die Auswirkung einer größeren Anzahl noch vorhandener Manuskripte erklärt werden kann. Im Laufe des elften und zwölften Jahrhunderts lernte die aristokratische Gesellschaft – die höfische Gesellschaft –, die sexuelle Liebe, ihre Sehnsüchte und ihre Komplikationen als ein fesselndes und modisches Thema zu betrachten. Es war Teil einer breiteren und zutiefst wichtigen kulturellen Bewegung – religiös, theologisch und künstlerisch wie auch rein literarisch –, wodurch die Probleme des Innenlebens eines Individuums, die Folgerungen seines Geistes, die Forderungen seines Herzens für ebenso wichtig angesehen wurden wie sein äußerliches Betragen. Pierre Abélard konnte deshalb argumentieren, daß jene, die Christus kreuzigten, nicht gesündigt hätten, weil sie aufrichtig glaubten, daß sie richtig handelten. Christus selbst wurde am Kreuz eher wie ein Mensch in seiner Qual dargestellt denn als ein Gott in seiner Herrlichkeit. Diese Betonung der menschlichen Seite von Christus' Natur ging Hand in Hand mit einer wachsenden Verehrung seiner irdischen Mutter. Und in der Poesie der Troubadoure wurden andere Frauen der Gegenstand eines Anbetungskultes, obwohl dies eine in rein körperlichen Begriffen ausgedrückte Anbetung war.

Die Gewißheit des Liebenden, daß seine Liebe die Quelle alles Guten und Lohnenden in seinem Leben war – der Glaube, welcher den strahlenden lyrischen Liebesgedichten eines Bernard de Ventadour zugrunde lag, von denen einige am Hofe von Heinrich II. und Eleonore verfaßt wurden –, war ein Glaube, der der Frau als Partner des Mannes und manchmal, zumindest in diesem Zusammenhang, der dominierende Partner einen Rang einräumte, den sie vorher nicht besessen hatte. Wenn ein Ritter des zwölften Jahrhunderts in ein Turnier oder in eine Schlacht ritt, hoffte er, sich entweder seines Geschlechts oder seiner Dame würdig zu erweisen; früher hatte er nur an seine Ahnen gedacht. In der Romanze *L'Escoufle* aus dem späten zwölften Jahrhundert ist der gute Ritter »toujours amoureux, ce qui le rendait hardi« (immer verliebt, was ihn kühn machte). Er konnte ebenso gut tanzen wie kämpfen, und er konnte höfliche Konversation machen. »Wir werden noch in den Stuben der Damen von diesem Tag sprechen«, sagte der Graf von Soissons in der Schlacht von al-Mansurah. Nicht die Art von Bemerkung, die Roland gemacht haben würde. Selbst auf der materiellsten Ebene gab es einige Unterschiede im Status der Frauen. In diesem neuen Milieu wurde es Frauen häufiger gestattet, Besitz zu erben, als dies früher der Fall gewesen war, obgleich es unvermeidlich war, daß gerade die großen Erbschaften nach wie vor nach den Machtverhältnissen verteilt wurden. Die Ehe blieb weitgehend eine Institution, die Besitz von einer Familie auf eine andere übertrug – genauso wie Aquitanien zuerst den Capetingern und dann den Angevinern zufiel.

Für Orderic Vitalis, einen anglo-normannischen Mönch des frühen zwölften Jahrhunderts, schien die Liebesdichtung von Aquitanien und der Provence Zeugnis für die moralische Verderbtheit des Südens abzulegen. Orderics Haltung überrascht kaum. Die moralische Verderbtheit begann mit Eva, und die Haltung der Kirche gegenüber leidenschaftlicher Liebe war vollkommen feindselig. Noch in der Ehe war es sündhaft, im Sex Vergnügen zu suchen. Was die Sache noch schlimmer machte, war die erstaunliche Tatsache, daß viel Troubadourpoesie sich mit dem Ehebruch beschäftigte. In einem Gedicht sagte Wilhelm IX., daß eine streng bewachte verheiratete Frau eine ebenso schlechte Aussicht verheiße wie ein Mühlteich ohne Fische. Da jedoch Eheschließungen aus Gründen sozialen, politischen und finanziellen Vorteils erfolgten, war es kaum möglich, in ihnen Liebe zu finden und zu besingen. In der Praxis war natürlich auch die Gesellschaft des zwölften Jahrhunderts einer Doppelmoral unterworfen. Von den Männern wurde erwartet, daß sie untreu waren. Ein Chronist notierte mit Verwunderung, daß Graf Baldwin von Hennegau allein seine Frau liebe, und bemerkte, daß ein solches Betragen bei einem Manne selten zu finden sei. Andererseits rief die Untreue einer Frau wilde Reaktionen hervor. Als Graf Philipp von Flandern den Verdacht hegte, daß seine Frau mit Gautier de Fontaines Ehebruch begangen habe, ließ er den jungen Mann umbringen, indem er ihn an den Füßen in eine Senkgrube hängen ließ. Und nicht einmal im Land der Troubadoure waren die Ehemänner duldsamer. Als Aimar V., Vicomte von Limoges, argwöhnte, daß seine Frau und sein Onkel Archambaud von Comborn ein Verhältnis hatten, zog er gegen seinen Onkel ins Feld und führte seinen ersten Angriff ohne Warnung.

Das Frankreich südlich der Loire war zweifellos Entstehungsort der höfischen Liebe und ihrer Dichtung. Ebles von Ventadour, der einzige andere aus der Zeit Wilhelms IX. bekannte Troubadour, stammte aus dem Limousin, und die meisten herausragenden Liederschreiber der nächsten Generation – Cercamon, Marcabru, Jaufré Rudel, Bernard de Ventadour – lebten und wirkten innerhalb der Grenzen Aquitaniens. Als vier poitevinische Ritter von Richards angevinischem Großvater, Graf Gottfried Plantagenet, gefangengenommen wurden, erreichten sie ihre Freilassung durch das Komponieren und Singen eines Lobliedes auf ihren Feind. In der Geschichte der europäischen Musik ist das zwölfte Jahrhundert eine Schlüsselperiode, da die Einstimmigkeit des Gregorianischen Gesanges der Polyphonie wich – sehr zum Widerwillen konservativer Intellektueller wie Johanns von Salisbury, der sich sehr beklagte, über »den wollüstigen und weibischen Klang, durch liebkosende, einfallende und sich verflechtende Melodien erzeugt, eine wahre Sirenenharmonie«. Und in der Musik des zwölften Jahrhunderts gibt ein keinen berühmteren Ort als die Abtei von St. Martial in Limoges. Neben Kirchenmusik überleben auch viele der frühesten Troubadourreime mit ihren Begleitmelodien in den Manuskripten aus St. Martial.

In der gestaltenden Kunst war Limoges der große europäische Mittelpunkt für Emailarbeiten. An Bildhauerei ragen die herrlichen und kompliziert gemeißelten Fassaden der Kirche von Notre-Dame-la-Grande in Poitiers und der Kathedrale in Angoulême hervor. Vielleicht noch aufschlußreicher sind die erstaunlichen Bildwerke, welche die kleinen romanischen Kirchen der Saintonge schmücken, denn während die Fassaden der wichtigen Kirchen unter dem Patronat von Fürsten wie dem Herzog von Aquitanien oder dem Grafen von Angoulême sehr wohl die Arbeiten international berühmter Meister sein mögen, machen diese Dorfkirchen die Kraft einer rein lokalen Tradition vorzüglichen handwerklichen Könnens deutlich.

Das Herzogtum Aquitanien war nicht bloß die zivilisierteste Provinz in Frankreich, es war auch eine Region von großem Reichtum – das war auch nötig, um so viele Künstler zu ernähren. Der gelehrte englische Chronist Ralph of Diss beschrieb es in glühenden Worten: »Aquitanien fließt von Reichtümern vieler Arten über, wobei es andere Teile der westlichen Welt in einem derartigen Ausmaß übertrifft, daß Geschichtsschreiber es als eine der glücklichsten und blühendsten Provinzen Galliens betrachten. Seine Felder sind fruchtbar, seine Weinberge ertragreich, und seine Wälder wimmeln vor Wild. Von den Pyrenäen nordwärts wird die ganze Landschaft durch den Fluß Garonne und andere Wasserläufe bewässert. In der Tat sind es diese lebenspendenden Wässer (aquae), denen die Provinz ihren Namen verdankt.« Seine Hauptausfuhrartikel waren Salz und Wein. Salz, eine der unerläßlichen Zutaten des mittelalterlichen Lebens, wurde entlang der ganzen Atlantikküste des Herzogtums hergestellt. Die hauptsächlichen Abarten waren »Buchtsalz« aus der Bucht von Bourgneuf im Norden in der Mark zwischen Poitou und der Bretagne, das Salz von Brouage, gepfännt auf den geschützten Stränden hinter den Inseln von Oléron und Ré, und im fernen Süden das Salz von Bayonne. Was das zwölfte Jahrhundert angeht, sind wir jedoch viel besser über den rapide wachsenden Weinhandel informiert. Es sind reichliche Unterlagen für die Anpflanzung neuer Weinberge im Bordelais vorhanden, und sogar ein Poiteviner war bereit zuzugeben, daß Bordeauxwein von ausgezeichneter Qualität war, aber zu diesem Zeitpunkt lag die wichtigste Weinexportregion weiter nördlich in Aunis und der Saintonge. Ein feiner weißer Wein wurde um Niort, St. Jean d'Angély und La Rochelle produziert und dann von La Rochelle über das Meer verschifft. Die Kaufleute von La Rochelle brachen so erfolgreich in den englischen Markt ein, daß sie bald die einheimischen Weine aus dem Geschäft verdrängten. Im Grunde konnte der englische Wein, wie ein Verfasser des späten zwölften Jahrhunderts es ausdrückte, lediglich mit geschlossenen Augen und durch zusammengebissene Zähne getrunken werden.

Dieser wachsende Exporthandel war für den Herzog von Aquitanien von großer Wichtigkeit. Durch Schutz der Produzenten und Händler und durch Abgaben und Zölle konnte er davon profitieren – sogar doppelt, wenn er über die englischen und normannischen Häfen herrschte, über die der Wein importiert wurde. Diese Einnahmen, unbekannt und unkalkulierbar, wie sie sind, trugen dazu bei, den Herzog zu einem der reichsten und mächtigsten Fürsten in Westeuropa zu machen. Es ist irreführend, über Aquitanien so zu schreiben, als ob es ein riesiger feudaler Dschungel gewesen wäre, wo Vasallen gegen ihre Herren rebellierten, Neffen gegen ihre Onkel kämpften, alles in leidenschaftlicher Wildheit, die wenig oder gar keinen Raum für eine wirksame herzogliche Regierung ließ. Doch dies ist immer noch die Deutung, zu der Historiker in ihrer Beschreibung Aquitaniens neigen. Es ist leicht genug, auf berühmte Fehden hinzuweisen wie etwa jene zwischen Ebles II. von Comborn (im Limousin) und seinem Onkel Bernard, in deren Verlauf Ebles seine Tante vor Zeugen vergewaltigte und die damit endete, daß sein Onkel ihn kastrierte und ermordete. Doch solche sensationellen Einzelheiten zu verallgemeinern heißt sowohl den gesunden Menschenverstand wie die politische Geographie ignorieren. Es ist genauso unsinnig, wie die Macht der englischen Könige ausschließlich im Licht der ungewöhnlichen Vorfälle zu messen, die sich in ihren Feldzügen gegen Schottland ereigneten. Alle Fürsten mußten sich den Problemen stellen, die ferne und unruhige Grenzgebiete aufwarfen. Die verhältnismäßig friedlichen und gut regierten »Hausgrafschaften« des Herzogs von Aquitanien, von Poitiers nach Westen zum Meer bei Talmont, dann die Küste hinunter nach Bordeaux und das Tal der Garonne aufwärts bis nach Agen, umfaßten eine Fläche so groß wie Mittel- und Südostengland und schlossen einige der wohlhabendsten und kommerziell entwickeltsten Teile des gesamten Herzogtums ein. Ein besonderes Problem bestand in der Tatsache, daß Burgen im Besitz der Lusignan-Familie und insbesondere der Grafen von Angoulême zuzeiten die Landverbindungen mit den drei Verwaltungshauptstädten des Herzogs, den alten römischen und bischöflichen Städten Poitiers, Saintes und Bordeaux, behindern konnten. Diese Schwierigkeit war aber nicht unüberwindlich und rechtfertigt es nicht, den Herzog als ein politisches Leichtgewicht abzuschreiben. Herzog Guido-Gottfried von Aquitanien hatte durch den Einsatz seiner überlegenen finanziellen Mittel alle anderen Rivalen, die auf die Gascogne Anspruch erhoben, aus dem Feld geschlagen und überlistet. Die darauffolgende Schwerpunktverlagerung südwärts bedeutete, daß seine Nachkommen noch entferntere und deshalb belangloser erscheinende Gestalten für jene Historiker wurden, deren Blickfeld auf das anglo-normannische Reich zu beiden Seiten des Ärmelkanals beschränkt war.

Die Vermählung Heinrichs von Anjou mit Eleonore und seine Besteigung des Thrones von England zwei Jahre danach hatte unter einem einzigen Zepter Völker und Provinzen vereint, die einander kaum kannten. In dem Jahrhundert seit 1066 waren England und die Normandie zwei Teile einer einzigen politischen Gesellschaft geworden, eher verbunden als getrennt durch den Ärmelkanal, der Hauptstraße des anglo-normannischen Reiches. Männer und Frauen kreuzten mit Leichtigkeit von einer Seite auf die andere; viele wohlhabende Familien besaßen Ländereien sowohl in England als auch in der Normandie, und die Angehörigen der oberen Gesellschaftsschichten sprachen auf beiden Seiten die gleiche Sprache, normannisches Französisch. Sehr wenige Engländer lernten jedoch Aquitanien kennen; das ist der Grund, weshalb Ralph of Diss sich die Mühe machte, eine längere Beschreibung des Herzogtums und seiner Bewohner in seine Chronik einzubeziehen. Nur jene, für die Frömmigkeit oder Neugier ein ausreichender Antrieb war, eine Pilgerfahrt zu dem berühmten Schrein von Santiago de Compostela zu unternehmen auf Straßen, die sie durch Aquitanien führten, können überhaupt irgend etwas über das Land erfahren haben, welches die Bühne von Richards Leben werden sollte. Der Kult von Santiago Matamoros, St. Jakob dem Maurentöter, nahm das ganze zwölfte Jahrhundert hindurch an Popularität zu und begann, wie der Weinhandel, Bindeglieder zwischen England und dem Südwesten zu schmieden. Die reiche Klostergründung von Heinrich I. in

Reading, wo er beigesetzt wurde und wo Heinrich II. 1156 seinen erstgeborenen Sohn Wilhelm begrub, war St. Jakob geweiht. Obwohl seine Reliquiensammlung viele auserlesene Gegenstände wie zum Beispiel Stücke von Aarons Stab und die Vorhaut Christi enthielt, war die *pièce de résistance* (das herausragendste Stück) zweifellos der Arm von St. Jakob, von Richards Großmutter, der Kaiserin Matilda, ursprünglich aus Italien nach England gebracht. 1173 wurde ein Abt von Reading Erzbischof von Bordeaux, und 1181 stattete Heinrich II. ein Hospital von St. Jakob, gleichfalls in Bordeaux, mit einer Stiftung zugunsten armer Pilger aus.

Um die Mitte des zwölften Jahrhunderts waren die Pilger so zahlreich, daß sogar ein Reiseführer geschrieben wurde. Verfasser war ein Geistlicher, der Poitou gut kannte. Er riet Besuchern, welche Straßen sie nehmen sollten, und wies auf die Sehenswürdigkeiten hin, die sie sich unterwegs anschauen sollten. Einige von ihnen können immer noch besichtigt werden – zum Beispiel die Kirche von St.-Hilaire-le-Grand in Poitiers oder die kärglichere Kirche von St. Eutropius, der als ein Nachkomme von Xerxes von Persien galt, in Saintes. Andere sind verschwunden wie die reiche Abtei von St. Jean d'Angély, wo das Haupt Johannes des Täufers seit dem Zeitpunkt seiner Entdeckung in der Mitte des elften Jahrhunderts verehrt wurde. In Blaye am nördlichen Ufer der Gironde konnte der Pilger das Grabmal von Roland, dem Helden des *Chansons de Roland*, dem berühmtesten aller *chansons de geste*, betrachten. In Wirklichkeit war Roland in einem baskischen Hinterhalt am Paß von Roncesvaux getötet worden, aber in der Legende des zwölften Jahrhunderts starb er glorreich, indem er für die Christenheit in dem großen Krieg gegen die Ungläubigen stritt. Je mehr sich der Pilger den Pyrenäen näherte, desto tiefer drang er in eine Landschaft ein, in der fast jedes Wahrzeichen auf irgendeine Weise mit Roland in Verbindung stand. In der Abteikirche von St. Seurin in Bordeaux zum Beispiel konnte er Rolands Horn sehen, dessen Klang vielleicht Verstärkung nach Roncesvaux hätte rufen können, aber das zu blasen Roland, mehr auf seinen Ruhm als auf sein Leben bedacht, sich geweigert hatte, bis es zu spät war. In dieser Landschaft, welche Richard gut kennenlernte, muß die Vorstellung eines heiligen Krieges gegen die Sarazenen sehr real und immer gegenwärtig gewesen sein.

Der Führer vermittelte auch nützliche Informationen über die Leute, die in den Gegenden lebten, durch welche die Pilger zogen. In Poitou sind sie zäh und kriegerisch, geschickt im Umgang mit Lanzen und Bogen und Pfeilen, tapfer in der Schlacht, flink bei der Jagd, elegant in der Kleidung, stattlich, fähig, sich klar auszudrükken, großzügig und gastfreundlich. In der Saintonge jedoch sprechen sie auf bäurische Art. Im Bordelais ist die Sprache noch schlimmer. Was die Gascogner angeht, so sind sie geschwätzig, ausschweifend und schlecht gekleidet; obwohl sie viel zuviel essen und trinken, sitzen sie nicht an einem Tisch, sondern hocken um ein Feuer; sie benutzen alle dieselbe Tasse, und wenn sie sich schlafen legen, teilen sie alle dasselbe faulige Stroh, Herr und Herrin, Diener und alle übrigen. Die Basken und Navarresen sind den Gasconen sehr ähnlich – nur schlimmer. Sie alle essen aus einem großen Topf wie Schweine an einem Trog, und wenn sie reden, klingt es wie das Bellen eines Hundes. Wenn sie sich vor dem Feuer wärmen wollen, schämen sie sich nicht, ihre Kilts hochzuheben und ihre Geschlechtsteile zur Schau zu stellen. Sie behandeln ihre Frauen wie Maultiere, und sie treiben mit ihren Tieren Unzucht; in dieser Hinsicht sind sie tatsächlich so eifersüchtig, daß sie so weit gehen, ihren Stuten und Maultieren Keuschheitsgürtel anzulegen.

Es ist betrüblich klar, daß, je weiter der Autor nach Süden kam, in Gegenden, die ihm immer unvertrauter waren, seine Vorurteile immer ätzender wurden. Doch für die meisten Engländer und Normannen lag schon Poitou selbst im unbekannten Süden. Sogar die Pilger pflegten relativ wenig Erfahrungen zu machen, weil sie kaum jemals sehr weit von ihrer festgesetzten Reiseroute der Schreine und Herbergen abwichen; wie Touristen sahen sie nichts außer Denkmälern und Gasthäusern. Auf diese Weise blieb Aquitanien ein entlegenes, unbekanntes Land, und seine Bewohner waren berühmt nur für ihren Wankelmut und ihre Tücke. Kein rechtschaffener Engländer konnte ihnen trauen.

3

Familienkrise 1167 bis 1174

Der Feldzug Heinrichs II. gegen Toulouse endete lediglich in Teilerfolgen, und er sollte niemals wieder eine Expedition dieser Größe ausrüsten. Das aber änderte seine grundlegende Politik in keiner Weise. Weit davon entfernt, die Hörner einzuziehen und in die Defensive zu gehen, fuhr er fort, Gelegenheiten zu weiterer Expansion ausfindig zu machen und auszunutzen. Gegen November 1160 hatte er beschlossen, daß Heinrich und Margarete alt genug seien, um verheiratet zu werden; Heinrich war jetzt fünf und Margarete drei. Sofort nach der Zeremonie wurden die Burgen des Normannischen Vexin vertragsgemäß übergeben – sehr zum Gram König Ludwigs. Die nächsten Ziele Heinrichs II. befanden sich an seinen westlichen Grenzen. Mit Ausnahme der keltischen Gebiete von Wales und der Bretagne, über die er nur eine lose Oberherrschaft ausübte, kontrollierte er bereits den größten Teil der Seeküste von Nordwesteuropa, und er war entschlossen, diesen Ausnahmen ein Ende zu bereiten. Zu Beginn der 1160er Jahre hatte er wenig Erfolg damit, die walisischen Fürsten seinem Willen zu beugen, und ein größerer Invasionsversuch im Juli 1165 war durch schlechtes Wetter vereitelt worden. In der Bretagne dagegen entwickelten sich die Dinge sehr nach Plan. 1166 marschierte er gegen die bretonische Hauptstadt Rennes, setzte Herzog Conan ab und übernahm das Herzogtum im Namen von Conans minderjähriger Tochter und Erbin Konstanze. Die einleuchtende Konsequenz war, eine solch wichtige Erbin mit einem seiner Söhne zu verloben, und die Tatsache, daß er seinen dritten Sohn, Gottfried, auswählte, zeigt, daß Richard noch immer zum künftigen Herzog von Aquitanien bestimmt war.

Im nächsten Jahr, 1167, reiste König Heinrich in den Süden, um die Fastenzeit in einem seiner Lieblingsklöster, Grandmont im Limousin, zu verbringen. Dort traf er seinen alten Feind Raimund V. von Toulouse, der sich vor kurzem von seiner Gattin, der Schwester Ludwigs VII., hatte scheiden lassen und verständlicherweise neue Freunde benötigte, wenn er dem capetingischen Verdruß mit Gleichmut begegnen wollte. Wir sind nicht unterrichtet, was genau in Grandmont vereinbart wurde; wir wissen lediglich, daß es Ludwig nicht gefiel. Möglicherweise bot Graf Raimund an, Heinrich zu huldigen und Toulouse als ein Lehen des Herzogtums Aquitanien zu behalten. Wenn dem so ist, hatte Heinrich II. nun durch Diplomatie das erreicht, was er acht Jahre zuvor durch die teureren Mittel des Krieges vergeblich zu erlangen versucht hatte. Jacques Boussard, der führende französische Historiker des Angevinischen Reiches, glaubte immerhin schreiben zu dürfen, daß Heinrichs Autorität nun bis ans Mittelmeer reichte! Unzweifelhaft ist, daß während dieser Jahre Heinrichs Macht sich immer noch vermehrte, obgleich die meisten modernen Verfasser dazu neigen, den falschen Eindruck eines Königs zu erwecken, der völlig von dem peinlichen englischen Problem des Streites mit Thomas Becket in Anspruch genommen wurde. In Wirklichkeit war dies keineswegs der erschütternd wichtige Streit, als der er hinterher Leuten erschien, die im Schatten des Mordes an Becket lebten und schrieben. Er war natürlich ein Ärgernis, und dies besonders nach 1166, als Becket auf dem Territorium von König Ludwig Zuflucht suchte, wodurch er der immer zerbrechlichen Beziehung zwischen den zwei Königen ein weiteres Reizmittel hinzufügte. Heinrich war jedoch besorgter über den politischen Widerhall seines Vorrückens auf dem Kontinent als über die Schwierigkeiten mit der Kirche von Canterbury.

Im Frühling 1167 führte er eine Armee in die Auvergne, direkt an der Ostgrenze von Aquitanien, um das Land des Grafen Wilhelm von der Auvergne zu verheeren, der anscheinend seinen Neffen, den jungen Grafen, enteignet hatte. Als Herrscher von Aquitanien erachtete Heinrich es als seine Pflicht, eine Schlichtung zu erzwingen, aber in früheren Jahren hatte Ludwig VII. einiges Interesse an dieser Region bekundet, die an der Straße zwischen Paris und Toulouse lag. Er sah diese Demonstration aquitanischer Autorität so kurz nach dem Treffen von Grandmont mit Widerwillen, und als Graf Wilhelm sich an ihn um Hilfe wandte, reagierte er durch einen Überfall auf den Vexin, um Heinrich in den Norden zu ziehen. Gleichzeitig sah Heinrich sich einem Aufruhr einer Gruppe des bretonischen Adels konfrontiert, die durch seinen willkürlichen Umgang mit ihrem Herzogtums aufgeschreckt war. Unter diesen Umständen lag es nicht in Heinrichs Interesse, Ludwig allzu hart zu bedrängen, denn der Capetinger konnte jederzeit zurückschlagen, indem er den unzufriedenen Elementen innerhalb des Angevinischen Reiches Unterstützung gewährte. Außerdem dachte Heinrich mehr und mehr an die Zukunft seiner Dynastie und seiner Länder. Er wünschte, eine Familienregelung zu treffen, keine leichte Sache bei so vielen Kindern und derart ausgedehnten Territorien. Da aber jedes Arrangement der Zustimmung Ludwigs VII. bedurfte, um gültig zu sein, mußte er irgendwie zu einer Einigung mit dem französischen König kommen – trotz Toulouse, trotz der Auvergne, trotz Becket. Er kannte Ludwigs Sorge um das Heilige Land – 1147 hatte dieser das französische Heer in den zweiten Kreuzzug geführt – und ließ deshalb verbreiten, alles, was er wirklich tun wolle, sei, sein eigenes Haus in Ordnung zu bringen, angemessene Vorkehrungen für seine Kinder zu treffen und dann in Begleitung seines Herrn zum Kreuzzug aufzubrechen. Heinrichs Planung ging immer noch davon aus, daß sein ältester Sohn all jene Länder in Besitz nehmen sollte, die er selbst von seinem Vater und seiner Mutter ererbt hatte, d.h. Anjou, Maine, die Normandie und England, während Richard das Land, welches Heinrich kraft seiner Heirat mit Eleonore zugefallen war, Aquitanien, erhalten sollte. Es fiel niemandem ein, daß das Reich als eine einzige politische Einheit fortbestehen könnte oder daß es dies eigentlich tun sollte. Was zählte, war nicht die territoriale Integrität des Reiches, sondern der rechtmäßige Anspruch eines jeden Familienmitgliedes.

Doch dann, Anfang 1168, brach ein neuer Aufstand los, der mit Heinrichs Nachlaßregelung kollidierte. Da es sich um eine Empörung in Aquitanien handelte, war sie für Richards Zukunft doppelt bedeutsam. Was hinter der Rebellion steckte, ist ganz und gar nicht klar, obwohl Geschichtsschreiber behaupten, daß sie eine Reaktion auf Heinrichs zentralistische Politik war, die die Traditionen der lokalen Autonomie niederriß und fortschrittlichere anglo-normannische Regierungsmethoden einführte. Es mag so sein, aber überzeugendes Beweismaterial für eine derartige Politik Heinrichs fehlt leider. Das einzige, was mit einiger Sicherheit gesagt werden kann, ist, daß die Revolte von zwei Familien angeführt wurde, die eine große Rolle in der aquitanischen Politik der nächsten Generation spielen sollten, zwei Familien, die Richard genau kennenlernen würde: das Haus Lusignan und das Haus Angoulême. Die Ländereien und Burgen, die den Taillefer-Grafen von Angoulême und ihren Vasallen in Jarnac, Bouteville, Archiac, Barbezieux und Montignac sowie in Angoulême gehörten, lagen an den Straßen, welche die Zentren der herzoglichen Macht in Poitiers und Saintes mit Bordeaux verbanden. Die Ländereien und Burgen, die den Lusignans und ihren Vasallen in Couhé, Vouvant, Château-Larcher und Frontenay sowie in Lusignan gehörten, lagen an den Straßen, welche Poitiers mit Saintes und dem neuen und aufblühenden Hafen von La Rochelle verbanden. Die Fakten der politischen Geographie sind allein ausreichend, um darauf schließen zu lassen, daß es viele Gelegenheiten gegeben haben mag, bei denen der Herzog von Aquitanien sich nicht mit den Taillefers und den Lusignans in Übereinstimmung befand. In der Tat waren Fehden mit diesen Familien ein Teil der politischen Diät der Herzöge des frühen zwölften Jahrhunderts, obwohl weder von Eleonores Vater noch von ihrem Großvater angenommen werden kann, »anglo-normannische Regierungsmethoden« eingeführt zu haben.

1168 waren die Lusignans keineswegs so reich oder mächtig wie die Grafen von Angoulême, die eigentlich ein unabhängiges Fürstentum im Herzen von Aquitanien regierten, und doch war es Lusignan, welches das Sturmzentrum der Revolte gewesen zu sein scheint. Dies mag König Heinrichs unmittelbarere Besorgnis über Rebellen widerspiegeln, deren Hauptfestung nur fünfzehn Meilen südwestlich von Poitiers stand, oder es mag sein, daß Graf Wilhelm von Angoulême von der kraftvolleren Persönlichkeit des neuen Hauptes des Hauses Lusignan, Gottfried de Lusignan, überschattet wurde. 1168 stand Gottfried an der Schwelle einer langen und turbulenten Laufbahn, welche ihm einen strahlenden Ruf als Ritter sowohl in Europa als auch auf dem Kreuzzug einbringen und ihm helfen sollte, seine Dynastie aus den Rängen der Barone von Poitou herauszuheben und ihr einen Platz unter den führenden Fürsten der Christenheit einzuräumen. Zu diesem Zeitpunkt aber waren die Lusignans Heinrich II., nun auf der Höhe seiner Macht, nicht gewachsen. Sie mußten zuschauen, wie er ihre Liegenschaften zusammen mit denen ihrer Anhänger verwüstete und ihre große Burg von Lusignan einnahm und schleifte. Lediglich die Tatsache, daß Heinrich so vielen anderen Ansprüchen an seine Energie und seine Mittel gerecht werden mußte, ermöglichte es ihnen, zu überleben. Im März wurde er von der Nachricht in den Norden gerufen, daß die Verhandlungen mit Ludwig VII. ein kritisches Stadium erreicht hätten. Der französische König hatte sich vorläufig zu einer Übereinkunft bereit erklärt, und Heinrichs Anwesenheit war erforderlich, um sie zu ratifizieren. Die Bedingungen enthielten Klauseln, die Richard als designierten Herzog von Aquitanien anerkannten und eine Verlobung zwischen ihm und Ludwigs Tochter Alice vorsahen. Nichts wurde über Toulouse gesagt, obwohl die capetingische Linie hierzu klar war: Die Frage würde erst durch ein Urteil im Gerichtshof des Oberlehnsherrn, mit anderen Worten im Gerichtshof von König Ludwig entschieden werden.

Bevor er in den Norden zog, um den französischen König zu treffen, hatte Heinrich Poitou in den Händen seiner Königin Eleonore zurückgelassen, mit einem erfahrenen Hauptmann, Earl Patrick von Salisbury, als militärischem Berater an ihrer Seite. Die Rebellen ergriffen die Chance, um in großer Zahl nach Lusignan zurückzukehren und mit dem Wiederaufbau zu beginnen. Als Heinrich davon hörte, kehrte er wieder um, nachdem er einige seiner Beamten angewiesen hatte, die Verhandlungen mit Ludwig fortzusetzen. Der französische König scheint dies als eine Beleidigung empfunden zu haben, und wenn er nicht schon vorher mit den poitevinischen Rebellen Kontakt gehabt hatte, so ergab sich das sehr bald danach. Er traf ihre Abgesandten in Bourges. Ein Bündnis war rasch geschmiedet. Beide Parteien vereinbarten, keinen Frieden ohne die Zustimmung der anderen zu schließen. Ludwig versprach, den Poitevinern zu helfen, ihre Verluste auszugleichen, während diese als Garantie dafür, daß sie ihren Teil des Vertrages einhalten würden, Geiseln stellten.

Anfang April war Heinrich noch immer vor allem darauf bedacht, seine Familienregelung zu sichern, und deshalb bereit, sich mit den Poitevinern gütlich zu einigen. In der Zwischenzeit aber hatte Ludwig einen Schritt rückwärts getan, indem er seine Zustimmung zur Verlobung von Richard und Alice zurückzog. Während diese Gespräche an der normannischen Grenze fortgesetzt wurden, endete ein Zusammenstoß zwischen Männern von Gottfried de Lusignan und von Earl Patrick mit dem Tod des Earls. Die Kriegführung im zwölften Jahrhundert war so ziemlich wie das In-den-Streik-Treten im zwanzigsten: Es war eine Methode, wirtschaftlichen und finanziellen Druck auf den Gegner auszuüben – es war nicht beabsichtigt, ihn umzubringen. Man hoffte, ihn, indem man seine Felder, Obstgärten und Weinberge verheerte, zu zwingen, einem Vorschlag Gehör zu schenken, welchen er sonst zu ignorieren geneigt war; durch militärische Mittel sollte er zu einer Einigung genötigt werden. Ein bedauerlicher Nebeneffekt solcher Auseinandersetzungen war es, daß das Volk, vor allem die Bauern, darunter litt – Dörfler sahen ihr Heim und ihren Lebensunterhalt vernichtet, sie wurden verletzt oder gelegentlich sogar getötet, aber wie sonst war ihr Herr zur Vernunft zu bringen oder zum Schiedsspruch außer durch den ökonomischen Druck. Nur wenn es einen mächtigen König, eine wirkungsvolle Zentralgewalt gab, bot sich ein anderer Weg, Streitigkeiten zu beenden, und aus diesem Grund war die Kirche im allgemeinen für einen König, der eine starke Regierung schaffen konnte. Das Auftauchen der Zentralgewalt in der europäischen Geschichte ist eine als »Fortschritt« etikettierte Bewegung – und so ein »Fortschritt« ist offensichtlich eine gute Sache, wenn man Freunde in der Regierung hat. An Orten wie Poitou versuchten indessen Adlige, ihre Meinungsverschiedenheiten dadurch beizulegen, daß sie in den Krieg zogen. Doch obwohl das Kriegführen eine Routineangelegenheit im Leben eines aktiven Edelmannes war, geschah es sehr selten, daß jemand dabei umkam, teils, weil ein Adliger im Kampf seine kostspielige und wirksame Rüstung anlegen konnte, seinen Helm und seinen Harnisch, und teils, weil seine Gegner nicht versuchten, ihn zu töten – falls er das Pech haben sollte, ihnen ausgeliefert zu sein, zogen sie es vor, ihn gefangenzunehmen und Lösegeld für ihn zu fordern. Dies übte finanziellen Druck auf seine Freunde und seine Familie aus und war sehr einträglich. Tote Männer zahlten kein Lösegeld. Im Krieg waren es nur die Armen, von denen erwartet wurde, zu sterben, und so kam für jedermann der Tod des Earls Patrick als ein großer Schock. Die Poiteviner behaupteten, daß sie angegriffen worden seien, während Friedensgespräche im Gange waren, und daß sie, obwohl sie sich natürlich verteidigt hätten, gewiß nicht beabsichtigt hatten, den Earl zu töten. Die Gefolgsmänner des Earls aber – und unter ihnen war sein junger Neffe Wilhelm Marshal – erzählten eine ganz andere Geschichte. Sie berichteten, daß er unbewaffnet aus dem Hinterhalt überfallen und durch einen Stoß in den Rücken umgebracht worden sei. Wilhelm, obgleich selbst ohne Helm, kämpfte wie ein Löwe, um den Tod seines Onkels zu rächen, wurde aber schließlich durch das zahlenmäßige Übergewicht sowie durch einen weiteren Schwerthieb von hinten überwältigt und gefangengenommen. Noch Jahre später war ihm dieses Abenteuer lebhaft in Erinnerung. Heinrichs Zorn fürchtend, hielten sich Wilhelms Bewacher im Waldland verborgen und bewegten sich verstohlen von einem Versteck zum anderen, während sie Wilhelm mit seiner unverbundenen, blutenden Wunde mitschleppten. Die ganze Episode hinterließ tiefe Spuren in Wilhelms Gedächtnis. Für ihn waren die Poiteviner treulose Verräter und sollten es stets bleiben.

Der Tod von Earl Patrick unter diesen verworrenen und möglicherweise skandalösen Umständen führte unvermeidlich zu Verbitterung auf beiden Seiten und machte den Abschluß eines Friedensvertrags noch schwieriger. Eine weitere Konferenz in La Ferté-Bernard im Juli 1168 trat in einer Atmosphäre gegenseitigen Argwohns zusammen und löste sich ergebnislos auf. Für einen künftigen Herzog von Aquitanien stellte die Präsenz von Abgesandten aus der Gascogne sowie aus Poitou, der Bretagne, Wales und Schottland im französischen Lager einen zusätzlichen Grund zur Besorgnis dar. Beide Teile seines Herzogtums schienen sich nun in einem Zustand der Unruhe zu befinden. Vielleicht war es zu diesem Zeitpunkt, daß ein mit den poitevinischen Rebellen verbündeter Geistlicher ein Dokument vorlegte, welches nachweisen sollte, daß Heinrich und Eleonore sich innerhalb der verbotenen Grade der Blutsverwandtschaft befänden und ihre Ehe deshalb ungültig sei. Der Krieg mit Frankreich dauerte die ganze zweite Hälfte von 1168 über an. Wie gewöhnlich scheint Heinrich in seinen Händeln mit Ludwig VII. die Oberhand behalten zu haben. Er war viel reicher als Ludwig und im Gegensatz zum französischen König in der Lage, große Söldnerheere zu dingen und dessen führende Vasallen, die Grafen von Flandern, Boulogne und Blois zum Beispiel, auf Neutralität zu verpflichten, indem er ihnen beträchtliche Pensionen zahlte. Die Gegensätze zwischen den beiden Königen wurden von Ludwig selbst betrübt anerkannt in einer Bemerkung, die uns Walter Map überliefert hat:

»Dein Herr, der König von England, leidet an nichts Mangel, hat Männer, Pferde, Gold, Seide, Juwelen, Früchte, Wild und alles andere. Wir in Frankreich haben nichts als Brot und Wein und Fröhlichkeit.«

Map fügt hinzu, daß er diese Äußerung notierte, »denn es war fröhlich gesagt und wahrheitsgetreu«.

Endlich, im Januar 1169, wurde in Montmirail Frieden geschlossen. Heinrich II. erneuerte seinen Lehnseid an Ludwig, und ihm schlossen sich seine zwei älteren Söhne an: Heinrich für die Normandie, Anjou und Maine, Richard für Aquitanien. Die Verlobung von Richard und Alice wurde endgültig bestätigt; sie sollte ihrem Verlobten ohne Mitgift folgen. Wo Richard sich während dieser Jahre militärischer und diplomatischer Manöver aufhielt, wissen wir nicht, aber wir können vermuten, daß er bei seiner Mutter in dem ihm versprochenen Aquitanien war. Sein Vater wird mit dem Frieden von Montmirail sehr zufrieden gewesen sein. Er hatte zwar zustimmen müssen, sich mit den poitevinischen Rebellen auszusöhnen und die Verluste zu ersetzen, welche sie seit Beginn des Krieges erlitten hatten, aber König Ludwig fehlten letztlich die Mittel, die Erfüllung dieses Versprechens zu erzwingen. Der französische König hatte, ob er es nun wollte oder nicht, effektiv seine Verbündeten im

Stich gelassen. Heinrich hatte sein Haus in Ordnung gebracht, dachte aber nicht daran, nun zum Kreuzzug aufzubrechen. Statt dessen war er nach wie vor fest entschlossen, die Rebellen zu bestrafen. Seiner etwas eigenwilligen Auslegung nach stand es ihm frei, sich gegen sie zu wenden, da er und sie keinen Friedenskuß ausgetauscht hatten. Ludwig VII. konnte, nachdem er Heinrich zugestanden hatte, was dieser wollte, wenig dagegen unternehmen.

Den Frühling und Frühsommer von 1169 verbrachte Heinrich damit, im Süden viele der Burgen, von welchen aus die Rebellen seiner Autorität getrotzt hatten, zu erobern und zu schleifen. Die Grafen von Angoulême und La Marche unterwarfen sich, während einer ihrer Verbündeten, Robert de Seilhac, weitverbreiteten Gerüchten zufolge in Heinrichs Kerker starb. Trotz der Tatsache, daß Richard und sein älterer Bruder König Ludwig VII. für ihre Länder gehuldigt hatten, war offenbar, daß ihr Vater in keiner Weise auf die Herrschaft verzichtet hatte.

Dann aber, im August 1170, wurde Heinrich II. ernsthaft krank. Da er glaubte, daß sein Tod bevorstände, bestätigte er die in Montmirail getroffenen territorialen Verfügungen und bat, im Kloster von Grandmont im Limousin begraben zu werden. Aber gegen seine Erwartungen genas er wieder und unternahm eine Pilgerfahrt zum Schrein von Rocamadour in der Quercy. Die Heirat seiner Tochter Eleonore mit Alfonso VIII. von Kastilien, eine geplante Kampagne in die Auvergne, eine Forderung, daß das Erzbistum Bourges dem Herzogtum Aquitanien einzuverleiben sei, zeigen, daß die südlichen Teile seiner Dominien in diesen Monaten für ihn weiterhin im Vordergrund standen. Selbst nach der Ermordung von Thomas Becket in dessen eigener Kathedrale in Canterbury am 29. Dezember 1170 gab es Kirchen in Aquitanien, die sich noch immer an Heinrich um Hilfe und Schutz wandten. Im März 1171 baten die Mönche von St. Martial zu Limoges, wenn auch vielleicht in einiger Verlegenheit, um Unterstützung gegen den Grafen Audebert von La Marche. Heinrich gewährte die Hilfe, und der Graf wurde in seine Schranken gewiesen.

Bald nach diesem Vorfall taucht Richard aus der Dunkelheit auf, die seine Handlungen in den zwei Jahren umhüllt hatte, die vergangen waren, seit er huldigend in Montmirail kniete. Wo er erscheint, sehen wir ihn in Gesellschaft seiner Mutter. Er und Eleonore legten 1171 zusammen den Grundstein für das Kloster von St. Augustine in Limoges. Und endlich, im Juni 1172, als er vierzehn Jahre alt war, kam der große Tag, an dem Richard formell als Herzog von Aquitanien eingesetzt wurde. In der Abteikirche von St. Hilary in Poitiers, wo vier Jahre zuvor der Earl Patrick von Salisbury bestattet worden war, nahm er auf dem Stuhl des Abtes Platz, um aus den Händen des Erzbischofs von Bordeaux und des Bischofs von Poitiers die heilige Lanze und das Banner, welche die Insignien seines herzoglichen Amtes darstellten, zu empfangen. Von dort zog er nach Limoges weiter und wurde da erneut zum Herzog proklamiert in einer Zeremonie, die der Limousiner Chronist Gottfried von Vigeois bezeugt, der zu jenem Zeitpunkt einer der Mönche von St. Martial war. Die Inthronisierung erreichte ihren Höhepunkt, als Richard der Ring der heiligen Valerie an den Finger gesteckt wurde. In der Legende des zwölften Jahrhunderts war Valerie eine Märtyrerheilige, die Aquitanien verkörperte, und ihre Geschichte, wie sie in Limoges erzählt wurde – wo sie gelebt hatte und gestorben war und wo ihr »tausend Jahre alter« Leichnam aufbewahrt wurde –, sollte vor allem nachweisen, daß Limoges älter und verehrungswürdiger als Poitiers sei. Drei Jahre früher hatte Richard in Montmirail König Ludwig gehuldigt, aber nun, da er den Ring der heiligen Valerie trug, konnte er behaupten, daß er sein Herzogtum in unauflöslicher Vereinigung mit dem Volk von Aquitanien und der über ihm wachenden Heiligen hielt. Die beiden Zeremonien in Poitiers und Limoges waren ein ritueller Ausdruck für die *De-facto-*Unabhängigkeit Aquitaniens vom König von Frankreich. Zugleich aber konnte ihr Sinn auch so aufgefaßt werden, daß Richards Recht auf sein Herzogtum nun unabhängig vom Willen seines Vaters war. Was immer auch die symbolische Bedeutung dieser Zeremonien gewesen sein mag, in der politischen Praxis hielt Heinrich die Zügel der Macht nach wie vor in Händen.

Es muß in diesen Jahren gewesen sein, daß Heinrich II. und Eleonore sich einander zunehmend entfremdeten. Ihr letzter Sohn, Johann, wurde im Dezember 1167 geboren. Die – freilich bruchstückhaften – Zeugnisse aus dieser Zeit geben keinen Hinweis auf ein Zusammentreffen der beiden in mehr als zwei Jahren, zwischen Herbst 1170 und Winter 1172, als sie ihren letzten gemeinsamen Weihnachtshof in Chinon hielten. Heinrich blieb die entscheidende Instanz, aber es hat den Anschein, als ob Eleonore das Überwachen der alltäglichen Leitung ihres Herzogtums und effektiv die alleinige Verantwortung für ihren zweiten Sohn überlassen worden sei. Es ist gesagt worden, daß am Hof von Poitiers »die *Jeunesse dorée* [goldene Jugend] von Poitou und Aquitanien eine Luft atmete, die zu einer Legende vom Rittertum zu gehören schien«. Hier gab es Musik und Tanz, Turniere und Troubadoure, Gespräche über fahrende Ritter und höfische Liebe. Im Mittelpunkt dieses fröhlichen Hoflebens stand die Gestalt der Eleonore, »alles rings um sich herum dominierend durch jenes geistige Strahlen, jene Liebe zur Literatur und geschliffenen Sprache, welche sie auszeichneten«. Alles in deutlichem Kontrast zu dem nüchternen Hof Heinrichs II., wo Juristen und Administratoren ihre Abende mit Diskussionen um den Wortlaut des neuesten königlichen Erlasses zubrachten.

Einige Literaturhistoriker sind sogar noch weitergegangen und haben nahegelegt, daß die höfische Liebe viel mehr war als bloß eine modische und angenehme Art, sich die Zeit zu vertreiben. Sie sehen in ihr eine revolutionäre und subversive moralische Doktrin. Die für die Gattin eines anderen Mannes empfundene Liebe zu glorifizieren hieß die zeitgenössischen Begriffe von Gehorsam und Autorität zu verhöhnen, sowohl die Autorität der Kirche als auch die des Gatten. Durch das Unterminieren dieser beiden Bastionen der männlichen Welt bedrohte die höfische Liebe praktisch die gesamte soziale Ordnung. Die Historiker, die dieser Meinung anhängen, haben Eleonore und ihre älteste Tochter, Marie, Gräfin von Champagne (1140–1198), als die Patroninnen dieser gefährlichen Bewegung identifiziert. Die zeitgenössischen Gerüchte, daß Eleonore eine Ehebrecherin gewesen sei, legte nahe zu glauben, daß sie predigte, was sie praktizierte. Marie soll eine häufige Besucherin am Hof ihrer Mutter in Poitiers gewesen sein, und sie soll den größten Dichter in Frankreich, Chrétien de Troyes, mitgebracht haben. Unter Chrétiens Werken befand sich eine auf Maries Wunsch hin geschriebene Romanze, *Lancelot*, welche einen Mann zum Helden hatte, der eine unerlaubte Liebschaft mit der Frau seines Herrn, König Arthur, hatte. Zudem scheinen Eleonore und Marie die zentralen Figuren in einer Abhandlung mit dem Titel *De Amore* zu sein, die Andreas, ein Kaplan am Hof von Champagne, zu Anfang der 1180er Jahre schrieb.

Diese gefeierte Abhandlung, gewöhnlich als »Die Kunst der höfischen Liebe« bekannt, ist der Ursprung für die Legende von den Liebesgerichtshöfen, Tribunalen, vor welche Liebende ihre Streitigkeiten bringen sollten, um Autoritäten in der Kunst der Liebe wie Eleonore von Aquitanien und ihre Tochter darüber entscheiden zu lassen. Ein solcher Disput wurde von Marie angeblich mit einem Urteil beigelegt, in dem sie behauptete, wahre Liebe könne zwischen Ehemann und Ehefrau nicht existieren. Niemand glaubt länger ernsthaft, daß Marie und Eleonore wirklich den Vorsitz über derartige Tribunale führten. Es wird angenommen, daß die Liebesgerichte eine Fiktion waren, ein intellektuelles Spiel. Aber es wird noch in weiten Kreisen geglaubt, daß es ein Spiel war, welches in Poitiers gierig gespielt wurde, wann immer Marie, ihr Kaplan Andreas und Chrétien de Troyes Eleonore besuchen kamen. Infolge dieser Annahme behält Eleonore ihren Platz als die Frau, welche vor allen anderen das neue soziale und kulturelle Muster der höfischen Liebe symbolisiert. Sie vertritt die Zivilisation des Südens, des *Midi*, der Heimat der Troubadoure, gegenüber der strengeren, rauheren, roheren Welt des Nordens, repräsentiert in diesem Bild durch ihren Gatten, den König des Nordwinds, dessen Autorität sie subtil untergräbt und gegen den sie bald in offener Rebellion aufstehen wird. So betrachtet, wurde die Spannung zwischen Richards Eltern nicht bloß durch einen Zusammenprall unterschiedlicher Temperamente ausgelöst, sondern durch den Konflikt zweier Kulturen. Eine komplexere und verwirrendere Umgebung für einen heranwachsenden Jugendlichen wäre schwer vorstellbar.

Wenn es wahr wäre. Das Problem liegt darin, daß die revidierte Fassung der Legende von den Liebestribunalen ebenso schlecht begründet ist wie die alte. Nirgends liegt ein Beweis dafür vor, daß die Gräfin Marie, Chrétien de Troyes und Andreas der Kaplan jemals den Hof von Poitiers besuchten. »Die Kunst der höfischen Liebe« wurde nicht vor etwa 1186 geschrieben, als Andreas wahrscheinlich bereits aus Maries Dienst ausgeschieden war. Die zwei Urteile, welche er Eleonore zuschreibt, machen deutlich, daß seine Absicht, zumindest in diesen Passagen, eher eine satirische war. Im ersten Fall traf Eleonore eine gerichtliche Entscheidung, die Ehen zwischen Blutsverwandten verdammte – von denen sie selbst zwei geschlossen hatte. Im zweiten Fall urteilte sie über das Problem einer Frau, die zwischen einem reifen Ritter von vollkommener Redlichkeit und einem wertlosen jungen Mann zu wählen hatte. Laut Andreas lautete Eleonores Urteil, daß eine Frau unklug handelte, wenn sie den Unwürdigeren wählte. Da Eleonore sich im Alter von dreißig Jahren von einem Gatten ihres eigenen Alters getrennt hatte, um einen Neunzehnjährigen zu heiraten, kann Andreas' Publikum kaum die Ironie entgangen sein, besonders wenn – was durchaus möglich ist – das Buch am französischen Königshof geschrieben wurde. Die Verneinung der Liebe in der Ehe seitens der Gräfin Marie wird auf den Mai 1174 »datiert« – das einzige Datum im ganzen Buch –; zu der Zeit wurde Eleonore als Gefangene ihres Gatten in der Burg von Chinon festgehalten. Und wenn Andreas' Absichten humoristisch und satirisch waren, können wir es uns dann leisten, zu glauben, daß die »neue Auffassung« von Liebe im Ehebruch zu jener Zeit ernsthaft vertreten wurde?

Genau das gleiche Problem der Ironie ist mit der Einschätzung von Chrétien de Troyes' *Lancelot* verknüpft. Aber der schwerwiegendste Irrtum an der modernen Legende von Eleonore von Aquitanien ist der zwischen ihr und ihrem Gatten gezeichnete Kontrast. Es stimmt, Eleonore war eine Mäzenin von Literatur und Kunst, aber das waren die meisten Fürsten und Heinrich II. ganz sicher auch. Künstler suchten häufiger seine Gunst als die seiner Frau, was kaum verwunderlich ist, weil er mehr Macht und Geld zu vergeben hatte. Doch selbst Bernard von Ventadour, der Poet der lyrischen Liebe, dichtete öfter für Heinrich als für Eleonore. Vielleicht sollte uns aber auch dies nicht überraschen. Obwohl die Gerüchte über die angeblichen Ehebrüche der Königin real genug waren und unter der Voraussetzung des vorherrschenden doppelten Maßstabs in sexuellen Angelegenheiten schockierender als die Geschichten von den Mätressen des Königs, so ist es trotzdem, falls einer der beiden je eine romantische Liebesaffäre hatte, wohl eher Heinrich als Eleonore gewesen. Noch 1191 war das Grabmal von Rosamund Clifford – Heinrichs »Schöner Rosamund«, die 1176 starb – mit Seide bedeckt und wurde von den Nonnen der Godstow-Abtei in Übereinstimmung mit den Bedingungen von Heinrichs Stiftung für ihr Kloster gepflegt. Die Legenden um Eleonore sind doppelt irreführend. Sie werden weder Heinrichs Interesse an der Literatur noch Eleonores Persönlichkeit gerecht. Denn es ist klar, daß sie eine außergewöhnliche Frau war, nur nicht in der Art der Legende. Die Legende muß weg – aber gleichzeitig müssen wir darauf achten, daß uns nicht auch die Königin abhanden kommt.

Was immer für Spannungen zwischen Heinrich und Eleonore bestanden, sie blieben dem öffentlichen Auge verborgen, als beide 1172 in Chinon ihren Weihnachtshof hielten. Der König, nun mit der Kirche versöhnt und formell von seiner Mitschuld an der Ermordung Beckets losgesprochen, wandelte auf seinen alten Pfaden der Familienpolitik und territorialen Expansion weiter. Seit 1171 hatte er mit Graf Humbert von Maurienne verhandelt. Sein jüngster Sohn Johann sollte mit der Tochter und mutmaßlichen Erbin des Grafen verlobt werden. Da Graf Humberts Ländereien alle Pässe in den westlichen Alpen kontrollierten, war es eine Heirat, die interessante, wenn auch ungewisse Aussichten eröffnete, und Heinrich war willens, eine stattliche Summe zu zahlen, um sie zu sichern. Im Februar 1173 traf er mit Humbert in Montferrat in der Auvergne zusammen, um die Einzelheiten der Verlobung endgültig festzulegen. Der Anlaß wurde sogar noch prächtiger gestaltet durch die Anwesenheit des Königs Alfons II. von Aragon und des Grafen Raimund V. von Toulouse, die ihn gebeten hatten, als Schiedsrichter ihren seit langem bestehenden Streit zu schlichten. Gerade zu der Zeit, als in Rom Papst Alexander III. sich anschickte, Thomas Bekket zu kanonisieren, schien das Prestige von Beckets altem Gegner seinen Gipfel zu erreichen. Heinrich lud die streitenden Parteien wie auch den König von Navarra an seinen Hof ein, den er Ende des Monats in Limoges abzuhalten plante, um der Welt zu zeigen, wie viele Fürsten es der Mühe wert fanden, sich dort vor ihm zu verneigen. Am 25. Februar 1173 kniete Graf Raimund im Kreise der Fürsten nieder und huldigte für seine Grafschaft Toulouse zuerst Heinrich II., dann seinem ältesten Sohn Heinrich und zuletzt Richard. Die Zeremonie schien dazu bestimmt, den Triumph der vereinigten angevinischen Familie über den alten Feind von Toulouse auszudrücken. Unter der prächtigen Fassade aber begannen Sprünge, das Mauerwerk zu schwächen.

Es fing an, als Graf Hubert von Maurienne seine Tochter der Obhut Heinrichs anvertraute und ihn fragte, welche Vorsorge er für ihren zukünftigen Gatten zu treffen beabsichtigte. Der fünfjährige Johann war natürlich bis jetzt noch ein Johann ohne Land. Die Frage rührte, in Kate Norgates Worten, »einen Ärger auf, der nie wieder ganz begraben werden sollte, bis das Kind, welches seine bis dahin unschuldige Ursache war, das Herz seines Vaters gebrochen hatte«. Heinrich II. erwiderte, daß Johann die drei Burgen von Chinon, Loudun und Mirebeau erhalten werde. Diese Zusage versetzte den jungen Heinrich in Wut. Er hatte in Montmirail für die Normandie und Anjou den Lehnseid geschworen, und er war 1170 zum König von England gekrönt worden. Er hatte jedoch niemals irgendwelche Ländereien zugewiesen bekommen, aus denen er sich und seine Königin ihrem Stande gemäß hätte unterhalten können. Er war jetzt achtzehn Jahre alt und wünschte, Herr im eigenen Haus zu sein. Im November 1172 hatte er seinen Schwiegervater an der normannischen Grenze getroffen, und es wurde angenommen, daß Ludwig VII. ihn gedrängt hatte, endlich zu verlangen, was ihm rechtmäßig zustand. Der junge König, wie er genannt wurde, muß gewußt haben, daß es nicht leicht sein werde, seinen Vater zu überreden, einen so großen Teil seiner Macht und seiner Einkünfte aufzugeben. Der »alte« König war schließlich noch keine vierzig. Der Vorschlag, Chinon, Loudun und Mirebeau einem Kind zu übertragen, war sicherlich lediglich ein Trick, der Heinrich II. einen Vorwand lieferte, diese drei wichtigen Burgen noch viele Jahre hindurch in Händen zu behalten. Der junge Heinrich als Graf von Anjou weigerte sich zornig, dem Plan zuzustimmen. Er verlangte statt dessen, daß ihm zumindest ein Teil seines Erbes sofort übergeben werde: England oder die Normandie oder Anjou. König Heinrich II. dachte nicht daran, und von da an konnten er und sein ältester Sohn nicht mehr miteinander reden, ohne zu streiten.

Heinrich II. hätte ein ungewöhnlich dummer Mann gewesen sein müssen, um nicht vorauszusehen, daß es zu Schwierigkeiten zwischen ihm und seinem Erben kommen mußte. Er hat aber wahrscheinlich das Ausmaß des Zerwürfnisses nicht richtig eingeschätzt. Graf Raimund kam insgeheim zu ihm und unterrichtete ihn davon, daß nicht nur Heinrich, sondern auch Eleonore und seine anderen Söhne sich gegen ihn verschworen hatten. Unter dem Vorwand einer Jagdgesellschaft verließ Heinrich hastig Limoges und gab Anweisungen, seine Burgen in Kriegsbereitschaft zu versetzen. Er zog dann nordwärts, wobei er seinen ältesten Sohn mitnahm. In Chinon jedoch entschlüpfte der junge König nachts, während sein Vater schlief, und floh an den Hof König Ludwigs. Erstaunlicherweise hatte Heinrich II. trotz der Warnungen des Grafen Raimund Richard und Gottfried in der Obhut ihrer Mutter gelassen. Er glaubte vermutlich, daß seine Gemahlin, obwohl sie sich einer kleinen Familienintrige gegen ihn vielleicht anschließen könnte, ihre Opposition nicht so weit zu treiben wünschte, daß es zum offenen Krieg kam – besonders, wenn dies sie in eine Allianz mit ihrem Exgatten hineinziehen würde. Was immer seine Überlegungen gewesen sein mögen, einer Sache können wir sicher sein: Er hatte sich schmerzlich geirrt. Eleonore schickte Richard und Gottfried zu deren Bruder an den Hof des französischen Königs, während sie selbst die Poiteviner zu den Waffen rief.

Das war eine erstaunliche Entscheidung. Daß eine Königin gegen den König, ihren Gatten, rebellierte, war etwas so Unglaubliches, daß nicht nur Heinrich II. die Warnungen des Grafen Raimund für übertrieben gehalten hatte. Als Ralph of Diss die alte und die moderne Geschichte nach Parallelen für die Revolte von 1173/1174 durchforschte, fand er mehr als dreißig Beispiele für gegen ihre Eltern rebellierende Söhne einschließlich einiger aus der jüngeren Geschichte sowohl Anjous wie auch Poitous, aber er zitiert keinen Fall einer Königin, die gegen ihren Gatten die Waffen erhob. In einem im Auftrag des Erzbischofs von Rouen von einem berühmten Rhetoriker, Peter von Blois, abgefaßten Brief wurde Eleonore daran erinnert, daß es die Pflicht einer Ehefrau sei, sich zu fügen, eine Ermahnung, der durch die Androhung kirchlicher Sanktionen Nachdruck verliehen wurde. »Denn wir wissen, daß Du, wenn Du nicht zu deinem Gatten zurückkehrst, die Ursache eines allgemeinen Verderbens sein wirst.« Englische Historiker des zwölften Jahrhunderts, die zu Eleonores Lebzeiten schrieben, waren verständlicherweise vorsichtig, als sie darangingen, Eleonores Rolle in dem Aufstand zu analysieren. Roger von Howden deutet an, daß hinter Eleonore die Gestalt eines Mannes stand, ihr Onkel, Ralph de Faye, der Seneschall von Poitou. Er war zweifellos ein einflußreicher Ratgeber. Bereits 1166 sagte Johann de Belmeis, Bischof von Poitiers, als er an Becket schrieb, von Eleonore: »All ihr Vertrauen ruht auf Ralph de Faye.« Er wurde zu den wichtigsten politischen Fragen hinzugezogen – den Verhandlungen über die Verheiratung der königlichen Kinder: der von Eleonore 1170 und der von Johann 1173. Angesichts der meisterhaften politischen Tätigkeit der Eleonore von Aquitanien in späteren Jahren scheint es jedoch überflüssig, nach einem Mann hinter dem Thron Ausschau zu halten. Es ist schwer vorstellbar, daß entweder Richard mit fünfzehn oder Gottfried mit vierzehn von einer Gestalt hinter den Kulissen zur Rebellion überredet wurden, wenn der Anstoß dazu nicht von ihrer Mutter kam.

Es war ihr eigener Entschluß, nicht der eines anderen. Aber er blieb für die modernen Historiker genauso verwirrend, wie er für die zeitgenössischen schockierend war. Einige Verfasser berichten, daß Eleonore durch Heinrichs Ehebrüche, die in seinem offenen Verhältnis mit Rosamund Clifford kulminierten, zur Empörung getrieben wurde. Dies heißt wiederum, späteren Legenden zu viel Gewicht beizumessen, welche Rosamunds Tod auf die Wut einer eifersüchtigen Königin zurückführen, die gemäß einer anderen Version der Geliebten des Königs die Augen ausriß oder nach einer weiteren ihr die Wahl zwischen Gift und dem Messer ließ. In jüngster Zeit ist dargelegt worden, daß ihre Revolte politisch motiviert war, daß sie ihren Groll darüber reflektierte, durch Heinrichs II. dominierende Persönlichkeit zur Bedeutungslosigkeit reduziert worden zu sein. Dies ist gewiß ein plausiblerer allgemeiner Hintergrund für den Konflikt, aber es erklärt nicht, weshalb Eleonore 1173 rebellierte und nicht zu irgendeinem anderen Zeitpunkt. Zweifellos hängt der Zeitpunkt mit der aufflammenden Unzufriedenheit des jungen Königs in Limoges zusammen, auch wenn der ein verhältnismäßig schwacher, untüchtiger junger Mann war. Warum also entschied Eleonore, daß dies der Augenblick war, um plötzlich einen Familienkonflikt auszulösen und das zu beginnen, was ein zeitgenössischer Dichter »la guerre senz amur«, den Krieg ohne Liebe, nannte? Es mag sein, daß etwas anderes, das in Limoges geschah, einen Hinweis hierauf gibt. Der von Raimund von Toulouse geschworene Treueid war ein großer Triumph für Heinrich II. – aber sah Eleonore es in diesem Licht? Als Herzogin von Aquitanien hatte sie den herzoglichen Anspruch auf Toulouse geerbt, doch in Limoges hatte Raimund nicht nur den Herzögen von Aquitanien gehuldigt, sondern auch dem jungen König. Bedeutete das, daß Aquitanien ständig dem Beherrscher des anglo-normannischen Reiches unterworfen sein würde? Das mußte Eleonores aquitanischen Stolz verletzen, auch kann es den poitevinischen Adeligen nicht gefallen haben. Einer von ihnen, Hugo von Chauvigny, soll, wie berichtet wird, alle Engländer gehaßt haben. Der Tod des Earls Patrick von Salisbury gab dem Groll auf beiden Seiten noch immer Nahrung.

Die Liste von Eleonores Vasallen, die sich ihrer Rebellion anschlossen, wird angeführt von Graf Wilhelm von Angoulême, Gottfried und Guido von Lusignan und deren Cousin Gottfried de Rancon, Herr von Taillebourg, und von Wilhelm, genannt »der Erzbischof«, Herr von Parthenay. Da Ralph de Faye ein Mitglied des Hauses der Vicomtes von Châtellerault war, bedeutet dies, daß alle führenden Barone von Poitou und dem Angoumois mit der einen Ausnahme des Vicomtes von Thouars – der vorher infolge eines Streites mit Eleonore schwer gelitten hatte – sich ihr zugesellt hatten. Ebenso auffallend ist aber die Tatsache, daß das übrige Aquitanien einschließlich so unruhiger Gegenden wie La Marche, des Limousin und der ganzen Gascogne sich praktisch aus dem Kampf heraushielt. Wir wissen, daß die Herren im Limousin in eine weitere

Runde der sich lang hinziehenden Fehde zwischen Vicomte Aimar V. und seinen Onkeln verstrickt waren. Es ist möglich, daß auch anderswo örtliche Interessen Priorität vor den Problemen der angevinischen Herrscherfamilie hatten.

Inzwischen hatten Richard und seine Brüder einem großen Hof beigewohnt, den Ludwig VII. im Frühling 1173 in Paris hielt. Dort hatten sie geschworen, keinen Frieden mit ihrem Vater zu schließen außer mit Zustimmung des Königs und der Barone von Frankreich. Für Richard war es das Jahr, in dem er das Mannesalter erreichte. Ludwig VII. schlug ihn zum Ritter. Eine gewaltige Koalition von Fürsten war versammelt, Wilhelm, König der Schotten, und die Grafen von Flandern, Boulogne und Blois, alle bereit, in Heinrichs Territorien einzufallen und auf die Unterstützung der über seine gesamten Dominien verstreuten Rebellen zählend. In dieser der größten Krise seiner Herrschaft blieb der alte König höchst besonnen, wartete in Ruhe darauf, daß seine Feinde ihre Karten aufdeckten, bevor er seine eigenen Streitkräfte in plötzlichen und kraftvollen Vorstößen einsetzte. Er benutzte vor allem seine immensen Geldmittel, um große Söldnerscharen zu dingen. Diese Soldaten waren allgemein als Brabancons (Brabanzonen) bekannt, aber manchmal auch als Naverresen oder Basken oder Deutsche, nicht so sehr, um ihre Herkunft anzuzeigen, als vielmehr, um die Tatsache auszudrücken, daß sie Ausländer waren und eine Sprache sprachen, die nicht verstanden wurde. Als Berufssoldaten waren sie für ihre Erbarmungslosigkeit sowohl im Gefecht als auch im Verwüsten der Landstriche weithin bekannt. Mit dieser äußerst schlagkräftigen Streitmacht in der Reserve erwartete er die Invasion.

Im Juli 1173 nahmen Richard und seine Brüder an einem Feldzug gegen die östliche Normandie teil, die unter dem Befehl von Philipp von Flandern stand. Bei der Belagerung von Drincourt jedoch wurde Philipps Bruder, Matthäus von Boulogne, durch einen Armbrustbolzen verwundet. Als er einige Tage darauf starb, brach Philipp den Feldzug ab. Falls dies Richards erste Kriegserfahrung war, so hatte sie eine ironische Ähnlichkeit mit seiner letzten. Auch weitere Angriffe verliefen im Sande, und gegen Herbst waren König Ludwig und die angevinischen Prinzen deprimiert genug, um

Friedensfühler auszustrecken. Auf einer Konferenz in Gisors unterbreitete Heinrich II. seinen Söhnen Friedensbedingungen. Richard bot er die Einkünfte aus Aquitanien an und die Kontrolle über vier Burgen; ähnliche Vorschläge wurden Heinrich und Gottfried vorgelegt. Er war willens, diese Bedingungen Schiedsrichtern vorzulegen, behielt sich aber auf jeden Fall die volle Macht und die Rechtsprechung in seinem Reich vor. Er war bereit, um Geld zu feilschen, aber nicht um Macht. Auf Anraten Ludwigs VII. lehnten die drei Brüder diese Vorschläge ab. Der Krieg ging weiter.

Anfang November führte Heinrich II. seine Brabanzonen in den Süden von Chinon und bedrohte die Ländereien von Ralph de Faye. Er eroberte die Burgen von La Haye, Preuilly und Champigny. Es war wahrscheinlich dieser Vorstoß, der Eleonore davon überzeugte, daß es an der Zeit war, sich mit ihren Söhnen zu treffen. In Männerkleidern machte sie sich auf den Weg nach Osten, wurde aber festgenommen – einige sagten, verraten – und zu ihrem Gatten gebracht. Es ist sehr gut möglich, daß Richard die Nachricht von der Gefangennahme seiner Mutter zu seiner ersten unabhängigen politischen Aktion ansporrnte. Bis zu diesem Punkt, immer noch erst sechzehn Jahre alt, war er nur eine Figur im Hintergrund geblieben, im Kielwasser seines älteren Bruders mitgezogen und beide von ihrem Beschützer, König Ludwig VII. von Frankreich, überschattet. Nachdem aber seine Mutter festgenommen worden war, war es an ihm, die Rebellion in Poitou in die Hand zu nehmen.

Sein erster Schritt war ein Marsch auf La Rochelle. Die Stadt hielt jedoch standhaft dem alten König die Treue und verschloß ihre Tore vor ihm. Ihre Bürger glaubten vermutlich, daß ihren Interessen besser gedient sei, wenn Heinrich gewänne, denn er war der Garant dafür, daß Poitou, England und die Normandie in einer Hand blieben, daß – mit anderen Worten – beide Pole des Handels von La Rochelle, Weinbauern und Weintrinker, in einem Reich vereinigt blieben. Es gab aber viele, die auf den phänomenalen Aufstieg der neuen Stadt eifersüchtig waren und die sie als einen Sündenpfuhl betrachteten, wo die *nouveaux riches* (Neureichen) in durch den Handel aufgehäuften Reichtümern schwelgten. Wenn La

Rochelle gegen Richard war, so war Saintes für ihn. Als 1150 die Bürger von La Rochelle den Bischof von Saintes um die Erlaubnis für den Bau einer neuen Gemeindekirche zur Aufnahme der wachsenden Zahl der Gläubigen gebeten hatten, wurde ihnen eine Absage zuteil. Am Ende mußten sie über den Kopf des Bischofs hinweg die gewünschte Genehmigung vom Papst einholen. Die alte Bischofsstadt der Saintonge, stolz auf ihre ehrwürdige Vergangenheit, ihr Kapitol, ihr Amphitheater und ihre römischen Wälle, blickte scheel auf den geschäftigen Eindringling und fürchtete, daß La Rochelles Gewinn ihr Verlust sein werde. Die Bischöfe von Saintes widersetzten sich den Forderungen ihrer Rivalin tatsächlich so erfolgreich, daß es La Rochelle nicht vor dem siebzehnten Jahrhundert gestattet wurde, eine eigene Kathedrale zu erbauen. Unter diesen Umständen war es nicht überraschend, daß Richard 1174, während sein Vater Poitiers belagerte, sein Hauptquartier in Saintes aufschlug und die Kathedrale in ein Waffenlager verwandelte.

Richard hatte, als er die Wichtigkeit von La Rochelle erkannte, ein gutes, wenn auch allzu ehrgeiziges strategisches Verständnis bewiesen, aber seinem Vater war er noch nicht gewachsen. Nicht nur, weil Heinrich II. die größeren Mittel besaß, er war auch fähig, seine Feinde durch die reine Geschwindigkeit seiner Truppenbewegungen zu überwältigen. Er kam in Saintes an, als Richard glaubte, daß sein Vater noch in Poitiers Pfingsten feierte, und nahm die Stadttore im Sturm. Richard und ein paar Anhänger flohen stromabwärts in die Burg Gottfrieds von Rancon in Taillebourg, während der Hauptteil der Truppen in die Kathedrale zurückgedrängt wurde, wo sie noch einige Tage aushielten. Im Interesse der Geschwindigkeit und Überraschung hatte Heinrich keinen Troß der Belagerungsmaschinen aus Poitiers mitgebracht, so daß Richard in der großen Festung von Taillebourg ziemlich sicher war, aber er hatte seine militärischen Vorräte sowie die sechzig Ritter und vierhundert Bogenschützen, die in Saintes gefangengenommen worden waren, eingebüßt. Also konnte er für den Rest des Sommers wenig gegen die Hauptleute unternehmen, die Heinrich in Aquitanien zurückgelassen hatte, als er seine Aufmerksamkeit erneut auf den Norden richtete. Richard kämpfte hartnäckig weiter, aber das Ende des

Bürgerkrieges war am 13. Juli gekommen, als Wilhelm der Löwe, König der Schotten, in Alnwick gefangengenommen wurde, nur einen Tag, nachdem – wie zahlreiche Chronisten herausstrichen – Heinrich öffentlich Buße getan hatte für jene unbedachten Worte, die zum Mord an Becket geführt hatten.

Der anhaltende Widerstand des jungen Herzogs von Aquitanien verzögerte den Fortgang der Friedensgespräche zwischen den Königen von England und Frankreich, aber am 8. September schlossen sie einen Waffenstillstand bis Michaelis (29. September), dessen Bedingungen Richard ausklammerten. Heinrich II., von allen anderen Belastungen frei, konnte sich nun auf die Unterwerfung Richards konzentrieren. Als sein Vater anrückte, trat Richard einen stetigen Rückzug an und wagte kein einziges Mal, sich ihm in offener Schlacht zu stellen. So tief sein Zorn war, als er hörte, daß Ludwig VII. und sein Bruder Heinrich ihn im Stich gelassen hatten, wußte er doch genau, daß damit seine Sache verloren war. Am 23. September trat er seinem Vater unter die Augen. Weinend warf er sich Heinrich zu Füßen, das Gesicht auf den Boden gedrückt, und bat um Vergebung. Sein Vater hob ihn auf und gab ihm den Friedenskuß. Auf diese Weise war Richard gezwungen, auf der Friedenskonferenz zu Michaelis in Montlouis zwischen Tours und Amboise wie seine Brüder weniger zu akzeptieren als das, was ihm im Herbst des vorhergehenden Jahres angeboten worden war: die Hälfte der Einkünfte aus Aquitanien, aber diesmal nur zwei Residenzen und offenbar unbefestigte. Finanziell behandelte Heinrich seine Söhne großzügig, aber er gab keinen Bruchteil seiner Macht aus den Händen. Ferner erwähnte der Vertrag von Montlouis Eleonore mit keinem Wort. Ihre Rebellion war der härteste aller Schläge gegen die Sache und den Stolz des alten Königs gewesen; und sie sollte entsprechend bestraft werden. Sie blieb Heinrichs Gefangene, solange es ihm beliebte.

4
Herzog von Aquitanien 1174 bis 1183

Eleonore ausgenommen, bedeutete der Vertrag von Montlouis im großen und ganzen eine Rückkehr zum *Status quo,* wie er fünfzehn Tage vor dem Ausbruch des Krieges bestand. Loyale Barone, die Ländereien und Burgen verloren hatten, erhielten sie zurück. Die meisten von Heinrichs Gefangenen wurden ohne Lösegeld freigelassen, und ihre Ländereien wurden ihnen zurückerstattet. Aber wie sehr er auch den Frieden ersehnte und mit dem Frieden eine Gelegenheit, die durch den Krieg bedingte schwere Inanspruchnahme seiner Schatzkammer auszugleichen, so hatte Heinrichs Milde doch ihre Grenzen. Rebellen mochten ihre Ländereien zurückbekommen, aber alle Befestigungen, die sie seit Kriegsbeginn errichtet hatten, mußten eingerissen werden. Das Endergebnis von Heinrichs Politik war, daß überall in seinen Dominien zerstörte Burgen zu sehen waren, weithin sichtbare Mahnmale der Macht des alten Königs, rebellische Barone zu strafen.

Aber es gab natürlich nicht nur Bestrafungen; für jene, die auf der siegreichen Seite gefochten hatten, gab es Belohnungen, vor allem für La Rochelle. Der Stadt wurde die *commune* gewährt, mit anderen Worten, sie erhielt die Rechte der Selbstverwaltung, und es wurde ihr gestattet, einen Bürgermeister zu wählen statt sich damit abfinden zu müssen, von einem königlichen Beamten regiert zu werden.

König Heinrich II. und seine Söhne feierten Weihnachten 1174 zusammen in Argentan. Dann sandte er Richard nach Aquitanien mit Befehlen, die über die Bedingungen des Vertrags von Montlouis deutlich hinausgingen. Die meisten Burgen sollten zwar in den Zustand zurückversetzt werden, in dem sie sich fünfzehn Tage vor

Kriegsausbruch befunden hatten, andere aber sollten dem Erdboden gleichgemacht werden. Heinrich mag es wohl wie eine vernünftige Art, zwei Fliegen mit einer Klappe zu schlagen, vorgekommen sein, die Rebellen zu züchtigen und gleichzeitig seinen kriegerischen zweiten Sohn nützliche Erfahrungen sammeln zu lassen. Vielleicht gefiel ihm auch die Ironie der Situation. Die poitevinischen Barone müssen ähnliches empfunden haben wie des Piraten Henry Morgans alte Kumpane, als er zum Gouverneur von Jamaika ernannt wurde mit der Anweisung, die Piraterie auszurotten. Um Richard dabei zu helfen, seine Aufgabe auszuführen, gab Heinrich ihm die volle Kontrolle über die Streitkräfte von Aquitanien und instruierte die lokalen Beamten, ihm ihre Einnahmen zur Verfügung zu stellen. Heinrich selbst marschierte ins Anjou und schickte Gottfried in die Bretagne, um dort das gleiche zu tun. Beide Söhne scheinen die Befehle ihres Vaters gehorsam ausgeführt zu haben. Richard zeichnete sich aus, als er im August 1175 Castillon-sur-Agen eroberte. Es war eine starke Burg auf einem ausgezeichneten Verteidigungsstandort, und die Garnison von dreißig Rittern war fähig, es gegen Richards Belagerungsmaschinen fast zwei Monate lang zu halten, aber schließlich war ihr Hauptmann Arnald de Boville, gezwungen zu kapitulieren.

Trotz dieser Erfolge sollte 1176 kein Jahr des Friedens werden. Aquitanien kam nicht zur Ruhe. Gegen Frühling sah sich Richard einer starken Koalition gegenüber. An ihrer Spitze standen die Söhne des Grafen von Angoulême, ihr Halbbrunder, Vicomte Aimar von Limoges, Vicomte Raimund II. von Turenne, dessen Schwester Graf Wilhelm von Angoulême geheiratet hatte, und die Herren von Chabanais und Mastac. Um Hilfe gegen diese Liga zu erbitten, besuchte Richard im April 1176 seinen Vater in England. Was steckte hinter diesem neuen Ausbruch? Einige Chronisten berichten von den Kriegsereignissen, aber sie sagen nicht, was sie verursachte. Insoweit moderne Historiker es zu erklären versucht haben, war es einfach eine Fortsetzung des Krieges von 1173/1174. Davon jedoch kann nicht die Rede sein. Abgesehen von den Söhnen des Grafen von Angoulême waren die Rebellen von 1176 andere als die von 1173/1174.

Während in der vorherigen Revolte der Kampf sich auf die nördlichen Teile des Herzogtums, Poitou und die Saintonge, konzentriert hatte, lag sein Zentrum 1176 weiter südlich und östlich, im Angoumois und Limousin. Als Richard auf Angoulême marschierte, beriet er sogar vorher mit den Baronen von Poitou. Wir müssen anderswo nach einer Erklärung suchen.

Normannische und englische Chronisten berichten auch über einen anderen Vorfall, der scheinbar nicht mit dem Krieg in Verbindung stand, einen Vorfall, welcher sich nicht im »turbulenten Aquitanien« ereignete, sondern weit weg in einem ruhigen Landstrich in Surrey. Kurz vor Weihnachten 1175 starb in Chertsey Reginald, Earl von Cornwall, und wurde in der Abtei von Reading, einer Stiftung seines Vaters, beigesetzt. Er hinterließ keinen Sohn, nur drei Töchter. Nach anglo-normannischem Brauch hätte der Grundbesitz zwischen den Töchtern aufgeteilt werden müssen. Aber Heinrich II. beanspruchte die Grafschaft Cornwall und alle Ländereien des Earls in England, Wales und der Normandie als Kronbesitz und behielt sie, um seinen jüngsten Sohn, Johann, zu versorgen; Reginalds Töchter überließ er nur einen kleinen Anteil. Der Earl hatte Cornwall fast wie ein selbständiges Fürstentum regiert, unabhängig von der königlichen Verwaltung der englischen Grafschaften, und Heinrich war doppelt froh über die günstige Gelegenheit, es in sein Reich zu integrieren – besonders, da zu jener Periode die Zinnproduktion aus den Minen Cornwalls rapide anstieg. Mit der Expansion der europäischen Wirtschaft im zwölften Jahrhundert kam es zu einem wachsenden Bedarf an Zinn für den Haushaltsgebrauch als Zinngeschirr und zur kirchlichen Verwendung als Glockenmetall.

All das betrifft auch Aquitanien, weil Reginalds älteste Tochter Sarah mit Aimar von Limoges verheiratet worden war, als dieser ein Minderjähriger unter der Obhut Heinrichs II. war. Für den Vicomte war es eine glänzende Verbindung; in Limoges wurde Earl Reginald als eine große und einflußreiche Gestalt betrachtet, ein Mann, der Heinrich II. auf den englischen Thron geholfen hatte. Und als klar wurde, daß der Earl keine Söhne haben würde, wurde daraus eine Heirat, die große Erwartungen wachrief – Erwartungen, die enttäuscht wurden, als der König Cornwall an sich riß. Bis zu diesem Punkt war Aimar dem alten König treu geblieben. Er hatte dazu beigetragen, Heinrich II. und eine große Zahl von Königen und Adligen im Februar 1173 sieben Tage lang in Limoges zu bewirten, und hatte sich aus den Revolten von 1168 und 1173/1174 herausgehalten. 1176 änderte er plötzlich seine Haltung. Er ging zur Opposition über und verfolgte diese neue Politik bis zu seinem Tode im Jahre 1199. 1175/1176 also trieb Heinrichs II. besessene Sorge um Johanns Ausstattung, die sich in den letzten sechzehn Jahren seiner Regierung wieder und wieder offenbarte, Aimar von Limoges zur Rebellion.

Als Richard im April 1176 nach England ging, fand er seinen Vater zur Hilfe bereit. Bei seiner Rückkehr nach Aquitanien war er in der Lage, Söldner in großem Ausmaß zu rekrutieren. Sie wurden dringend benötigt, da einer der führenden Rebellen, Vulgrin von Angoulême, nicht nur seine Burgen in Bereitschaft versetzt hatte, sondern auch fähig war, mit einer Truppe von Brabanzonen ins Feld zu rücken. Richard schlug sie in einer Schlacht zwischen St. Maigrin und Bouteville gegen Ende Mai. Vulgrins Burgen hielten stand, aber Richard ignorierte sie und wandte sich gegen den Vicomte Aimar. In den Limousin vorrückend, nahm er die Burg von Aixe ein und öffnete sich so den Zugang nach Limoges längs der Linie des Flusses Vienne.

Limoges wie viele andere Städte im zwölften Jahrhundert war um zwei verschiedene Kerne herum gewachsen. Auf der einen Seite standen die St.-Stephans-Kathedrale und der Bischofspalast; örtlich war dieses Zentrum als die Cité bekannt, die *civitas* oder *urbs.* Auf der anderen Seite standen die Abtei von St. Martial und das Schloß des Vicomtes; dies wurde die Zitadelle genannt, das *castrum.* Die Zitadelle scheint der am dichtesten besiedelte Teil gewesen zu sein; hier waren auch die Werkstätten, die das berühmte Limogesemaille herstellten. Innerhalb der Zitadelle gab es beständig Zänkereien zwischen Abt, Vicomte und Stadtbewohnern – sie waren so reich geworden, daß sie niemandem gehorchten, bemerkte Gottfried von Vigeois traurig –, sie wurden nur zusammengehalten durch die Opposition gegen ihren Nachbarn, die Bischofsstadt. Die beiden Stadt-

Angoumois und Limousin
Vouvant
POITIERS
Lusignan
Château Larcher
NIORT
Couhé
LA ROCHELLE
La Souterraine
Charente
Grandmont
Vienne
LIMOGES
Marcillac
Anville
Taillebourg
Gourville
St. Léonard
Aixe
SAINTES
Montignac
Cognac
Jarnac
Solignac
Richemont
Gorre
ANGOULEME
Merpins
Moulineuf
Pierre-Buffière
Chalus
Gensac
Châteauneuf
Piégut
Pons
Bouteville
Lachaise
Archiac
Barbezieux
Nontron
St. Yrieix
Uzerche
St. Mégrin
Vigeois
Brantôme
Excideuil
Hautefort
Blaye
PERIGUEUX
Brive
Isle
BORDEAUX
Martel

teile von Limoges waren auch geographisch getrennt und durch eigene Stadtmauern geschützt. Wann immer es zu Kämpfen rund um Limoges kam, war die Rivalität zwischen der Cité und der Zitadelle ein permanenter Risikofaktor. Während der Unruhen von 1173/1174 ergriffen die Bewohner der Zitadelle die Gelegenheit, ihre Mauern instand zu setzen und zu erhöhen, eine Maßnahme, die wahrscheinlich eher gegen die Cité gerichtet war als gegen die herzogliche Autorität.

Im Juni 1176 belagerte Richard Limoges; nach ein paar Tagen Widerstand kapitulierte die Zitadelle. Gegen Ende des Monats war der Herzog wieder in Poitiers, wo er seinen Bruder Heinrich traf. Der junge König hatte sich eifrig um die Erlaubnis bemüht, auf eine Pilgerfahrt nach Compostella gehen zu dürfen, aber Heinrich II., der glaubte, daß dies lediglich ein Vorwand sei, um seinem wachsamen Auge zu entrinnen, hatte ihm statt dessen befohlen, mit seinem Bruder die Rebellion in Aquitanien zu unterdrücken. Nach einer Zusammenkunft mit den Baronen von Poitou marschierten Richard und Heinrich in die Grafschaft Angoulême ein. Nachdem Richard Vulgrins Truppen aus dem Feld geschlagen hatte, beabsichtigte er nun einen Schlag gegen die Taillefer-Burgen, wobei er vermutlich bewußt das Risiko einging, daß dies Vulgrins Vater, Graf Wilhelm, dazu treiben würde, die Partei seines Sohnes zu ergreifen. Châteauneuf, die Burg, welche die Schlüsselbrücke über den Fluß Charente westlich von Angoulême an der Hauptstraße von Poitiers nach Bordeaux überwachte, fiel nach einer vierzehntägigen Belagerung. Zu diesem Zeitpunkt packte Heinrich seine Sachen und verließ das Heer. Er war ein widerstrebender Feldherr gewesen und mag es wohl übelgenommen haben, sich seinem jüngeren Bruder unterordnen zu müssen. Er hatte sowieso nie viel Lust zum kriegerischen Handwerk verspürt. Durch den Abfall des jungen Königs unbeeindruckt, drängte Richard weiter. Er eroberte Moulineuf nach einer Belagerung von zehn Tagen und wandte sich dann gegen Angoulême. Innerhalb seiner Mauern hatten sich die Feinde gesammelt, die sich bisher seinem Zugriff entzogen hatten: Graf Wilhelm von Angoulême und Vulgrin, Aimar von Limoges, der Vicomte von Ventadour und der Herr von Chabanais. Anscheinend hatten sie sich hierher zurückgezogen, um bis zum letzten Blutstropfen Widerstand zu leisten, gestanden sich aber nach nur sechs Tagen die Aussichtslosigkeit ihrer Lage ein. Graf Wilhelm übergab alle seine wichtigen Burgen, Bouteville, Archiac, Montignac, Lachaise und Merpins sowie die Stadt Angoulême. Richard nahm Geiseln von ihnen und schickte sie nach England, wo sie zu Füßen seines Vaters um Gnade bitten mußten. Heinrich II. empfing sie am 21. September in Winchester, schob aber die Entscheidung ihres Falles auf, bis er selbst in die Normandie zurückkehrte. In der Zwischenzeit ließ er sie zu seinem Sohn nach Aquitanien zurückreisen.

Der alte König spielte wie sein ältester Sohn manchmal mit dem Gedanken, nach Compostella zu pilgern. Außerdem nahm er in den Jahren 1176 und 1177 regen Anteil an der Politik der spanischen Königreiche, und er mag Richard sehr wohl angewiesen haben, sicherzustellen, daß die große Straße südlich von Bordeaux zu den Pyrenäen für Reisende aller Art, Pilger, Händler und Kuriere offengehalten wurde. Richard und seine Brabanzonen erledigten diese Aufgabe mit einer Effektivität, welche viele Beobachter, die an eine gemächlichere Art, an die Dinge heranzugehen, gewohnt waren, erstaunt haben muß. Er feierte den ersten Weihnachstag 1176 in Bordeaux. Bis zum 9. Januar 1177 hatte er Dax belagert, das von dem Vicomte von Dax und Bigorre gegen ihn gehalten wurde, und es eingenommen; er hatte Bayonne belagert, das der Vicomte von Bayonne gegen ihn gehalten hatte, und es eingenommen; er war direkt auf »das Tor von Spanien« bei Cize zumarschiert, und dort hatte er die Burg von St. Pierre erobert und geschleift. Dieser im tiefsten Winter unternommene Blitzfeldzug, während die meisten Leute noch Weihnachten feierten, hatte die gewünschte Wirkung. Die Anführer der baskischen und navarresischen Gemeinden schworen, Frieden zu halten und Pilgern zu erlauben, unbelästigt durch ihr Land zu ziehen. Dann kehrte Richard nach Poitiers zurück, und von dort sandte er am 2. Februar Boten zu seinem Vater, die von seinen Erfolgen berichteten und meldeten, daß er alle Teile Aquitaniens befriedet hatte.

Das war eine Übertreibung. Am Ende des Feldzuges hatte er seine Brabanzonen entlassen. Nicht länger bezahlt, mußten sie irgendwie leben, und da sie gute, professionelle Arbeit im Plündern und Verwüsten leisteten, war dies stets ihre bevorzugte Lösung für das Problem der Erwerbslosigkeit. Mehrere Monate lang richteten sie den Limousin unter dem Befehl von Wilhelm le Clerc, eines der Priesterwürde entkleideten Geistlichen und wohlbekannten Söldnerführers, übel zu. Schließlich stellten die Edelleute und das Volk, angespornt durch die Predigten des Abtes Isambert von St. Martial, eine Bürgerwehr zu ihrer Bekämpfung auf. Das »Heer des Friedens«, ein aus Jerusalem mitgebrachtes Kreuz vor sich hertragend, holte die Brabanzonen bei Malemort nahe Brive ein und machte seiner Empörung in einer Orgie der Metzelei Luft.

Einige Monate früher, während Richard noch in den Vorbergen der Pyrenäen weilte, war eine Krise im reichen, flachen Weideland des westlichen Berry, des nordöstlichen Teiles von Aquitanien, ausgebrochen. Die Position des Herzogs hier war schwach, da er keine eigenen Ländereien oder Burgen besaß, und er mußte allein auf seine Rechte als Lehnsherr vertrauen.

Strategisch war es eine wichtige Zone. Von Bourges aus konnten capetingische Streitkräfte zu einem schnellen Schlag gegen Tours und Poitiers ausholen. Aus diesem Grund hielt Heinrich II. ständig nach Vorwänden und Gelegenheiten Ausschau, um in Berry zu intervenieren. 1170 war er bemüht gewesen, Bourges selbst zu erobern, zog sich aber zurück, als Ludwig VII. mit seiner Armee die Stadt entsetzte. Dann, gegen Ende 1176, starb Ralf von Déols, Herr von Châteauroux, und hinterließ als einziges Kind eine dreijährige Tochter. Heinrich beanspruchte die Vormundschaft über das Kind, aber dessen Verwandte befestigten ihre Burgen und weigerten sich, es herauszugeben. Dies war ein Affront, der nicht ungestraft hingenommen werden konnte, besonders, da das Einkommen des Herrn von Déols in dem Ruf stand, den Einkünften der ganzen Normandie ebenbürtig zu sein. Heinrich war in England beschäftigt, daher befahl er seinem ältesten Sohn sofort, in der Normandie und in Anjou ein Heer aufzustellen und die Baronie schnellstmöglich zu besetzen.

Nach ein paar Anfangserfolgen kam die Kampagne des jungen Königs zum Stehen, und Heinrich II. entschied, daß er die Sache selbst in die Hand nehmen müsse. Es war Zeit, die verwickelte politische Situation in Berry zu klären. Im Juni 1177 hatte er Gesandte nach Paris geschickt, die eine Entscheidung in der Angelegenheit forderten. Ludwig VII. sollte die Vereinbarungen erfüllen, denen er bei den Eheschließungen seiner Töchter Margarete und Alice zugestimmt hatte. Er sollte den Französischen Vexin (als Rest von Margaretes Mitgift) übergeben und Alice mit Bourges aussteuern. Ludwig beantwortete diese vollkommen ungerechtfertigten Forderungen mit der Behauptung, daß es Heinrich sei, der die Vereinbarungen gebrochen habe, weil er Alice schon viel zu lange in seiner Obhut hielt. Zusätzlich überredete er einen päpstlichen Legaten, die Tatsache zu veröffentlichen, daß er von Papst Alexander III. angewiesen worden sei, alle Dominien Heinrichs mit einem Interdikt zu belegen, wenn die Hochzeit nicht in naher Zukunft gefeiert würde. Seit mehr als einem Jahr hatte Papst Alexander auf die Bitte des französischen Königs hin Heinrich diskret unter Druck gesetzt, entweder Alice ihrem Vater zurückzugeben oder sie mit Richard zu verheiraten. Nun, da die Interdiktdrohung öffentlich bekanntgegeben worden war, begann Heinrich, ernsthafter zu verhandeln. Im August setzte er mit einem Heer in die Normandie über und rief seine Söhne zu einer Familienkonferenz zusammen. Gegen September verständigte man sich nach Zusammentreffen mit dem Legaten und König Ludwig auf ein neues Abkommen in Nonancourt. Probleme bezüglich Châteauroux und anderer strittiger Ländereien in Berry und der Auvergne wurden an ein Schiedsgericht verwiesen. Richard sollte Alice heiraten. Schließlich einigten sich beide, Ludwig und Heinrich, einen Kreuzzug zu unternehmen, und schlossen in der Zwischenzeit einen Nichtangriffspakt. Diese komplexen diplomatischen Manöver betrafen Richard in dreifacher Hinsicht: als Alices Gatten in spe, als Lehnsherrn des westlichen Berry und der Auvergne und schließlich als künftigen Kreuzfahrer, denn es war wahrscheinlich im September 1177 in der Normandie, daß er zum erstenmal einen päpstlichen Legaten über die Gefahren, der das christliche Königreich von Jerusalem ausgesetzt war, predigen hörte. Zu jener Zeit mag er zum ersten Mal den Namen Saladin gehört haben.

Nach der Besiegelung des Vertrags von Nonancourt war es Zeit für Heinrich II., das Versprechen zu erfüllen, welches er im September des vorhergehenden Jahres in Winchester gegeben hatte, und sich mit Wilhelm und Vulgrin von Angoulême, Aimar von Limoges und den anderen besiegten Rebellen zu befassen. Er schickte Richard voraus, während er durch Berry südlich reiste, wo sein ältester Sohn wieder einmal aus der ihm übertragenen Aufgabe ein Fiasko gemacht hatte. Der alte König bemächtigte sich der Erbin von Déols und sandte sie zur sicheren Verwahrung nach Chinon, dann führte er seine Armee in den Limousin. Richard und er verbrachten ungefähr einen Monat hier, »die Rebellen bestrafend, wie jeder es verdiente«. Was diese vage Phrase bedeutet, erfahren wir nicht, ausgenommen in den Fällen von Aimar von Limoges und Raimund von Turenne. Sie mußten beide ihre Hauptfestung, Turenne und die Zitadelle von Limoges, aufgeben und sie in die Hände von Richards Offizieren legen. Es gibt keine direkten Belege für Angoulême, aber wir wissen, daß 1199 Graf Ademar noch immer versuchte, Ländereien, die einst sein Vater, Graf Wilhelm, besessen hatte, zurückzubekommen, und 1176/1177 ist das wahrscheinlichste Datum für ihre Konfiskation durch die Angeviner. Die Anwesenheit Heinrichs und seiner Söhne zusammen mit ihrer Armee machten einen beträchtlichen Eindruck auf den Limousin, obwohl Richard auch vorher schon – in der Zeit zwischen Juni 1176 und Oktober 1177 – effektiv die Macht in dieser Region ausgeübt hatte.

Mitte November kehrte Heinrich II. nach Berry zurück zu einer ergebnislosen Konferenz mit Ludwig VII. in Gracay über ihre widerstreitenden Ansprüche auf die Auvergne. Da die Barone der Auvergne angegeben haben sollen, daß ihre Provinz von alters her zum Herzogtum Aquitanien gehörte, war der alte König bemerkenswert leicht zu bewegen, den Disput einer weiteren Untersuchungskommission zu übertragen. Dies läßt darauf schließen, daß er Wichtigeres zu tun hatte – und in der Tat, das hatte er. Er eilte in den Limousin zurück und brachte eine geschäftliche Angelegenheit zu Ende, für welche die Verhandlungen bereits im Gange gewesen sein müssen. In seinem Lieblingskloster Grandmont, wo er 1170 beigesetzt zu werden wünschte, traf er Graf Audebert von La Marche. La Marche war ein riesiges, vom Herzog von Aquitanien verliehenes Lehen, aber die Grafen waren stets mehr oder weniger unabhängig gewesen. Ihre Besitzungen beherrschten die von Limoges in den Norden nach Poitou und Berry führenden Straßen. Graf Audebert hatte an der Rebellion von 1168 teilgenommen und die Revolte der Stadtbevölkerung von La Souterraine im Jahre 1171 ermutigt, aber er hatte jetzt beschlossen, seine Heimat zu verlassen. Der Grund war sein unheilvolles Verhältnis zu seiner Frau. Er hatte sie verdächtigt, einen Geliebten zu haben, hatte den Mann am Ostertag getötet und seine Frau verstoßen. Als wenig später sein einziger Sohn starb, wurde dies für ein Zeichen genommen, daß er den angeblichen Geliebten ungerechtfertigt getötet hatte. Mit Ausnahme seiner Tochter, die als unfruchtbar galt, hatte er keine anderen nahen Verwandten mehr, und in einem Zustand tiefer Niedergeschlagenheit beschloß er, alles zu verkaufen und ins Heilige Land zu gehen. Für Heinrich II. war dies eine Gelegenheit, die er nicht auslassen konnte, sie war besonders verführerisch, da er eben seine Hände auf die Baronie Déols gelegt hatte. Im Dezember 1177 also erwarb Heinrich die gesamte Grafschaft von La Marche für 15000 *livres angevines* und vierzig Packtiere – dazu bestimmt, für die lange Pilgerfahrt nach Jerusalem benutzt zu werden. Da die Grafschaft einen Wert hatte, der den Kaufpreis um das Dreifache überstieg, war es ein vorteilhaftes Geschäft, aber eines, das lediglich ein Käufer mit ungeheuren Bargeldreserven tätigen konnte. Es veränderte die gesamte Machstruktur im östlichen Aquitanien. Unvermeidlich war es eine Transaktion, die viele von Audebert von La Marches Nachbarn verstörte und besonders seine entfernten Verwandten, die Lusignans und Taillefers. Aber sie konnten nichts dagegen tun. Heinrich nahm die Huldigung der Barone und Ritter von La Marche entgegen und kehrte dann nach Angers zurück, um Weihnachten zu feiern. Es war eines der größten Feste seiner Herrschaft. Seine Söhne waren dort und ein so dichtes Gedränge von Rittern, daß sich die Menschen an seine Krönung erinnert fühlten. Fraglos gab es viel zu feiern.

Den größten Teil des nächsten Jahres 1178 sind Richards Unternehmungen in Dunkel gehüllt. Erst nach der Rückkehr seines Vaters nach England taucht sein Name in einer Chronik wieder auf. Wahrscheinlich verbrachte er die Zeit in dem für ihn »ungewöhnlichen Zustand der Untätigkeit«, was, wie angedeutet worden ist, aus der Zurückhaltung rühren mag, die ihm durch Heinrichs Anwesenheit auf dem Kontinent auferlegt wurde. Viel wahrscheinlicher ist es nichts weiter als eine Reflexion der Tatsache, daß fast alles, was wir über Richard als Herzog von Aquitanien wissen, von einem englischen Chronisten, Roger von Howden, stammt, und Roger ist nur unterrichtet, wenn er Zugang zu den Berichten hat, die Richard an seinen Vater sandte, das heißt, wenn Heinrich sich in England befindet. Gemäß einem solchen Bericht galt Richards Hauptsorge im Herbst 1178 der südlichen Grenze. Bei seiner Ankunft in Dax mit einer großen Streitmacht stellte er zu seinem großen Vergnügen fest, daß die Stadtbewohner seinen alten Widersacher, den Grafen von Bigorre, gefangengenommen hatten und ihn im Kerker festhielten. Doch dann wurde Richard von Alfons II., König von Aragon (1162–1196), überredet, ihn freizulassen. Alfons suchte anscheinend Richard auf und erklärte sich bereit, für seinen Freund zu bürgen. Er garantierte, daß dieser nichts gegen den Willen des Herzogs von Aquitanien oder dessen Vaters tun werde. Als Vorsichtsmaßnahme nahm Richard dennoch dem Grafen von Bigorre Clermont und die Burg von Montbron ab.

Die Beschreibung des Grafen als Alfons' »Freund« läßt darauf schließen, daß dieser Vorfall mehr war als bloß die Zügelung eines ungebärdigen Vasallen. Alfons II., selbst ein Troubadour und Patron der Troubadoure, schien in diesen Jahren »Herrscher der Pyrenäen« werden zu wollen. 1162 hatte er die Nachfolge seines Vaters als König von Aragon und Barcelona angetreten. 1170 hatte er Marie, Vicomtesse von Béarn, überredet, ihm für ihre Ländereien zu huldigen – und dies schloß einige Besitzungen ein, die zumindest theoretisch innerhalb des Herzogtums Aquitanien lagen. 1173 trat sie in ein Kloster ein und überließ Béarn einem von Alfons II. ernannten Regenten, der es im Namen ihres kleinen Sohnes regierte. In den letzten zwei Jahren hatte sich Alfons' Expansionsdrang deutlich verstärkt. Nach langem Kampf hatte Raimund V. von Toulouse 1176 schließlich auf alle seine Rechte über die Provence verzichtet;

und 1177 hatte Alfons den Roussillon übernommen. Im März 1178 hatte er seine alte Allianz mit Kastilien erneuert – eine aggressive Allianz, die gegen das kleine Gebirgskönigreich Navarra gerichtet war. Zusätzlich hatte er kraft eines Heiratsbündnisses den Grafen von Bigorre an seine Sache gefesselt und nahm – wie dieser Zwischenfall enthüllt – seine Verpflichtung ernst. Alfons II. war mit der Ausbreitung seines Einflusses über die Pyrenäen zu einem mächtigen Nachbarn geworden, zu einer Bedrohung für den Herzog von Aquitanien sowie den König von Navarra und den Grafen von Toulouse. Es kann wenig Zweifel daran bestehen, daß Richard sein Heer nach Dax führte, um Alfons zu zeigen, daß seiner Expansionslust Grenzen gesetzt seien.

Richard kehrte dann zurück, um in Saintes seinen Weihnachtshof zu halten. Zu diesem Zeitpunkt war bereits deutlich, daß sich im Angoumois neues Unheil zusammenbraute. Es hat den Anschein, als ob Graf Wilhelm von Angoulême Vorbereitungen für eine Pilgerfahrt nach Jerusalem traf und seinen ältesten Sohn Vulgrin als Familienoberhaupt zurückließ. Möglicherweise hatte Richard Vulgrin nach Saintes zur Huldigung beordert, und dieser hatte sich geweigert, nicht gewillt, die kürzlich seiner Familie zugefügten Verluste zu akzeptieren. Ein Bündnis mit Gottfried de Rancon stärkte ihm den Rücken. Gottfried besaß ausgedehnte Liegenschaften in Poitou und der Saintonge – sowie ein wichtiges Lehen, die Baronie von Marcillac, als ein Vasall der Grafen von Angoulême. Die Familie Rancon hatte an den Revolten von 1168 und 1173/1174 teilgenommen, und wie die Taillefers mag sie sehr wohl durch das Vorrücken der angevinischen Macht im Tal der Charente von Saintes ostwärts durch Cognac in Richtung auf Angoulême beunruhigt gewesen sein. Gottfried de Rancons größte Burgen in Taillebourg und Pons waren in der Lage, die Verbindungen zwischen Bordeaux, Saintes und La Rochelle zu unterbrechen. Also wandte Richard sich zunächst gegen Pons.

Aber obwohl er eine große Armee aufgeboten hatte, verlief die Belagerung schlecht. Offenbar hatte Gottfried de Rancon den Angriff erwartet und ausreichende Vorräte eingelagert. Um die Osterwoche war es Richard klar, daß er keine Fortschritte gegen eine gutgeführte Verteidigung machte und daß es in Begriffen der politischen Psychologie riskant war, seinen Ruf als Burgenzerstörer aufs Spiel zu setzen. Er ließ den größeren Teil seiner Truppen zurück, um die Blockade von Pons aufrechtzuerhalten, und marschierte an Cognac vorbei nach Norden und belagerte Richemont. Nach drei Tagen kapitulierte die Burg und wurde geschleift. In den nächsten drei Wochen eroberte er vier weitere Burgen und unterwarf sie der gleichen Behandlung: Genzac, Marcillac, Grouville und Anville. Dann, anstatt zur Belagerung von Pons zurückzukehren, führte er sein Heer im Mai 1179 in das Unternehmen, welches ihn ein für allemal als einen anerkannten Meister in der schwierigen Kunst der Belagerungskriegführung etablieren sollte: die Einnahme von Taillebourg.

Taillebourg liegt auf dem rechten Ufer des Flusses Charente, hoch auf hellfarbigen Felsen thronend. Es überblickt noch heute eine Brücke, und in jenen Tagen gab es noch einen Damm, um die Reisenden über den sumpfigen Grund am anderen Ufer zu bringen. Da es keine Furten und keine andere Brücke gab, beherrschte Taillebourg den einzigen Übergang der Charente zwischen Saintes und Tonnay-Charente. Nach zeitgenössischer Ansicht war es uneinnehmbar; tatsächlich hatte Richard selbst fünf Jahre zuvor dort Zuflucht gesucht, als er von seinem Vater aus Saintes hinausgetrieben worden war. Auf drei Seiten von steilen Felswänden geschützt und auf der vierten massiv befestigt, hatte die Besatzung von Taillebourg allen Grund, sich zuversichtlich zu fühlen. Niemand – zumindest behauptete das Ralph of Diss – hatte zuvor gewagt, es anzugreifen.

Aber Richard brachte Belagerungsmaschinen heran und begann, die Mauern zu bombardieren, wobei er sich auf die vierte Seite konzentrierte, wo eine kleine Stadt sich an den Fuß der Zitadelle schmiegte. Zur gleichen Zeit befahl er seinen Truppen, die umliegenden Felder und Weinberge zu verwüsten. Die Garnison, teils aus Vermessenheit und teils als Resultat des doppelten Drucks, unter einem Bombardement stillsitzen zu müssen, während ihr Eigentum verbrannt und geplündert wurde, wagte einen Ausfall gegen das verführerisch nahe an die Mauern herangerückte Lager Richards. Dies war genau das, worauf Richard wartete. Seine Männer fingen den Feind auf, schlugen ihn zurück, und nach einem grimmigen Kampf an den Toren gelang es ihnen, den zurückweichenden Verteidigern auf den Fersen, Einlaß zu erzwingen. Die Besatzung zog sich in die Zitadelle zurück und überließ die Stadt und das Gros der Vorräte den Belagerern. Bald darauf kapitulierte die Zitadelle.

Es hatte Richard nur drei Tage gekostet, Taillebourg zu erobern. Dies machte einen so großen Eindruck, daß Gottfried de Rancon sofort Pons übergab. Richard ließ beide Burgen schleifen. Nachdem Graf Vulgrin gesehen hatte, wie seine Verbündeten auf diese bestürzende Weise überwältigt wurden, entschied er, daß Besonnenheit der bessere Teil der Tapferkeit sei. Er händigte die Schlüssel von Angoulême und Montignac aus, und auch deren Mauern wurden dem Erdboden gleichgemacht. Nach einer mühsamen fünfjährigen Lehre in den Disziplinen des Krieges hatte der einundzwanzigjährige Herzog sein Meisterstück vollbracht. Im Augenblick der Krise, beim Handgemenge vor den Toren von Taillebourg, als der Kampf auf Messers Schneide stand, hatte Richard sich mitten in das Getümmel geworfen. Als er den Bericht seines Feldzugs seinem Vater in England überbrachte, wurde er wie ein Kaiser willkommen geheißen. Seine entlassenen Brabanzonen feierten, indem sie die Vororte von Bordeaux plünderten.

Obwohl die Rebellen in ihren eigenen Augen einfach für das gestritten hatten, was rechtmäßig ihr Eigentum war, waren sie vom Standpunkt Heinrichs II. und Richards Friedensstörer, und als Fürsten, die den Frieden innerhalb ihrer Dominien aufrechterhielten, konnten die Angeviner im allgemeinen mit der Unterstützung der Kirche rechnen. Natürlich nicht immer, und in Limoges hatten sie den ausgeprägten Lokalstolz verletzt. 1178 hatten die Domherren von St. Stephan Sebrand Chabot zum Bischof gewählt, einen Mann, von dem sie wußten, daß er für den König unannehmbar war. Das Ergebnis war, daß sie von Richards Hauptleuten aus der Stadt vertrieben worden waren und die Kathedrale einundzwanzig Monate lang geschlossen blieb. Normalerweise jedoch konnte damit gerechnet werden, daß die Kirche in ihrem Wunsch nach Frieden und ungestörtem Genuß ihres materiellen Wohlstands das Gewicht spiritueller Sanktionen zur Unterstützung von Schwert und

Macht einsetzte, das hieß zugunsten der großen Herrscher. So mag es wohl sein, daß die zahlreichen Adligen aus Aquitanien, die im Sommer 1179 auf Pilgerfahrt gingen, dies taten, weil es ihnen von der Kriche als Buße auferlegt worden war. Andererseits mögen sie auch erleichtert gewesen sein, den Anblick der zerstörten Burg- und Stadtmauern zumindest für eine Weile hinter sich zu lassen. Sie brachen am 7. Juli auf, geführt von dem alten Grafen Wilhelm von Angoulême und seinem Stiefsohn Aimar von Limoges, und vereinigten sich mit Audebert von La Marche auf dem Weg nach Jerusalem. Knapp einen Monat später starb Graf Wilhelm in Messina; und im Jahr darauf beschloß Audebert seine Tage in Konstantinopel.

Für einen Zeitraum von zwei Jahren, vom Sommer 1179 bis zum Sommer 1181, verlieren wir Richard nun aus den Augen. Für Richard scheint es eine Periode der Versöhnung gewesen zu sein: mit Sebrand Chabot, dem erlaubt wurde, zurückzukehren, und mit Aimar von Limoges, der Weihnachten 1180 wieder daheim eintraf. Aber das bei weitem wichtigste Ereignis jenes Jahres war der Tod von König Ludwig VII. am 18. September und die Thronbesteigung seines Sohnes Philipp II. Seit dem Fehlschlag der Revolte von 1173/1174 hatte Ludwig jede Unterstützung jener Fürsten eingestellt, die mit der angevinischen Regierung unzufrieden waren. Er war ein kranker Mann, hauptsächlich darauf bedacht, die unangefochtene Nachfolge seines Sohnes zu sichern und dann seine Tage in Frieden zu beschließen.

Philipp sollte ein Herrscher anderen Schlages werden. Obwohl er zur Zeit von seines Vaters Tod erst fünfzehn Jahre alt war, erwies er sich bald als ein kluger und skrupelloser Politiker. Wenn sein Ruf als einer der großen Könige der französischen Geschichte berechtigt ist, dann nur, weil die von ihm angewandten Mittel durch das Ziel gerechtfertigt wurden: die Zerstörung des Angevinischen Reiches. Eine Legende erzählt, daß er als junger und unerprobter König bei einer Ratsversammlung seiner Barone eines Tages abseits saß, an einem Haselnußzweig kauend und scheinbar der Welt entrückt. Als er aufgefordert wurde, zu sagen, was ihm Sorgen machte, erwiderte er, daß er sich gefragt habe, ob es ihm jemals gegeben sein werde, Frankreich so groß zu machen, wie es in den Tagen

Karls des Großen gewesen war. Diesen Ehrgeiz zu verwirklichen, war er bereit, alles Erdenkliche zu tun, ganz gleich, wie heimtükkisch oder unredlich es sein mochte. Am Ende war er erfolgreich, weitgehend deshalb, weil er seine Feinde überlebte. Aber in den frühen Stadien seiner Regierung, während er versuchte, sich in Streitigkeiten mit einigen seiner mächtigen Vasallen zu behaupten, stützte sich Philipp schwer auf die Hilfe Heinrichs II. und seiner Söhne, auf die Familie also, die auseinanderzureißen er später so viel unternehmen sollte. Für den Augenblick aber herrschte Ruhe in den angevinischen Dominien , und der neue König von Frankreich war anderswo zu beschäftigt, um nach Schwierigkeiten beim Nachbarn Ausschau zu halten.

Richards einzige uns überlieferte Kriegstat im Jahre 1181 führte ihn in die Gascogne. Es scheint, daß der Erbe der Grafschaft Lomagne südlich von Agen sich weigerte, ihm den Lehnseid zu leisten. Richard antwortete mit der Entsendung einer Armee, um Lectoure zu besetzen, die Hauptstadt der Grafschaft, bis sich Mitte August der widerspenstige Erbe fügte, ihm huldigte und als Gegenleistung dafür von seinem Lehnsherrn zum Ritter geschlagen wurde. Kurz vorher jedoch ereignete sich ein Vorfall, dessen Konsequenzen den Frieden in Aquitanien zerstören sollten. Er betraf wie gewöhnlich ein umstrittenes Erbteil. Am 29. Juni 1181 starb Graf Vulgrin von Angoulême. Sein einziges Kind war eine minderjährige Tochter, aber er hatte zwei erwachsene Brüder, Wilhelm und Ademar, die erwarteten, die Grafschaft in Besitz nehmen und die Vormundschaft über ihre Nichte ausüben zu können. Richard hatte andere Vorstellungen. Wann immer möglich, hatte er die Herren von Aquitanien genötigt zu bestätigen, daß sie ihre Grafschaften, Baronien und anderen Güter nicht als unabhängige Herrschaften, sondern als Lehen hielten, für welche sie dem Herzog Huldigung schuldeten. Durch den Lehnseid akzeptierte ein Vasall, daß sein Herr gewisse Rechte über ihn hatte: Er konnte seinen Dienst in Anspruch nehmen, und gelegentlich konnte er unmittelbar in die Verwaltung des Lehens eingreifen. Dies geschah meist, wenn eine Herrschaft ohne einen erwachsenen männlichen Erben hinterlassen wurde. Dann beanspruchte der Lehnsherr die Aufsicht über den Erben oder die Erbin, wünschte ihnen eine Gattin oder einen Gatten auszuwählen und in der Zwischenzeit die Profite aus der Verwaltung der Liegenschaften einzustreichen. Wie umfassend die Rechte eines Herrn unter diesen Umständen waren, hing von den lokalen Bräuchen und von den Machtverhältnissen zwischen Herrn und Vasall ab. Als Heinrich II. auf diese Weise als Lehnsherr die Vormundschaft über die Erbin von Déols beanspruchte, brachten ihre Verwandten einen Gegenanspruch vor: Sie sagten, die Vormundschaft gebühre mit mehr Recht ihnen als ihren Verwandten. Zunächst hatten sie Erfolg damit, ihr »Recht« zu behaupten – sogar gegen den jungen König –, aber als Heinrich II. selbst in Berry einmarschierte, verschob sich jäh das Gleichgewicht der Macht. Heinrich nahm das Mädchen in seine Obhut und verheiratete sie mit einem englischen Edelmann, Baldwin de Redvers. Richards Vorgänger waren in der Lage gewesen, ihre Feudalrechte in einigen Teilen ihres Herzogtums auszuüben, in anderen jedoch nicht. Die Adligen der südlichen Gascogne, des Limousin, des westlichen Berry, von La Marche und Angoulême hatten alles in allem ihre Unabhängigkeit behalten. In einem gut in Erinnerung gebliebenen Fall hatte Eleonores Vater, Herzog Wilhelm X., durchzusetzen versucht, daß er die Heirat der Erbin des Vicomte von Limoges arrangierte, doch die Adligen des Limousin, die »das poitevinische Joch« fürchteten, leisteten dieser Forderung erfolgreich Widerstand, und Eleonore wurde statt dessen einem Grafen von Angoulême vermählt.

Die Verehelichung Eleonores mit Heinrich II. wandelte die Lage. Der neue Herzog, der imstande war, die finanziellen und militärischen Mittel seines gesamten Reiches aufzubieten, war ein so mächtiger Herrscher, daß Widerstand zu einem hohen Risiko wurde. 1156 hatte Heinrich II. den jungen Aimar V. von Limoges der Obhut seiner Onkel entzogen und seine Heirat mit Sarah von Cornwall arrangiert. Aber wie alles Große war er schwerfällig und langsam. Trotz seiner phänomenalen Energie bedeutete die reine Größe seiner Dominien unvermeidlich, daß es Monate oder sogar Jahre dauern konnte, bevor er frei war, um sich mit einer entlegenen Krise zu befassen oder seinen Beamten die Unterstützung zu geben, die sie gegen einen bedeutenden Provinzpotentaten benötigten.

Nach 1174 jedoch hoffte Heinrich, daß die Präsenz seiner Söhne in verschiedenen Teilen des Reiches in gewissem Maße für Mobilität, Flexibilität und Geschwindigkeit sorgen werde; Anfang 1177, als er seinem ältesten Sohn auftrug, das Problem Déols zu lösen, sagte er, daß er, als er allein war, keines seiner Rechte verloren hätte und daß es eine Schande wäre, wenn ihnen nun, da sie zu mehreren regierten, irgend etwas verlorenginge. Der junge König wurde den Hoffnungen seines Vaters nicht gerecht. Er war freigebig, höflich und ritterlich. Niemand nahm an mehr Turnieren teil als er. Junge Ritter hatten ihn gern, denn er verschaffte ihnen Spiele und Unterhalt. Aber in der Politik und im Krieg war er ein Kind, unfähig, sich längere Zeit zu konzentrieren.

Richard mag als Gegensatz hierzu die Erwartungen seines Vaters wohl übertroffen haben. Während der Jahre 1175 bis 1179 war die Macht des Herzogs von Aquitanien groß wie nie zuvor. La Marche, Limoges und die Baronien der Pyrenäen waren gezwungen, seine Autorität anzuerkennen. Selbst die mächtigsten Vasallen des Herzogs, die Grafen von Angoulême, die seit Generationen gewohnt gewesen waren, so zu handeln, als ob sie unabhängige Fürsten wären, hatten zweimal, 1176 und 1179, Niederlagen eingestehen müssen. Die Tatsache, daß Graf Vulgrin kurz vor 1179 Elisabeth, die Tochter von Hugo, des Herrn von Amboise, geehelicht hatte, läßt darauf schließen, daß die Heirat den Angevinern zu Gefallen arrangiert worden war, denn Hugo war ein zuverlässiger Vasall. Eine Verbindung wie diese mit einer Familie aus der Touraine war ein abruptes Abweichen vom altehrwürdigen Muster der Angoulêmer Ehebündnisse, welche die Grafen mit den Herren von Périgord, des Limousin, von La Marche und der Saintonge verknüpfte. Es war Matilda, das einzige Kind aus dieser Ehe, die 1181/1182 der unschuldige Anlaß für das wurde, was der Chronist des Limousin, Gottfried de Vigeois, »ein großen Unheil für unser Land« nannte.

Nach Richards Ansicht sollte Matilda, Vulgrins Tochter, die Grafschaft Angoulême erben und er als Herzog und Lehnsherr die Vormundschaft über sie haben. Aber die Erbschaftsgewohnheiten im westlichen Frankreich boten den Brüdern des Toten weit größere Aussichten, als Richard einzuräumen bereit war. Ein Herzog von

Aquitanien im Stil von 1176 und 1179 hatte nicht viel Zeit, sich um Gewohnheiten zu kümmern, welche die politischen Realitäten früherer Tage widerspiegelten. Natürlich sahen es Vulgrins Brüder Wilhelm und Ademar nicht so. Sie erhoben Anspruch auf die Grafschaft, und als Richard sie vertrieb, flüchteten sie zu ihrem Halbbruder, Aimar von Limoges. Hier hatte Richard kürzlich Anstoß erregt, weil er erneut darauf bestanden hatte, daß die Mauern von St. Martial niedergerissen werden sollten. Den Rebellen schlossen sich bald der Graf von Périgord und die Vicomtes von Ventadour, Comborn und Turenne an, die prominentesten Mitglieder jenes Netzes aus Mischehen und Vetternschaft, welches die Gesellschaft des Limousin und Angoumois charakterisierte. Richards Mißachtung ihrer alten Erbschaftsgepflogenheiten bedrohte sie alle direkt oder indirekt und lieferte ihnen den Anlaß, sich zur Verteidigung der Ordnung ihrer Welt zusammenzuschließen.

Die Jahre 1182 und 1183 sollten die Zerreißprobe für Richards Herrschaft in Aquitanien bringen, da er sich einem so mächtigen Bündnis gegenübersah. Bezeichnenderweise ergriff er selbst die Initiative, indem er am 11. April 1182 überraschend Puy-St.-Front, die Festung des Grafen von Périgord in Perigueux, angriff. Er eroberte die Burg, aber er hatte ein zu schwaches Aufgebot bei sich, um sie auf Dauer halten zu können. Also drängte er weiter nach Osten an Excideuil vorbei in den Limousin direkt in das Herzland der Rebellion hinein und zog eine breite Spur der Verwüstung durch das Land. Dieser kühne Angriff legt nahe, daß er seinen Vater bereits um Hilfe gebeten hatte und zuversichtlich war, sie bald zu erhalten. Gegen Mitte Mai traf der alte König in Aquitanien ein. Er erklärte sich bereit, die führenden Rebellen in Grandmont anzuhören. Bei diesem Treffen unterbreitete man ihm vermutlich jene Beschuldigungen gegen Richard, die wenig später einigen englischen Chronisten zu Ohren kommen sollten. Gervase von Canterbury berichtet, »die großen Adligen von Aquitanien haßten ihn wegen seiner Grausamkeit«. Ralph of Diss hörte, er »bedrückte seine Untertanen mit ungerechtfertigten Forderungen und einem Gewaltregime«. Roger von Howden gibt wie gewöhnlich einen ausführlicheren Bericht: »Er schleppte gewaltsam die Frauen, Töchter und weiblichen Verwandten seiner Untertanen weg und machte sie zu seinen Konkubinen; wenn er seine eigene Gier an ihnen gestillt hatte, gab er sie an seine Soldaten zu deren Lust weiter. Er quälte sein Volk mit diesen und vielen anderen Missetaten.« Heinrich II. aber war durch Klagen dieser Art nicht beeindruckt. Er und Richard teilten eindeutig die gleiche Meinung über die Feudalrechte eines Lehnsherrn. Heinrich schickte seinem ältesten Sohn eine Botschaft, daß er kommen und helfen solle, und stieß dann zu Richard, um mit ihm gemeinsam das Limousin zu bändigen. Zuerst attackierten und besetzten sie systematisch die Hauptburgen des Vicomte Aimar und seiner Vasallen: Excideuil, St. Yrieix und Pierre-Buffière. Dann wandten sie sich gegen Graf Elie von Périgord und belagerten Puy-St.-Front. Hier gesellte sich am 1. Juli der junge König zu ihnen, und die Übermacht ihrer vereinigten Streitkräfte war so groß, daß sowohl Aimar von Limoges wie Elie von Périgord beschlossen, um Frieden zu bitten. Aimar versprach, seinen Halbbrüdern von Angoulême keine Hilfe mehr zu gewähren, und stellte zwei seiner Söhne als Geiseln. Elie übergab seine Festung, und Richard ließ ihre Mauern schleifen.

Die Ereignisse des Sommers 1182 beweisen einmal mehr, daß die Angeviner, wenn sie zusammenstanden, durchaus in der Lage waren, ihr riesiges Reich zu kontrollieren. Die Prinzen, solange sie sich den Befehlen ihres Vaters fügten, waren ein unschlagbares Herrschaftsinstrument. Was aber würde geschehen, wenn der Vater stürbe? Würde der junge König in die Fußstapfen des alten Königs treten? Würde er dann seine jüngeren Brüder befehligen? Schuldeten sie ihm Treue und Gehorsam? Oder würden sie getrennte Wege gehen, jeder ein unabhängiges Fürstentum regierend? Es konnte kein Zweifel daran bestehen, daß Richard und sein älterer Bruder sehr verschiedene Antworten auf diese Fragen geben würden. Doch trotz aller unvermeidlichen Spannungen mußte Heinrich II. Mittel finden, um die Familieneinheit zu bewahren und sein Herrschaftssystem aufrechtzuerhalten. Das unmittelbare Problem bestand darin, seinen ältesten Sohn zu beschwichtigen. Als derjenige, welcher eines Tages Nachfolger des Vaters sein würde, war er auch der Sohn, der am deutlichsten im Schatten seines Vaters stand. Richard hatte Aquitanien; Gottfried die Bretagne; aber es war der alte König, nicht der junge, der Anjou, England und die Normandie beherrschte. Obgleich der junge Heinrich später ein weit größeres Erbe antreten würde als seine Brüder, hatte er nicht die Geduld, abzuwarten. Er wünschte, jetzt zu regieren – und in Aquitanien sah er eine Gelegenheit. Die Rebellen von 1182 waren geschlagen, aber nicht befriedet – und auch sie sahen eine Gelegenheit.

Der junge König war auf dem Weg, sich seinem Vater und Bruder in Puy-St.-Front anzuschließen, durch Limoges und St. Yrieix gezogen. In Limoges hatte er ostentativ einen mit den Worten *Henricus Rex* bestickten Mantel den Mönchen von St. Martial geschenkt. Bei diesem und vielen anderen Anlässen müssen ihm die emotionalen Widerstände gegen Richards gebieterische Herrschaft deutlich geworden sein. Ein neues Betätigungsfeld schien sich ihm zu eröffnen, wenn er nur den Mut hatte, die Nessel anzupacken. Doch wie frustriert er auch war, wie eifersüchtig auch immer auf den Ruf des jüngeren Bruders als erfolgreicher Feldherr, die Entscheidung kann ihm nicht leicht gefallen sein. Wenn er gegen Richard in den Krieg zog, wessen Partei würde der Vater ergreifen? Je mehr er sich dem Punkt ohne Umkehr näherte, der offenen Bindung an die Rebellen, desto deutlicher werden die Spuren von Ungewißheit und Zweifel. Er war sich der Loyalität seiner eigenen Umgebung nicht sicher. Der berühmteste Ritter in seinem Gefolge, Wilhelm Marshal, war Gerüchten zufolge der Liebhaber seiner Königin Margarete. Aber der junge König war unfähig, energisch gegen ihn vorzugehen. Er konnte weder dem Klatsch ein Ende machen noch Wilhelm vor Gericht stellen. Zu Weihnachten verließ Wilhelm Marshal, laut seine Unschuld beteuernd, den Dienst seines Herrn und ritt auf der Suche nach neuen Turnieren fort. Einige Monate vorher, im Herbst 1182, hatte der junge Heinrich wieder einmal seinen Vater gebeten, ihm ein Fürstentum zu geben, die Normandie, damit er für seine Ritter angemessen sorgen könnte. Als Heinrich II. erneut ablehnte, brach der junge Heinrich wütend nach Frankreich auf, um von dort nach Jerusalem zu pilgern. Schließlich überredete sein Vater ihn, in die Normandie zurückzukehren, aber sicher nicht, ohne daß Philipp von Frankreich etwas über die Schwierigkeiten und vagen Pläne seines Schwagers erfahren hatte.

Während der junge König zwischen den drei Möglichkeiten schwankte, gehorsam an der Seite seines Vaters zu bleiben, nach Jerusalem zu gehen oder in Aquitanien einzumarschieren, wurde er durch Botschaften der Rebellen beeinflußt, die ihm anboten, ihn als ihren Herzog anzuerkennen. Zusätzlich mag er auch von Gottfried von der Bretagne angestachelt worden sein. Denn Gottfried, obwohl er an der Unterdrückung der Revolte keinen Anteil genommen zu haben scheint, hatte sich während jenes Sommers ebenfalls im Limousin aufgehalten. Am Fest des St. Johannes (24. Juni) hatte er seinen Vater in Grandmont getroffen, »zusammen mit gewissen Adligen « – wie Gottfried von Vigeois es ausdrückte. Es wäre interessant, zu wissen, wer diese Adligen waren, oder sogar zu wissen, ob die Wortwahl des Chronisten auf Unkenntnis oder einem Wunsch nach Kürze oder der Diskretion zuliebe erfolgte. Aber wie unschuldig seine Anwesenheit in Grandmont auch gewesen sein mag, wir wissen, daß Gottfried im Winter 1183 ein doppeltes Spiel trieb. Es ist nicht leicht zu verstehen, weshalb. Sein ältester Bruder Heinrich hatte Grund, sich frustriert zu fühlen, aber für einen dritten Sohn war Gottfried mit der Bretagne reich entschädigt. Vielleicht ist die Antwort so einfach, wie einige zeitgenössische Betrachter meinen: »Gottfried, dieser Sohn des Verderbens ... dieser Sohn der Niedertracht«, so schäumte Roger von Howden, während Gerald von Wales eine differenziertere Beschreibung des Prinzen gibt: »Von Worten überfließend, glatt wie Öl, durch seine süßliche und überredende Eloquenz im Besitz der Kraft, das scheinbar Unauflösliche aufzulösen, fähig, allein mit seiner Zunge zwei Königreiche zu korrumpieren, von unermüdlicher Umtriebigkeit und ein Heuchler in allem.«

Im Herbst 1182 brachen in Aquitanien abermals Unruhen aus. Die Brüder Taillefer waren noch immer imstande, innerhalb des Angoumois Unterstützung zu finden, vor allem von den Herren von Archiac und Chalais. Hierdurch ermutigt, entschloß sich der Vicomte Aimar, in der Gascogne Söldner zu dingen und den so kürzlich vereinbarten Friedensschluß aufzukündigen.

Die Gelegenheit für den jungen König, loszuschlagen, rückte näher, aber wenn er endlich seine Karten aufdecken wollte, brauchte er eine Entschuldigung, eine Rechtfertigung, die in den Augen seines Vaters stichhaltig sein würde und ihn vielleicht gerade noch veranlassen konnte, den Angriff auf Richard zu verzeihen. Diese Rechtfertigung lieferte die Burg von Clairvaux. Richard hatte Clairvaux wiederaufgebaut und verstärkt, und seine Motive hierfür haben Historikern lange zu schaffen gemacht, da es ein Schritt war, der als eine Verletzung der Rechte seines älteren Bruders ausgelegt werden konnte. Anfang 1183 komponierte der Limousiner Troubadour Bertrand de Born, bemüht, den jungen König in das Lager der Rebellen zu ziehen, ein politisches Lied, ein *sirventes,* welches die folgenden Zeilen enthielt: »Zwischen Poitiers und L'Ile Bouchard und Mirebeau und Loudun und Chinon hat jemand gewagt, eine schöne Burg in Clairvaux zu erbauen, in der Mitte der Ebene. Ich wünsche nicht, daß der junge König davon erführe, denn er würde es nicht nach seinem Geschmack finden; aber ich fürchte, so weiß ist der Stein, daß er nicht umhin kann, ihn von Mathefelon aus zu sehen.«

Trotz der geographischen Ungenauigkeiten traf das Lied, politisch gesprochen, ins Schwarze, denn es wies unmißverständlich darauf hin, daß der Herzogvon Aquitanien in der Mitte der Ländereien von Anjou, die dem jungen Heinrich zugesprochen waren, eine Burg errichtete. Was trieb Richard? Verstärkte er seine Grenze, wo sie dem großen angevinischen Arsenal und der Schatzkammer von Chinon gegenüberlag, welche eines Tages in die Hände seines unfähigen älteren Bruders fallen würden? Möglicherweise – aber die Baustelle von Clairvaux deutet auf eine viel näherliegende Erklärung hin. Sie lag nur etwa sechs Meilen westlich von Chatellerault, und Dokumente aus den 1130er Jahren zeigen an, daß der Kastellan von Clairvaux zu jener Zeit ein Vasall des Vicomtes von Chatellerault war. Diese Vicomtes zählten zu den wichtigsten Baronen in Poitou. Eleonores Vater, Herzog Wilhelm X., hatte eine ihrer Töchter geehelicht; ein anderes Mitglied der Familie war die berühmte Geliebte von Wilhelm IX. gewesen. Ihre Burg in Chatellerault kontrollierte die strategisch lebenswichtige Straße Tours–Poitiers an einem Punkt, wo sie den Flußlauf der Vienne überquerte. 1184 kehrte Richard in diese Gegend zurück, gründete eine neue

Stadt und eine Burg an der Brücke über die Creuse in St. Rémi de la Haye, ungefähr zwölf Meilen auf der anderen Seite von Chatellerault. Diesmal war es klar, daß die Neugründung zum Nachteil des Vicomtes war und ihn ärgern sollte. All dies läßt darauf schließen, daß Richard, als er mit der Arbeit an Clairvaux begann, eher Auseinandersetzungen mit dem Vicomte als mit seinem Bruder erwartete. Einige Vorfälle in seiner späteren Laufbahn deuten darauf hin, daß er dazu neigte, erst zu handeln und später seine Rechtsberater zu befragen. Dieser Wesenszug Richards gab dem jungen König einigen Grund zu der Hoffnung, daß er vielleicht fähig sein werde, seinen Vater auf seine Seite zu ziehen.

Gegen Ende 1182 wurde Richard an den Weihnachtshof seines Vaters in Caen gerufen. Er war als eine prächtige Demonstration der Macht und Einheit der angevinischen Familie beabsichtigt, der größte Hof, der jemals in der Normandie abgehalten wurde. Heinrich II. wurde neben allen seinen Söhnen von einer Tochter begleitet, Matilda, und deren Gatten, dem größten der deutschen Fürsten, Heinrich dem Löwen, vormals Herzog von Sachsen und Bayern, nun aber ins Exil getrieben und auf einer Pilgerfahrt zum Schrein von Compostella. Kein normannischer Baron durfte diese Weihnachten einen eigenen Hof halten; sie mußten alle mit dem König feiern. Mehr als eintausend Ritter drängten sich im herzoglichen Schloß und in den Herrenhäusern von Caen. Unter den Rittern, die mit Richard kamen, war Bertrand de Born. Der Troubadour lag im Streit mit seinem Bruder Konstantin wegen der Stammburg in Hautefort in den Grenzlanden zwischen Périgord und dem Limousin. Da Richard Konstantins Anspruch unterstützte, mochte er Bertrand in die Normandie mitgebracht haben, um ihm keine Gelegenheit zu lassen, Unruhe zu stiften. In einem höfischen Lied sagte Bertrand, daß nur die Schönheit der Herzogin Matilda ihn davor bewahrte, vor Langeweile zu sterben; ihr nackter Körper würde die Nacht wie den Tag erscheinen lassen. Ansonsten fand er, daß die Normannen ein stumpfsinniges Volk waren, unkultiviert und steif. Aber es ist höchst unwahrscheinlich, daß Bertrand den Abstecher so langweilig fand, wie es seine Lieder andeuten. Der junge König war da, und der Troubadour setzte große Hoffnungen in ihn. Jemand mußte die gegenwärtige politische Ordnung im Limousin umstürzen, wenn er jemals Hautefort in die Hände bekommen sollte. In den nächsten Wochen, während der angevinische Hof sich von Caen nach Süden begab, traten die vielfältigen Spannungen zutage, und das Gezänk und die Bitterkeit müssen in Bertrand de Born einen faszinierten Beobachter gefunden haben.

Heinrich II. plante, einen gesetzlichen Rahmen für die Fortdauer seines Reiches zu schaffen, indem er beide, Richard und Gottfried, aufforderte, ihrem älteren Bruder zu huldigen. Zweifellos hoffte er auch, daß diese klare Anerkennung durch seine Brüder den jungen König beschwichtigen würde. Gottfried stimmte bereitwillig zu. Die Bretagne war seit langem auf eine gewisse Weise von der Normandie abhängig gewesen. In Le Mans vollzog er die gewünschte Huldigung. Doch Richard weigerte sich zunächst. Er argumentierte, er sei von ebenso edler Geburt wie sein Bruder. Zehn Jahre nach dem Hof von Limoges, 1173, rief die Forderung Heinrichs II. erneut die Vorstellung eines permanent auf eine untergeordnete Rolle im Angevinischen Reich beschränkten Aquitanien in ihm wach. Aber noch einmal gelang es dem alten König, Richard zu überreden. Er erklärte sich zur Huldigung bereit, wenn dies bedeutete, daß Aquitanien für immer ihm und seinen Erben gehören sollte. Jetzt war es der junge König, der einen Rückzieher machte und sich weigerte – zweifellos zur ungeheuren Erbitterung seines Vaters –, Richards Huldigung entgegenzunehmen. Ein Lehnseid zu diesen Bedingungen war gänzlich unvereinbar mit den Absprachen, die er inzwischen mit den Rebellen getroffen hatte. Doch ohne irgendeine Erklärung muß seine Weigerung, Richards Huldigung zu akzeptieren, unverständlich erschienen sein, und so platzte er am 1. Januar 1183 mit der ganzen verworrenen Geschichte heraus. Mit den Worten Rogers von Howden: »Der junge König, aus eigenem Antrieb und unter keinem Zwang, schwor, indem er seine Hände in Anwesenheit einer großen Menge von Geistlichen und Laien auf die Heiligen Evangelien legte, daß er von diesem Tag an und für den Rest seines Lebens König Heinrich, seinem Vater und seinem Herrn, treu sein und ihm gewissenhaft dienen werde. Ferner, da er nicht wünschte, daß irgendeine Bosheit oder ein Groll seinen Sinn plagte, um derentwillen sein Vater später gekränkt sein könnte, enthüllte er, daß er gelobt habe, den Baronen von Aquitanien gegen seinen Bruder Richard beizustehen, und sagte, daß er dies getan habe, weil Richard die Burg von Clairvaux befestigt hatte, obwohl sie zum angevinischen Patrimonium gehörte, welches er von seinem Vater erben sollte.«

Die Auseinandersetzung um Clairvaux war leicht zu schlichten. Richard fand sich grollend, aber ziemlich rasch bereit, die Burg seinem Vater zu übergeben. Nachdem dies geschehen war, war klar, daß Clairvaux nichts weiter als ein Vorwand gewesen war und daß das wirkliche Problem woanders lag. In Angers rief der alte König seine Söhne Heinrich, Richard und Gottfried zusammen und zwang sie, einen Pakt dauernden Friedens zu beschwören. Jeder Friedenseid aber, falls seine Bedingungen realistisch sein sollten, mußte die aquitanischen Rebellen einbeziehen. So wurde vereinbart, daß sie sich in Mirebeau erneut versammeln würden, um ihren Friedenspakt zu bekräftigen, und daß die Rebellen zu diesem Treffen eingeladen werden sollten. Heinrich II. schickte Gottfried in den Limousin, um einen Waffenstillstand auszuhandeln und sicherzustellen, daß die unzufriedenen Barone zu der Friedenskonferenz erscheinen würden. Gottfried jedoch tat nichts dergleichen. Statt dessen ging er zu den Rebellen über. Der junge König, der mit Gottfried im Einverständnis war, schlug daraufhin vor, daß er seinem Bruder folgen sollte, wiederum als angeblicher Friedensstifter. Außerdem überredete er seinen Vater, zuzustimmen, daß, falls die den Rebellen im vergangenen Sommer auferlegten Bedingungen für diese nicht annehmbar wären – was sie offensichtlich nicht waren –, ihnen dann eine neue Anhörung vor dem Gerichtshof des Königs gewährt werden sollte. Dies war natürlich für Richard unerträglich. Er hatte auf Clairvaux verzichtet; er hatte zugestimmt, seinem Bruder zu huldigen; und nun sah es so aus, als ob seine Mühen von 1182 zunichte gemacht werden sollten. Als sich die Nachricht vom Streit zwischen den Söhnen des alten Königs verbreitete, schöpften jene, die im letzten Jahr besiegt worden waren, frischen Mut, während andere wie Gottfried von Lusignan, der vorher zu vorsichtig gewesen war, um sich der Revolte anzuschließen, nun entschieden, daß der richtige Augenblick für sie gekommen war. Vermutlich hielten einige von jenen, die Richard gegenüber noch immer loyal waren, ihn über die sich verschlechternde politische Lage und über die Kontakte seiner Brüder zu den Rebellen auf dem laufenden. Während Heinrich II. von Frieden sprach und zuerst Gottfried und dann Heinrich gestattete, ihn hinters Licht zu führen, entglitt Richard sein Herzogtum. Schließlich konnte er seinen hilflosen Zorn nicht länger zügeln. Nach einer wütenden Szene mit seinem Vater verließ er ohne Erlaubnis den Hof und ritt in aller Eile nach Poitou, um seine Burgen und Städte befestigen zu lassen.

Der junge König hatte inzwischen von Heinrich II. die Genehmigung erhalten, auf seine Friedensmission in den Limousin zu gehen. Er gesellte sich Anfang Februar in Limoges zu Gottfried. Dort vereinigte sich der Vicomte Aimar mit ihnen, der eine große Streitmacht von gaskonischen Söldnern unter einem Wilhelm Arnald genannten Hauptmann bei sich hatte. Die einschüchternde Gegenwart dieser Söldner genügte, um die Besatzung der Zitadelle zu überzeugen, daß auch sie gut daran täten, sich der Revolte anzuschließen. Der Abt von St. Martial, wohlbekannt für seine Loyalität gegenüber den Herzögen von Aquitanien, suchte Zuflucht in der Stadt von La Souterraine. Ein zweites Kontingent von Söldnern unter Wilhelms Onkel Raimund le Brun bahnte sich seinen Weg nach Norden, um Aimar zu verstärken. In Limoges scharte sich eine große Gruppe von Rittern um Gottfried, und er hatte auch in der Bretagne Söldner angeheuert und sie angewiesen, Poitou von Nordwesten her anzugreifen.

Alles in allem hatten die Rebellen eine sehr ansehnliche Streitmacht zusammengezogen. Aber Richard war deshalb nicht bereit, um Frieden nachzusuchen. Er hetzte zunächst die bretonischen Eindringlinge nieder, ließ alle hinrichten, die ihm in die Hände fielen, und befahl Vergeltungsüberfälle auf Gottfrieds Besitzungen. Dann ergriff er kühn die Initiative – ebenso wie er es im April 1182 getan hatte. An der Spitze einer kleinen Kavallerietruppe ritt er zwei Tage und Nächte hindurch fast ohne Unterbrechung, und am 12. Februar fiel er völlig überraschend Aimars Söldner an, als diese eben die Kirche von Gorre ein Dutzend Meilen westlich von Limoges umzingelt hatten. Sie vermuteten ihn immer noch irgendwo jenseits von Poitiers. Aimar entkam. Richards Leute waren zu erschöpft, um ihn zu verfolgen. Aber Wilhelm Arnald wurde getötet, und viele seiner Gefolgsmänner wurden gefangengenommen. Richard schleppte seine Gefangenen bis nach Aixe, er ließ einige in der Vienne ertränken, andere durch das Schwert hinrichten und den Rest blenden. Selbst Geistliche wie Gottfried von Vigeois zollten dem Beifall, es war das Schicksal, welches alle räuberischen Söldner verdienten.

Mittlerweile war Heinrich II. selbst auf dem Weg in den Limousin, immer noch in der verlorenen Hoffnung, endgültig Frieden zwischen seinen Söhnen stiften zu können. Vermutlich hatte er bereits alles in Bewegung gesetzt, um eine große Armee aufzubieten. Das aber kostete Zeit, und als er sich Limoges näherte, hatte er immer noch nur wenige Männer um sich. In der Zitadelle von St. Martial waren jedermanns Nerven zum Zerreißen gespannt. Als Heinrich II. näherrückte, blies ein Wächter Alarm, da er die kleine Gruppe des Königs für einen von den Bürgern der Bischofsstadt organisierten Stoßtrupp hielt. Die Männer von St. Martial schwärmten aus, um ihre Feinde zurückzuschlagen. In dem Durcheinander, welches herrschte, bevor einer der Engländer in der Zitadelle das königliche Banner erkannte, wurde einer von Heinrichs Gefolgsleuten verwundet, und der König selbst kam nur mit knapper Not davon. Heinrich II. zog sich daraufhin in die verhältnismäßige Sicherheit von Richards Festung in Aixe zurück. Hier wurde er noch am gleichen Abend von dem jungen König aufgesucht, der zu erklären und zu entschuldigen versuchte, was geschehen war. Heinrich aber war schockiert und zornig und weigerte sich, ihn anzuhören. So kehrte sein Sohn zu seinen Freunden in Limoges zurück. Auf Aimars Befehl schworen die Einwohner von St. Martial dem jungen König einen Treueeid und bereiteten sich dann darauf vor, der Belagerung zu trotzen. Da 1181 die Mauern der Zitadelle geschleift worden waren, mußten Wälle aus Erde, Stein und Holz errichtet werden, deren Material eine Anzahl von zu diesem Zweck hastig niedergerissenen Kirchen lieferte. Nicht vor weiteren zwei Wochen jedoch verfügte Heinrich II., zu dem inzwischen Richard gestoßen war, über eine ausreichend große Streitmacht, um St. Martial einzukreisen. Vorläufig mußten sie sich damit begnügen, die Bischofsstadt zu besetzen und von dort aus ein wachsames Auge auf ihre Feinde zu haben. Die beiden Heinrich, Vater und Sohn, verbrachten diese letzten vierzehn Tage einer trügerischen Stille mit einer fruchtlosen Reihe von Verhandlungen, gefühlsbetonten Versöhnungen, Streitereien, gegebenen und gebrochenen Versprechen. Zuzeiten mag der junge König aufrichtig den von ihm gewählten Weg bedauert haben, aber er war nun schon zu weit gegangen, um sich noch zurückziehen zu können. Immer mehr seiner Verbündeten erschienen auf der Bildfläche. Philipp von Frankreich hatte eine Truppe von Brabanter Söldnern geschickt, um seinem Schwager zu helfen. Es war der erste Schritt in einer Kampagne, welche er die nächsten dreißig Jahre hindurch führen sollte. Die Brabanzonen nahmen St.-Léonard-de-Noblat im Sturm, massakrierten die Einwohner und stürmten dann an Limoges vorbei, um Brantôme zu erobern und zu plündern. Noch mehr Söldnerbanden, von dem Vicomte Aimar und Raimund von Turenne gedungen, verheerten den südlichen Limousin. Bertrand de Born nutzte die Verwirrung, um seinen Bruder durch irgendwelche tückischen Mittel aus Hautefort zu verjagen. Die ganze Gegend befand sich im Aufruhr.

Heinrich und Richard machten, als ihre Hauptstreitmacht am 1. März endlich eintraf, keinen Versuch, die weitverstreuten Banden plündernder Söldner zu vertreiben. Sie konzentrierten all ihre Energien statt dessen auf die Unterwerfung der Hauptstadt der Rebellen, die Zitadelle von St. Martial. Es sollte sich als eine beide Seiten erschöpfende Belagerung erweisen. Im Innern der Zitadelle ging dem jungen König schnell das Geld aus. Er und Aimar hatten jeden Söldner-Hauptmann, der seine Dienste antrug, engagiert, da sie fürchteten, er werde zu Heinrich II. übergehen, wenn sie es nicht taten. Das war eine vernünftige Politik – solange sie sie sich leisten konnten. Das konnten sie nicht lange. Der junge Heinrich erhielt eine »Anleihe« von den Bürgern, aber das war nur ein Tropfen auf den heißen Stein. Er war deshalb genötigt, die Kelche, das Tafelgeschirr und andere Schätze, welche dem Schrein von St. Martial angehörten, zu beschlagnahmen. Nachdem er die Zitadelle um alles Gold und Silber beraubt hatte, verließ er Limoges und machte sich auf die Suche nach neuen Zahlungsquellen für seine Söldner. Er plünderte Grandmont und dann die Abtei von La Couronne nahe Angoulême. Die Zitadelle, nun unter dem Kommando von Gottfried von der Bretagne, Vicomte Aimar und Gottfried de Lusignan, hielt noch immer stand. Die Belagerungstruppen wurden mutlos. Viele von ihnen waren in Zelten untergebracht und litten sehr unter der Kälte, dem nassen Wetter. Einige verließen das Lager schon nach zwei Wochen wieder, und im Lauf der Zeit wurde es zunehmend schwieriger, die Blockade aufrechtzuerhalten. Ende April oder Anfang Mai entschloß sich Heinrich II. endlich, die Belagerung aufzuheben.

Wir wissen nicht, wohin er sich als nächstes wandte, noch ob Richard noch immer bei ihm war. Die erhalten gebliebenen Chroniken von Südwestfrankreich sind wirklich dürftig, verglichen mit dem damaligen Reichtum an Geschichtsschreibung in England, dem goldenen Zeitalter mittelalterlicher englischer Historiographie. Aber eines ist sicher: Obwohl wir so wenig darüber wissen, war dies eine bedeutende Krise. Benachbarte Fürsten marschierten in Aquitanien ein, um ihre Rolle in dem Kampf zu übernehmen, der sich rapide zu einer entscheidenden Kraftprobe entwickelte.

Auf der Seite des jungen Königs standen Hugo, Herzog von Burgund, und Raimund, Graf von Toulouse. Für Raimund, dessen Grafschaft seit 1173 als ein Lehen von Aquitanien gehalten worden war, bot die Ersetzung Richards durch seinen älteren Bruder die Aussicht auf Befreiung von bitter empfundener Unterordnung. Andererseits schlug sich Raimunds Rivale in dem großen Kampf um die Provence, Alfons II. von Aragon, auf Richards Seite. Alles in allem genommen jedoch sieht es so aus, als ob gegen Mai 1184 Heinrich II. und Richard die Kontrolle zu verlieren drohten. In Limoges stand es dem jungen König frei, zum Angriff überzugehen. Er eroberte die Burg von Aixe, die nur noch so schwach besetzt war, daß sie von Heinrich II. und Richard aufgegeben worden zu sein scheint.

Drei Tage später, am 26. Mai, erkrankte der junge König. Er schaffte es noch, in Rocamadour eine weitere Kirche zu plündern, dann starb er am 11. Juni in Martel. Das war das überraschende Ende einer schon fast siegreichen Rebellion. Wegen seiner geringen Geldmittel war der junge Heinrich zwar immer bis zu einem gewissen Grad nur ein Aushängeschild gewesen, aber er war ein unentbehrliches Aushängeschild. Er war die Rechtfertigung für den Krieg, besonders in den Augen der Nachbarfürsten, deren Intervention den Kampf wahrscheinlich entschieden hätte. Sobald Hugo von Burgund und Raimund von Toulouse von des jungen Heinrich Tod hörten, kehrten sie nach Hause zurück. Wie der König im Schach hatte der junge König sehr wenig eigene Macht besessen, dennoch war es ohne ihn unmöglich, das Spiel fortzusetzen.

5
Das ungewisse Erbe 1183 bis 1189

Die angevinische Herrschaft in Aquitanien war durch den Aufstand des jungen Königs schwer erschüttert worden, aber nachdem er tot war, war es nicht allzu schwierig, die Scherben wieder zusammenzufügen. Vicomte Aimar und Gottfried de Lusignan verließen Limoges, als sie von seinem Tod erfuhren, um seinem Leichnam bis Grandmont das Geleit zu geben.

Heinrich II. und Richard ergriffen die Gelegenheit, um nach Limoges zurückzukehren, um Aixe und die Zitadelle zu belagern. Am 24. Juni kapitulierte Aimar von Limoges. Er versprach, seinen Halbbrüdern in Angoulême keinen Beistand mehr zu gewähren. Die neuerbauten Mauern der Zitadelle wurden dem Erdboden gleichgemacht. Dann, während Heinrich II. zurück nach Anjou zog, belagerten Richard und Alfons von Aragon Bertrand de Born in Hautefort. Die Burg galt als uneinnehmbar, aber nach sieben Tagen wurde sie am 6. Juli genommen und Konstantin de Born zurückerstattet. Alfons kehrte nach Barcelona zurück und überließ es Richard, die Ländereien des Grafen von Périgord und seiner Verbündeten zu verwüsten. Schließlich unterwarfen sich alle Rebellen und akzeptierten Friedensbedingungen. Dies bedeutete normalerweise, daß einige ihrer Burgen zerstört wurden und andere in die Hand des Königs gegeben wurden. Gottfried wurde bestraft, indem ihm alle seine Festungen in der Bretagne entzogen wurden. Aber obgleich die angevinische Herrschaft in Aquitanien völlig wiederhergestellt war, blieb Richards Stellung ungewiß. Die Revolte war einem Erfolg nicht fern gewesen, und sie mag wohl das Vertrauen Heinrichs II. in die Fähigkeit seines Sohnes, Aquitanien zu regieren, erschüttert haben. Für den Augenblick jedoch war es der alte König zufrieden, lediglich die Kontrolle über jene Burgen wieder zu übernehmen, die er Richard vor dem Ausbruch des Krieges anvertraut hatte. Sein Sohn wird diesen Autoritätsverlust mit Geduld getragen haben, denn er war nun König Heinrichs Haupterbe.

Zu Michaelis 1183 deckte Heinrich II. seine Karten auf. Er berief beide, Richard und Johann, in die Normandie und befahl Johann, Richard den Lehnseid zu schwören. Als Gegenleistung sollte Johann Aquitanien übernehmen. Wenn Richard in die Fußstapfen seines toten Bruders treten sollte, warum sollte Johann dann nicht das übernehmen, was bisher Richard besaß? Es war eine einfache und natürliche Lösung. Richard aber war nicht einverstanden. Er hatte nicht acht Jahre lang gearbeitet und gefochten, um Aquitanien an jemand anderen zu übergeben. Er bat um zwei oder drei Tage Bedenkzeit, damit er sich mit seinen Freunden beraten könne, und als ihm diese gewährt wurde, nahm er seinen Abschied. Bei Einbruch der Nacht ritt er im Galopp nach Poitou und hielt nur an, um einen Boten zu seinem Vater zu schicken, der dem König auszurichten hatte, daß Richard niemals irgendwem erlauben würde, seinen Platz als Herzog von Aquitanien einzunehmen. Um Heinrichs Schwierigkeiten zu vergrößern, wurde er ständig von König Philipps Forderungen belästigt, daß nun, da der junge König tot war, die Mitgift seiner Witwe Margarete – Gisors und die anderen Burgen des Normannischen Vexin – an Frankreich zurückerstattet werden müßten. Bei Verhandlungen, die am 6. Dezember 1183 an der Grenze zwischen Gisors und Trie stattfand, erklärte Philipp sich bereit, Heinrich II. den Normannischen Vexin zu überlassen, wenn er Margarete eine jährliche Pension von 2700 Pfund zahlte und das Land demjenigen seiner Söhne verlieh, der Alice heiratete. Da Alice schon vor langer Zeit mit Richard verlobt worden war, läßt die bewußte Vagheit des Ausdrucks »demjenigen seiner Söhne, der sie heiratete«, vermuten, daß Heinrich II. mit der Idee gespielt hat, sie nicht mit Richard, sondern mit Johann zu vermählen. In diesem Fall mochte Philipp wohl jedem Plan zugestimmt haben, der seine Halbschwester und ihren Gatten angemessen versorgte, ob es nun Aquitanien war oder sogar etwas mehr. Bei derselben Konferenz huldigte Heinrich II. Philipp für alle seine kontinentalen Besitzungen. Es hat den Anschein, als ob er bewußt die legale Basis seines Rechts, die Angelegenheiten Aquitaniens zu ordnen, noch einmal hervorheben wollte.

Den ganzen Winter von 1183/1184 hindurch setzte der alte König seine Bemühungen fort, Richard durch Schmeicheleien und dann Drohungen dazu zu bewegen, Aquitanien aufzugeben – ohne Wirkung. Zuletzt, in einem Wutanfall, erteilte er Johann die Erlaubnis, in das Herzogtum einzumarschieren und zu versuchen, es mit Gewalt an sich zu bringen. Richard war natürlich auf einen derartigen Schritt vorbereitet. Er hatte seinen Weihnachtshof in Talmont nördlich von La Rochelle gehalten und in verschwenderischem Maß Geschenke verteilt. Doch fürstliche Großzügigkeit konnte nicht jedermanns Loyalität erkaufen. Es war sicherer, zusätzlich Soldaten anzuwerben, und zu diesem Zeitpunkt stoßen wir zum erstenmal auf den Namen Mercadier, der sich von nun an mit dem Richards eng verband. 1183 war Mercadier nur der Hauptmann einer jener räuberischen Söldnerkompanien, die eifrig damit beschäftigt waren, den südlichen Limousin mit Chaos zu überziehen, aber in den nächsten fünfzehn Jahren wurde er der berühmteste Berufskrieger in Europa. Statt von einem Arbeitgeber zum anderen zu wandern wie die meisten seiner Berufskollegen, blieb er konstant in Richards Diensten und war noch am Ende in Chalus bei ihm. Vielleicht, weil Richard besser zahlte als alle mit ihm konkurrierenden Fürsten, vielleicht aber auch, weil sich zwischen den beiden ein Vertrauensverhältnis entwickelt hatte. Dies scheint zumindest aus den Worten hervorzugehen, welche Mercadier 1196 selbst diktierte: »Ich kämpfte mit allen Kräften und loyal für ihn. Ich widersetzte mich niemals seinem Willen, sondern gehorchte unverzüglich seinen Befehlen. Infolgedessen gewann ich seinen Respekt und wurde mit dem Kommando über seine Armee betraut.« Er scheint zuerst im Februar 1184 unter Richards Fahne gefochten zu haben, als er eine Truppe anführte, die Excideuil plünderte – ein gegen Aimar von Limoges gerichteter Schlag, der vermutlich gehofft hatte, aus dem Streit zwischen Heinrich II. und seinem Sohn Nutzen zu ziehen.

Zu der erwarteten Invasion Aquitaniens kam es erst einige Zeit nachdem Heinrich II. im Juni nach England gesegelt war.

Johann war immer noch erst sechzehn Jahre alt, so ist es wahrscheinlich, daß die wirkliche Initiative für die Eröffnung des Kampfes von dem skrupellosen, nun in sein Herzogtum wiedereingesetzten Gottfried kam; Richard und Gottfried waren im Sommer 1183 formell versöhnt worden, aber die Erinnerung an den Kampf um Limoges schwärte offenbar weiter. Die zwei jüngeren Brüder führten Expeditionen nach Poitou aus, während Richard sich mit Überfällen auf Gottfrieds Ländereien in der Bretagne rächte. Als die Kunde von diesem Kleinkrieg Heinrich II. im Herbst 1184 erreichte, berief er nun alle drei nach England. Die Tatsache, daß alle drei der Aufforderung gehorchten, zeigt, daß der alte König immer noch die Autorität über sein gesamtes Reich ausübte. Im Dezember wurden Richard, Gottfried und Johann in Westminster wieder einmal öffentlich versöhnt. Heinrich II. scheint die ganze zweite Hälfte des Jahres 1184 hindurch nach einer Lösung für die Nachfolge gesucht zu haben. Sofort nach seiner Ankunft in England gab er Anweisungen, Eleonore aus der Haft zu entlassen. So war auch sie bei den wichtigen Beratungen am Jahresende anwesend, und es wäre erstaunlich, wenn ihre Stimme bei den Erörterungen über Aquitaniens Zukunft nicht gehört worden wäre – um so mehr, als von ihr erwartet werden durfte, einigen Einfluß auf ihre Kinder zu besitzen, besonders auf Richard. Heinrich II. beschäftigte sich noch immer mit der Möglichkeit, Alice von Frankreich mit einem anderen seiner Söhne als Richard zu verheiraten. Er empfing eine Gesandtschaft des Kaisers Friedrich Barbarossa und stimmte einem Vorschlag für eine eheliche Verbindung zwischen Richard und einer der Töchter des Kaisers zu. Die Prinzessin starb jedoch noch im gleichen Jahr. Heinrich hielt Richard und Johann über Weihnachten in England fest, schickte aber Gottfried in die Normandie, »um das Land unter Kontrolle zu halten«. War dies eine verschleierte Drohung für Richard? Eine Mahnung, daß er es nicht für selbstverständlich erachten dürfe, daß er zu gegebener Zeit England, die Normandie und Anjou übernehmen würde? Falls Richard darauf bestand, Aquitanien zu behalten, würde er dann seinen Erbanspruch auf das Reich aufgeben müssen? Daß Heinrich nun daran dachte, Richard sein Herzogtum zu belassen, wird durch Pläne angedeutet, die Johann als König von Irland vorsahen. Aber welchen Preis würde der alte König als Gegenleistung für dieses Zugeständnis verlangen? Richard war beunruhigt. Unmittelbar nach Weihnachten erhielt er die Erlaubnis, nach Aquitanien zurückzukehren, und wir hören als nächstes von ihm, daß er wieder einmal gegen Gottfried Krieg führte.

Heinrich hielt Richard für diesen erneuten Ausbruch der Feindseligkeit verantwortlich, der eine offenkundige Mißachtung seiner kürzlichen Friedensauflage darstellte. Im April 1185 setzte er in die Normandie über und begann, eine Armee aufzustellen, aber er fand bald ein wirksameres Mittel im Umgang mit seinem aufsässigen, aber mächtigen Sohn. Er ließ Eleonore in die Normandie kommen, und als sie eintraf, ging eine Nachricht an Richard, die ihn aufforderte, Aquitanien seiner Mutter, der rechtmäßigen Herzogin, zu übergeben. Da Richard tiefe Zuneigung für seine Mutter empfand, war dies eine Trumpfkarte. Er legte die Waffen nieder, wies seine Burgen an, Eleonores Befehlen zu gehorchen, und kehrte wie ein ehrerbietiger Sohn an den Hof seines Vaters zurück. Aber auch für Richard war dies ein Triumph: die volle Rehabilitierung seiner Mutter und die Wiedereinsetzung in alle ihre Rechte als Herzogin von Aquitanien. Es konnte nur bedeuten, daß seine eigene Zukunft als Herzog doppelt gesichert war. In der Zwischenzeit fungierten Heinrich II., Eleonore und Richard als gemeinsame Herrscher. Ein glücklicher oder verdutzter Empfänger erhielt gelegentlich nicht weniger als drei Erlasse, von denen jeder ihm den legitimen Genuß des gleichen Rechts bestätigte. Die wirkliche Macht in Aquitanien im Sinne der Macht, Beamte zu ernennen oder Geld einzutreiben und zu transferieren, lag natürlich bei Heinrich – wie dies stets der Fall war, wenn er sich auf dem Kontinent befand und sie auszuüben beliebte. Doch zu dem Zeitpunkt, als er im April 1186 nach England zurückkehrte, war Richards Position als Thronerbe weiter gestärkt worden. Im vorhergehenden Monat hatten Heinrich II. und König Philipp von Frankreich noch eine Konferenz in Gisors abgehalten und die im Dezember 1183 erreichte Übereinkunft bekräftigt, aber diesmal legte sich Heinrich II. fest: Statt zu versprechen, daß Alice einen seiner Söhne heiraten würde, bestimmte er, daß sie

Richard heiraten sollte. Gottfried von der Bretagne machte sich keine Illusionen über die Bedeutung dieser Vereinbarung. Irgendwelche Erwartungen, einen größeren Teil des Angevinischen Reiches zu erben, schwanden schnell dahin. Seine einzige Hoffnung gründete sich nun auf König Philipp, und er begab sich nach Paris, um ihn zu besuchen: der traditionelle Schritt für alle unzufriedenen Söhne Heinrichs II. Das Gerücht, daß er seine notorisch gewandte Zunge gebraucht habe, um seine Anerkennung als Seneschall von Frankreich durchzusetzen, läßt vermuten, daß er es auf Anjou abgesehen hatte, da dies ein von den Grafen von Anjou beanspruchter französischer Titel war.

Während Gottfried in Paris gegen Richard intrigierte, war Richard mit einer Invasion von Toulouse beschäftigt. Sein Vater hatte ihn für den Feldzug reichlich ausgestattet. Es fand sich sogar eine erhebliche Rechtfertigung für den Krieg. Graf Raimund V. hatte 1183 den jungen König Heinrich unterstützt, und zu Anfang des folgenden Jahres hatte sein Sohn Raimund VI. Banden von Söldnern auf den Limousin gehetzt. Sie hatten Peyrat-le-Château geplündert und das umliegende Land östlich von Limoges verwüstet, wobei sie möglicherweise im heimlichen Einverständnis mit Vicomte Aimar handelten. Unglücklicherweise starb 1184 Gottfried von Vigeois, nachdem er von einem herabfallenden Stück Mauerwerk am Kopf getroffen worden war, und ohne seine Chronik als Leitfaden befinden wir uns in hoffnungsloser Unkenntnis über die Vorkommnisse in diesem Teil der Welt. Aber es ist wahrscheinlich, daß im Zeitraum von 1183 bis 1185 die Grafen von Toulouse viel von dem Gebiet, das sie 1159 verloren hatten, zurückgewannen, vor allem Cahors und die Quercy. Richards Gegenangriff von 1186 scheint sehr wirksam gewesen zu sein. Graf Raimund wagte es nicht, sich auf eine offene Feldschlacht mit Richards Streitmacht einzulassen, noch fanden die dringenden Bitten um Hilfe, die er an den König Philipp richtete, irgendeinen Widerhall. Philipp entschied vermutlich, daß er augenblicklich nicht über Mittel verfügte, die sowohl legitim als auch effektiv genug waren, um entweder Heinrich II. oder Richard unter Druck zu setzen.

Wieder einmal war es ein unerwarteter Tod, der die Lage verän-

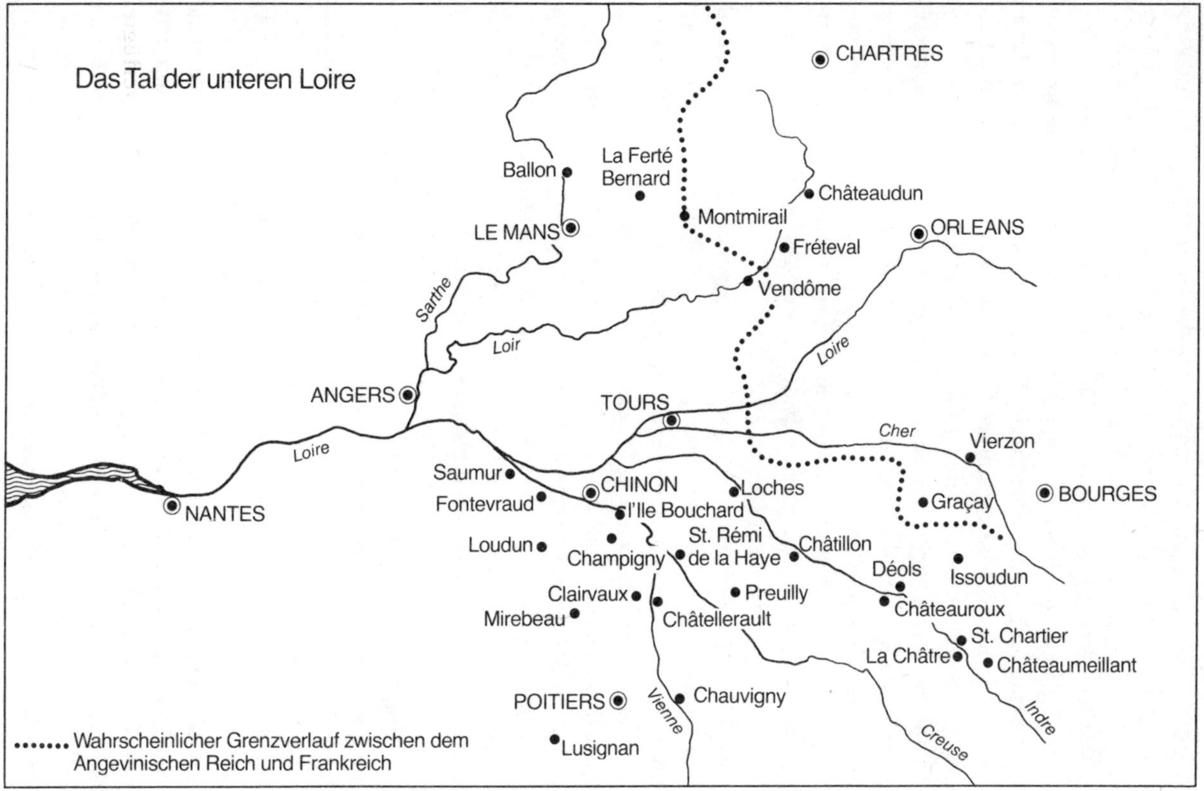
Das Tal der unteren Loire
CHARTRES
Ballon
La Ferté
Bernard
Châteaudun
LE MANS
Montmirail
Fréteval
ORLEANS
Vendôme
Sarthe
Loir
Loire
ANGERS
TOURS
Cher
Vierzon
Loire
Saumur
CHINON
Loches
BOURGES
NANTES
Fontevraud
l'Ile Bouchard
Graçay
Loudun
St. Rémi
de la Haye
Châtillon
Champigny
Déols
Issoudun
Clairvaux
Preuilly
Châteauroux
Mirebeau
Châtellerault
St. Chartier
La Châtre
Châteaumeillant
POITIERS
Vienne
Chauvigny
Indre
Creuse
Lusignan
Wahrscheinlicher Grenzverlauf zwischen dem
Angevinischen Reich und Frankreich

derte. In einem Turnier in Paris wurde im August 1186 Herzog Gottfried zu Tode getrampelt. König Philipp als Lehnsherr der Bretagne beanspruchte sofort die Vormundschaft über die zwei Töchter Gottfrieds und drohte, in die Normandie einzufallen, falls Heinrich II. nicht einwilligte. Bei den Verhandlungen über die Bretagne verlangte Philipp nun auch, daß Richard seine fortwährende Belästigung von Toulouse einstellte. Im Oktober einigten sich die beiden Könige auf einen Waffenstillstand bis Januar 1187, aber ob dieser den Krieg in Toulouse einschloß oder nicht, ist nicht klar. Ein Anhaltspunkt, daß Richard noch immer eine aggressivere Haltung beibehielt als sein Vater, liegt in der Tatsache, daß der Schloßvogt von Gisors, der in einem Scharmützel nach Abschluß des Waffenstillstands einen französischen Ritter tötete, es für klüger hielt, bei Richard Zuflucht zu suchen.

Spätestens im Februar 1187 aber verließ Richard den Süden und hielt sich in der Normandie auf, um seinen Vater bei dessen Ankunft aus England zu begrüßen. Zwei Zusammenkünfte mit Philipp im Frühling erbrachten eine Verlängerung des Waffenstillstands bis zum Mittsommer, aber ansonsten trugen sie nur dazu bei, die Kluft zwischen den beiden Seiten zu vertiefen. Der König von Frankreich hatte zusätzlich zu seiner Forderung nach der Aufsicht über die Bretagne schon wieder die Frage von Alices Heirat und des Normannischen Vexin angeschnitten. Es hat den Anschein, als ob die Übereinkunft vom März 1186 es versäumt hatte, klarzustellen, ob die Angeviner den Vexin behalten könnten oder nicht, wenn Alice unverheiratet blieb. Wenn entweder Richard oder Johann sie geehelicht hätten, würde dies fraglos Philipps Anspruch Triftigkeit hinzugefügt haben, daß dieses wesentliche Territorium die Mitgift seiner Schwester war und als solche eines Tages an Frankreich zurückgegeben werden müßte. Falls andererseits Heinrich II. behauptete, daß der Vexin seit alten Zeiten zur Normandie gehörte und deshalb durch Erbrecht sein war, war es sicherer, den Ausgang nicht dadurch zu gefährden, daß er Alice mit einem seiner Söhne vermählte. Wie auch immer die verworrene Rechtslage aussehen mochte, solange die Angeviner Gisors hielten, verhandelten sie eindeutig aus einer Position der Stärke heraus und konnten vernünftigerweise hoffen, daß eines Tages der König von Frankreich gezwungen sein würde, ihre Sache anzuerkennen. Das Schicksal von Alice – länger als zwanzig Jahre in der Obhut des Königs von England, ohne jemals geheiratet zu werden – hat modernen Historikern ebenso zu schaffen gemacht wie den zeitgenössischen. Dem Klatsch jener Tage zufolge hatte der alte König sie verführt, und Richard wollte die Mätresse seines Vaters nicht ehelichen. Es mag so gewesen sein, doch diplomatische Überlegungen hätten sicher bei beiden Vorrang gehabt. Auf jeden Fall hielten sie sich alle Optionen offen, indem sie Alice einfach in ihrer Gewalt ließen und verhinderten, daß Philipp sie mit irgend jemand anderem verheiratete und so ein neues Bündnis schmiedete. Das war eine zweischneidige Politik, denn wann immer der König von Frankreich Unruhe stiften wollte, hatte er stets einen legitimen Vorwand zur Hand.

Der Frühsommer von 1187 war in Erwartung des Waffenstillstandsendes mit Kriegsvorbereitungen angefüllt. Da König Philipp das Recht Heinrichs II., Alice, die Bretagne und den Vexin zu behalten, bestritt, war es an ihm, die Initiative zu ergreifen. Er konnte Zeitpunkt und Ort seines Angriffs wählen, während Heinrich II. in dem Versuch, die gesamte Länge seiner Grenze zu sichern, seine Streitkräfte verteilen mußte. Im Juni schlug Philipp in Berry zu. Aufgrund vorheriger Abmachungen öffneten der Herr von Issoudun und weiter nördlich im Tal der Loire der Herr von Fréteval ihre Burgen seinen Truppen. In Berry, wo die Besitzungen der Angeviner und der Capetinger häufig ineinander übergingen, war es schwer, nur gegenüber einer Lehnspflicht loyal zu sein. Dies traf besonders auf den Herrn von Issoudun zu, Robert von Dreux, der ein Vetter König Philipps war. Richard und Johann blockierten jeden weiteren Vormarsch, indem sie Châteauroux lange genug hielten, um ihrem Vater zu gestatten, mit dem Kern der angevinischen Armee heranzukommen und Philipp zur Aufhebung der Belagerung zu zwingen. Doch Philipp, dessen Prestige bei dieser ersten offenen Herausforderung des angevinischen Gegners auf dem Spiel stand, konnte sich einen Rückzug nicht leisten. Er suchte die Schlacht, und Heinrich II. stellte sich.

Dann aber, in letzter Minute, zogen sich beide Seiten zurück. Es wäre außergewöhnlich gewesen, hätten sie es vorgezogen, zu kämpfen. Offene Feldschlachten waren selten; zwischen Königen sogar sehr selten. Heinrich II. trug in seinem ganzen Leben nie eine Schlacht aus; auch Philipp tat es bis 1214 nicht, und obwohl jene Schlacht bei Bouvines sich als der Sieg erwies, welcher seine Karriere krönte, hatte er vorher sein möglichstes getan, sie zu vermeiden. Philipps Widerstreben, die Schlacht zu riskieren, hilft erklären, warum sogar ein so berühmter Krieger wie Richard niemals eine Schlacht in Europa schlug (mit der möglichen Ausnahme seiner »Schlacht« gegen Vulgrin von Angoulêmes Söldner im Jahre 1176 – aber das war wahrscheinlich eher ein Handgemenge an einem Nebenschauplatz als eine Schlacht). Kriegführen in jener Zeit zielte auf die Verwüstung feindlicher Gebiete, auf die Verfolgung zurückweichender Armeen, auf Belagerungen wie bei Châteauroux im Juni 1187, aber nicht auf eine Entscheidungsschlacht. Eine offene Feldschlacht zwischen zwei mehr oder weniger gleich starken Armeen mit gutausgerüsteten Rittern und Infanterie auf beiden Seiten war ganz einfach viel zu riskant. Im Durcheinander der Schlacht konnte ein Zufall den Ausgang auf die eine oder andere Weise entscheiden, und das Kriegsglück eines einzigen Tages konnte die geduldige Arbeit von Monaten oder von Jahren zunichte machen. Obwohl verhältnismäßig wenige Ritter tatsächlich in der Schlacht umkamen, brachte sich der Fürst, welcher seine Sache der Schlacht anheimstellte, in persönliche Gefahr, da es stets klar war, daß der sicherste Weg, eine Schlacht zu gewinnen, die Gefangennahme oder das Töten des gegnerischen Befehlshabers war, so wie Harold bei Hastings gefallen war. Die meiste Zeit über trafen vernünftige Fürsten Vorkehrungen, um ein so gewagtes Geschäft zu vermeiden.

Die außerhalb von Châteauroux auf den Feldern lagernden Heere zählten viele Adelige, die einander gut kannten, die bei Turnieren zusammengetroffen waren oder auf Pilgerfahrten, die Vettern und Nachbarn waren. Selbst wenn dieses eine Mal die Könige nicht geblufft hatten, als sie ihre Armeen gegeneinander marschieren ließen, widerstrebte es diesen Männern, einander anzugreifen.

Überdies war ein päpstlicher Legat eingetroffen, von Urban III. mit Instruktionen entsandt, die Streitigkeiten in Nordwesteuropa beizulegen und alle Kräfte auf einen Kreuzzug zu konzentrieren. Mit seiner moralischen Unterstützung versuchte eine Gruppe von Adligen und Klerikern beider Seiten, Friedensbedingungen auszuarbeiten. Dies erwies sich als unmöglich, denn solange es eine Alternative gab, waren weder Philipp noch Heinrich II. bereit, dem anderen irgendein Zugeständnis zu machen, und es gab natürlich diese Alternative: nicht Frieden, nicht Krieg, aber einen Waffenstillstand. Sowohl die Erfordernisse eines Kreuzzugs als auch die anhaltenden Spannungen zwischen den beiden Reichen deuteten auf die Notwendigkeit eines eher langen als kurzen Waffenstillstands hin. Zwei Jahre betrug schließlich die vereinbarte Zeitspanne. Die Heere lösten sich voneinander, und Philipp blieb im Besitz von Issoudun und Fréteval.

Aber an jenem Tag errang Philipp etwas Bedeutenderes als die vorläufige Kontrolle über zwei Baronien. Als nach Paris zurückkehrte, ging Richard mit ihm. »Philipp ehrte ihn so«, schrieb Roger von Howden, »daß sie jeden Tag am gleichen Tisch aßen, die gleiche Schüssel teilten, und nachts trennte sie das Bett nicht voneinander. Zwischen den beiden erwuchs eine so tiefe Zuneigung, daß König Heinrich sehr beunruhigt war, und aus Furcht vor dem, was die Zukunft bereithalten mochte, entschloß er sich, seine Rückkehr nach England aufzuschieben, bis er wüßte, was hinter dieser plötzlichen Freundschaft steckte«. Dies heißt nicht – wie einige moderne Autoren angenommen haben –, daß Richard und Philipp eine homosexuelle Affäre hatten. Es war damals auch unter Menschen gleichen Geschlechts nicht unüblich, das Bett zu teilen. Heinrich II. und Wilhelm Marshal taten es zum Beispiel. Der *Jongleur*, der dies berichtete, brauchte nicht zu befürchten, daß sein Publikum ihn mißverstehen würde. Er wollte damit nicht mehr sagen, als daß der alte König Wilhelm vertraute, daß sie freundschaftlich verbunden waren, nicht sexuell. Wenn Männer einen Kuß austauschten, war das eine Geste der Freundschaft oder des Friedens, nicht der erotischen Leidenschaft. Es ist ein grundlegender Fehler, es für selbstverständlich zu halten, daß ein Akt, welcher für uns heute eine einzige symbolische Bedeutung hat, diese gleiche Bedeutung vor achthundert Jahren besaß. Als Richard und Philipp zusammen nach Paris ritten, war das nicht ein Akt der Liebe, sondern des politischen Trotzes – was Heinrich II. nur zu gut verstand. Gesten dieser Art waren Teil des politischen Vokabulars; ein schlauer Politiker wie König Philipp gebrauchte sie mit großer Wirkung. Als Gottfried von der Bretagne bestattet wurde, hieß es, daß Philipp gewaltsam davor zurückgehalten werden mußte, sich in das Grab zu werfen, um sich mit seinem Freund zu vereinigen. Nun, im Sommer 1187, schickte Heinrich II. Kurier um Kurier zu Richard, um ihn zu bitten, zurückzukommen. Gehorsam heuchelnd, verließ Richard Paris, wandte sich dann überraschend gegen Chinon, brachte die Burg in seine Gewalt und bemächtigte sich aller Gelder, die dort lagen, um sie für die Befestigung der Burgen von Aquitanien auszugeben. Heinrich II. schickte noch mehr Kuriere, und zu guter Letzt fand Richard sich bereit, seinen königlichen Vater aufzusuchen. Wieder einmal wurde alle Zwietracht zwischen Vater und Sohn oberflächlich beigelegt, und in Angers huldigte Richard seinem Vater, indem er auf die Bibel schwor, daß er gegen alle Männer treu zu ihm halten werde.

Was lag diesen rätselhaften und verwirrenden Vorgängen zugrunde? Warum hatte Richard zuerst Châteauroux gegen Philipp verteidigt und war dann in dessen Gesellschaft fortgeritten? Die Erklärung liegt fast sicher in der hochgespannten Atmosphäre eines Schlachtfeldes am Vorabend des Kampfes. Richard scheint eine wichtige Rolle bei den Friedens- und Waffenstillstandsgesprächen gespielt zu haben, und während er zwischen den Heeren hin und her ritt, mag sein Vater mißtrauisch geworden sein. War sein Sohn gewillt, Bedingungen anzunehmen, welche er unannehmbar finden würde? Vielleicht gab es Augenblicke, in denen Heinrich II. sich einredete, daß er verraten wurde. Jene nervenzerreißenden Stunden, in denen die Heere eines in Sichtweite des anderen in Schlachtordnung aufgestellt standen, können kaum die beste Zeit für ruhige Erörterungen zwischen König und Kronprinz gewesen sein. Vermutlich stieß Philipp in dieses Mißtrauen und in die alten Spannungen zwischen den beiden geschickt hinein, um Richard auf seine Seite zu bringen. Und er wählte diesen Zeitpunkt, um einen Alptraum wiederzubeleben, der die letzten Jahre Heinrichs II. überschatten sollte.

Einige Tage nach der Konfrontation von Châteauroux, am Morgen des 3. Juli, traf in einem Feldlager bei Saffuriya in Galiläa ein anderer König, der König von Jerusalem, nach einer Nacht des Zweifels eine andere Entscheidung als Philipp und Heinrich. Eine mächtige Muslimtruppe belagerte seine Stadt Tiberias, und er gab den Befehl, zu ihrem Entsatz vorzurücken, wobei er sich völlig bewußt war, daß er durch das Verlassen seines Lagers eine Schlacht riskierte. Er erreichte Tiberias nicht. Die Armee, in der grimmigen Sommerhitze marschierend und unbarmherzig von berittenen muselmanischen Bogenschützen geplagt, war gezwungen, bei Hattin in einer wasserlosen Region in der Hoffnung anzuhalten, am nächsten Tag fähig zu sein, weiterzuziehen. Die christlichen Soldaten verbrachten eine durstige und schlaflose Nacht, ihre Augen schmerzten vom Rauch, der in ihr Lager schlug, als der Feind systematisch Feuer an das dürre Gestrüpp um sie herum legte. Als der Morgen anbrach, konnte der König, Guido von Lusignan, sehen, was er bereits geahnt haben mochte. Seine erschöpfte Armee war umzingelt. Die durch die Präsenz ihrer heiligsten Reliquie, des Heiligen Kreuzes, inspirierten christlichen Soldaten lieferten einen heldenhaften Kampf. Aber das Ergebnis der Schlacht stand von vornherein fest. Am 4. Juli war die Armee von Jerusalem vernichtet. Guido von Lusignan war gefangen und das Heilige Kreuz erbeutet. Die Templer und Hospitaliter, die die Schlacht überlebten, wurden unmittelbar danach hingerichtet. Als die Elitetruppen der christlichen Armee konnten diese Ordensritter nicht am Leben gelassen werden, um eines Tages wieder zu kämpfen. Das Königreich Jerusalem, praktisch all seiner kampffähigen Männer beraubt, lag hilflos zu Füßen des Eindringlings. In einem Versuch, den Zorn Gottes zu besänftigen und Jerusalem zu retten, frönten die Verteidiger der Heiligen Stadt außergewöhnlichen Bußritualen. Mütter schoren die Köpfe ihrer Töchter und ließen sie sich dann entkleiden, um öffentlich kalte Bäder auf dem Kalvarienberg zu nehmen. Es war vergebens. Am 2. Oktober marschierte das muselmanische Heer in die Stadt ein. Die Al-Aksa-Moschee wurde wieder islamisch. Doch es ist symptomatisch für die größere Toleranz der Muslims, daß der jüdischen Gemeinde erlaubt wurde, nach Jerusalem zurückzukehren, und sogar vier christlichen Priestern wurde gestattet, Gottesdienste in der Kirche des Heiligen Grabes zu halten. Im blutigen Gegensatz dazu hatten die ersten Kreuzfahrer, die 1099 die Heilige Stadt eroberten, die dort lebenden Menschen, Juden und Muslims gleichermaßen, massakriert und Jerusalem fortan so behandelt, als ob es ihnen allein gehörte.

Guido von Lusignan war von einem größeren Manne geschlagen worden: von al-Malik al-Nasir Salah ed-Din Yusuf, im Westen als Saladin bekannt. Während Guido erst 1180 im Mittleren Osten ankam und zur Zeit seiner Niederlage seit weniger als einem Jahr König von Jerusalem gewesen war, hatte Saladin seit 1169 über Ägypten und seit 1176 über Syrien geherrscht. Sein legendärer Ruf in der muselmanischen Welt als Befreier von Jerusalem hat zuzeiten die Tatsache verdunkelt, daß er ein ehrgeiziger, geschickter und erfahrender Staatsmann war. Er hatte seine politische Erziehung im Haushalt von Nur ed-Din erhalten, Herrscher über Syrien von 1154 bis 1174 und in jenen Jahren der gefährlichste Feind der Kreuzfahrer. Von Nur ed-Din lernte Saladin den *Dschihad*, den Heiligen Krieg gegen die Ungläubigen, als mächtige religiöse Kraft zu schätzen, die allein fähig war, die zerrissene muselmanische Welt zu vereinigen. Wie Nur ed-Din wurde Saladin der Verfechter der islamischen Orthodoxie und Einheit, der Gönner und Freund der Dichter und Prediger, deren Eloquenz in den Dienst des *Dschihad* gepreßt wurde – und ihr Führer. Obwohl er als General Mängel gehabt haben mag, war er an diplomatischem Geschick und politischem Verständnis seinen mittelöstlichen Rivalen, Muslim und Christ gleichermaßen, haushoch überlegen. Niemand kannte den Wert einer großmütigen Geste besser als er. Guido von Lusignan war keinesfalls der schöne Dummkopf, als der er oft hingestellt wurde, aber dem mächtigen Saladin war er nicht gewachsen.

Gegen Ende 1187 waren lediglich drei Küstenstädte – Tyrus, Tripolis und Antiochia – in christlichen Händen verblieben. Landeinwärts hielt noch eine Handvoll Burgen stand. Viele Garnisonen hatten rasch kapituliert, weil sie wußten, daß sie sich darauf verlassen konnten, daß Saladin sein Wort halten werde, ihr Leben zu schonen. *Outremer* – »das Land jenseits des Meeres« – befand sich am Rand des Untergangs, weniger als einhundert Jahre, nachdem die Männer des ersten Kreuzzugs es ins Leben gerufen hatten. Seit dem Fehlschlag des zweiten Kreuzzugs im Jahre 1148 hatten die jungen Krieger Westeuropas gezögert, nach Osten zu ziehen, aber die Nachricht von der Katastrophe bei Hattin und dem Fall von Jerusalem hatte das schlagartig geändert. Im Herbst nahm Richard das Kreuz in Tours in der neuen Kathedrale, die sich anstelle der alten erhob, wo sechzig Jahre vorher sein Urgroßvater, Fulk V. von Anjou, vor dem Hochaltar hingestreckt gelegen hatte, um als zukünftiger König von Jerusalem das Kreuz zu empfangen. Jetzt hatte ein anderer Angeviner den Hilferuf aus dem Heiligen Land beantwortet. Nördlich der Alpen sollte er der erste Fürst sein, der verkündete, daß er auf den Kreuzzug gehen werde. Er handelte in Eile und ohne seinen Vater um Erlaubnis zu ersuchen. Was Philipp angeht, so scheint die Aussicht, den Mann, der seine Schwester ehelichen sollte, für eine unbestimmte Zeitspanne zur Kreuzfahrt wegziehen zu sehen, zuviel für ihn gewesen zu sein. Unmittelbar nach Weihnachten sammelte er trotz des Waffenstillstands eine große Armee und drohte mit einer Invasion, wenn Heinrich nicht entweder Gisors zurückgäbe oder Richard zwänge, Alice zu heiraten. Die beiden Könige hielten am 21. Januar 1188 eine weitere Konferenz an der Grenze zwischen Gisors und Trie ab. Aber anstatt über Gisors zu sprechen, sprachen sie über Jerusalem. Sie hörten eine leidenschaftliche Predigt des Erzbischofs von Tyrus und entschlossen sich unter deren Eindruck, selbst das Kreuz zu nehmen. Nach Roger von Howden war, als sie dies taten, die sich scharf abzeichnende Form eines Kreuzes am Himmel über ihren Häuptern zu sehen.

Schon 1172 hatte Heinrich II. versprochen, einen Kreuzzug auszurüsten, aber seither hatte er nichts unternommen – obwohl er dem geplagten Königreich von Jerusalem eine Menge finanzieller Hilfe hatte zukommen lassen. Philipp stand an sich ebenso wie Heinrich dem Unternehmen ablehnend gegenüber, aber die zwei Könige wurden nun von der Macht der öffentlichen Erregung mitgerissen. Prediger und Troubadoure spornten die Begeisterung auf jede mögliche Weise an. Männern, die das Kreuz nicht nahmen, wurden Spinnrocken und Wolle zugesandt, Geschenke, die andeuten sollten, daß sie nicht besser als Weiber seien. Nach muselmanischen Berichten gebrauchten die Prediger sichtbare Hilfsmittel: »Neben anderen Dingen machten sie ein Bild, das den Messias zeigte, und einen Araber, der ihn schlug, so daß Blut auf dem Gesicht von Christus zu sehen war – gesegnet sei Er! –, und sie sagten zu der Menge: ›Dies ist der Messias, geschlagen von Mohammed, dem Propheten der Muslims, der ihn verwundet und getötet hat!‹« Über ein anderes Bild schreibt der Chronist:

»Jerusalem war da gemalt und die Auferstehungskirche mit dem Grab des Messias. Über dem Grab stand ein Pferd, und auf ihm saß ein sarazenischer Ritter, der das Grab zertrampelte, über welchem sein Pferd urinierte. Dieses Bild wurde überallhin verschickt, auf Märkte und Plätze. Priester trugen es umher und stöhnten: ›Oh, die Schande.‹ Auf diese Weise hoben sie eine riesige Armee aus. Gott allein weiß, wie viele.«

Die Belohnungen, die denjenigen, die das Kreuz nahmen, angeboten wurden, waren beträchtlich. Auf der weltlichsten Ebene wurde die Rückzahlung aller Schulden, die sie hatten, bis zu ihrer Rückkehr aufgeschoben; während sie am Kreuzzug teilnahmen, wurde ihr Eigentum unter den Schutz der Kirche gestellt. Noch wichtiger: Ihnen wurde ein vollständiger Ablaß gewährt, der sie von den Schrecken des Fegefeuers und der Hölle befreite und ihnen die Verheißung auf ein ewiges Leben im Himmel darbot. Mit den Worten von Bernhard von Clairvaux, dem erfolgreichsten Heiligen des 12. Jahrhunderts, bot sich ihnen ein erstaunlich vorteilhaftes Geschäft:

»O mächtiger Soldat, o Mann des Krieges, endlich hast du eine Sache, für welche du kämpfen kannst, ohne deine Seele zu gefährden; eine Sache, bei der zu gewinnen glorreich ist und für welche zu sterben nur Gewinn ist. Bist du ein kluger Geschäftsmann, rasch darin, die Vorteile dieser Welt zu erkennen? Wenn du es bist, kann ich dir einen günstigen Handel anbieten, den dir entgehen zu lassen du dir nicht leisten kannst. Nimm das Kreuz. Sofort wirst du Ablaß für all die Sünden erhalten, welche du mit zerknirschtem Herzen bekennst. Das Kreuz ist billig, und wenn du es mit Demut trägst, wirst du erkennen, daß du das Königreich des Himmels erlangt hast.«

Richard war, ungleich seinem Vater, der Kreuzzugsidee aufrichtig verpflichtet. Er war Soldat, und kein Krieg könnte größeres Prestige einbringen als der Krieg gegen die Sarazenen, der Krieg im Heiligen Land, dem emotionalen Zentrum der christlichen Welt. Auf diesem Schlachtgelände würde kein Akt der Tapferkeit, keine Tat der Ritterlichkeit unverzeichnet bleiben. Aber es wäre ein Irrtum, anzunehmen, daß Richard den Reizen eines vollständigen Ablasses gleichgültig gegenüberstand. Während seines Aufenthalts in Messina auf dem Weg in das Heilige Land scheint er von einem Gefühl der Sündhaftigkeit seines Lebens überwältigt worden zu sein. Er rief alle Erzbischöfe und Bischöfe zusammen, die mit ihm in Sizilien weilten, und warf sich ihnen zu Füßen. Dann bekannte er, nackt und drei Geißeln in den Händen haltend, seine Sünden. Roger von Howden berichtet uns nicht, welcher Art diese Sünden waren, und jedwede Vermutung muß subjektiv bleiben, eher bezeichnend für uns selbst und unser Zeitalter als für Richards Verhalten. Der deutsche Gelehrte zum Beispiel, der ein monumentales Leben König Philipps II. in sechs Bänden schrieb und im Verlauf dieser Arbeit Richards Laufbahn mit großer Gründlichkeit studierte, glaubte, »er gab sich in Messina, dessen Frauen den nordischen Kriegern recht begehrenswert erschienen, ganz seinen Lüsten hin.« Was immer seine Sünden waren, es ist klar, daß ein Mann, der zu solchen Anfällen von Reue neigte, sich wohl bewußt gewesen sein mag, daß ein Kreuzzug sowohl eine religiöse Handlung wie auch ein großes militärisches Abenteuer war. In der Beaulieu-Abtei nahe Loches mag er das Stück Stein aus dem Heiligen Grab gesehen haben, welches sein notorisch wilder Vorfahr Graf Fulk der Schwarze abgebissen haben sollte, während er auf einer seiner Pilgerfahrten nach Jerusalem dort zum Gebet niederkniete. Und für einen bußfertigen Soldaten war ein Kreuzzug sogar noch gottgefälliger als eine unbewaffnete Pilgerfahrt. Wie der Troubadour Pous de Capdeuil es ausdrückte: »Was können Könige mehr ersehnen als das Recht, sich selbst durch gewaltige Waffentaten vor dem Höllenfeuer zu erretten?«

Kreuzzüge setzten neben christlicher Begeisterung aber auch Organisation voraus. Auf der Konferenz am 21. Januar war vereinbart worden, daß die Männer des Königs von Frankreich rote Kreuze tragen sollten, die Männer des Königs von England weiße Kreuze und die Männer des Grafen von Flandern grüne Kreuze. Später in jenem Monat wurden andere Dekrete in Le Mans erlassen, wo Richard zu seinem Vater und einem ganzen Schwarm von Baronen aus Anjou, Maine und der Touraine gestoßen war. Diese schlossen Bestimmungen für den Einzug einer als Saladinzehnten bekannten Kreuzzugsteuer ein sowie Einzelheiten über die finanziellen Privilegien, die die Kreuzfahrer genießen würden sowie einen Satz Verhaltensregeln, die sie einhalten sollten. Sie sollten nicht fluchen oder um Geld spielen, und die einzigen Frauen, denen die Teilnahme am Kreuzzug gestattet wurde, waren Wäscherinnen von gutem Charakter (denn Kreuzfahrer sollten ordentlich, aber nicht prunkvoll gekleidet sein). Nach Roger von Howden bedeutete die Tatsache, daß die Kreuzfahrer von der Zahlung des Saladinzehnten befreit waren, daß der Veröffentlichung des Edikts von Le Mans ein großer Ansturm auf die Listen folgte.

Viele Zeitgenossen glaubten, daß Richard nicht gewillt war zu warten, bis die zwei Könige ihre zeitraubenden Vorbereitungen beendet hatten. Er wünschte, sofort auf den Kreuzzug zu gehen, aber sein Vater wollte ihn nicht entlassen. Es ist keineswegs sicher, daß dies wahr ist. Späterhin sollte Richard über jeden Zweifel hinaus zeigen, daß er den Wert einer sorgfältigen und methodischen Vorbereitung kannte. Aber fraglos wahr ist, daß er einen großen Teil des Jahres 1188 nicht auf dem Weg ins Heilige Land zubrachte, sondern in den Burgen des südwestlichen Frankreichs, und daß weiterverbreitete Gerüchte besagten, daß seine Feinde von seinem eigenen Vater, der entschlossen war, Richard so lange zurückzuhalten, bis sie zusammen aufbrechen könnten, bestochen und zum Kampf angestachelt worden waren. Die Gerüchte müssen Richard zu Ohren gekommen sein – tatsächlich mögen sie in erster Linie für ihn bestimmt gewesen sein. Sie besaßen eine gewisse Plausibilität insofern, als Richard nicht auf den Kreuzzug hätte gehen können, ohne vorher sicherzustellen, daß seine Position als der Erbe seines

Vaters in der förmlichsten Weise voll und offensichtlich anerkannt war, während alles an Heinrichs Politik in den letzten vier Jahren darauf hindeutete, daß er sich sträubte, sich endgültig festzulegen.

Noch während Richard an der Konferenz von Le Mans teilnahm, brach in Aquitanien eine Rebellion aus. Nach einem Bericht wurde das Signal für den Aufruhr gegeben, als Gottfried von Lusignan einen der vertrautesten Berater des Herzogs tötete. Dann gesellten sich seine alten Verbündeten, Ademar von Angoulême und Gottfried von Rancon, zu ihm, und zusammen verwüsteten sie Richards Ländereien. Ademar war nach dem Tod seines Bruders Wilhelm einige Jahre vorher das unangefochtene Haupt der Familie Taillefer geworden. Es hat den Anschein, als ob Richard einige Zeit vorher seinen Beschluß aufgegeben hätte, Vulgrins Tochter Matilda zur Erbin Angoulêmes zu machen. Nichtsdestoweniger bestanden alte Ressentiments weiter wie der Anspruch der Taillefers auf La Marche, und Richard mag neue hinzugefügt haben, indem er für sein Einverständnis, Ademar als Graf anzuerkennen, einen hohen Preis forderte. Wir besitzen nur eine Mitteilung, die der allgemeinen Angabe Präzision verleiht, daß Richard mit Feuer und Schwert über die Ländereien der Rebellen herfiel, ihre Festungen einnahm und schleifte, und das läßt darauf schließen, daß Gottfried von Rancons Burg von Taillebourg erneut im Mittelpunkt der Ereignisse stand. Wie 1179 jedoch fiel sie vor Richards Ansturm. Die Rebellen waren gezwungen, um Frieden zu ersuchen – und sie erhielten ihn, aber nur unter der Bedingung, daß auch sie das Kreuz nähmen. Im Fall Gottfrieds von Lusignan zumindest wurde dieses erzwungene Gelübde schnellstens erfüllt, da er zu einem gewissen Datum während des Sommers 1188 in *Outremer* eintraf.

Kaum war diese Revolte niedergeschlagen, wurde Richard in eine neue Fehde mit Graf Raimund von Toulouse hineingezogen. Die beiden hatten seit 1183 ständig auf Kriegsfuß gestanden, und in den letzten Monaten, als Zwischenfall auf Zwischenfall folgte, hatte die Spannung einen neuen Gipfel erreicht. Raimund wurde beschuldigt, einige aquitanische Kaufleute, als sie seine Ländereien durchquerten, gefangengenommen und dann entweder eingekerkert, geblendet, kastriert oder getötet zu haben. Im Verlauf eines von Richards Vergeltungsüberfällen nahm er einen wichtigen Mann gefangen, Peter Seillan, einen der engsten Berater des Grafen von Toulouse. Da Richard Seillan für den Aufruhr mitverantwortlich machte, weigerte er sich, ihn freizulassen, weder gegen ein Lösegeld noch im Austausch gegen von Graf Raimund gemachte Gefangene, obwohl diese nun zwei der Hofhaltung König Heinrichs II. angehörende Ritter einschlossen, die anscheinend auf ihrem Rückweg vom Schrein von Compostella in das Territorium von Toulouse geraten waren. Doch Raimund war gleichermaßen unnachgiebig; er weigerte sich, die Pilger freizulassen außer im Austausch für Peter Seillan. König Philipp reiste in einem Versuch, Frieden zu stiften, in den Süden, aber angesichts derartiger Halsstarrigkeit auf beiden Seiten war auch er hilflos. Seine Gereiztheit über diesen Fehlschlag, seine streitenden Vasallen unter Kontrolle zu bringen, wurde im Frühling 1188 noch vergrößert, als Richard, nicht länger durch Rebellion abgelenkt, seine Brabanzonen in einer massiven Attacke gegen Toulouse einsetzte. Diesmal war es keine Frage eines Scharmützels längs der Grenze, sondern eine Wiederbesetzung von seit 1183 verlorenem Gebiet. Innerhalb eines kurzen Zeitraums hatte Richard nicht weniger als siebzehn Burgen erobert und hatte mit in Cahors und Moissac stationierten Garnisonen die Quercy fest unter Kontrolle. Als sein Heer unter den Mauern von Toulouse auftauchte, ergriff die Stadt die Gelegenheit, sich von der gräflichen Autorität zu emanzipieren. Raimund, dessen Machtstellung im westlichen Toulouse zerbröckelte, appellierte wieder an seinen Lehnsherrn, König Philipp, um Hilfe, und diesmal wurde sein Appell gehört.

Mit dem Argument, daß Richards Angriff auf Toulouse einen Bruch des Waffenstillstands von 1187 darstelle – was Richard bestritt –, fiel Philipp zum zweitenmal in zwölf Monaten in Berry ein, wenn er sich auch vorher vorsichtshalber vergewisserte, daß Heinrich II. jede Verantwortung für die Aktionen seines Sohnes ablehnte und daher wahrscheinlich nicht zu dessen Beistand herbeieilen würde. Er führte einen vollen Zug Belagerungsmaschinen mit Sappeuren und Ingenieuren mit. Am 16. Juni nahm er Châteauroux ein, und diesmal fiel es ihm so leicht in den Schoß, daß man von Verrat sprach. Einige wenige herzogliche Burgen hielten stand, aber von diesen abgesehen war die gesamte Grafschaft Berry bereit, Philipps Autorität anzuerkennen. Richard eilte zur Verteidigung seiner nordöstlichen Grenze. Sein Vater, erschüttert von der Schnelligkeit des Zusammenbruchs und durch die bevorstehende Bedrohung von Loches und anderen Schlüsselburgen im angevinischen Herzland beunruhigt, musterte hastig ein Heer in England. Es schloß eine starke Truppe walisischer Infanterie ein – Soldaten, die sich bald einen furchtbaren Ruf erwerben sollten. In einem ungeheuren Sturm im Ärmelkanal mit knapper Not dem Schiffbruch entronnen, erreichte Heinrich II. am 11. Juli die Normandie. Auf die Kunde von Heinrichs Nahen zog sich Philipp aus Berry zurück, um seine Grenze zur Normandie zu verteidigen. Auf diese Weise war Richard frei, um viel von dem verlorenen Gebiet, ungehindert durch die Anwesenheit einer feindlichen Feldarmee, zurückzuerobern. Aber die zentrale Festung von Châteauroux unter dem Befehl von Philipps berühmtestem Ritter, Wilhelm des Barres, widerstand all seinen Bemühungen, sie zu erobern. In einem Handgemenge außerhalb der Tore wurde Richard von seinem Pferd geworfen und nur durch den starken Arm eines stämmigen Metzgers gerettet. In der Zwischenzeit jedoch hatte Heinrich II. keinen Versuch unternommen, in Frankreich einzudringen. Mit wenig Lust auf eine weitere Konfrontation wie jener bei Châteauroux von 1187 zog er es vor, seine Armee innerhalb der Normandie zu halten. Diese Passivität erlaubte Philipp erneut, die Initiative zu ergreifen. Seine normannische Grenze ließ er in den tüchtigen Händen seines Vetters, des kriegerischen Bischofs von Beauvais, und rückte von der Vendôme aus westwärts vor, längs des Tals der Loire. Aber bei Trou wurde er aufgehalten. Obgleich er einige Ritter einfing und die Stadt niederbrannte, war er nicht imstande, die Burg einzunehmen. Eine Burgbesatzung war manchmal froh, ihre Stadt eingeäschert zu sehen, da dies die Verteidigung vereinfachte. Richard konterte sofort Philipps Stoß, indem er ins Loiretal zog. Er eroberte Les Roches, eine Festung auf halbem Wege zwischen Trou und Vendôme. Philipp kehrte nach Paris zurück, während Richard, mit ihm Schritt haltend, in die Normandie weiterzog.

Heinrich II. raffte sich erst nach der Ankunft seines Sohnes aus der Passivität der letzten Monate auf. Er hatte wenig unternommen, außer seine Proteste gegen Philipps Invasion seiner Dominien mehrfach zu wiederholen. Aber der König von Frankreich war durch Beschwerden kaum zu beeindrucken. Er fügte den Waffenstillstandsverletzungen eine offene Provokation hinzu. Am Ende der Konferenz von Gisors Mitte August hatte er die berühmte Ulme, welche die Grenze markierte und ein traditioneller Treffpunkt für die Könige von Frankreich und die Herzöge der Normandie war, fällen lassen. Seiner Ansicht nach waren Friedenskonferenzen eine Zeitverschwendung; die alte Ulme hatte ihre Daseinsberechtigung verloren. Sollten Heinrichs Proteste ernst genommen werden, mußte er den Worten Taten folgen lassen. Am 30. August 1188 überschritt die angevinische Armee die Grenze nahe Pacy-sur-Eure und marschierte auf Mantes zu, wo sich Philipp angeblich aufhielt. Richard wurde in ein Scharmützel mit einigen französischen Rittern verwickelt, unter denen sein alter Gegner Wilhelm des Barres war, der ihn an dem Löwen auf seinem Schild erkannte. Was wirklich geschah, kann nur vermutet werden, aber nachher bezichtigte einer den anderen des Betrugs. Richard behauptete, daß Wilhelm des Barres sich ihm ergab und gegen Ehrenwort freigelassen wurde, während er Jagd auf weitere Opfer machte. Dies war eine allgemein übliche Praxis sowohl bei Turnieren als auch im Krieg, aber der französische Ritter, sagte er, brach sein Wort und entfloh auf der Mähre eines Schildknappen. Wilhelm behauptete, daß Richard betrog, indem er sein Schwert in Wilhelms Roß stieß, als er sah, daß er ihn im ritterlichen Kampf nicht überwinden konnte. Trotz widersprüchlichen Berichten wird klar, daß Richard die Oberhand gewonnen hatte und daß Wilhelm des Barres sein wertvolles Pferd verlor. Zusammenstöße wie dieser zwischen einzelnen Rittern oder Gruppen von Rittern erscheinen oft in den zeitgenössischen Chroniken als wichtigstes Element einer kriegerischen Auseinandersetzung. Es war natürlich sehr naheliegend für die Autoren, die kühnen Taten ihrer aristokratischen Gönner zu verherrlichen. Doch solche ritterlichen Zweikämpfe, ob chevaleresk geführt oder nicht, hatten auf den Ausgang eines Krieges kaum eine Auswirkung. Als Heinrichs Armee sich Mantes näherte, verbrannte und plünderte sie alles, was auf ihrem Weg lag. Das war die mittelalterliche Art, Krieg zu führen, und ihre Auswirkungen werden in dem *Chanson des Lorrains* geschildert:

»Der Marsch beginnt. Vorne an der Spitze sind die Späher und Brandstifter. Nach ihnen kommen die Fourageure, deren Aufgabe es ist, die Beute einzuziehen und sie in dem großen Gepäcktroß mitzuführen. Bald ist alles in Aufruhr. Die Bauern, die gerade von den Feldern zurückgekommen sind, fliehen laut schreiend. Die Schäfer sammeln ihre Herden und treiben sie in die benachbarten Wälder in der Hoffnung, sie zu retten. Die Brandstifter legen Feuer an die Dörfer, und die Fourageure suchen sie heim und plündern sie. Die erschreckten Einwohner werden entweder verbrannt oder mit gebundenen Händen weggeführt, um gegen Lösegeld gefangengehalten zu werden. Überall läuten Glocken Alarm; eine Woge der Furcht brandet über den Landstrich. Wohin man schaut, kann man in der Sonne blitzende Helme sehen, in der Brise flatternde Wimpel, die ganze von Reitern bedeckte Ebene. Geld, Vieh, Maultiere und Schafe – alles wird ergriffen. Der Rauch türmt sich auf und breitet sich aus, Flammen knistern. Bauern und Schäfer zerstreuen sich in alle Richtungen.«

Dies ist die klassische Methode der Kriegführung. »Dies ist, wie ein Krieg angefangen wird: so ist mein Rat«, sagte 1174 Graf Philipp von Flandern. »Zuerst zerstöre man das Land.«

An jenem Abend des 30. August 1188 kehrte Heinrichs Armee mit Beute beladen nach Ivry zurück. Am nächsten Tag zog Richard, nachdem er seinen Vater endlich zur Tat aufgerüttelt gesehen hatte, nach Berry zurück und brannte unterwegs Vendôme nieder.

Der Krieg dauerte bis in den Herbst hinein an, doch mit zunehmender Halbherzigkeit auf beiden Seiten. Die Notwendigkeiten von Ernte und Weinlese, die Kosten, große Mengen von bewaffneten Männern zu unterhalten, und das Widerstreben einiger der führenden französischen Adligen, gegen Fürsten zu kämpfen, die wie sie selbst das Kreuz genommen hatten, alles verband sich, um Philipp zu veranlassen, trotz seiner dramatischen Geste in Gisors um eine weitere Friedenskonferenz zu bitten. Richard und die zwei Könige trafen sich am 7. Oktober in Chatillon-sur-Indre an der Grenze zwischen der Touraine und Berry. Es besteht kein Zweifel daran, daß Philipp bei Gelegenheiten wie dieser einen Vorteil hatte, da er allein Frankreich repräsentierte, während die Angeviner durch zwei Fürsten vertreten wurden, deren Interessen keineswegs immer identisch waren und deren Differenzen von dem capetingischen König geschickt ausgenutzt wurden. Philipp bot an, seine Eroberungen in Berry unter der Bedingung zurückzugeben, daß Richards Eroberungen in Toulouse wieder dem Grafen Raimund erstattet würden. Während die Angeviner natürlich gern in beiden Regionen ihren eigenen Willen durchgesetzt hätten, ist es wahrscheinlich, daß die Quercy für Richard mehr bedeutete als für Heinrich II. In Châtillon war der alte König anscheinend gewillt, den vorgeschlagenen Austausch anzunehmen, und dies könnte erklären, weshalb Richard Philipp beschimpfte und ihn einen »gemeinen Abtrünnigen« nannte. Philipp jedoch scheint seine Karten überreizt zu haben, als er von Heinrich verlangte, er solle Pacy-sur-Eure als Sicherheit übergeben, während der Austausch vollzogen würde. Angesichts solchen Mißtrauens brach der englische König die Verhandlungen entrüstet ab.

Was Richard betraf, so bot er an, das Toulouser Problem dem Schiedsspruch eines französischen Gerichtshofes zu unterwerfen. Philipp würde zweifellos über eine ausdrückliche Anerkennung seiner Position als Lehnsherr von Aquitanien und Toulouse erfreut sein und könnte dann als Gegenleistung Zugeständnisse machen. Dies war auf jeden Fall das Angebot, das Richard dem König von Frankreich unterbreitete, während der letztere seine Söldner in Bourges entließ. Obwohl Richard behauptete, daß er die Initiative in der Hoffnung ergriff, doch noch einen Frieden zustande zu bringen, so daß der Kreuzzug in Gang kommen könnte, protestierte sein Vater scharf, vermutlich mit der Begründung, daß die allgemeine Lage der Angeviner geschwächt werden würde, wenn sie im Grundsatz zuließen, daß ihre Streitigkeiten vor dem Gerichtshof ihres Lehnsherrn beigelegt werden könnten. Dies war der Anfang des endgültigen Bruchs zwischen Heinrich II. und seinem Sohn. Als Richard erst einmal damit begonnen hatte, mit Philipp direkt zu verhandeln, war es für den König von Frankreich relativ einfach, ihn von der Doppelzüngigkeit seines Vaters zu überzeugen. War es nicht möglich, daß der alte König ihn zu enterben und Johann die Krone zu übertragen wünschte? Warum hatte Johann nicht das Kreuz genommen? Bald waren sich Richard und Philipp einig, und auf Drängen des Herzogs wurde eine neue Friedenskonferenz festgesetzt. Es scheint, als sei Richard, um Frieden und Philipps Unterstützung bemüht, zu guter Letzt bereit gewesen, Alice zu heiraten.

Die drei Männer trafen am 18. November in Bonsmoulins zusammen. Verständlicherweise erfüllte Heinrich II. die Tatsache mit Mißtrauen, daß Richard und Philipp miteinander ankamen. Die Atmosphäre war gespannt. Am ersten Tag der Konferenz waren alle Parteien noch fähig, kontrolliert und ruhig miteinander zu reden. Am zweiten Tag begann sich die Anstrengung bemerkbar zu machen. Einige scharfe Worte wurden gewechselt. Am dritten Tag stritten sie offen miteinander und manchmal so heftig, daß die rundherumstehenden Ritter unwillkürlich an ihre Schwerter griffen. Philipp hatte die Verhandlungen damit eröffnet, nochmals einen Austausch der Eroberungen vorzuschlagen, aber Richard widersetzte sich mit dem Argument, daß dies eine einseitige Aufgabe von Ländereien einschließlich der Quercy sei, welche ihm jährliche Einkünfte von eintausend Mark oder mehr einbrächten. Die Güter in Berry dagegen, obwohl sie zu Aquitanien gehörende Lehen waren, wurden tatsächlich von anderen Herren gehalten und waren somit von sehr geringem direkten finanziellen Nutzen für ihn. Philipp bot zum Ausgleich an, alle seine Erwerbungen aus Berry des letzten Jahres zurückzuerstatten, dies aber unter einer Bedingung: daß Heinrich II. Alice Richard zur Gattin gebe und seine Barone sowohl in England wie auf dem Kontinent Richard als dem Thronerben einen Treueeid schwören ließe. Der alte König muß darin das Einverständnis zwischen Philipp und Richard erkannt haben und lehnte ab. Schließlich fragte Richard, der all dies mitanhörte, seinen Vater, ob er ihn nach wie vor als Erben anerkenne. Heinrich II. blieb stumm. »Nun endlich«, sagte Richard, »muß ich glauben, was ich immer für unmöglich gehalten habe.« Dann wandte er sich Philipp zu, sank vor ihm auf ein Knie und huldigte ihm für die Normandie, Aquitanien, Anjou, Maine, Berry und seine Eroberungen in Toulouse. Überdies schwor er Philipp Loyalität wider alle Feinde – seinen Vater ausgenommen. Mit anderen Worten: Als Gegenleistung für diesen Huldigungsakt war der König von Frankreich bereit, seine Eroberungen zurückzuerstatten, während er Richard zugestand, all seine zu behalten. Nach dieser für Heinrich II. niederschmetternden dramatischen Wendung gab es offensichtlich nichts mehr, was in Bonsmoulin verhandelt werden konnte. Die Könige einigten sich darauf, Mitte Januar 1189 wieder zusammenzukommen, und vereinbarten einen Waffenstillstand bis zu diesem Zeitpunkt.

Es mag sein, daß Heinrich II. nicht wirklich plante, Johann zum Erben zu machen. Zumindest unternahm er, so weit wir sehen können, keine Schritte, um die Interessen seines jüngeren Sohnes zu fördern, abgesehen davon, daß er ihn von den Kreuzzugsplänen ausnahm. Es ist nicht schwer vorstellbar, daß der alte König sich lebhaft der Probleme entsann, die aufgetreten waren, nachdem er den jungen Heinrich als seinen Erben anerkannt hatte, und daß er entschlossen war, den gleichen Fehler nicht nochmals zu machen. Aber Richard war nicht Heinrich. Er unterschied sich charakterlich sehr stark von seinem toten älteren Bruder. Er war jetzt einunddreißig Jahre alt und ein Soldat und Politiker mit großer Erfahrung. Falls er seiner Rechte beraubt wurde, würde er einen sehr viel ernsthafteren Gegner abgeben als der junge König. In Philipp von Frankreich hatte er außerdem – wie Heinrich II. sich wohl bewußt war – einen Verbündeten, der sich von dem Ludwig VII. der 1170er Jahre ebenfalls deutlich unterschied. In W. L. Warrens Worten: »Heinrich II. hatte versucht, Richard an Disziplin zu gewöhnen, indem er ihn in Ungewißheit hielt, und hatte sich dann im Netz seiner eigenen Unredlichkeit verfangen.« Die Taktik wirkte eine Zeitlang, aber es war nicht klug, an ihr festzuhalten, während die Frustration des Sohnes zunahm und der Adel und die Geistlichkeit auf ein Ende der politischen Ungewißheit drängten, um den Aufbruch zur Kreuzfahrt endlich zu ermöglichen.

Das politische Fingerspitzengefühl hatte den alten König zu guter Letzt im Stich gelassen. Während er das letzte Weihnachtsfest seines Lebens in Saumur feierte, kann es ihm kaum entgangen sein, wie viele seiner Barone fernblieben, ein sicheres Zeichen, daß sie sich darauf vorbereiteten, ihre Loyalität auf Richard und Philipp zu übertragen. Unter diesen freudlosen Umständen erkrankte Heinrich und war unfähig, den Friedensgesprächen im Januar 1189 beizuwohnen. Aber seine Feinde glaubten, daß die Krankheit lediglich eine weitere seiner Verzögerungstaktiken sei, und nahmen den Krieg erneut auf, sobald der Waffenstillstand abgelaufen war. Sofort gesellten sich die Bretonen zu ihnen, die sich in Rebellion gegen den König erhoben, der viel zur Beschränkung ihrer Unabhängigkeit getan hatte. Heinrich II. sandte Kurier um Kurier zu Richard in der Hoffnung, ihn an seine Seite zurückzurufen, aber nicht einmal, als er einen so bedeutenden Botschafter wie den Erzbischof von Canterbury einsetzte, war sein Sohn zu überreden. Richard glaubte ganz einfach seinem Vater nicht mehr.

Heinrich schickte auch Boten an Philipp, vermutlich in der Hoffnung, einen Keil zwischen die Verbündeten treiben zu können, aber Richard hatte einen seiner fähigsten Berater, seinen Kanzler Wilhelm Longchamp, angewiesen, am französischen Hof zu bleiben und seine Interessen im Auge zu behalten.

Erst nach Ostern war König Heinrich so weit genesen, um an einer Konferenz teilnehmen zu können, aber selbst dann wurde nichts erreicht. Schließlich traf ein päpstlicher Legat, Johann von Anagni, in einer Friedensstiftungsmission in Nordfrankreich ein, und ihm gelang es, eine Zusicherung von beiden Königen zu erhalten, daß sie die Entscheidungen eines Schiedsausschusses, bestehend aus ihm selbst und vier Erzbischöfen – von Reims, Bourges, Rouen und Canterbury –, anerkennen würden. Zu Pfingsten versammelten sie sich alle in La Ferté-Bernard in Maine, fünfundzwanzig Meilen nordöstlich von Le Mans. Beide Parteien kamen mit großem Gefolge unter Waffen. Philipp und Richard legten drei Bedingungen vor, zu denen sie bereit waren, Frieden zu schließen. Alice sollte mit Richard verheiratet werden. Heinrich sollte Richard als seinen Thronerben bestätigen. Johann sollte das Kreuz nehmen. Richard fügte hinzu, daß er ohne seinen jüngeren Bruder das Land nicht verlassen würde. Heinrich lehnte die Bedingungen ab und unterbreitete einen Gegenvorschlag: Alice sollte Johann heiraten. Das war für Richard unannehmbar. Johann von Anagni drohte, Frankreich mit einem Interdikt zu belegen, wenn Philipp sich nicht mit Heinrich II. einigte, aber Philipp blieb ungerührt und bemerkte, daß die Geldbeutel des Legaten offenbar voll englischen Silbers seien. Damit endeten die Verhandlungen, und Heinrich zog sich nach Le Mans zurück.

Philipp und Richard dachten nicht an einen Abzug, sondern eroberten in einem erfolgreichen Überraschungsangriff La Ferté-Bernard. Darauf kapitulierten in rascher Folge andere Burgen im Nordosten von Le Mans – Montfort, Maletable, Beaumont und Ballon – vor Richards Truppen. Am 12. Juni, nach einer Finte in Richtung auf Tours, warfen sich Richard und Philipp auf Le Mans. Heinrich II. floh nordwärts auf die Normandie zu. Die Verfolger blieben ihm hart auf den Fersen, und an ihrer Spitze ritt Richard. Sie holten Heinrichs Nachhut ein, die unter dem Befehl von Wilhelm Marshal stand, und hätten sie überwältigt, wenn Wilhelm nicht persönlich Richard aufgehalten hätte. Er wendete und ritt direkt auf Richard zu. Da sie beide nicht einen Kampf, sondern einen langen, harten Ritt erwartet hatten, trug keiner von ihnen einen Brustharnisch, und als Wilhelm seine Lanze einlegte, erkannte Richard plötzlich die Gefahr, in der er war. »Bei Gottes Beinen« – einer seiner Lieblingsflüche – »tötet mich nicht, Marshal. Das wäre unrecht, ich bin unbewaffnet.« »Nein, soll der Teufel Euch töten«, entgegnete Wilhelm, »denn ich werde es nicht tun.« Dann rannte er seine Lanze durch Richards Pferd. Diese Geschichte von Löwenherz' knappem Entrinnen wurde von Wilhelm Marshal selbst erzählt, und da Wilhelm niemals an Bescheidenheit litt, mag sie von ihm ein wenig aufgebessert worden sein. Aber daß sich etwas Derartiges ereignete, ist wahrscheinlich. Auf alle Fälle kam die Verfolgung plötzlich zum Stehen, und Heinrich II. entkam.

Doch statt in die Normandie weiterzuziehen, um eine Armee auszuheben und dann mit der Streitmacht nach Maine zurückzukehren, änderte er die Richtung und zog nach Chinon, um zu sterben. Mit nur einer Handvoll Anhänger ritt er zur Burg seiner Ahnen und blieb dort, krank und erschöpft, während Richard und Philipp Maine und die Touraine überranten. Am 3. Juli fiel Tours, der strategische Schlüssel zum ganzen Reich. Am nächsten Tag traf Heinrich II., obgleich in solcher Agonie, daß er kaum auf einem Pferd sitzen konnte, in Ballon mit Philipp und Richard zusammen, und dort stimmte er den Bedingungen, die sie diktierten, zu. Er würde Philipp 20000 Mark zahlen und sich in allen Dingen seinem Urteil unterwerfen. Alice sollte einem von Richard ernannten Vormund übergeben werden, und Richard würde sie nach seiner Rückkehr vom Kreuzzug ehelichen. Heinrichs Untertanen sowohl in England wie auf dem Kontinent sollten Richard Treue schwören. Das Aufbruchsdatum des Kreuzzugs wurde auf die Fastenzeit von 1190 festgesetzt. Beide Könige und Richard sollten sich mit ihren Truppen in Vezelay sammeln. Falls Heinrich II. diese Bedingungen nicht einhielte, sollten seine Barone ihre Loyalität auf Philipp und Richard übertragen. Gemäß Gerald von Wales, der den lebendigsten, wenn auch vielleicht nicht den verläßlichsten Bericht über jene Tage gibt, wurde Heinrich II. dann aufgefordert, Richard den Friedenskuß zu geben. Als er vorgab, dies zu tun, zischte er seinem Sohn ins Ohr: »Gott gebe, daß ich nicht sterbe, bevor ich Rache an dir genommen habe.«

Nach den Verhandlungen wurde König Heinrich auf einer Tragbahre nach Chinon zurückgebracht, und dort starb er am 6. Juli 1189. Er hatte seine Rache nicht bekommen. Tatsächlich waren ihm seine letzten Stunden sogar noch bitterer gemacht worden durch die Nachricht, daß Johann ihn im Stich gelassen hatte. Die Nachricht vom Fall von Le Mans hatte ihn überzeugt, daß das Schiff seines Vaters im Sinken war. Von Chinon wurde Heinrichs Leichnam nach Fontevraud in die Abteikirche gebracht. Als Richard in Fontevraud eintraf, schritt er schweigend direkt in die Kirche hinein. Ohne irgendeine Spur von Gemütsbewegung zu zeigen, stand er eine Weile am Kopfende der Bahre. Dann wandte er sich ab. Er war nun König des Angevinischen Reiches, und es gab viel zu tun.

6
Vorbereitung des Kreuzzuges 1189 bis 1190

Als Richard sich vom Leichnam seines Vaters abwandte, rief er zwei der treuesten Anhänger des toten Königs zu sich: Wilhelm Marshal und Maurice von Craon. »Marshal, neulich versuchtet Ihr mich zu töten, und Ihr hättet es getan, wenn ich nicht Eure Lanze abgewendet hätte.« Diese Beschuldigung verwundete Wilhelms ritterlichen Stolz, und er erwiderte entrüstet, daß, hätte er Richard töten wollen, nichts ihn davon hätte abhalten können. »Marshal, Euch ist verziehen. Ich hege keinen Groll gegen Euch.« In der Tat, weit davon entfernt, Wilhelm und die anderen, die bis zum Ende dem alten König treu geblieben waren und aus diesem Grund die Ankunft seines Sohnes in der Abteikirche mit einiger Furcht erwartet hatten, zu bestrafen, lobte und belohnte Richard sie. Die Männer, welche Richard bestrafte, waren jene, die sich entschlossen hatten, von seinem Vater abzufallen, als die Sache des alten Königs verloren schien. Aber jenen, die loyal blieben, bestätigte er die Zusagen, welche sein Vater versprochen hatte. Wilhelm Marshal zum Beispiel gewährte er die Hand von Isabel de Clare, Erbin der Baronie Striguil in der Mark von Wales, der Grafschaft Pembroke und der großen Baronie Leinster in Irland. Wilhelm eilte nach Dieppe, fiel in seiner Eile, an Bord des Schiffes zu kommen, von einer Laufplanke ins Wasser und heiratete das Mädchen, sobald er in London war. Richards wohlkalulierter Akt der Großmut hatte Wilhelm Marshal über Nacht reich und mächtig gemacht. In der Fähigkeit von Königen, Gaben von diesem Ausmaß zu verleihen, lag viel von ihrer Macht; in der sorgfältigen Handhabung eines ausgedehnten Patronatssystems lag ein wesentlicher Teil der politischen Kunst des Königtums.

Unter den anderen Versprechen, die Heinrich II. jenen machte, die noch immer bei ihm waren, war die Vergabe der Hand der verwitweten Erbin von Déols und Châteauroux an Baldwin von Béthune. Doch Châteauroux war tatsächlich seit Juni 1188 im Besitz der Feinde des alten Königs gewesen, und es war von lebenswichtiger strategischer Bedeutung in der Verteidigung Aquitaniens. Aus diesem Grunde hatte Richard die Erbin bereits einem seiner vertrauenswürdigsten Ritter, Andreas von Chauveny, versprochen. Baldwin jedoch war ein für seine Kühnheit und sein Ehrgefühl wohlbekannter Ritter. Fünfzehn Jahre später, als Johann die Normandie verloren hatte und eine Gruppe englischer Landherren, die Güter in der Normandie gehalten hatte, um die Erlaubnis bat, Philipp für ihre normannischen Besitzungen zu huldigen, fragte er Baldwin um Rat. Die Bittsteller hatten Johann gesagt, daß ihre Körper auf der Seite des Königs von Frankreich standen, ihre Herzen aber auf seiner Seite wären. Baldwin hatte mit diesem Argument kurzen Prozeß gemacht. »Wenn ihre Körper gegen mich sind und ihre Herzen für mich und jene Herzen, deren Körper gegen mich sind, in meine Hände fallen sollten, würde ich sie den Abtritt hinunterwerfen.« Richard konnte es sich 1189 kaum leisten, einen Mann dieses Kalibers zu verlieren; so wurde Baldwin versichert, daß er angemessenen Ersatz für den Verlust von Châteauroux erhalten würde. Zu gegebener Zeit heiratete auch er eine reiche Witwe und wurde Graf von Aumâle. Beide, Andreas von Chauveny und Baldwin von Béthune, gingen als zwei der engsten Waffengefährten Richards mit auf den Kreuzzug, und Baldwin sollte seinem König in Deutschland als Geisel dienen. Als Richard 1194 nach England zurückkehrte, sagte er, daß er Baldwin mehr verdanke als irgendeinem anderen Mann. Wilhelm Marshal, Baldwin von Béthune und Moritz von Craon wurden später als vortreffliche Ritter von den Spielleuten in höfischen Liedern gefeiert. Es gehörte zu Richards großen Gaben, solche Männer an seine Seite zu ziehen.

Zweifellos lagen auch strategische Erwägungen einer weiteren Eheschließung zugrunde, die Richard im Juli 1189 zwischen seiner Nichte Matilda und Gottfried, Sohn und Erbe des Grafen von Perche, arrangierte. Diese Verbindung stärkte seine Grenze in einem wesentlichen Raum am nordöstlichen Rand von Maine, mit anderen Worten genau dort, wo er und Philipp einige Wochen zuvor eingebrochen waren. Der gleiche Gedankengang wird Richard bewogen haben, sich mit der Verteidigung von Tours zu befassen, da der Fall dieser Stadt am 3. Juli der entscheidende Schlag gewesen war, der Heinrich II. in die Knie gezwungen hatte. Die Lage in Tours war äußerst kompliziert. Obwohl es innerhalb der angevinischen Dominien lag, waren die zwei Hauptkirchen dort, die Kathedrale und die Abtei von St. Martin, von denen jede ihre separate Stadtsiedlung besaß, beide eng durch Tradition und Privileg mit der französischen Krone verknüpft.

Noch im Juli 1189 traf Richard mit Philipp im Stiftshaus von St. Martin zusammen, und sie kamen zu einer Abmachung, die die Ursachen der Reibung zwischen der Abtei und den Grafen von Anjou aufheben sollte. Es war eine Art Neutralitätserklärung, die verhinderte, daß der Reichtum der Abtei für einen Krieg gegen die französische Krone genutzt werden konnte. Das Problem von Tours war jedoch 1189 weit davon entfernt, gelöst zu sein.

Vom Loiretal aus begab sich Richard in die Normandie. Am 20. Juli wurde er in Rouen mit dem herzoglichen Schwert gegürtet und empfing einen Treueid des Klerus und der Bevölkerung des Herzogtums. Zwei Tage später ritt er aus dem großen Grenzschloß von Gisors heraus zu einer weiteren Konferenz mit König Philipp, und dabei brach – nach Philipps Historiker, Rigord von St. Denis – die Brücke unter ihm zusammen, und Richard und sein Pferd stürzten in den Wassergraben. Für Rigord war das eindeutig ein Omen, daß Gisors nicht viel länger bereit sein würde, Richard als seinen Herrn zu akzeptieren. Wieder einmal verlangte der König von Frankreich den Normannischen Vexin, ließ aber seine Forderung für den gegenwärtigen Zeitpunkt fallen, als Richard ihm versprach, Alice zu heiraten. Er willigte auch ein, zusätzlich zu den von Heinrich II. versprochenen 20000 Mark 4000 Mark als Kontribution zu den Kosten seines Verbündeten in dem Feldzug gegen seinen Vater zu zahlen. Als Gegenleistung erstattete Philipp die von ihm eroberten Ländereien zurück einschließlich Châteauroux, nicht aber Gracay und Issoudun. Abgesehen von diesem geringen Territorial-Verlust hatte Richard das gesamte angevinische Kontinentalreich geerbt. Nach all den Zweifeln von König Heinrichs letzten Jahren und nach dem Chaos der letzten Wochen muß Richard mit diesem Ergebnis mehr als zufrieden gewesen sein. Er war frei, den Kreuzzug zu planen.

Aber zuerst mußte er England formell in Besitz nehmen. Es bestand keine Eile, dies zu tun; seine Thronfolge war nun außer Frage. Von Fontevraud aus hatte Richard Anweisungen erteilt, daß seine Mutter aus der strengen Überwachung, der sie von Heinrich II., wahrscheinlich gegen Ende 1188, erneut unterstellt worden war, entlassen werden sollte. Einmal frei, war es ihre Hauptaufgabe, sicherzustellen, daß Richard als ein Fürst willkommen geheißen würde, der nach der willkürlichen und bedrückenden Herrschaft des alten Königs die Gerechtigkeit wiederherstellte. Konfiszierte Güter wurden zurückgegeben. Die Gefängnisse wurden geöffnet. Jene, die aufgrund eines ordentlichen Rechtsverfahrens eingekerkert waren, wurden aufgefordert, Bürgen zu finden, daß sie sich dem Gericht stellen würden, aber jene, die lediglich eingesperrt worden waren, weil der König oder seine Richter es so befohlen hatten, wurden bedingungslos freigelassen. Eleonore schrieb, daß sie aus eigener Erfahrung wisse, wie herrlich es sei, aus der Haft entlassen zu werden. Heinrich II. war ein großer König gewesen, aber seine Beliebtheit hatte gegen Ende seiner Herrschaft beträchtlich nachgelassen – teils infolge des Saladinzehnten, denn obwohl zugegeben wurde, daß dies eine Besteuerung für eine gute Sache war, riefen die sorgfältige Schätzung und der beispiellos hohe Satz weitverbreiteten Groll hervor. So wurde Richard, als er am 13. August 1189 in Portsmouth landete, mit Begeisterung begrüßt. Das Volk war nur zu gerne bereit zu glauben, daß ein neuer König einen Neubeginn und ein leichteres Leben bedeutete. Selbst die beim Tode Heinrichs gedichteten Wehklagen wurden zu Willkommensliedern umgeformt. In theatralischer Form versuchte Richard, den Erwartungen gerecht zu werden, indem er bei seiner Ankunft in England einen der unpopulärsten Minister des alten Königs, Stephan von Tours, den *parvenu* und unritterlichen Seneschall von Anjou, ostentativ in Ketten mitführen ließ. Dies, so wurde angedeutet, sollte das Schicksal all jener mächtigen Männer sein, die, angeführt von dem Justitiar Ranulf Glanville, die Administration Heinrich II. beherrscht und sich auf Kosten der Untertanen bereichert hatten.

Redit aetas aurea
Mundus renovatur
Dives nunc deprimitur
Pauper exaltatur.

Das goldene Zeitalter kehrt wieder
Die Welt erneuert sich
Der Reiche nun niedergedrückt
Der Arme erhöht.

Am Sonntag, dem 13. September, wurde Richard I. in der Westminsterabtei gekrönt. In der Beschreibung der Zeremonie durch Roger von Howden haben wir den ersten ausführlichen Bericht einer Krönung in der englischen Geschichte. Im Mittelpunkt des Krönungsgottesdienstes stand nicht die Krönung des neuen Herrschers, sondern seine Salbung. Alle seine Kleider wurden ausgezogen mit Ausnahme seiner Kniehosen und seines Hemdes, welches die Brust entblößte. Baldwin, der Erzbischof von Canterbury, salbte ihn dann mit heiligem Öl auf Kopf, Brust und Händen. (Bis zu Königin Viktoria wurden alle nachfolgenden Monarchen auf dieselbe Weise gesalbt – sie nur auf dem Kopf und an den Händen.) Es war dieser Akt, der dem neuen Herrscher die göttliche Sanktion für sein Königtum verlieh.

Nicht all das Wasser in der rauhen, heftigen See
Kann den Balsam von einem gesalbtem König abwaschen.

Nach der Salbung wurde Richard in Zermoniengewänder gekleidet und dann gekrönt. Bei späteren Krönungsgottesdiensten war es der Erzbischof, der die Krone vom Altar nahm, um sie auf das Haupt des Königs zu setzen, aber 1189 hob Richard selbst die Krone auf und reichte sie dem Erzbischof. Ob dies nun eine Neuerung war oder nicht, es war für ihn eine charakteristische Geste. Er bestieg dann den Thron und saß dort, während die Messe zelebriert wurde.

Dem Gottesdienst folgte das Krönungsbankett. Der Klerus speiste mit ihm in der gebührenden Rangordnung an seiner Tafel, während der Adel, Earls, Barone und Ritter, getrennte Tische hatte. Sie alle schmausten prächtig. Eine ungefähre Vorstellung von dem Ausmaß des festlichen Ereignisses kann der Tatsache entnommen werden, daß mindestens 1770 Krüge, 900 Pokale und 5050 Schüsseln zu seiner Vorbereitung gekauft worden waren. Es war genau die Art von Prunk, die Richard im Gegensatz zu seinem Vater Vergnügen bereitete. Aber zwei Gruppen war die Teilnahme an der Krönung verwehrt: Frauen und Juden. Der Ausschluß von Frauen ist als Beweismaterial zur Stützung der Theorie verwendet worden, daß Richard ein Homosexueller war, der es vorzog, sein Krönungsbankett in eine Junggesellenparty zu verwandeln. Unglücklicherweise für diese Theorie stellt das wenige Beweismaterial, das wir über frühere Krönungen aus dem zehnten bis zum zwölften Jahrhundert besitzen, es völlig klar, daß Frauen stets ausgeschlossen waren. Ein Chronist aus der Mitte des zwölften Jahrhunderts, Gottfried von Monmouth, glaubte sogar, daß dies eine Tradition war, die bis auf die Trojaner und die frühesten Tage der britischen Geschichte zurückging. So würde das Argument von der »Junggesellenparty« mehr Gültigkeit haben, wenn es dazu benutzt würde, nahezulegen, daß die frühmittelalterlichen Könige von England ausnahmslos homosexuell waren.

Der Ausschluß der Juden hatte ernsthaftere Konsequenzen. Während im Palastinnern das Schmausen weiterging, entwickelte sich draußen ein Tumult. Einige Juden, die dem neuen König Geschenke brachten, hatten versucht, Einlaß zu finden, aber die christliche Menge vor den Toren wollte es nicht zulassen. Sie fielen über die Juden her, töteten einige und verwundeten andere. Die Unruhe griff dann auf das Geschäftsviertel von London über, wo sie die ganze Nacht hindurch anhielt. Juden wurden umgebracht, ihre Häuser geplündert und niedergebrannt. Richard schäumte vor Zorn, weil die Juden unter seinem besonderen Schutz standen – nicht weil er ungewöhnlich tolerant war, sondern weil er sie wie alle

Könige der Zeit als Einnahmequelle betrachtete. Es gab noch weitere Judenverfolgungen in den nächsten paar Monaten trotz seiner Bemühungen, sie zu verhindern: in Lynn, Norwich, Lincoln, Stamford und anderswo. Das Volk war vom Kreuzfahrtsgeist erfüllt. Die Soldaten sehnten sich danach, Jerusalem und das Heilige Kreuz zu sehen, und sie blickten mit irrationalem Abscheu auf die Abkömmlinge des Volkes, das nach der Kreuzigung Christi geschrien hatte. Überdies war auf Kreuzfahrt zu ziehen eine kostspielige Angelegenheit, und die den Juden weggenommene Beute konnte so manchem armen, aber frommen Mann zur Teilnahme verhelfen. Diese Welle von Antisemitismus erreichte ihren Höhepunkt im März 1190 in York. Etwa einhundertfünfzig Juden gelang es, dem Mob zu entkommen und in der Burg Zuflucht zu finden. Doch angespornt von einem fanatischen Eremiten, schickte sich der Pöbel an, den Ort zu belagern. Als die Juden erkannten, daß sie nicht viel länger aushalten konnten, verübten die meisten von ihnen Selbstmord, nachdem sie zuerst ihre Frauen und Kinder getötet hatten. Die übrigen, die sich auf das Versprechen der Belagerer verließen, daß sie verschont bleiben würden, wenn sie die christliche Taufe annähmen, kamen aus der Burg heraus und wurden prompt erschlagen.

Richard hatte zu dieser Zeit England schon verlassen. Er war nicht nach England gekommen, um das Königreich zu reformieren, sondern um einen Kreuzzug zu organisieren und das Geld zu dessen Bezahlung aufzutreiben. In der Zahl der Truppen, in Kriegsausrüstung und an Geld übertraf Richard alle die anderen Fürsten des Kreuzzugs. Infolgedessen spielte er die führende Rolle; der dritte Kreuzzug war weitgehend *sein* Kreuzzug. Er war auch deshalb in der Lage, verhältnismäßig schnell und viel Geldmittel zusammenzubringen, weil in seinen Territorien das Verwaltungssystem besonders gut entwickelt war. Vor allem trifft dies auf England zu, und die erhaltenen Akten der Staatsfinanzen, insbesondere die Verzeichnisse des Finanzgerichts, allgemein als Pipe Rolls bekannt, geben einen gewissen Hinweis – obwohl sicher nur einen unvollständigen – auf das massive Ausmaß von Richards Vorbereitungen. Seine Beamten gingen von Hafen zu Hafen und requirierten die größten und besten Schiffe, die sie finden konnten. Alle Details, die uns über diese Operation vorliegen, stammen aus England – die Cinque Ports (die Seestädte Hastings, Sandwich, Dover, Romney und Hythe) allein lieferten mindestens dreiunddreißig Schiffe –, aber es ist klar, daß die Normandie, die Bretagne und Aquitanien ebenfalls aufgefordert waren, Beiträge zu leisten. Es scheint, daß das normale Arrangement für Richard darin bestand, zwei Drittel der Kosten eines Schiffes zu zahlen, während er das restliche Drittel als eine anderen auferlegte Kreuzzugsverpflichtung offenließ. Der König zahlte auch die Heuer der Mannschaften zu einem Satz von 2 Pence pro Tag für Seeleute und 4 Pence für die Steuermänner. Im Finanzjahr, das an Michaelis 1189 begann, gab Heinrich von Cornhill, der königliche Beauftragte für Flottenangelegenheiten, über 5000 Pfund für Schiffe und Heuern aus. Die Schiffe mußten zusätzlich mit Vorräten und Kriegsbedarf beladen werden – 50000 Hufeisen aus den Eisenhütten des Forest of Dean zum Beispiel. Als der Beherrscher eines Seereiches sollte Richard der erste Kreuzfahrerkönig sein, der seine eigene Flotte ausrüstete und nach *Outremer* brachte.

All dies mußte bezahlt werden. Eine seiner ersten Handlungen nach seiner Ankunft in England war es gewesen, Beamte zu allen königlichen Schatzkammern zu entsenden, um das von seinem Vater aufgehäufte Silber zu zählen und in sicheren Gewahrsam zu nehmen. Nach Roger von Howden beliefen sich die gesamten Reserven auf über 100000 Mark. Dies war eine gewaltige Summe, die sich jedoch durch die Zahlung der Philipp geschuldeten 24000 Mark verminderte. Verschiedene Wege, mehr Geld aufzubringen, standen Richard offen. Er hätte eine neue Steuer erheben können, aber das war mit etlichen Nachteilen verbunden. Um 1162 brachte die traditionelle englische Steuer, das Danegeld, so wenig ein, daß Heinrich beschloß, sie nicht mehr zu erheben. Andererseits war die neue Kreuzzugsteuer, der Saldinzehnte von 1188, der sich auf eine neue Methode der Schätzung gründete und 60000 Pfund einbrachte (das *Danegeld* betrug 1162 nur 3000 Pfund), äußerst unpopulär. Es war sehr zweifelhaft, ob Richard noch eine weitere Steuer durchsetzen konnte, die den gleichen Kreuzzug bezahlen sollte, zu dessen Finanzierung der Saladinzehnte bestimmt gewesen war.

Gleichermaßen bedenklich war die Tatsache, daß es eine lange Zeit dauern würde, bis die Erträge einer Steuer einliefen, und daß es einer beträchtlichen administrativen Anstrengung bedürfte – einer, die möglicherweise in keinem Verhältnis zu den Ergebnissen stünde. Andere Methoden schienen verheißungsvoller. Zu diesem Zeitpunkt war der Reichtum des Landes in den Händen einer verhältnismäßig kleinen Anzahl von Leuten konzentriert, von denen alle durch legale und politische Verpflichtungen an den König gebunden waren. Diese Beziehungen auszunutzen war vielversprechender, als breite staatliche Steuern zu erheben. Eine günstige Gelegenheit dieser Art hatte sich im August geboten, als der Bischof von Ely ohne Testament starb, denn dies bedeutete, daß der König berechtigt war, sich das bewegliche Vermögen des Bischofs anzueignen: 3000 Mark in Münze sowie Gold- und Silbergeschirr, kostbare Stoffe, Getreide, Pferde und Vieh. Diese Art der Beschlagnahmung hatte Gerald von Wales im Sinn, als er darauf hinwies, daß die Angeviner sich mehr auf Zufallsgewinne verließen als auf ein geregeltes steuerliches Einkommen. »Der König ist wie ein Räuber ständig auf dem Streifzug, immer sondierend, immer nach der schwachen Stelle suchend, an der es etwas für ihn zu stehlen gibt.«

Richard machte sich nach seiner Krönung systematisch an die Arbeit. Roger von Howden schreibt: »Er bot alles, was er hatte, zum Verkauf an – Ämter, Baronien, Grafschaften, Sheriffbezirke, Burgen, Städte, Ländereien, das Ganze.« Was dieser summarische Satz bedeutet, mag am besten am Falle eines Sheriffs dargelegt werden. Der Sheriff, der Hauptvertreter der Krone in jeder Grafschaft, war ein unbezahlter Beamter, der vom König ernannt wurde und von ihm abgesetzt werden konnte. Zweimal pro Jahr mußte er dem Schatzamt Rechenschaft ablegen, aber davon abgesehen, wurde ihm freie Hand gelassen, in seinem Bezirk Macht auszuüben – und Macht bedeutete natürlich Profit. Als Richard auf den Thron gelangte, gab es einunddreißig Sheriffs, aber nur sieben von ihnen behielten ihr Amt. In Ostanglien beließ er sie im Amt, überall sonst gab es Entlassungen und Umbesetzungen, und jedes dieser Manöver brachte Geld ein. In Worcestershire zum Beispiel wurde Robert Marmion abgesetzt und mit einer Strafe von 1000 Pfund belegt

– wahrscheinlich aufgrund schlechter Verwaltung. Es mag ein Hinweis auf das Ausmaß der einem gewissenlosen Sheriff erreichbaren Profite sein, das Marmion in der Lage war, 700 Mark innerhalb eines Jahres zu zahlen. Sein Nachfolger war Wilhelm Beauchamp, der 100 Mark für den Posten bot. Diese Schiebereien hatten, außer Geld zusammenzubringen, auch das Ziel, bestimmte, Richard mißliebige Familien zu schwächen. Es ist kaum möglich, Richard vorzuwerfen, daß er »indem er fast alle die erfahrenen Sheriffs entließ und an ihre Stelle neue Männer setzte«, beitrug zur Zerstörung »der festen und geordneten Regierung, die sein Vater durchgesetzt hatte«. Tatsächlich weisen alle Indizien in die andere Richtung. Selbst wenn Richard Hunderte von Meilen entfernt war, zeigen die Pipe Rolls, daß die Finanz- und Gerichtsmaschinerie weiterhin reibungslos funktionierte – vielleicht sogar mit größerer Gründlichkeit.

Andere einträgliche Privilegien und Ämter wurden auf die gleiche Weise behandelt. So erwarb in einer Serie von aufwendigen Transaktionen Gottfried von Luci, Bischof von Winchester – der reichste Bischofssitz von England –, den Sheriffbezirk Hampshire mit der Obhut über die Burgen von Winchester und Porchester, bezahlte 3000 Pfund für zwei Rittergüter, auf die die Kirche von Winchester Anspruch erhob, und bot 1000 Mark, um sein eigenes Erbe in Besitz nehmen zu dürfen. Es ist schwer einzusehen, warum finanzielle Transaktionen dieser Art »die rücksichtslosen Notbehelfe eines nachlässigen Königs« genannt werden sollten. Auch sind sie kein Beweis, daß Richard an Verwaltungsproblemen desinteressiert war und ihm das administrative Genie seines Vaters fehlte. Die generelle Umbesetzung der Sheriffs von 1189 war Heinrichs II. eigener Säuberungsaktion von 1170 sehr ähnlich. Daß Ämter sowie Titel, Konzessionen und Privilegien gekauft und verkauft werden konnten, war völlig gebräuchlich. Nur war es nun so, daß diese Transaktionen, welche sich normalerweise über mehrere Jahre hinzogen, sich auf ein paar hektische Monate verdichteten, um den Ansprüchen einer unabdingbaren Notwendigkeit gerecht zu werden: dem Kreuzzug. Durch diese Methoden brachte Richard rasch enorme Geldsummen zusammen. Wenige Leute beklagten sich; die meisten von ihnen kauften schließlich etwas, das sie haben wollten, zu Preisen, die sie zu zahlen bereit waren.

Die Schwierigkeiten, welche sich aus Richards Abwesenheit ergaben, waren nicht administrativ, sondern politisch. Die Abwesenheit eines tatkräftigen und legitimen Herrschers, ob nun der König ein Kind war oder verrückt oder schwachsinnig oder im Gefängnis oder auf dem Kreuzzug, verursachte stets schwerwiegende Probleme für das politische und soziale System. Sie waren nicht zwangsläufig unlösbar. Während der Abwesenheit Ludwigs VII. in der Zeit des zweiten Kreuzzugs hatte Abt Suger von Saint-Denis Frankreich gut regiert, obgleich er sogar einer Oppositionsbewegung gegenüberstand, die von des Königs Bruder, Robert von Dreux, angeführt wurde. Für Richard war es einfach genug, vorherzusehen, daß seine Brüder sich als Unruhestifter erweisen könnten, während er weg war, besonders, da er keine legitimen Kinder hatte; und wie Robert von Dreux 1147 mochten sie wohl hoffen, seine Krone übernehmen zu können. Sein Halbbruder Gottfried stellte das geringere Problem dar. Gottfried, eines von Heinrichs II. illegitimen Kindern, hatte ein buntes Leben hinter sich. 1172 war er auf Befehl seines Vaters zum Bischof von Lincoln gewählt worden, aber da er zu der Zeit erst zwanzig Jahre alt war, wurde er nach Tours geschickt, um seine Studien zu vollenden. Er weigerte sich entschlossen, die Weihen zu empfangen, und als 1181 der Papst ihm schließlich sagte, daß er entweder geweiht werden oder das Amt niederlegen müsse, dankte Gottfried ab. Heinrich II. ernannte ihn daraufhin zum Kanzler, und er diente seinem Vater treu. Er war einer der wenigen, die bis zum bitteren Ende bei dem alten König aushielten: »Dieser ist mein wahrer Sohn; die anderen sind die Bastarde.« Es hatte verschiedene Gelegenheiten gegeben, bei welchen Heinrich II. allen Grund hatte, diese Erklärung abzugeben.

Auf seinem Sterbebett versprach Heinrich Gottfried entweder das Bistum Winchester oder das Erzbistum York. Aber ein geistliches Amt übte auf Richards Halbbruder wenig Reiz aus. Wie er selbst sagte, zog er Pferde und Hunde Büchern und Priestern vor. Überdies sagten andere, daß er auf höhere Dinge hoffte. Es wurde berichtet, daß er sich einmal den Deckel einer goldenen Schale auf den Kopf gelegt habe und seine Freunde fragte, ob ihm eine Krone nicht stehen würde. Schließlich hatte Wilhelm der Eroberer sein Leben als Wilhelm der Bastard begonnen. Daß es einige Substanz für diese Gerüchte gab, wird durch die Hartnäckigkeit belegt, mit der er sich gegen die Ordination gestemmt hatte, denn wenn er einmal Priester war, blieben ihm alle weltlichen Ämter, die Königswürde eingeschlossen, verwehrt. Richard müssen Gottfrieds Ambitionen bekannt gewesen sein, denn er ergriff die Chance, seinen Halbbruder beiseite zu schieben, während er gleichzeitig die Wünsche seines sterbenden Vaters respektierte. Im Juli 1189 wies er die Kanoniker von York an, seinen Halbbruder zum Erzbischof zu wählen. Einige von ihnen erhoben Einspruch mit der Begründung, daß der kriegerische Gottfried ein Mann des Blutes sei, im Ehebruch empfangen und von einer Hure geboren. Er wurde nichtsdestoweniger gewählt, und die Gültigkeit der Wahl wurde auf Richards Bitte von einem päpstlichen Legaten bestätigt. Am 23. September 1189 wurde Gottfried, obwohl er noch immer laut sein Widerstreben proklamierte, zum Priester ordiniert.

Johann war ein ernsthafteres Problem. In einem weiteren Akt von Sohnespietät bestätigte Richard das Erbe, das sein Vater Johann versprochen hatte: Ländereien im Wert von 4000 Pfund jährlich in England, die Grafschaft Mortain in der Normandie und die Hand der Erbin der Grafschaft Gloucester. Da Heinrich II. – wie so oft – nicht über das Stadium von Versprechungen hinausgegangen war, war es an Richard, über die Zusammensetzung von Johanns englischen Ländereien im Wert von 4000 Pfund zu entscheiden. Er gab ihm einen zusammenhängenden Block von Territorien im Südwesten, die Grafschaften Cornwall, Devon, Dorset und Somerset, und zwei weitere Grafschaften in den Midlands, Nottingham und Derby. Von allen Handlungen Richards während seines Besuchs in England ist dies diejenige, welche die weitverbreitetste und heftigste Kritik fand. »Zu keiner Zeit seit der Eroberung ist einem Untertanen erlaubt worden, über ein so riesiges Gebiet zu herrschen.« Sie ist als ein »äußerst unkluger und gefährlicher, katastrophale Resultate hervorbringender Akt« bezeichnet worden. Aber Kritik dieser Art schießt weit über das Ziel hinaus. Johann war nicht einfach ein

Untertan. Er war ein angevinischer Prinz. Warum regierte er nicht Anjou? Oder Aquitanien oder die Bretagne oder die Normandie oder England? Weit davon entfernt, mit verschwenderischer Großmut behandelt worden zu sein, war er in Wirklichkeit mit dem seinem Status entsprechenden Wohlstand pensioniert worden, doch mit sehr wenig Macht ausgestattet. Es ist bezeichnend, daß er nicht die Obhut über die wichtigsten Burgen seiner Grafschaften erhielt. Daß er, sobald Richard sich in sicherer Entfernung befand, Schwierigkeiten machen würde, war nur allzu wahrscheinlich, aber welche Alternative gab es? Wenn Richard darauf bestand, daß auch er mit auf den Kreuzzug ginge, setzte er die Zukunft der angevinischen Dynastie aufs Spiel. Was würde geschehen, wenn keiner von ihnen aus *Outremer* zurückkäme? Die nach Johann der Krone nächststehende Person war ein zweijähriger Junge, Arthur, der nachgeborene Sohn von Gottfried von der Bretagne. Sollte er König werden, so würden Chaos und wahrscheinlich das rapide Auseinanderbrechen des Angevinischen Reiches die Folge sein. Es war sicherer, Johann in Europa zu lassen. Die vereinte Kraft, der Einfluß und das politische Geschick ihrer Mutter und der Minister, die Richard ernannt hatte, mußten ausreichen, ihn im Zaum zu halten.

Am 12. Dezember 1189 segelte Richard von Dover ab. Als Hauptjustitiar nominierte er Hugo von Puiset, einen Mann mit fünfunddreißigjähriger Erfahrung im Regieren des Bistums und der Pfalz Durham. Der Kanzler war Wilhelm Longchamp, ein Normanne, der ein Schreiber im Kanzleigericht Heinrichs II. gewesen war, bevor er in Richards Dienste trat. Er war nun Bischof von Ely und der Staatsbeamte, dem der König am meisten vertraute, ein Mann von beträchtlicher Kultur und Gelehrsamkeit, der Autor einer Abhandlung über das römische Reich. Leider fanden es die beiden Männer unmöglich, zusammenzuarbeiten, daher änderte Richard im März 1190 seine Verfügung, indem er Bischof Hugos Autorität auf die Ländereien nördlich der Humber beschränkte und Longchamps zum Justitiar für das übrige England ernannte. Selbst diese anscheinend klare Autoritätsteilung reichte nicht hin, Spannungen zu vermeiden. Hugo wurde allmählich ausmanövriert, und bis Juni hatte Longchamp klar die Oberhand: Als Kanzler, Justitiar und päpstlicher Legat hatte er eine machtvollere Kombination von Ämtern inne als irgendein königlicher Beamter vor ihm.

Um diese Zeit hatte Richard bereits seine Aufmerksamkeit darauf gerichtet, Vorkehrungen für die Regierung seiner kontinentalen Dominien zu treffen, während er fort war. Doch ohne Ausnahme haben die modernen Historiker ihre Meinungen über Richards administratives und herrscherliches Geschick auf die von ihm in England getroffenen Anordnungen gegründet, als ob England der einzige Teil des Angevinischen Reiches war, der zählte. Dies ist offensichtlich Unfug, und wenn wir alle seine Territorien in Betracht ziehen, dann ist es doppelt klar, daß die von ihm getroffenen Vorkehrungen sich unter der verlängerten Anspannung seines Kreuzzuges und seiner Gefangenschaft bemerkenswert gut bewährten. Die erste Aufgabe war die Sicherung der Grenzen. Am 30. Dezember 1189 und erneut am 16. März 1190 traf er mit Philipp zu Besprechungen nahe Nonancourt zusammen. Die zwei Könige schworen, die Güter aller Kreuzfahrer zu schützen und einer gegen den anderen in gutem Glauben zu handeln. Der König von Frankreich würde dem König von England helfen, sein Land genauso zu verteidigen, wie er Paris verteidigt sehen möchte, wenn es belagert wäre; der König von England würde dem König von Frankreich helfen, sein Land genauso zu verteidigen, wie er Rouen verteidigt wünschte, wenn es belagert wäre. Die Barone der beiden Könige schworen, ihrer Lehnspflicht treu zu bleiben und Frieden zu halten, während ihre Herren im Ausland weilten.

Zum Zeitpunkt der zweiten Konferenz war es klar, daß die Kreuzzugsvorbereitungen sich gegenüber dem ursprünglichen Plan verzögert hatten, und so wurde das Datum des Aufbruchs auf den 24. Juni verschoben. Kaum hatten die Könige diese Entscheidung getroffen, als die Nachricht eintraf, daß Isabella von Hennegau, Philipps Königin, am Tag zuvor im Kindbett gestorben war. Dies war ein weiterer Grund, die Abreise zu verzögern, obwohl es andere Stimmen gab, die ihren Tod als ein Zeichen deuteten, daß Gott ungeduldig wurde. Glücklicherweise hing das Überleben des Königreichs von Jerusalem nicht allein von den Königen von England und Frankreich ab. Seit September 1189 war ein stetiger Strom von

Kreuzfahrern im Heiligen Land eingetroffen. Der wichtigste von allen, der alte Kaiser Friedrich Barbarossa, war, obwohl er als letzter das Kreuz genommen hatte, der erste gewesen, der aufbrach. Er verließ Regensburg im Mai 1189, und der Donauroute folgend, war er langsam, aber stetig vorangekommen. Bis Ostern 1190 hatte er den Bosporus überquert und war nun in Kleinasien.

Während der ersten sechs Monate des Jahres 1190 bereiste Richard seine Dominien. Er ernannte Wilhelm FitzRalf erneut zum Seneschall der Normandie, einen wohlerprobten Beamten, der das Amt seit 1180 innehatte und es bis zu seinem Tod im Jahre 1200 behalten sollte. In Anjou war die Lage weniger klar. Stephan von Tours war durch Payn de Rochefort ersetzt worden, aber im Mai 1190 war Stephan an Richards Hof zurückgekehrt, und er mag sein altes Amt für die Periode der Abwesenheit des Königs zurückbekommen haben. Wer auch immer der Seneschall war, es ist zumindest klar, daß es kein Anzeichen von Unruhe in Anjou gab, während Richard fort war. In Aquitanien wurden zwei Seneschalle ernannt: in Poitou Peter Bertin, vormaliger Provost von Benon und ein Mann mit langer Erfahrung im Dienste des Herzogs; in der Gascogne Elie de la Celle, ein Mitglied einer vornehmen Beamtenfamilie. (Möglicherweise war dies das Modell, welches Richard vorschwebte, als er England in die Gebiete nördlich und südlich der Humber aufteilte mit einem für jeden Teil verantwortlichen Justitiar. Aber während das Experiment in England wegen der persönlichen Feindseligkeiten von Hugo von Puiset und Wilhelm Longchamp fehlschlug, gab es in Aquitanien keine derartigen Probleme.) In Anbetracht der berüchtigten Aufsässigkeit der Provinz ergaben sich während der Kreuzfahrt bemerkenswert wenig Schwierigkeiten, und Richards Seneschalle herrschten relativ unbehelligt.

Während des Mai und Anfang Juni hielt sich Richard im Süden auf. Er besuchte Bayonne und ließ den Herrn der Pyrenäen-Burg Chis für das Verbrechen der Straßenräuberei hängen. Obwohl viele der Opfer dieses Mannes Pilger auf dem Weg nach Compostella gewesen waren, fällt es schwer, zu glauben, daß es allein Hingabe an den Kult des heiligen Jakob war, die Richard in die Pyrenäen führte. Angesichts der schmählichen Niederlagen, welche er vor kurzem Raimund von Toulouse beigebracht hatte, konnte er kaum erwarten, daß die südöstliche Grenze von Aquitanien lange friedlich bleiben würde, nachdem er zum Kreuzzug aufgebrochen war. Die offensichtliche Antwort war, die Allianz mit dem großen Feind von Toulouse, König Alfons II. von Aragon, zu erneuern und zu stärken – jene Allianz, welche Richard in der Krise von 1183 gute Dienste geleistet hatte und welche ihn befähigt hatte, die Lehnspflicht von Béarn spätestens im Februar 1187 zurückzugewinnen. Durch diese Allianz gewann er die Freundschaft König Sanchos VI. von Navarra, da zu diesem Zeitpunkt Navarra und Aragon sich in Opposition gegen König Alfons VIII. von Kastilien einander näherten und bald einen formellen Vertrag abschlossen. Vor diesem Hintergrund müssen wir Richards Eheschließung mit der Tochter Sanchos VI., Berengaria von Navarra, sehen.

Die Umstände dieser Hochzeit waren, gelinde gesagt, merkwürdig. Richard sollte auf dem Weg nach *Outremer* den Winter von 1190/1191 in Sizilien zubringen. Berengaria kam an seinem Hof in Messina Ende März 1191 an, und sie wurden schließlich auf Zypern in der St.-Georgs-Kapelle in Limassol am 12. Mai getraut. Dem äußeren Anschein nach handelte Sancho VI. von Navarra außerordentlich unbedacht, als er seine Tochter auf die Suche nach einem Gatten, der selbst ostwärts segelte, auf das Meer hinaus schickte, zumal Philipp erst im März 1191 endlich zustimmte, Richard von seinem Versprechen, Alice zu heiraten, zu entbinden, und Berengaria war wahrscheinlich bereits im November oder Dezember 1190 aufgebrochen. Es wäre in der Tat seltsam gewesen, hätte Sancho einen Kreuzfahrer, der mit einer anderen verlobt war, als den idealen Gatten für seine Tochter betrachtet. Er wird weitreichende Zusicherungen verlangt haben, und selbst bei bestem Willen müssen die Verhandlungen, die Berengarias Abreise von Navarra vorausgingen, komplex und langwierig gewesen sein. Die Frage ist: Wer führte diese Verhandlungen, und wann begannen sie? Weil Berengaria von Eleonore von Aquitanien nach Sizilien begleitet wurde, haben die Historiker angenommen, daß Eleonore es war, die die Verhandlungen führte, und daß sie dies während des Sommers und Herbstes von 1190 tat, als Richard sich bereits zum ersten Abschnitt seiner Reise nach *Outremer* eingeschifft hatte: daher die oft wiederholte Beschuldigung gegen Richard, daß er noch unverheiratet auf den Kreuzzug ging und ohne sich über das Problem eines Erben Gedanken zu machen. Doch es sind tatsächlich Anzeichen vorhanden, die auf ein viel früheres Datum hindeuten. Die Soldaten in Richards Kreuzzugsheer scheinen geglaubt zu haben, daß er bereits eine Zuneigung zu Berengaria gefaßt hatte, als er noch Graf von Poitou war. Dies mag wohl eine übertrieben romantische Sicht der Dinge gewesen sein. In einer der *sirventes* des Bertrand de Born jedoch gibt es einige Zeilen, die auf einen Meineid Richards Bezug nehmen, als er sich mit der Tochter des Königs von Navarra verlobte. Obwohl es niemals leicht ist, diese Gedichte zu datieren, ist das wahrscheinlichste Datum für die Verse das Jahr 1188, da es auch Hinweise auf Angriffe auf Angoulême und Toulouse enthält. Doch selbst wenn Richard und Sancho VI. 1188 eine Einigung erzielt hätten, ist klar, daß gegen Ende des Jahres die Vereinbarung bereits hinfällig gewesen sein muß. Als Richard und Philipp im November zusammen zur Konferenz nach Bonsmoulins ritten, war Richard wieder einmal willens – zumindest beteuerte er das –, Alice von Frankreich zu heiraten, und er wiederholte diese Erklärung im Juli 1189.

Aber zu Lichtmeß 1190 (2. Februar) hielt Richard in La Réole an den Ufern der Garonne Hof. Es erschienen viele der größeren Herren der Gascogne: Erzbischöfe, Bischöfe, Äbte sowie weltliche Magnaten wie die Grafen von Béarn und Armagnac. Möglicherweise waren sie einfach gekommen, um ihren Herrn zum erstenmal, seit er Herzog der Normandie und König von England geworden war, willkommen zu heißen, doch die Anwesenheit von Heinrich, dem Sohn Heinrichs des Löwen, Herzog von Sachsen, in La Réole legt nahe, daß wichtige Fragen der Außenpolitik ebenfalls auf der Tagesordnung gestanden haben. Ein sehr ähnlicher Hof hatte sich zwanzig Jahre zuvor in Bordeaux versammelt, um die Heirat zwischen Richards Schwester Eleonore und dem jungen Alfons VIII. von Kastilien vorzubereiten.

All das sind in dokumentarischer Sicht Halme im Wind. Viel eindrucksvoller sind Zeugnisse, die darauf verweisen, daß Richard von

La Réole aus einen Erlaß nach England sandte, der Erzbischof Baldwin von Canterbury und einige andere Bischöfe zu einer Ratsversammlung Mitte März in die Normandie rief oder vielmehr zu einer wichtigen Familienkonferenz, denn außer den Bischöfen – deren Rat in Fragen des Ehestandsgesetzes zweifellos nützlich sein würde – rief Richard auch seine Brüder Johann und Gottfried, seine Mutter Eleonore und Alice, die Schwester des Königs von Frankreich, herbei. Die Frage von Richards Verlöbnis mit Alice muß auf diesem Treffen erörtert worden sein, obwohl die Chronisten uns nichts darüber sagen. Dies war natürlich eine vertrauliche Angelegenheit. Die Chronisten berichten jedoch, daß sowohl Johann wie auch Gottfried dazu genötigt wurden, einen Eid zu schwören, England während der kommenden drei Jahre nicht zu betreten, also beschäftigte die Familienpolitik Richard in dieser Zeit sehr wohl. Ein paar Tage später, nachdem er den Vorsitz über diese Konferenz geführt hatte, traf er sich mit König Philipp. Wieder wissen wir nicht, was verhandelt wurde, nur daß sie den Kreuzzug aufzuschieben beschlossen. Unzweifelhaft aber wäre Philipp entehrt gewesen, wenn seine Schwester auf diese Weise aufgegeben und gedemütigt würde und er nichts täte, ihre Ehre zu wahren. Wenn Richard entschlossen war, sie nicht zu ehelichen – und offenbar war dies so, da er sie sonst geheiratet hätte, bevor er die Kreuzfahrt begann –, würde das den zerbrechlichen Frieden zwischen den Königreichen zerstören und weitere endlose Verzögerungen verursachen? Vielleicht konnte er erst dann jemand anderen heiraten, wenn er und Philipp sich bereits auf dem Kreuzzug befanden, ohne einen sofortigen Angriff auf seine Ländereien herauszufordern. Aber es kann nicht leicht gewesen sein, Sancho von Navarra zu überreden, seine Tochter übers Meer zu schicken, um unter diesen zweifelhaften und riskanten Umständen irgendwo im Ausland zu heiraten, besonders wenn Richard schon vorher einmal die Ehe angetragen und dann sein Versprechen zurückgezogen hatte. Im Februar und März 1190 mag Richard wohl gefunden haben, daß er mehr Zeit brauchte, um solch verzwickte Verhandlungen zum Abschluß zu bringen. Es war wahrscheinlich nicht vor Mai oder Anfang Juni, als er Bayonne besuchte und sich nahe der navarresischen Grenze befand, daß er Gelegenheit zu einer Begegnung von Angesicht zu Angesicht mit Sancho hatte und endlich in der Lage war, die Angelegenheit zu einem befriedigenden Abschluß zu bringen. Es war für die Tochter eines wenig bedeutenden spanischen Königs eine glänzende Partie – wenn sie das nicht gewesen wäre, ist es schwer vorstellbar, wie Sancho jemals einer derart ungewöhnlichen Vereinbarung zugestimmt haben würde. Aber es war auch eine nützliche diplomatische Heirat für Richard. Sie half, eine südliche Grenze abzusichern, und sie verschaffte seinen Seneschallen in Aquitanien einen Verbündeten, von dem sie Verstärkungen anfordern konnten, falls es in Richards Abwesenheit zu einer Rebellion kommen sollte.

Nun endlich war Richard bereit, aufzubrechen.

Von Bayonne kehrte er nach Anjou zurück. Dort, in Chinon, veröffentlichte er Disziplinarvorschriften für die Seeleute der Kreuzfahrerflotte, deren Hauptteil nun dabei war, zu ihrem ersten Treffpunkt nahe Lissabon an der Mündung des Tajo zu segeln. Die Verordnung liest sich interessant: »Jedweder Mann der einen anderen tötet, soll an den toten Mann gebunden werden und, wenn auf See, über Bord geworfen werden, wenn an Land, mit ihm begraben werden. Wenn es von einem rechtmäßigen Zeugen bewiesen wird, daß irgendein Mann gegen einen anderen sein Messer gezückt hat, soll ihm die Hand abgehauen werden. Wenn irgendein Mann einen anderen mit der Faust schlägt, ohne daß Blut fließt, soll er dreimal in die See getaucht werden. Fluchende oder gotteslästerliche Sprache soll mit Geldstrafen je nach der Zahl der Vergehen belegt werden. Ein überführter Dieb soll wie ein Preiskämpfer kahlgeschoren, geteert und gefedert und bei der ersten Gelegenheit an Land gesetzt werden.«

Richard reiste dann nach Tours weiter, wo er den Stab und den Sack erhielt, welche die traditionellen Attribute des Pilgers waren. Nach Roger von Howden brach der Stab, als Richard sich darauf stützte. Von diesem Omen nicht entmutigt, verließ er angevinisches Gebiet und vereinigte seine Streitkräfte mit denen Philipps von Frankreich am 2. Juli in Vézelay. Dort schlossen die zwei Könige eine Vereinbarung von lebenswichtiger Bedeutung. Sie würden in den Krieg ziehen, um Land und Beute wie auch Ruhm zu gewinnen, und sie beschlossen, daß die Eroberungen zu gleichen Teilen zwischen ihnen aufgeteilt werden sollten. Dann, am 4. Juli 1190, dem dritten Jahrestag der Schlacht von Hattin, setzten sich die Armeen in Marsch. Richards Kreuzzug hatte begonnen.

7
Sizilien und Zypern 1190 bis 1191

Wie viele Kreuzfahrer waren bei Richard und Philipp, als sie aus Vézelay hinausritten? Leider gibt es keine Möglichkeit, die Zahl genau zu schätzen. Ein Chronist sagt, daß die Armee einhunderttausend Mann stark war, doch dies ist gewiß eine wilde Übertreibung, die nur andeutet, daß das Heer sehr groß war. Wir müssen bedenken, daß dies in Richards Tagen nicht mehr als ein paar tausend Mann hieß. Wenn ein Augenzeuge das Feldlager der zwei Könige in Vézelay als eine wahre Stadt von Zelten und Pavillons beschreibt, darf man nicht vergessen, daß die meisten Städte nur wenige tausend Einwohner hatten. Uns also wäre die Armee klein erschienen – dennoch gibt es Anzeichen dafür, daß sie eine der größten Streitkräfte des zwölften Jahrhunderts, vielleicht die größte, war. Die mit der Ernährung Tausender von Männern und Pferden verbundenen Probleme erlegten der Größe von Armeen Grenzen auf. Es wurde zum Beispiel errechnet, daß eine sechzigtausend Mann starke Armee, die für einen Monat ausreichende Vorräte mit sich führte, etwa elftausend Karren benötigte. Wenn diese Wagen zu einer einzigen Reihe ausgedehnt würden, bedeutete dies einen Versorgungstroß von über einhundert Meilen Länge. Ein solcher Wagenzug aber war Feindüberfällen hoffnungslos ausgeliefert – und es würde Tage dauern, bevor ein Kommandeur am Kopf der Heeressäule überhaupt von einem Angriff auf die Nachhut erfahren würde. Andererseits, falls die Armee versuchte, ohne einen Proviantroß auszukommen und aus dem Land zu leben, war sie durch die Nahrungsmenge, die das Durchzugsgebiet produzieren konnte, eingeschränkt – eine Menge, die natürlich im Verhältnis zu der Bevölkerungsdichte und der Fruchtbarkeit jener Region stand. Außerdem betrugen die Getreideernten pro Morgen der mittelalterlichen Bauern bestenfalls ein Viertel oder ein Fünftel der im zwanzigsten Jahrhundert erzielten Erträge. Unter diesen Umständen lag die äußerste Grenze einer Armee des zwölften Jahrhunderts, die lange im Feld zu bleiben beabsichtigte, eher bei sechstausend als bei sechzigtausend Mann. Es ist bezeichnend, daß Richard und Philipp, als sie Lyon erreichten, entschieden, sich zu trennen, weil das Land ihre vereinigte Armee nicht ernähren konnte.

Zum Glück für den Historiker wurde die Armee von zwei Männern begleitet, die ausführliche Chroniken über die Kreuzfahrt hinterließen. Sehr günstig ist auch die Tatsache, daß die beiden Männer sehr verschiedene Auffassungen hatten; es ist uns daher möglich, das gleiche Ereignis aus verschiedenen Blickwinkeln zu sehen, und der Vergleich der beiden erlaubt noch am ehesten eine Annäherung an das Tatsächliche. Einer von ihnen war Roger von Howden. Wie es einem königlichen Schreiber geziemt, ist seine Chronik nüchtern und verläßlich. Er war sehr gut informiert. Kopien von offiziellen Dokumenten, Verträgen und dergleichen gingen oft durch seine Hände, und er fügte sie gerne seiner Chronik ein. Auf diese Weise führte er, was fast ein offizielles Tagebuch des Kreuzzuges genannt zu werden verdient – auf jeden Fall bis zum August 1191, als er heimkehrte, wahrscheinlich in Gesellschaft König Philipps von Frankreich. Aber Roger von Howdens Chronik ist nicht so trocken wie die meisten offiziellen Historien. Er war ein eifriger Besichtiger von Sehenswürdigkeiten und brachte gerne Skizzen von Orten, die er besucht hatte, zu Papier – von Marseille zum Beispiel:

»Es ist eine zwanzig Meilen von der Mündung der Rhone entfernt gelegene Stadt und untersteht dem König von Aragon. Hier sind die Reliquien des heiligen Lazarus, des Bruders der heiligen Maria Magdalena und Martha, zu finden. Nachdem Jesus ihn von den Toten auferweckte, wurde er Bischof von Marseille. Die Stadt besitzt einen schönen Hafen, fast vollkommen von hohen Hügeln umschlossen, aber fähig, viele große Schiffe aufzunehmen. Auf einer Seite des Hafens befindet sich die Einfriedung der Kathedrale; auf der anderen die große Abtei von St. Victor, wo einhundert Benediktinermönche Gott dienen. Hier, so sagt man, werden hundertvierzig Leichname der Unschuldigen aufbewahrt, die für Christus niedergemetzelt wurden; ebenso die Reliquien des heiligen Victor und seinen Gefährten, die Stöcke, mit welchen Unser Herr gegeißelt wurde, der Kieferknochen des heiligen Lazarus und eine der Rippen des heiligen Märtyrers Lorenz.«

Außerdem wußte Roger, daß seine Leser an allem interessiert waren, was seltsam und wunderbar schien. Hier zum Beispiel ist eine charakteristische Passage:

»Im Meer um Sardinien und Korsika können einige sehr merkwürdige Fische gefunden werden. Sie können in die Luft springen und fliegen etwa eine Achtelmeile, bevor sie ins Wasser zurücktauchen. Ein Mann [vielleicht Roger selbst] saß zufällig an Bord des Schiffes zu Tisch, als plötzlich einer dieser fliegenden Fische direkt vor ihm auf dem Tisch landete, somit kann er für die Tatsache bürgen, daß diese wunderlichen Kreaturen wirklich existieren. Dieses gleiche Gebiet ist auch von gewissen Raubvögeln bewohnt, welche diese Fische jagen und sich von ihnen ernähren.«

Der zweite unserer Informanten war ein normannischer Spielmann namens Ambroise. Er komponierte ein langes Versepos, die *Estoire de la Guerre Sainte*, »Geschichte des Heiligen Krieges«, genannt. Ambroise sah die Dinge vom Gesichtspunkt des gewöhnlichen Soldaten aus. Er zeigt uns ihre verbissene Tapferkeit und ihre Leiden; er hält ihre Träume und Enttäuschungen fest. Während Howden uns in die Nähe der Ratskammer führt und uns König und Grafen bei der Arbeit zeigt, führt uns Ambroise in die Zelte der armen Soldaten und erzählt uns, was sie über die Entscheidungen, die ihre kommandierenden Offiziere trafen, dachten.

In Lyon erlitt die Armee ihren ersten Rückschlag. Die Nachhut von Richards Armee wurde drei Tage aufgehalten, als die Holzbrücke über die Rhone unter ihrem Gewicht zusammenbrach. Einhundert Mann ungefähr fielen in den Fluß. Erfreulicherweise jedoch ertranken nur zwei – oder vielmehr, wie Ambroise es in charakteristisch frommen Wendungen ausdrückte:

Ich meine, zwei nur wurden entdeckt,
und niemand wollte wagen, genauer hinzusehen,

das Wasser brandete dort so heftig,
daß wenig, was hineinfällt, wieder auftaucht.
Wenn diese in der Sicht der Welt tot sind,
so stehen sie rein und hell vor Gott:
's war sein Pfad, worauf sie ihre Füße setzten,
sie werden Gnade finden, wie sich's geziemt.

Erst als Richard den Bau einer Brücke aus Booten organisiert hatte, konnte der Rest seiner Armee übersetzen. Philipp war inzwischen auf dem Weg nach Genua. Für 5850 Mark hatte er die genuesische Flotte gechartert, um seine Armee nach *Outremer* zu befördern. Sie sollte für den Transport von 650 Rittern und 1300 Schildknappen mit ihren Pferden sorgen; es sollte Nahrung und Futter für acht Monate vorhanden sein, Wein für vier Monate. Wenn die genuesischen Schiffe über eine ähnliche Kapazität wie jene von Richards Flotte verfügten, dann müßten fünfundzwanzig Schiffe genügt haben, um die gesamte Streitmacht Philipps zu transportieren.

Am 31. Juli erreichte Richard Marseille, wo er seine riesige Flotte von über einhundert Schiffen vorzufinden hoffte. Aber an diesem Tag näherte sich die Flotte erst der Straße von Gibraltar. Die Hauptflotte, dreiundsechzig Schiffe unter dem Befehl von Robert von Sablé und Richard Canvill, hatte den Tajo glücklich erreicht; aber dann, während sie auf die Ankunft der dreißig Schiffe des Wilhelm von Fors Olerons Geschwader warteten, besuchten die Mannschaften und Passagiere Lissabon und tobten sich aus. In einem Exzeß von religiösem Eifer griffen sie die muselmanische und jüdische Bevölkerung an, brannten ihre Häuser nieder und plünderten ihr Eigentum. In der Freizügigkeit, mit der sie mordeten und Frauen vergewaltigten, war kein Element religiöser Zurückhaltung enthalten. Schließlich ließ der erbitterte König von Portugal die Tore von Lissabon schließen und fing etliche hundert betrunkener Männer im Stadtinnern ein und warf sie in den Kerker. Bis dies in Ordnung gebracht worden war und das überfällige Geschwader eintraf, war bereits der 24. Juli da, und es vergingen zwei weitere Tage, bevor die ganze Flotte klar war, die Umsegelung der spanischen Küste zu beginnen. Infolgedessen war Richard, als sie Marseille erreichten –

drei Wochen zu spät, am 22. August –, bereits weg. Nach einwöchigem Warten schon hatte er seine Streitmacht kurz entschlossen zweigeteilt. Ein Kontingent, geführt von Erzbischof Baldwin von Canterbury, Ranulf Glanville und Glanvilles Neffen, Hubert Walter, dem kürzlich gewählten Bischof von Salisbury, segelte direkt nach *Outremer* – vermutlich in gecharterten Schiffen – und kam am 16. September in Tyrus an. Das zweite Kontingent, Richards eigene Kompanie, schiffte sich in zehn großen Schiffen (»Busse« genannt) und zwanzig ebenfalls gecharterten Galeeren ein und fuhr dann gemächlich an der Küste entlang nach Osten. Er besuchte Genua, wo Philipp krank in einem Haus nahe dem Dom San Lorenzo lag – nach einem englischen Chronisten litt der französische König an Seekrankheit. Richard verbrachte fünf Tage in Portofino, und während er dort war, hatten die zwei Könige ihre ersten Meinungsverschiedenheiten. Philipp schickte eine Botschaft, in der er Richard bat, ihm fünf Galeeren zu leihen. Richard bot drei an, die Philipp ausschlug. Es war eine geringfügige Angelegenheit, aber sie verhieß nichts Gutes für die Zukunft.

Richard segelte die Küste von Italien hinunter und ging gelegentlich an Land, um sich die Beine zu vertreten. Aber obwohl er an der Mündung des Tiber anlegte, nur wenige Meilen von Rom entfernt, machte er sich nicht die Mühe, Papst Klemens III. aufzusuchen. Einem zu einem Treffen mit ihm entsandten Kardinal machte er unmißverständlich klar, was er von der unersättlichen Besitzgier des Papsttums hielt. Offenbar hatte es Richard 1500 Mark gekostet, den Papst zu überreden, Wilhelm Longchamp zum Legaten für die englische Kirche zu machen. Das in Rom gepredigte Evangelium war das Evangelium nach der Mark Silber – zeitgenössische Satiriker bestanden jedenfalls darauf.

Richard hielt sich zehn Tage in Neapel auf und fünf in Salerno, meist, um Sehenswürdigkeiten zu besichtigen, doch vielleicht auch, um mit den Ärzten von Salerno zu sprechen, der ersten medizinischen Schule des westlichen Europa. Nach der Anzahl der Ärzte zu urteilen, die ihn jeweils betreuten, scheint Richard auf seine Gesundheit geachtet zu haben. Es war ein Thema, über das Zeitgenossen wilde Spekulationen anstellten. Einige sagten, er leide an Wechselfieber und zittere folglich so viel, daß er wünsche, die ganze Welt vor ihm zittern zu machen. Andere sagten, daß er über einhundert Geschwüre an seinem Körper habe, durch welche verdorbene Körpersäfte zirkulierten. Wieder andere sagten, daß er durch seine langen Aufenthalte im Feld vor der Zeit dahinsieche. Ungefähr das einzige, dessen wir vernünftigerweise sicher sein können, ist, daß er wie sein Vater eine Tendenz zur Dickleibigkeit hatte.

Während Richard in Salerno war, ging ihm die Nachricht zu, auf die er gewartet hatte. Seine Flotte, die für eine Woche zur Ausbesserung in Marseille festgemacht hatte, kam in Sicht und näherte sich Messina. So fuhr er weiter und kreuzte am 22. September die Straße von Messina. Vor dem Aufbruch wäre er in einer skurrilen Situation fast ums Leben gekommen. Als er mit nur einem Begleiter auf einem Ausflug von Mileto aus ein kleines Dorf durchquerte, hörte er aus einem der Häuser den Schrei eines Falken dringen. Da er glaubte, daß nur Edelleute das Recht hatten, Falken zu besitzen, bahnte er sich einen Weg in das Haus und ergriff den Vogel. Er war sofort von einer Menge wütender Dörfler umringt, und als er sich weigerte, den Falken zurückzugeben, attackierten sie ihn mit Stöcken und Steinen. Ein Mann zog ein Messer, und Richard versetzte ihm mit der flachen Seite seines Schwertes einen Schlag, worauf die Klinge zersprang. Somit war der Kreuzfahrerkönig in höchster Bedrängnis gezwungen, die Dörfler mit allem, was ihm unter die Hände kam, zu bewerfen, während er sich mit seinem Begleiter zu den Pferden durchschlug. Am nächsten Tag glich er die geringfügige Schlappe durch die Großartigkeit seines Einzugs in Messina aus. Er versammelte die gesamte Flotte, und dann segelte er in einer Galeere an ihrer Spitze in den Hafen ein. Ein Augenzeuge beschreibt die Szene:

»Das Volk eilte begierig hinaus und drängte sich am Ufer, um ihn anzuschauen. Und siehe, am Horizont erblickten sie eine Flotte von unzähligen Galeeren, die die Meerenge füllte, und dann, noch immer weit entfernt, konnten sie den schrillen Klang von Trompeten hören. Während die Galeeren näher kamen, konnten sie sehen, daß sie in verschiedenen Farben bemalt und mit in der Sonne glitzernden Schilden behangen waren. Sie konnten Standarten und

Wimpel erkennen, die an Lanzen befestigt waren und in der Brise flatterten. Um die Schiffe herum brodelte das Meer, während die Ruderer sie vorwärtstrieben. Dann, mit Trompetenstößen in den Ohren, erblickten die Zuschauer, worauf sie gewartet hatten: den König von England, herrlich gekleidet und auf einer erhöhten Plattform stehend, so daß er sehen und gesehen werden konnte.«

Der Pomp und die geräuschvolle Pracht seiner Ankunft standen in bewußtem Kontrast zu der ruhigen Art, in welcher Philipp eine Woche früher in die Stadt gekommen war. Nach der Ankunft beriet sich Richard mit Philipp, der sogleich seine Absicht verkündete, noch am selben Tag ins Heilige Land aufzubrechen. Aber kaum hatte er den Hafen verlassen, als der Wind sich drehte und Philipp sehr zu seiner Bestürzung genötigt war, nach Messina und zu weiteren Begegnungen mit dem König von England zurückzukehren. Philipp logierte in einem Palast in der Stadt, während Richard und sein Heer außerhalb der Mauern kampierten.

Zufällig kamen sie in Sizilien in einem kritischen Augenblick in der Geschichte dieses faszinierenden Landes an. Das zwölfte Jahrhundert war das goldene Zeitalter des Königreichs Sizilien gewesen – ein Königreich, welches viel von Süditalien neben der Insel selbst einschloß. Es war ein fruchtbares und wohlhabendes Land, in dem die Ziegen noch nicht ihr Zerstörungswerk getan hatten. Neben Korn – denn Sizilien war immer noch eine der großen Kornkammern der mediterranen Welt – gab es Orangen und Zitronen, Baumwolle und Zuckerrohr im Überfluß. Es war ein Land, das einen Eroberer reizen konnte, und es war in seiner turbulenten Geschichte schon einige Male erobert worden, zuletzt von den Normannen – Vettern jener Männer, die England eroberten – in den Jahrzehnten zwischen 1060 und 1090. Aber das Bemerkenswerteste an Sizilien war weder sein Reichtum noch sein hochentwickeltes Regierungssystem, sondern die Mannigfaltigkeit seiner Bevölkerung. Grieche, Araber und Normanne lebten Seite an Seite, jeder mit seiner eigenen Sprache und Religion. Der Hof in Palermo sprach normannisches Französisch und erließ Dekrete in Latein, Griechisch und Arabisch. Trotzdem lebten diese sehr verschiedenen Gemeinden ziemlich friedlich miteinander. Der muselmanische Reisende Ibn Jubair äußerte sich über die Zufriedenheit unter der muselmanischen Bevölkerung der Insel und stellte mit Interesse fest, daß christliche Frauen anfingen, arabische Moden nachzuahmen: sie trugen Schleier, wenn sie außer Haus gingen, und sie redeten unaufhörlich. Die Mischung aus verschiedenen Kulturen brachte eine einzigartige Zivilisation hervor. In Palermo, Monreale und Cefalù kann der Besucher immer noch herrliche Beispiele ihrer Kunst und Architektur sehen.

Aber 1190 stand Sizilien am Vorabend einer neuen Eroberung. Ein Streit um die Thronfolge war nach dem Tod von König Wilhelm II. im Jahre 1189 ausgebrochen. Er hatte keine Kinder gehabt, und seine Erbin war seine fünfunddreißigjährige Tante Konstanze. Doch sie war mit einem Deutschen verheiratet, Heinrich von Hohenstaufen, Friedrich Barbarossas ältestem überlebendem Sohn und Erben. Niemand in Sizilien wollte einen Deutschen zum König haben, und Papst Klemens III. hatte eine erschreckende Vision dessen, was das Papsttum zu erwarten hätte, wenn es vollständig von den Territorien eines übermächtigen Herrschers umgeben wäre. So verschworen sich der Papst und die sizilianischen Barone gegen Konstanze und ihren deutschen Gemahl. Die Krone ging auf Tankred von Lecce über, einen illegitimen Vetter Wilhelms II. Er war im allerwörtlichsten Sinn ein häßlicher kleiner Bastard, dessen Feinde niemals müde wurden, sich über seine Zwergengestalt lustig zu machen. Er sah aus, so sagte man, wie ein Affe mit einer Krone auf dem Kopf. Er saß aber keinesfalls sehr fest auf diesem Thron. Bald sah er sich auf der Insel einer Revolte gegenüber, während auf dem Festland rebellische Barone sich der anrückenden deutschen Armee anschlossen. Kaum hatte er diese Bedrohungen abgewehrt, als er sich dem Problem gegenübersah, ein großes Kreuzfahrerheer in seinem erschütterten Königreich beherbergen zu müssen. Man wußte, daß es nach Jerusalem ziehen sollte, aber wer konnte sagen, welchen Schaden es *en route* anrichten würde? Nur einige Jahre später, im Jahre 1204, plünderte ein Kreuzfahrerheer die größte Stadt der christlichen Welt, Konstantinopel, und zerstörte mit einem Schlag das Byzantinische Reich. Für Tankred war der Anblick von Richard vor Messina genug, um sein Herz sinken zu lassen. Es gab Familienangelegenheiten, in welchen Tankred und Richard von Übereinstimmung weit entfernt waren. König Wilhelm II. war mit Richards Schwester Johanna verheiratet gewesen. Als er starb, hätte seiner Witwe ein Wittum zugewiesen werden sollen. Aber Tankred traute ihr nicht. Er hielt sie in strenger Haft und verweigerte ihr das Wittum. Richard war keinesfalls geneigt, das hinzunehmen. Unmittelbar nach seiner Ankunft schickte er Boten nach Palermo, und Tankred erklärte sich prompt bereit, Johanna freizulassen. Sie erreichte Messina am 28. September, und als Philipp sie erblickte, sah er so heiter aus, daß sofort das Gerücht in Umlauf geriet, er werde sie ehelichen. Richard aber war noch nicht zufrieden. Obwohl Tankred Johanna etwas Geld gegeben hatte, hielt er immer noch ihr rechtmäßiges Wittum zurück. Außerdem hatte Wilhelm II. seinem Schwiegervater, Heinrich II., in seinem Testament ein großes Legat hinterlassen, das Geld, Goldgeschirr und Kriegsgaleeren einschloß. Es traf sich jedoch, daß Heinrich ein paar Wochen vor Wilhelm starb, somit betrachtete Tankred diesen Teil des Testaments als null und nichtig. Richard vertrat selbstverständlich eine andere Meinung. Das Vermächtnis war dazu bestimmt gewesen, Heinrichs Kreuzzug finanzieren zu helfen. Nun war Richard, Heinrichs Erbe und ein Kreuzfahrer, hier. Natürlich forderte er das Geld und die Galeeren.

Um die Komplikationen noch zu vergrößern, entstand zwischen den Kreuzfahrern und der – hauptsächlich griechischen – Einwohnerschaft von Messina bald eine heftige gegenseitige Abneigung. Nach Ambroise traf die Schuld die letzteren.

> Denn das Stadtvolk, Pöbel und der Abschaum
> der Stadt – Griechenbastarde waren einige
> und einige von ihnen geborene Sarazenen –
> häuften auf unsere Pilger Hohn.
> Finger an den Augen, verspotteten sie uns,
> indem sie uns übelriechende Hunde nannten.
> Sie taten uns jeden Tag neuen Schimpf an:
> Manchmal erschlugen sie unsere Pilger
> und warfen ihre Leichen in die Abtritte,
> Und dies wurde als wahr bewiesen.

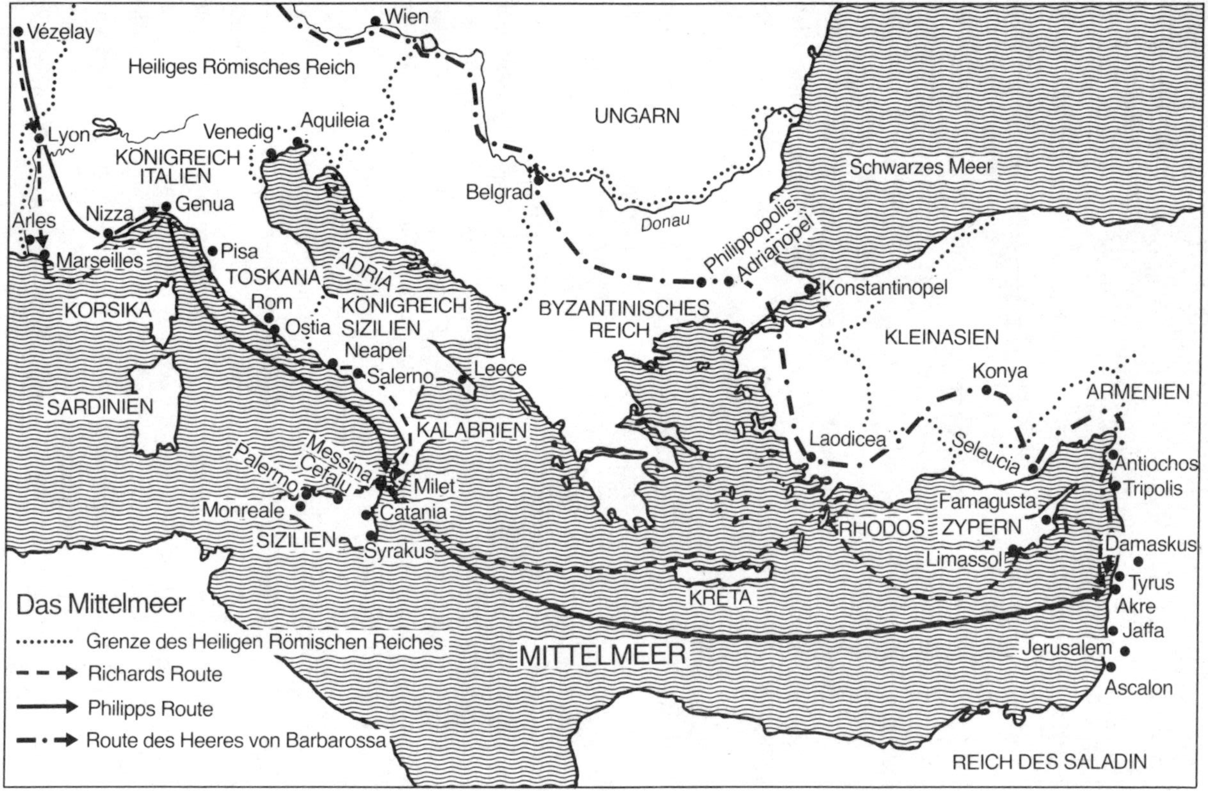

Das Mittelmeer
Grenze des Heiligen Römischen Reiches
Richards Route
Philipps Route
Route des Heeres von Barbarossa
Vézelay
Heiliges Römisches Reich
Wien
UNGARN
Lyon
Venedig
Aquileia
KÖNIGREICH ITALIEN
Arles
Nizza
Genua
Marseilles
Pisa
TOSKANA
ADRIA
Rom
Ostia
KÖNIGREICH SIZILIEN
Neapel
Salerno
Leece
KORSIKA
SARDINIEN
KALABRIEN
Messina
Cefalu
Palermo
Monreale
Milet
Catania
SIZILIEN
Syrakus
Belgrad
Donau
Philippopolis
Adrianopel
Schwarzes Meer
Konstantinopel
BYZANTINISCHES REICH
KLEINASIEN
Konya
ARMENIEN
Laodicea
Seleucia
Antiochos
Tripolis
Famagusta
ZYPERN
RHODOS
Limassol
Damaskus
Tyrus
Akre
Jaffa
Jerusalem
Ascalon
KRETA
MITTELMEER
REICH DES SALADIN

Andererseits gab Ambroise zu, daß die »Pilger« bestrebt waren, sich mit den Frauen von Messina anzufreunden, obwohl er hinzufügt, daß sie nicht die Absicht hatten, sie zu verführen – sie wollten lediglich ihre Ehemänner ärgern.

Fast sicher war das Ansteigen der Nahrungsmittelpreise die Ursache der wachsenden Unruhe. Die Präsenz einer großen Armee überstieg die Möglichkeiten der Region, und die Preise schnellten infolge der vermehrten Nachfrage in die Höhe. Aber so sahen es die Kreuzfahrer nicht. Sie gaben der Habgier der örtlichen Ladeninhaber die Schuld. Bald befanden sich die Kreuzfahrer und die *Griffons* – wie die Griechen von den Männern aus dem Westen genannt wurden – praktisch im Kriegszustand. Die Spannung nahm weiter zu, als Richard am 2. Oktober das griechische Kloster des Heiligen Erlösers besetzte und es in ein Versorgungsdepot verwandelte, in das er die Vorräte von seinen Schiffen schaffen ließ. Für die besorgten Sizilianer wirkte dies wie der erste Schritt zu einer bewaffneten Übernahme der Insel. Am Tag darauf brach ein Handgemenge aus, dem selbst Richards Autorität kein Ende setzen konnte. In der Sorge, die Kontrolle über die Lage zu verlieren, lud er König Philipp und die sizilianischen Gouverneure von Messina am 4. Oktober zu Verhandlungen in seine Unterkunft. Aber noch während sie versuchten, eine Einigung in Fragen der Lebensmittelpreise und der Disziplin ihrer Truppen zu erzielen, machten ein Tumult und das Klirren von Waffen ihrer Diskussion ein abruptes Ende. Das Lager eines der Barone aus Aquitanien, Hugo von Lusignan, wurde angegriffen. Richard verließ sofort die Konferenz und befahl seinen Männern, sich zu wappnen. Er war nun entschlossen, die Angelegenheit mit Waffengewalt zu beenden und Messina unter seine Kontrolle zu bringen. König Philipp hatte versucht, zwischen beiden Parteien Frieden zu stiften, und er wollte an einem so drastischen Schritt keinen Anteil haben. Einige Eiferer im angevinischen Lager verdächtigten ihn, daß er zu den Sizilianern übergegangen sei, und glaubten, daß er Richards Galeeren davon abhielt, die Stadt vom Meer her anzugreifen. Auf der landeinwärts gelegenen Seite ging Richard entschlossen zum Angriff über. Die Tore der Stadt wurden niedergerissen, und die Truppen stürmten – Richard an der Spitze – in die Stadt. Viele Männer fielen im Straßenkampf, auch fünfundzwanzig Reisige aus der Gardetruppe des Königs. Aber der Widerstand war schnell gebrochen. Mit Ambroises Worten hätte ein Priester länger gebraucht, das Morgengebet zu sagen, als der König von England, Messina zu erobern. Nach dem Kämpfen kam das Plündern – die übliche Belohnung für jene, die ihr Leben in einem Sturmangriff wagten.

Und du magst mit Sicherheit wissen,
daß viel Gut verloren war,
als sie erfolgreich die Stadt angriffen.
Sie wurde geschwind geplündert;
ihre Galeeren wurden zerstört und verbrannt,
welche nicht armselig oder verschmähenswert waren.
Und es wurden Frauen genommen, schön
und vortrefflich und heiter.

Als König Philipp Richards Banner über den Mauern und Türmen von Messina wehen sah, raste er vor Zorn. Er verlangte, daß sie heruntergenommen und seine eigenen an ihrer Stelle gehißt würden. Dies war nicht nur ein leerer Disput darüber, wessen Flaggen über der Stadt flattern sollten. Ein Banner in einer eroberten Stadt aufzupflanzen bedeutete, einen Anspruch auf einen Anteil an der Stadt geltend zu machen, an ihrer Verwaltung und an ihrer Beute teilzuhaben. Wenn Richard beanspruchte, daß Messina nun sein war, um damit aufgrund des Eroberungsrechts zu tun, was ihm beliebte, so erinnerte ihn Philipp an die in Vézelay getroffene Vereinbarung. Richard gestattete schließlich, daß sein Banner gestrichen und durch die Standarten der Templer und Hospitaliter ersetzt wurde, in deren Obhut Messina bleiben sollte, bis Tankred seine Bedingungen erfüllt hatte. Ambroise glaubte, daß es dieser Streit um die Banner war,

Welcher in dem französischen König Neid erzeugte,
den die Zeit niemals mäßigen wird.
Und hiermit war das Kriegen geboren,
wodurch die Normandie arg zerrissen ward.

Doch obgleich Richard verabredungsgemäß nachgab, ging er sicher, daß die Stadt effektiv unter seiner Kontrolle blieb. Die reichen Bürger Messinas mußten ihm Geiseln stellen, und er begann mit dem Bau eines hölzernen Kastells auf einem die Stadt überblickenden Hügel. Er nannte das Kastell »Mategriffon«, was »Tötet die Griechen« heißt.

Wenn Tankred Messina zurückerstattet haben wollte, mußte er Richards Bedingungen erfüllen. Am 6. Oktober gestand sein Rat Richard als Ersatz für Johannas Wittum 20000 Unzen Gold zu. Außerdem wurde eine Heirat zwischen einer seiner Töchter und Richards Neffen, Arthur von der Bretagne, abgesprochen, welchen Richard, sollte er ohne Nachkommen sterben, zu seinem Thronerben ernannte. Richard erhielt weitere 20000 Unzen Gold, die er, wenn die Eheschließung erfolgte, Tankreds Tochter aussetzen sollte. Als Gegenleistung bestätigte Richard, daß seine Forderungen an Tankred befriedigt waren und versprach, daß er, solange er in Sizilien weilte, Tankred militärischen Beistand gegen jedweden Eindringling leisten würde. Hier hatte Tankred wenigstens etwas gewonnen, einen Verbündeten gegen Heinrich von Hohenstaufen, nun König Heinrich VI. Er hatte vorher Philipp zu überreden versucht, einem ähnlichen Heiratsbündnis zuzustimmen, aber der französische König hatte es abgelehnt, in einen Pakt hineingezogen zu werden, der seine Freundschaft mit Heinrich VI. gefährden konnte. Da Richard wie sein Vater enge familiäre und politische Beziehungen zu Heinrich dem Löwen unterhielt, dem Herzog, welcher in den 1180er und 1190er Jahren der Hauptgegner der Hohenstaufen gewesen war, war er – eher als Philipp – Tankreds natürlicher Bundesgenosse. 40000 Unzen Gold war für den zeitweiligen Beistand einer Kreuzfahrerarmee ein hoher Preis; der diplomatische Gewinn von Richards Freundschaft war vielleicht wertvoller. Als Heinrich VI. im nächsten Jahr in Italien eindrang, wurde sein Marsch auf Sizilien durch eine Revolte in Deutschland aufgehalten, welche der Sohn Heinrichs des Löwen organisierte – derselbe Fürst, der Richards Hof in La Réole in der Gascogne im Februar 1190 beigewohnt hatte. Soweit es Richard betraf, waren die unmittelbaren Vorteile des Vertrages augenfällig, besonders da Johanna willens war, ihre 20 000 Unzen Gold der Kriegskasse des Kreuzzugs beizusteuern. Auf lange Sicht war es unwahrscheinlich, daß irgend etwas aus der zwischen seinem Neffen und Tankreds Tochter vereinbarten Heirat werden würde, da die meisten diplomatischen Verlöbnisse dieser Art tatsächlich nicht zu einer Hochzeit führten – und hier war es um so unwahrscheinlicher, als der Bräutigam erst drei Jahre alt war. Überdies war sich Richard, als er Arthur zu seinem Erben bestimmte, vermutlich bereits der nahe bevorstehenden Abreise Berengarias aus Navarra bewußt. Er erwartete nicht, ohne Nachkommen zu sterben.

Am 8. Oktober setzten die drei Könige in dem Bemühen, weitere Störungen zu verhindern, den Brotpreis auf einen Penny pro Laib fest, stabilisierten den Weinpreis und verordneten, daß kein Kaufmann einen größeren Profit als zehn Prozent an einem Handel machen durfte. Ob diese Preiskontrollen nun streng durchzuführen waren oder nicht, die Kreuzfahrer blieben weitere sechs Monate in Sizilien, ohne daß es zu neuen ernsthaften Unruhen kam.

Ein anderer Grund für Zwietracht, diesmal innerhalb der Armee, waren das Glücksspiel und die Schulden, welche einige Soldaten auflaufen ließen. Es wurde beschlossen, daß das Moratorium für die Rückzahlung der Schulden, welches alle Kreuzfahrer genossen, nur für jene Schulden Gültigkeit haben sollte, die vor dem Beginn des Kreuzzugs gemacht worden waren. Philipp und Richard verboten jedes Glücksspiel von gewöhnlichen Soldaten und Seeleuten, ausgenommen, wenn ihre Offiziere anwesend waren. Soldaten, die diesem Befehl nicht gehorchten, sollten nackt ausgezogen und drei Tage nacheinander ausgepeitscht werden, während Seeleute drei Tage hindurch gekielholt werden sollten. Die Ritter und der Klerus jedoch durften um bis zu zwanzig Schillinge pro Tag spielen. Falls sie diese Grenze überschritten, wurden sie mit einer Geldstrafe belegt. Den Königen wurde speziell erlaubt, so viel zu spielen, wie sie wollten. Ein Finanz- und Disziplinarkomitee wurde gegründet, um diese Vorschriften durchzusetzen und den gemeinsamen Schatz der Armee zu überwachen, den Fonds, welcher die Hälfte der Besitztümer jener übernahm und verwaltete, die auf dem Kreuzzug umkamen. Unter seinen Mitgliedern befanden sich die Großmeister der

Templer und der Hospitaliter, Herzog Hugo von Burgund, Robert de Sablé und Andreas de Chauveny.

Gegen Mitte Oktober war es zu spät im Jahr, um das Meer in Sicherheit zu überqueren, so beschlossen die zwei Könige, in Sizilien zu überwintern. Richard sprach in seinem Vertrag mit Tankred davon, daß er von »rauhen Winden, Wellen und Wetter« aufgehalten wurde. Aber wenn er ungeduldig war, seinen Weg fortzusetzen, so machte er das nicht sehr deutlich – im Gegensatz zu vielen der einfacheren Kreuzfahrer. Sie

> sagten, es sei unrecht,
> zu säumen. Sie erhoben laute Klagen,
> weil es sie viele Ausgaben kostete.

Richard beschwichtigte sie durch eine großzügige Verteilung von Gaben. Auch Philipp war imstande, seine Anhänger mit namhaften Bargeldsummen reichlich zu beschenken, da ihm Richard einen Anteil – wahrscheinlich ein Drittel – von den 40 000 Unzen, die er von Tankred erhalten hatte, überlassen hatte. So verging die Zeit ruhig und angenehm. Die Präsenz des Kreuzfahrerheeres stellte für Tankred nicht länger eine Bedrohung dar, und dies brachte einige sizilianische Rebellen dazu, sich zu unterwerfen. Richard feierte Weihnachten in großartigem Stil in seinem Kastell Mategriffon. König Philipp war sein Gast, und alle, die dabei waren, staunten über die Pracht des Gold- und Silbergeschirrs, über die Vielfalt und den Überfluß an Fleisch und Trank.

Auf der anderen Seite der See geriet die von Saladin bedrängte christliche Armee im Heiligen Land in eine immer prekärere Lage. Sie mußte sich nicht nur gegen muselmanische Angriffe behaupten, sondern hatte auch mit einem aktuen Mangel an Nachschub zu kämpfen. Die Soldaten hungerten, und wann immer ein Pferd getötet wurde, war es sofort von einer Menge drängelnder Männer umringt, von denen jeder darum kämpfte, sich ein Stück Fleisch abzuschneiden; nichts wurde vergeudet, sie aßen Kopf, Eingeweide und überhaupt alles. Es waren Männer auf Händen und Knien zu sehen, die Gras aßen. Schätzungsweise konnte ein Schiff von Marseille aus das Heilige Land bei einer schnellen direkten Überfahrt in fünfzehn Tagen erreichen – obwohl die durchschnittliche Reisezeit mehr als das Doppelte betrug. Aber Richards reichliche Vorräte lagen unter Bewachung im Kloster des Heiligen Erlösers, und seine Schiffe waren zu Ausbesserungsarbeiten hoch auf den Strand gesetzt worden. Für die Reise von Marseille nach *Outremer* benötigte er zwölf Monate.

Während Richard sich in Sizilien aufhielt, hörte er seltsame Geschichten über einen Zisterzienserabt, der als Eremit in Kalabrien lebte und von dem gesagt wurde, er besitze die Gabe, in die Zukunft zu sehen. Dieser Mann wurde Joachim von Fiore genannt. Er glaubte, daß er die verborgene Bedeutung der Bibel und besonders des Buches der Offenbarung entdeckt hätte, und er sah mit Hilfe der Heiligen Bücher in der Geschichte eine Struktur, die ihn angeblich befähigte, die Zukunft der Welt vorherzusagen. Richard war neugierig geworden und bat Joachim, zu kommen und mit ihm zu reden. Joachim erschien und erklärte jenes prophetische Denksystem, welches als das einflußreichste beschrieben worden ist, das in Europa vor dem Auftreten des Marxismus bekannt wurde. Joachim teilte die Weltgeschichte in drei Zeitalter: das Zeitalter des Vaters, das Zeitalter des Sohnes und das Zeitalter des Geistes. Das dritte Zeitalter sah er als den Gipfel der Menschheitsgeschichte, eine Zeit der Liebe, Freude und Freiheit, wenn Gott in den Herzen aller Menschen wohnen würde. Das Reich und die Kirche von Rom würden dahingewelkt sein. An ihrer Stelle gäbe es eine Gemeinschaft von Heiligen, die keine körperlichen Bedürfnisse hätten; deshalb würde es keinen Reichtum geben, keinen Besitz, keine Arbeit. Komplizierte Kalkulationen hatten Joachim enthüllt, daß das dritte Zeitalter nahe sei. Es würde irgendwann zwischen 1200 und 1260 kommen. Was Richard besonders interessierte, war Joachims Identifizierung Saladins als des sechsten der sieben Verfolger der Kirche im zweiten Zeitalter. Joachim weissagte, daß Saladin bald aus dem Königreich Jerusalem verjagt und getötet werden würde; daß die Ungläubigen geschlagen werden und die Christen erneut ins Heilige Land zurückkehren würden. »Und Gott«, sagte er, »hat beschlossen, daß alle diese Dinge durch Euch getan werden. Beharrt bei dem Unternehmen, das Ihr begonnen habt, und Er wird Euch den Sieg über Euere Feinde schenken und Euren Namen auf alle Zeit verherrlichen.« Selbst ohne Joachim und seine Prophezeiungen waren Richard und seine Anhänger zuversichtlich, daß ihr Kreuzzug ein Erfolg werden würde, aber diesen glühenden Worten zuzuhören war zweifellos beruhigend.

Gleichwohl erinnerte Joachim auch daran, daß Saladins Niederlage nicht das Ende aller unchristlichen Umtriebe bedeutete. Nach Saladin würde der siebente Verfolger, Antichrist, kommen, der dreieinhalb Jahre lang herrschen sollte. Nach Joachim war dieser Antichrist bereits in Rom geboren worden, war nun fünfzehn Jahre alt und würde, bevor er der Welt sein wahres Antlitz enthüllte, zum Papst gewählt werden. Diese letzte Weissagung ließ Richard die Berechnungen des Abtes bezweifeln. Vielleicht war der gegenwärtige Papst Klemens III., den er nicht mochte, bereits der Antichrist. In dieser Hinsicht hatte Richard seine eigenen Theorien. Seiner Ansicht nach würde der Antichrist in Ägypten oder Antiochien geboren werden und über das Heilige Land gebieten. Nach seinem Tod würde es eine Periode von sechzig Tagen geben, während der die vom Antichrist verführten Menschen Gelegenheit erhalten würden, ihre Sünden zu bereuen. Joachim jedoch hielt unerschütterlich an seinen Voraussagen fest. Richard sollte, sagte er, sich auf den Krieg beschränken und die Auslegung der Bibel jenen überlassen, die in ihre Geheimnisse eingeweiht seien. Im ganzen gesehen scheinen die Geistlichen in Richards Gefolge von Joachims Ideen wenig beeindruckt gewesen zu sein. Die meisten von ihnen waren schließlich praktische, nüchterne Männer, ausgewählt von einem König, der Bischöfe haben wollte, die es verstanden, Männer zu befehligen und Armeen auszurüsten. Nichtsdestoweniger sollten Joachims Denkmuster großen Einfluß ausüben. Jahrhundertelang sollten immer wieder Randgruppen der europäischen Intelligenz die sonderbare Logik von Joachims Vision unwiderstehlich anziehend finden. Besonders die Vorstellung eines nach einer Periode heftiger Umwälzung zu erreichenden dritten Zeitalters sollte einen ständigen Reiz ausüben.

Gegen Februar 1191 wurde die Armee in Sizilien ungeduldig. Sie hatte nicht die Heimat verlassen, um Belagerungsmaschinen zu bauen, auch wenn dies eine nützliche Vorbereitungsarbeit war.

Lediglich Richards Freigebigkeit hielt die Truppe zusammen. Aber die erzwungene Untätigkeit machte auch Richard gereizt. In dieser drückenden Atmosphäre genügte ein trivialer Vorfall, um große Folgen auszulösen. Eines Tages, als Richard mit Rittern aus seinem und Philipps Gefolge ausritt, trafen sie einen Bauern mit einer Ladung langer Zuckerrohrstangen. Sofort ergriffen sie die Stangen und veranstalteten ein Turnier aus dem Stegreif. Richard stieß mit seinem ehemaligen Gegner Wilhelm des Barres zusammen, alte Ressentiments wurden wach, und das ritterliche Spiel wurde zu einem Streit, in den niemand sonst eingreifen durfte. Richard versuchte, Wilhelm aus dem Sattel zu werfen, doch der klammerte sich grimmig am Hals seines Pferdes fest und konnte nicht heruntergestoßen werden. Richard verlor völlig die Beherrschung und schrie Wilhelm an, er wolle sein Gesicht nie wieder sehen; von nun an würde er ihn als einen Feind betrachten. Tatsächlich zwang er Philipp, Wilhelm fortzuschicken, und er ließ sich auch vor der unmittelbaren Abreise des französischen Königs aus Sizilien nicht erweichen, Wilhelm die Rückkehr in den Dienst seines Herrn – und des Kreuzzugs – zu gestatten. Er gab erst nach, als Philipp und alle führenden Männer der Armee sich vor ihm auf die Knie warfen.

Inzwischen jedoch waren Richard und Philipp in einer weit ernsthafteren Angelegenheit als den Folgen der Geschicklichkeit Wilhelm des Barres mit einer Stange aneinandergeraten. Dies war die Frage von Richards Heirat. Gegen Ende Februar waren Eleonore und Berengaria in Begleitung des Grafen Philipp von Flandern in Neapel angekommen, und Richard sandte einige Galeeren aus, um sie dort abzuholen und nach Messina zu geleiten. Aber obgleich Graf Philipp gestattet wurde, sich einzuschiffen, wurde es Eleonore und Berengaria verweigert. Tankreds Beamte sagten, daß ihr Gefolge zu groß sei, um in einer bereits übervölkerten Stadt beherbergt zu werden, und schickten sie nach Brindisi. Dies war offensichtlich nicht der wahre Grund, also begab sich Richard zu Tankred, um eine Erklärung zu fordern. Die zwei Könige trafen sich am 3. März in Catania und verbrachten fünf Tage miteinander.

Nach Roger von Howden gestand Tankred schließlich Richard, daß er auf Philipps Einflüsterungen gehört hatte. Der französische König hatte anscheinend Tankred gewarnt, daß auf Richards Wort kein Verlaß sei; daß er nicht die Absicht hätte, den Vertrag einzuhalten, den sie im vergangenen Oktober geschlossen hatten, und statt dessen plante, Tankred seines Königreichs zu berauben. Dies ist eine merkwürdige Geschichte, und wie gut informiert Roger von Howden auch war, es ist unwahrscheinlich, daß er die private Unterhaltung der zwei Könige belauscht hat. Nichtsdestoweniger suggeriert die Tatsache, daß Eleonore und Berengaria von Messina ferngehalten wurden, daß Howden hier Substantielleres berichtet als bloß antifranzösischen Klatsch. Tankred war verständlicherweise wegen der Kreuzfahrer nervös, aber von König Philipps kleiner Truppe hatte er eindeutig nichts zu befürchten. Sein Problem war Richard und die angevinische Armee. Obwohl sie Verbündete waren, schienen Richards Sturm auf Messina und die Umstände, unter denen das Bündnis geschmiedet worden war, kaum geeignet, alle Zweifel Tankreds zu zerstreuen. Doch es war lebenswichtig, daß er Richards Absichten richtig einschätzte. Die Unsicherheit des Königs von Sizilien war für König Philipps diplomatisches Geschick fruchtbarer Boden – dies waren genau die Ängste, die er ausgenutzt hatte, als er Heinrich II. gegen seine Söhne ausgespielt hatte. Was Philipp trieb, ist klar genug: Er wollte die Ehre seiner Schwester retten. Sie war nun seit über zwanzig Jahren mit Richard verlobt. Nach so langer Zeit war die Auflösung der Verlobung eine unerträgliche Beleidigung. Als die Nachricht eintraf, daß Eleonore und Berengaria die Alpen überquert hatten und südwärts durch Italien reisten, wuchs Philipps Sorge. Doch gleichzeitig mag ihre Reise seine Hoffnungen geweckt haben, Tankred auf seine Seite zu ziehen. Denn auch Tankred hatte Nachrichten, welche ihm Grund zu ernster Sorge gaben. Heinrich VI. hatte Deutschland verlassen und zog in Richtung Sizilien. Es ist nicht schwer, sich Tankreds Gefühle vorzustellen, als er erfuhr, daß Eleonore und Heinrich VI. am 20. Januar 1191 in Lodi unweit von Mailand zusammengetroffen waren. Was steckte hinter dieser Begegnung? Planten Richard und seine alte Mutter, mit Heinrich gemeinsame Sache zu machen? Dies waren die Befürchtungen, welche Richard zu zerstreuen hatte, als er mit Tankred in Catania zusammentraf, und es scheint ihm schließlich gelungen zu sein. Die zwei Könige tauschten Geschenke zum Zeichen erneuerter Freundschaft aus. Richard übergab Tankred das Schwert Excalibur, welches vermeintlich einst dem König Artus gehört hatte. Tankreds Gabe war prosaischer, aber wahrscheinlich nützlicher: vier große Transportschiffe und fünfzehn Galeeren.

Der französische König hatte ein gefährliches Spiel getrieben. Als Tankred erst einmal überzeugt war, daß er von Richard nichts zu befürchten hatte, wurde Philipp das Opfer seiner eigenen Intrige. Er beteuerte seine Unschuld, behauptete, daß die ganze Sache ein abgekartetes Spiel sei, ein von Richard ersonnener Plan, um ihm eine Entschuldigung für den Bruch seines Versprechens, Alice zu heiraten, zu verschaffen. Aus zwei Gründen jedoch klingt Philipps Verteidigung nicht ganz einleuchtend. Erstens hatten Tankreds Gesandte Berengaria ja tatsächlich daran gehindert, Neapel zu verlassen – eine unnötige Komplikation, wenn es sich bloß um eine Scharade handelte. Und zweitens, weil der Graf von Flandern bei seiner Ankunft in Sizilien Richards Partei gegen König Philipp ergriff – was darauf schließen läßt, daß er die Erklärungen des französischen Königs nicht glaubte. Auf alle Fälle war Philipp nun isoliert und befand sich in einer schwachen Verhandlungsposition. Richard nutzte seinen Vorteil aus.

Er habe nicht den Wunsch, sagte er, Alice fallenzulassen, aber er könne sie niemals heiraten, da sie die Geliebte seines Vaters gewesen sei und ihm einen Sohn geboren habe. Dies war eine schreckliche Beschuldigung, denn Alice war der Obhut des alten Königs anvertraut gewesen, aber Richard behauptete, daß er viele Zeugen beibringen könne, die seine Darstellung bestätigen würden. Angesichts dieser unmittelbaren Bedrohung der Ehre seiner Schwester gab Philipp den Kampf auf, ihre Heirat zu retten. Gegen Zahlung von 10000 Mark entband er Richard von der Verlobung. Andere Klauseln in diesem Vertrag zwischen den zwei Königen, der im März 1191 in Messina aufgesetzt wurde, regelten die meisten anstehenden Differenzen, vor allem die Frage von Gisors und des Normannischen Vexin. Dieses umstrittene Territorium sollte Richard und seinen männlichen Nachkommen gehören, es würde aber an Philipp und seine Erben zurückfallen, wenn Richard ohne einen legitimen Sohn sterben sollte. Ansonsten bestätigte der Vertrag den *Status quo*. Richard erkannte Philipps Rechte auf Issoudun, Gracay und die Auvergne an, während Philipp Richards Anspruch auf Cahors und die Quercy bestätigte. Es kann kaum ein Zweifel bestehen, daß Philipp diesen Vertrag als eine Demütigung betrachtete. In einer Geste, welche seine Empfindungen ausdrückte, zog er es vor, am 30. März nur wenige Stunden vor Berengarias Ankunft von Messina abzusegeln. Nach Meinung von Rigord, dem Chronisten von Saint-Denis, begann das Zerwürfnis zwischen den zwei Königen in dem Augenblick, als Richard Alice zurückwies.

Eleonore blieb ungefähr drei Tage in Messina. Dann brach diese unbezähmbare alte Dame, nun etwa siebzig Jahre alt, zu ihrer langen Rückreise in die Normandie auf. Wir wissen fast nichts über das Mädchen, welches sie unter der Fürsorge von Richards Schwester Johanna zurückließ. Berengaria bewegt sich still im Hintergrund der Ereignisse. Zeitgenössische Verfasser fanden an ihr wenig zu loben oder zu tadeln. Sie tun sie mit einem Satz ab: »Eine Dame von Schönheit und gutem Verstand«, sagt einer; »eher klug als anziehend«, sagt ein anderer. Nachdem Berengaria und Richard vermählt waren, blieb ihnen nicht viel Zeit. Auch später scheint Richard nicht gerade ihre Nähe gesucht zu haben. Der eindeutigste Beweis für seine Gleichgültigkeit stammt aus der Feder von Roger von Howden. Er berichtet einen Vorfall – wahrscheinlich aus dem Jahre 1195 –, als ein Eremit zum König kam und ihn wegen seiner Sünden tadelte. »Erinnert Euch der Zerstörung Sodoms und enthaltet Euch unerlaubter Handlungen, denn wenn Ihr es nicht tut, wird Gott Euch auf angemessene Weise strafen.« Zunächst ignorierte Richard die Warnung, aber als er einige Zeit danach von einer Krankheit befallen wurde, rief er sich die Worte des Eremiten ins Gedächtnis zurück. Er tat Buße und versuchte, wie Roger von Howden sagt, ein besseres Leben zu führen. Dies hieß regelmäßiger morgendlicher Kirchenbesuch und Almosen an die Armen. Es hieß aber auch, unerlaubten Geschlechtsverkehr zu vermeiden; statt dessen sollte er mit seiner Gattin schlafen, eine eheliche Pflicht, die er offenkundig vernachlässigt hatte. Die Ehe blieb jedoch kinderlos.

Richards Unfähigkeit, einen Erben zu zeugen, und die Warnung des Eremiten sind die zwei Planken, auf denen das Argument für Richards angebliche Homosexualität steht. In den letzten dreißig Jahren ist es anscheinend unmöglich geworden, das Wort »Sodom« zu lesen, ohne bestimmte, hauptsächlich homosexuelle Praktiken zu assoziieren. Dies sagt uns eine ganze Menge über die Kultur unserer eigenen Generation: ihre Unvertrautheit mit dem Alten Testament und ihr breiteres Interesse am Sex. Tatsächlich jedoch unterlassen es die herrlichen Verfluchungen der Propheten des Alten Testaments selten, auf die Zerstörung von Sodom hinzuweisen, und sehr oft hat dies nachweisbar nichts mit Homosexualität zu tun. Der Ausdruck bezieht sich nicht so sehr auf die Natur der Vergehen als auf die schreckliche und ehrfurchteinflößende Natur der Bestrafung. Das Bild, welches die Propheten und die Prediger, die in ihre Fußstapfen traten, hauptsächlich interessierte, war die apokalyptische Vorstellung von ganzen Städten, die von Feuer und Schwefel überschüttet wurden. In den Tagen, als die Leute ihre Bibel noch vollständig durchlasen und als sie den Wert einer guten Predigt zu schätzen wußten, verstand niemand die Bedeutung der Worte des Eremiten in dem Sinne, daß Richard ein Homosexueller wäre. Soweit ich festzustellen in der Lage war, datiert der früheste Hinweis auf Richards Homosexualität von 1948. Die Meinung des dreizehnten Jahrhunderts über dieses Thema war ganz anders. Nach Walter von Guisborough war Richards Bedürfnis nach Frauen derart, daß er noch auf seinem Totenbett, dem Rate seines Arztes zum Trotz, einige zu sich bringen ließ. Wenn auch Walter von Guisborough hundert Jahre nach Richards Tod schrieb, gründete sich seine Darstellung von Richards Charakter auf die Kenntnis der zeitgenössischen Chronik von Wilhelm von Newburgh. Dann ist da die Legende – auf die bereits in der Einführung hingewiesen wurde – von Margerete, der Tochter des Königs von »Almain«. Eine weitere Legende des dreizehnten Jahrhunderts verbindet Richard mit einer Nonne von Fontevraud. Wie Stephan von Bourbon, ein Dominikanermönch und populärer Prediger, erzählt, verlangte Richard so heftig nach einer der Nonnen, daß er drohte, die Abtei niederzubrennen, wenn sie ihm nicht ausgeliefert würde. Als die Nonne fragte, was es sei, das ihn so sehr anziehe, und ihr gesagt wurde, daß es ihre Augen seien, schickte sie nach einem Messer, schnitt sie heraus und sagte: »Schickt dem König, was er so sehr begehrt.« Die gleiche Geschichte war von einem Zeitgenossen Richards, Peter dem Kirchensänger, einem berühmten Magister der Schulen von Paris, erzählt worden, aber in seinem Bericht bezieht er sich lediglich auf einen König der Engländer, ohne einen Namen zu nennen. Vielleicht war er nur vorsichtig. Wir wissen, daß Stephan von Bourbon behauptete, er habe Peters Predigten angehört. Aber wen Peter der Kirchensänger auch immer im Sinn gehabt haben mag, es ist klar, daß das dreizehnte Jahrhundert nicht an der Einbildung litt, daß Richard Mönche bevorzugte.

Allem Anschein nach stellte sich die Ehe von Richard und Berengaria als ein Fehlschlag heraus, zumindest auf der Ebene der persönlichen Beziehungen. Sie blieb kinderlos, und dies bei Richards brennendem Wunsch, einen Nachfolger zu haben. Aber Richard erkannte einen illegitimen Sohn an. In der Tat wurde dieser Bastard eine zentrale Gestalt in einem der Stücke Shakespeares. Auf Shakespeares Historienspiele ist natürlich niemals Verlaß, und Philipp Faulconbridge, diese Personifizierung handfester englischer Tugenden, ist zweifellos von anderem Schlag als der Philipp, dem Richard die Baronie Cognac verlieh, um die Grafen von Angoulême in Schach zu halten. Trotzdem, wäre *König Johann* ein so gutes Stück wie *König Lear*, dann hätte Philipp vielleicht so wohlbekannt werden können wie Edmund, Gloucesters Sohn. Leider ist das nicht so. Wir befinden uns zwangsläufig im Reich der Spekulation, aber es besteht die Wahrscheinlichkeit, daß Berengaria unfruchtbar war. Eine Annullierung könnte erwogen worden sein, aber in politischer Hinsicht hatte das Bündnis mit Navarra sich mehr als gerechtfertigt und war wahrscheinlich zu wichtig, um aufs Spiel gesetzt zu werden. Zumindest in politischer Hinsicht war die Ehe ein Erfolg.

Berengarias Ankunft in Sizilien wurde von dem zeitgenössischen Chronisten Wilhelm von Newburgh mit Worten geschildert, die zeigen, daß er erwartete, Richard werde im Ehestand Vergnügen finden; und nach Ambroise zu urteilen, herrschte im Kreuzfahrerheer sogar die Meinung, daß Richard sie liebte:

Der König liebte und verehrte sie aufs innigste;
und seit er Graf von Poitiers war,
hatte sein Wunsch stets ihr gegolten.

Die Trauung mußte jedoch verschoben werden, weil Fastenzeit war. Wenn Richard in der Fastenzeit auch nicht heiraten konnte, so konnte er doch zumindest reisen. Nun, da Berengaria angekommen war, gab es keinen Grund, noch länger in Sizilien Zeit zu verlieren. Er konnte im Heiligen Land heiraten. Er bereitete sich also auf den Aufbruch vor. Das Kastell Mategriffon wurde abgebrochen und in Sektionen an Bord der Schiffe verstaut. Dann, am 10. April 1191, ließ Richards riesige Flotte, die nun über zweihundert Fahrzeuge zählte, Sizilien hinter sich.

Am dritten Tag nach dem Verlassen Messinas, Karfreitag, braute sich ein Sturm zusammen. Richard gelang es, den größeren Teil der Flotte zusammenzuhalten; in der Nacht wurde auf die Mastspitze von des Königs Schiff eine große Fackel als Wegzeichen für die anderen gesetzt.

Diese Flotte von mächtigen Schiffen und Männern
führte er, wie die Mutterhenne
ihre Brut zum Futter hinleitet,
derart war sein angeborenes Rittertum.

Aber als die Flotte am 17. April den ersten Treffpunkt in Kreta erreichte, stellte sich heraus, daß etliche fünfundzwanzig Schiffe fehlten, unter ihnen das große Schiff, welches Johanna und Berengaria trug. Richard segelte nach Rhodos zurück und wartete dann dort zehn Tage lang, während seine Galeeren auf der Suche nach dem verlorenen Schiff das Meer durchstreiften. Es wurde schließlich vor Limassol an der Südküste Zyperns vor Anker liegend aufgefunden. Zusammen mit einigen anderen Schiffen war es der Hauptflotte vorausgeeilt und war am 24. April nur knapp dem Schiffbruch an der zypriotischen Küste entronnen. Zwei andere Schiffe, weniger vom Glück begünstigt, wurden auf Grund getrieben, und einige Mitglieder der Mannschaft und Passagiere ertranken einschließlich

Roger Malcael, dem Vizekanzler und Siegelbewahrer des Königs. Als sein Leichnam ans Ufer gespült wurde, wurde das Siegel, welches der Vizekanzler stets um den Hals trug, wiedergefunden. Die Männer der Besatzung, die trockenes Land erreichten, wurden ergriffen und in Haft gehalten, bis der Herrscher von Zypern über ihr Schicksal entschied.

Zypern, eine für ihre Zedern und Weinberge berühmte Insel, war lange ein Teil des Byzantinischen Reiches gewesen, aber fünf Jahre vor Richards Ankunft war Isaak Ducas Comnenus, ein Mitglied der kaiserlichen Familie, dort aufgetaucht und hatte aufgrund gefälschter Dokumente behauptet, der eben erst von Konstantinopel entsandte neue Gouverneur der Insel zu sein. Sein Täuschungsmanöver war erfolgreich. Die Festungen der Insel wurden in seine Hände gelegt. Dann warf Isaak die Maske ab und regierte Zypern als ein unabhängiger Herrscher; er legte sich sogar den Titel Kaiser zu. Isaak ging, um sich gegen Konstantinopel halten zu können, eine Allianz mit Saladin ein, und folglich hatte er nicht die Absicht, den Kreuzfahrern Hilfe zu leisten. Ambroise war natürlich schockiert über den Vertrag zwischen Christ und Moslem:

> Und es wurde von ihnen als Tatsache berichtet,
> daß sie ihren Freundschaftspakt besiegelten,
> indem sie einer des anderen Blut tranken.
> Es ist bewiesen, daß dies keine Lüge war.

Am 2. Mai, als Isaak in Limassol eintraf, hatten einige der gestrandeten Kreuzfahrer sich ihren Weg aus der Festung freigekämpft, in welcher sie gefangengehalten worden waren, und mit Hilfe einer zur rechten Zeit eintreffenden Landungstruppe war es ihnen gelungen, zu ihren Gefährten auf den vor der Küste liegenden Schiffen zurückzukehren. Sobald Isaak erfuhr, daß Berengaria und Johanna sich an Bord eines der Schiffe befanden, lud er sie nach Limassol ein. In der Furcht vor einer Falle lehnten sie das Angebot ab. Sie hielten ihn von Tag zu Tag hin, aber ihre Beunruhigung nahm zu, da er Schiffe und Truppen zusammenzog.

Nachrichten aus Zypern müssen unterdessen bei Richard einge-

Bildnis Richards I. Löwenherz.
Aus einer Chronik der Könige von England,
14. Jahrhundert.
(Archives Photographiques, Paris)

Richards erstes Großsiegel.
(Rückseite)

Richards zweites Großsiegel.
(Aufsicht)

Das Großsiegel Philipps II. von Frankreich.
(Archives Nationales, Paris)

Geoffrey von Anjou,
Richards Großvater väterlicherseits.
(Musée du Mans)

Adenez, der König der Spielleute, überreicht der Königin
von Frankreich ein Gedicht.
Aus einem Manuskript des 13. Jahrhunderts.
(Archiv für Kunst und Geschichte, Berlin)

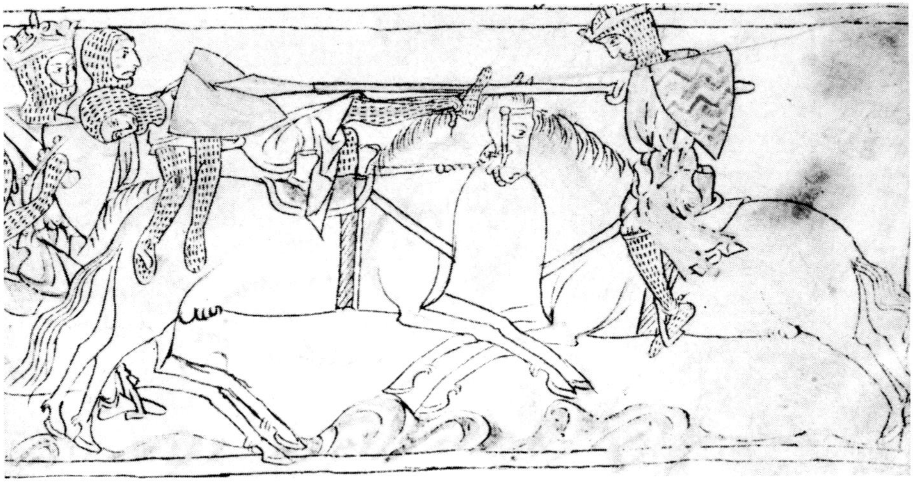

Kampf zweier Ritter.
Aus *Roman de Girard de Roussillon*, frühes 13. Jahrhundert.
(British Museum)

Château Gaillard und das Seine-Tal.
(Cim)

Eine Schlachtszene.
Aus *Roman de Girard de Roussillon,* frühes 13. Jahrhundert.
(British Museum)

Die Burg von Chinon in der Touraine.
(Archives Nationales, Paris)

Im 3. Kreuzzug unterwirft sich König Tankred vom Lecce bei Messina
im Büßerhemd dem als Sieger einziehenden Richard Löwenherz im Jahr 1190.
Zeichnung: W. Camphausen, Litho: M. Ulffers (1863)
(Bildarchiv Preußischer Kulturbesitz)

Krak de Chevaliers, die Festung der Kreuzzritter,
erbaut zwischen 1140 und 1200.
(Aerofilms)

Saladins Reiterei.
Aus *Roman de Godefrey de Bouillon*.
(Giraudon, Paris)

Richard I. sieht der Enthauptung der muselmanischen Besatzung von Acre am 20. August 1191 zu.
Illustration aus den *Livres des passages d'Outremer* des 15. Jahrhunderts.
(Bibliothèque Nationale, Paris)

Eine Stadt in *Outremer* ergibt sich Richard Löwenherz (links) und Philipp II.
Stich nach dem Gemälde von Blondel.
(Bildarchiv Preußischer Kulturbesitz)

Darstellung von Kreuzrittern und Arabern im Kampf.
Chronik Alfons' X. von Kastilien, 13. Jahrhundert.
(Bibliotheca del Escorial, Madrid)

Darstellung Saladins, des Gegenspielers von Richard Löwenherz
im Heiligen Land.
Aus der Fatimidischen Schule, etwa 1180.
(Foto: Derek Witty)

Der Verrat der Sarazenen. Kreuzritter geben sarazenischen Bettlern Almosen.
Hinter den Bettlern versteckt lauern bewaffnete Krieger.
Illustration aus den *Chroniques de Saint Denis,* 14. Jahrhundert.

Richard Löwenherz (rechts)
im Angriff auf den französischen König Philipp II. vor Gisors, 1198.
Illustration aus den *Chroniques de Saint Denis,* 14. Jahrhundert.
(British Museum)

Die Gefangennahme Richards I. auf der Rückreise vom 3. Kreuzzug.
Aus der Handschrift des Petrus da Ebulo, 13. Jahrhundert.
(Archiv für Kunst und Geschichte, Berlin)

Der gefangene Richard Löwenherz wird vor Heinrich VI. gebracht.
Aus der Handschrift des Petrus da Ebulo, 13. Jahrhundert.
(Archiv für Kunst und Geschichte, Berlin)

Grabmal Richards I. Löwenherz und seiner Mutter Eleonore von Aquitanien
in der Abtei Fontevrault.
(Archiv für Kunst und Geschichte, Berlin)

troffen sein, denn er verließ am 1. Mai Rhodos, und fünf Tage später tauchte seine Flotte, sehr zur Erleichterung von Berengaria und Johanna, vor Limassol auf. Als Isaak sich weigerte, die Gefangenen freizulassen, die sich noch in seiner Gewalt befanden, und die Waren zurückzugeben, die er beschlagnahmt hatte, gab Richard den Befehl zum Angriff. Isaak hatte aus Limassol praktisch alles herangeschafft, was beweglich war, und benutzte es, um den Strand zu befestigen: Türen, Bänke, Truhen, Dielen, Steinblöcke. Die Wracks alter Schiffe wurden ebenfalls durch den Sand geschleift. Richard und seine Männer, durch die zu ihrem Empfang getroffenen Vorkehrungen nicht entmutigt, stiegen in kleine Boote und ruderten ans Ufer. Sobald sie in Schußweite waren, eröffneten Richards Bogenschützen das Feuer auf die Verteidiger, und dann sprangen die Ritter mit Richard an der Spitze aus den Booten und stürmten den Strand hinauf. Nach einem kurzen Gefecht zogen sich die Zyprioten zurück, und die siegreichen Kreuzfahrer marschierten in Limassol ein, wo sie eine sehr zufriedenstellende Menge Wein, Fleisch und Getreide vorfanden. In jener Nacht schlug Isaak etwa fünf Meilen von der Stadt entfernt sein Lager auf und verkündete, daß er am nächsten Tag zur Schlacht antreten werde. Aber er hatte seinen Gegner arg unterschätzt. Während der Stunden der Dunkelheit lud Richard seine Pferde aus und ließ sie sich warm laufen, während Kundschafter ausgeschickt wurden, um die Position des Feindes zu ermitteln. Als Isaak am nächsten Morgen erwachte, war sein Lager umstellt. Die Zyprioten, die sich immer noch den Schlaf aus den Augen rieben, wurden vernichtend geschlagen. Isaak gelang es gerade noch, zu entfliehen, aber er hatte keine Zeit mehr, sich anzukleiden. Er ließ seinen Schatz zurück, seine Pferde, seine Waffen und seine mit Goldfäden bestickte kaiserliche Standarte, die Richard sofort der Abtei von Bury St. Edmunds zu stiften beschloß. Zwei große Siege innerhalb von vierundzwanzig Stunden waren vollkommen ausreichend, um viele der zypriotischen Grundherren zu überzeugen, daß es besser sei, sich sogleich zu unterwerfen; sie kamen in Richards Lager und stellten freiwillig Geiseln. Am 11. Mai hatten sich die Reihen jener, die Isaak noch die Treue hielten, dermaßen gelichtet, daß er sich entschloß, um Frieden nachzusuchen.

Am selben Tag traf eine weitere Gruppe von Besuchern in Limassol ein. An ihrer Spitze standen der König von Jerusalem, Guido von Lusignan, und sein Bruder Gottfried, Richards alter Feind. Aber die Lusignans waren nicht länger die lästigen Vasallen von Poitou. Guido und Gottfried waren als Bittsteller gekommen, die Richard um Beistand gegen die politischen Manöver von König Philipp baten. Der war am 20. April in Akkon gelandet und versuchte angeblich, Guido vom Thron zu stoßen. Richard versprach Abhilfe. In seinem Heer befand sich bereits ein Lusignan, ihr Neffe Hugo, und in seiner Rolle als Herzog von Aquitanien betrachtete Richard sich wahrscheinlich noch immer als ihr Herr und Beschützer. Entscheidend aber war, daß er und Philipp entgegengesetzte Parteien ergriffen. Guido von Lusignan und sein Gefolge huldigten Richard.

Am nächsten Tag, dem 12. Mai, wurden Richard und Berengaria in der Kapelle von St. Georg in Limassol getraut, und anschließend wurde Berengaria von Johann, Bischof von Evreux, zur Königin gekrönt. So wurde in einer zypriotischen Stadt eine Königin von England von einem Bischof eines normannischen Bischofsitzes gekrönt. Richard erfüllte zweifellos eine der Bedingungen des Ehevertrags, der mit Sancho von Navarra ausgehandelt worden war, als er Berengaria eine Morgengabe zuwies, die alle seine Rechte an der gesamten Gascogne südlich der Garonne umschloß.

Bald danach kam Isaak in Richards Lager, angeblich, um die Friedensbedingungen zu bestätigen, welche seine Abgesandten angeboten hatten, und um ihm den Treueid zu schwören. Die Bedingungen jedoch waren so hart, daß es unwahrscheinlich ist, daß Isaak jemals die Absicht hatte, sie einzuhalten. Vermutlich hoffte er nur, Zeit zu gewinnen und eine gewisse Vorstellung von Richards Plänen zu bekommen. Er blieb nicht lange im Lager, sondern verließ es unauffällig in der Mittagshitze, als seine Eskorte ihre Siesta hielt. Richard soll sehr zufrieden gewesen sein, als er erfuhr, daß Isaak sich nicht an die Bedingungen der Vereinbarung gebunden betrachtete. Es verschaffte ihm die Rechtfertigung, die er für sein nächstes großes Unternehmen brauchte: die Eroberung von Zypern. Einen Teil seiner Armee unterstellte er Guido von Lusignan, der Isaak verfolgen und, wenn möglich, gefangennehmen sollte. Der Rest des Heeres wurde auf die Galeeren verteilt, deren eine Hälfte unter Richards Kommando in einer Richtung um die Insel herumsegelte, während die andere Hälfte, von Robert von Thornham befehligt, sie in der entgegengesetzten Richtung umfuhr. Die beiden Flotten eroberten die Küstenstädte und verfolgten feindliche Schiffe. Nachdem sie ihre Rundfahrt beendet hatten, kehrten sie nach Limassol zurück, wo sich Guido von Lusignan ihnen wieder zugesellte. Er hatte Isaak nicht stellen können, aber er berichtete wie die anderen Befehlshaber, daß die Zyprioten überall bereit waren, Richard als ihren Herrn anzuerkennen.

Isaaks Planung ging davon aus, daß er und seine Anhänger sich in den großen Burgen hoch in den Bergen des nördlichen Zypern halten konnten: Buffavento, Kantara und St. Hilarion (oder *Dieu d'Amour*, wie es die Franken nannten, die sich darauf beriefen, daß es das Schloß der Liebe sei, von Venus, Königin von Zypern, für Cupido gebaut, eine Legende, die dem romantischen Standort des Schlosses entsprach). Er wollte dort abwarten, bis Richard ins Heilige Land weiterzog, um dann aus seinem Versteck hervorzukommen und die Insel zurückzuerobern. Der Plan zerrann, als die Küstenfestung Kyrenia zusammen mit Isaaks Tochter Richard in die Hände fiel. Als Isaak die Nachricht von ihrer Gefangennahme hörte, war er außer sich vor Gram und willigte ein, sich zu ergeben – unter einer Bedingung, so wird es jedenfalls berichtet: daß er nicht in Eisen gelegt werden würde. Richard akzeptierte das und ließ für Isaak silberne Ketten anfertigen. Am 1. Juni war ganz Zypern in Richards Händen. Er hatte wieder einmal sein militärisches Geschick unter Beweis gestellt. Die Eroberung Zyperns war klug geplant und methodisch durchgeführt.

Der Eroberer erntete ungeheuren Lohn. Zusätzlich zu der Kriegsbeute und dem konfiszierten Eigentum jener, die gegen ihn gekämpft hatten, bürdete Richard jedem Zyprioten eine fünfzigprozentige Kapitalabgabe auf. Als Gegenleistung bestätigte er die traditionellen Gesetze und Bräuche der Insel. Aber von nun an sollten diese Gesetze von angevinischen Beamten unter dem Schutz angevinischer Waffen kontrolliert werden. Als äußeres Zeichen der neuen

Ordnung verlangte Richard von allen Griechen, daß sie ihre Bärte abrasierten; sie sollten wie Westeuropäer aussehen. Zwei Engländer, Robert von Thornham und Richard von Canvill, wurden mit der Regierung der Insel beauftragt.

Die Einnahme von Zypern war von wesentlicher Bedeutung für die Christen in *Outremer*. Angesichts der überwältigenden Überlegenheit der muselmanischen Landstreitkräfte verdankte *Outremer* sein Überleben allein der Seemacht. Die Städte an der palästinischen und syrischen Küste wurden durch die Lieferungen am Leben erhalten, welche von den Flotten von Venedig, Pisa und Genua über das Mittelmeer transportiert wurden. Aber die Nachschublinie war dünn und immer gefährdet. Nach der Eroberung Zyperns standen die Dinge viel besser. Die Christen hielten nun eine Inselbasis, die sowohl als Nachschubdepot wie auch als Sprungbrett für weitere Kreuzzüge benutzt werden konnte. Militärstrategisch gesehen erwies sich die Eroberung von Zypern als ein umsichtiger und bedeutungsvoller Schachzug. Jahrhunderte später kommentierte ein Beobachter der Okkupation Zyperns durch die britischen Streitkräfte im Jahre 1878: »Jeder, der eine große Macht im Osten werden und bleiben möchte, muß Zypern in der Hand halten.« Obwohl vor einem Angriff leidlich sicher (erst 1571 fiel Zypern den Türken zu), lag es so nahe an den östlichen Ufern des Mittelmeeres, daß ein auf den Hügeln um Stavrovouni stehender Mann am Horizont die zedernbedeckten Berge des Libanon sehen konnte. Richard war nun seinem Ziel sehr nahe.

8
Akkon und Arsuf
1191

Um die Probleme zu verstehen, denen sich Richard bei seiner Ankunft im Heiligen Land gegenübersah, müssen wir auf den September 1187 zurückgreifen. In jenem Monat wandte sich Saladin, nachdem er bereits fast alle Städte und Burgen des Königreichs Jerusalem erobert hatte, gegen Jerusalem. Am 2. Oktober, dem Jahrestag von Mohammeds Himmelfahrt, marschierte er in die Heilige Stadt ein. Es war ein brillanter Propagandacoup, der von Saladins Kanzlei in Triumphbriefen, die sie in der gesamten muselmanischen Welt in Umlauf setzten, geschickt ausgewertet wurde. Nach Mekka und Medina war Jerusalem der heiligste Ort des Islam, und seine Zurückeroberung sicherte Saladins Namen ewigen Ruhm. Für sein Heer war es der Höhepunkt des Feldzugs von 1187, aber noch nicht das Ende. Saladin trieb seine erschöpften Soldaten zur Belagerung von Tyrus. Abgesehen von einigen wenigen isolierten Inlandburgen war nun diese große Küstenfestung alles, was vom Königreich Jerusalem übriggeblieben war. Aber die Verteidiger von Tyrus unter dem energischen Kommando von Konrad von Montferrat hatten die ihnen eingeräumte Atempause gut genutzt. Gegen November 1187 waren die Stadtbefestigungen in erstklassigem Zustand, und auf Saladins Heer wartete eine zermürbende, langgezogene Blockade. Wenn Tyrus den Winter überstand, konnte es als Brückenkopf für christliche Verstärkungen dienen. In den Begriffen militärischer Strategie war es eine viel wichtigere Stadt als Jerusalem, denn hatten die Franken erst einmal die Küste verloren, konnten sie nicht hoffen, das Heilige Grab zurückzuerobern. In späteren Jahren muß es Momente gegeben haben, in denen Saladin bedauerte, im September statt einer militärischen Entscheidung eine politische getroffen zu haben, also sich gegen Jerusalem statt sofort gegen Tyrus gewandt zu haben.

Denn Tyrus hielt aus. Am 1. Januar 1188 hob Saladin die Belagerung auf, und Konrad von Montferrat war der Held der Stunde. Dieser ehrgeizige, rücksichtslose Mann, der vorher mit knapper Not entkommen war, als sein Schiff in Akkon einlief und er erst in letzter Minute erkannte, daß die Stadt bereits gefallen war, wußte, daß sein Stern im Steigen war, und begann, sich als der wirkliche Herrscher des Königreichs aufzuführen. Aber im Juni 1188 ließ Saladin Guido von Lusignan unter der Bedingung frei, daß er nicht weiter am Kampf teilnähme. Guido hatte natürlich überhaupt keine Schwierigkeit, einen Geistlichen zu finden, der ihn von seinem Saladin geschworenen Eid entband. Von Christen wurde nicht erwartet, daß sie Ungläubigen gemachte Versprechungen einhielten – »das Heidenvieh, die Ungläubigen, schwarzgesichtige Brut«, wie Ambroise sie nannte. Zu Guidos Unglück weigerte sich Konrad, ihm Tyrus zu übergeben, so war er ein König ohne Königreich, in Konrads Augen nicht einmal mehr das. Im Laufe der Monate wurde Guidos Lage zunehmend schwieriger. Dann plötzlich, im August 1189, ergriff er die Initiative. Er tat etwas, was niemand, nicht Konrad, nicht Saladin, sich hatte vorstellen können. Er marschierte mit ein paar Anhängern und einer kleinen Truppe südwärts und belagerte Akkon. Akkon war bis zu seiner Einnahme im Jahre 1187 der Haupthafen und die größte Stadt im Königreich Jerusalem gewesen. Guido mit seinem verhältnismäßig kleinem Anhang hatte keine Chance, es zu erobern. Wenn Saladin auf dem Schauplatz eintraf, saß er überdies zwischen der Garnison von Akkon und der Wucht des muselmanischen Hauptheeres in der Falle. Auf den ersten Blick war es ein Akt von unglaublicher Torheit. Guido wurde von seinen politischen Gegnern gern als ein einfältiger Mann abgeschrieben, aber nicht einmal sie hätten gedacht, daß er so dumm sein könnte. Aber Guido machte etwas aus seiner hoffnungslosen Lage: Er errichtete ein befestigtes Lager auf dem Hügel von Turon, eine Meile östlich von Akkon, und wenn er auch nicht imstande war, die Stadt zu nehmen, war Saladin doch gleichermaßen unfähig, ihn zu vertreiben. Es war eine mutige Geste, die ihm eine Menge Sympathie gewann, auch in Tyrus, und viele versprengte Christen strömten unter seine Fahne. Im April 1190 mußte sogar Konrad ihn wieder als König anerkennen. Mit jedem Monat, der verrann, wurde er stärker, bis seine Truppen schließlich in der Lage waren, die landseitige Blockade von Akkon zu schließen. Muselmanische Nachschubschiffe gelangten jedoch nach wie vor nach Akkon, und dies befähigte die Stadt, durchzuhalten. Die Situation war festgefahren: Die Christen belagerten Akkon, und Saladin belagerte die Belagerer. Die Linien kamen erst bei der Ankunft der beiden Könige im Frühling und Frühsommer des Jahres 1191 wieder in Bewegung.

Während das militärische Patt andauerte, veränderte sich die politische Situation erneut zugunsten des Konrad von Montferrat, der sich Guido in seinem Lager angeschlossen hatte. Guido war König von Jerusalem kraft der Tatsache, daß er Sibylla, die Erbin des Königreichs, geheiratet hatte. Im Herbst 1190 jedoch verlor Guido sowohl seine Gattin als auch zwei seiner Töchter, Opfer einer der Epidemien, welche ein normaler Teil des Lebens in der ungesunden Luft eines Heerlagers waren. Wie in den meisten Kriegen richtete Krankheit mehr Schaden an als die Waffen des Feindes. Nun, da Sibylla tot war, konnte Guido immer noch beanspruchen, König zu sein? Guido glaubte, daß er als der gesalbte König unumstritten weiter die Krone tragen könne, aber nach streng rechtlichen Begriffen waren die Umstände seiner Salbung und Krönung im September 1186 höchst zweifelhaft gewesen. Sibyllas jüngere Schwester Isabella stand dem Thron vielleicht näher. Es schien Konrad denn auch, daß Isabella Königin werden sollte und daß er überdies der rechte Mann sei, ihr Gemahl zu sein. Zwar ging das Gerücht um, daß zumindest eine der zwei vorhergehenden Gattinnen Konrads – eine Italienerin, eine Griechin – noch am Leben sei, aber andererseits war Heeresklatsch notorisch unzuverlässig. Es war auch richtig, daß Isabella schon einen Gemahl hatte, Humphrey von Toron; er zwar zweifellos am Leben, tatsächlich war er sogar dort im Lager. Aber schließlich waren auch Geistliche im Lager, und wo Geistliche waren, da konnten auch Ehen aufgelöst werden. Falls der Erzbischof von Canterbury die Ehe nicht annullieren wollte – und Baldwin, der im Oktober 1190 eingetroffen war, weigerte sich in der Tat, es zu tun –, dann konnte Konrad es mit dem Erzbischof von Pisa versuchen. Ein Pisaner konnte sich schließlich der Möglichkeit, seiner Heimatstadt eine Erweiterung ihrer Handelsprivilegien in *Outremer* zu sichern, kaum verschließen. So wurde Isabella aus ihrem Zelt vor Akkon entführt und überzeugt – von ihrer Mutter –, daß ihre Ehe mit Humphrey ungültig sei. Trotz Humphreys Protesten wurde die Ehe annulliert. Am 24. November heiratete Isabella Konrad von Montferrat. Nach kanonischem Recht war die Ehe sowohl blutschänderisch, weil Isabellas Schwester einst mit Konrads Bruder verheiratet gewesen war, als auch bigamisch, weil ihre Ehe mit Humphrey unrechtmäßig aufgelöst wurde – wie später von einer päpstlichen Kommission nachgewiesen wurde. Rechtlich eine Farce, wurde das Vorgehen nichtsdestoweniger für politisch sinnvoll gehalten mit der Begründung, daß das Königreich einen tatkräftigen Herrscher brauchte, eine Fähigkeit, die Humphrey von Toron eindeutig fehlte. Eine offene Konfrontation und die Gefahr eines bewaffneten Zusammenstoßes zwischen Konrad und Guido wurden vermieden, weil Guido in Akkon blieb, während Konrad und Isabella nach Tyrus zurückkehrten. Aber es gab nun zwei Kandidaten auf den Thron. Demnach erwarteten Richard bei seiner Ankunft in Akkon zwei Probleme: zunächst die belagerte Stadt einzunehmen, dann die viel schwierigere Frage des Streites zwischen Konrad und Guido zu lösen.

Am 5. Juni 1191 setzte Richard vor Famagusta die Segel. Er landete zuerst in der Nähe der großen Festung der Ritter des heiligen Johannes in Margat. Dort ließ er Isaak in den Kerker werfen. Dann segelte seine Flotte südwärts und erreichte Tyrus am 6. Juni. Die Garnison von Tyrus, den Befehlen König Philipps und Konrads von Montferrat gehorchend, verweigerte Richards Truppen die Erlaubnis, die Stadt zu betreten. So verbrachte Richard die Nacht außerhalb der Stadt kampierend und setzte am Tag darauf die Fahrt nach Akkon fort. Vor Akkon fing seine Flotte ein großes Nachschubschiff ab, das die Flagge des französischen Königs gesetzt hatte. Bei genauerer Prüfung erwies es sich als ein muselmanisches Schiff, das mit Lieferungen und Verstärkungen für die Besatzung von Akkon beladen war. (In früheren, erfolgreichen Täuschungsmanövern hatten Saladins Seeleute nicht nur ihre Bärte abrasiert und französische Kleider angezogen, sie hatten auch ostentativ Schweine auf dem Oberdeck des Schiffes gehalten, denn den christlichen Patrouillen war bekannt, daß die Moslems niemals Schweinefleisch aßen.) Richards Galeeren kreisten das Nachschubschiff ein, und nach einem heftigen Kampf wurde es versenkt. Nach einem muselmanischen Bericht bohrte der Kapitän des Schiffes, als er sah, daß die Niederlage unvermeidlich war, sein Schiff lieber selbst an, als mitanzusehen, daß wertvolle Lebensmittel und Waffen dem Feind in die Hände fielen. Ein unter den Franken vorherrschendes Gerücht besagte, daß diese Ausrüstung zweihundert Schlangen einschloß, welche die Moslems, mit typischer Heimtücke, im Lager der christlichen Armee freizusetzen geplant hatten. Nach diesem Triumph wurde Richard ein freudiges Willkommen zuteil, als er sich der Akkon belagernden Armee am 8. Juni zugesellte. Die Feierlichkeit dauerte bis tief in die Nacht hinein an, wobei das Heer beim Licht von Fackeln und Freudenfeuern tanzte und sang. Saladins Männer, die die Szene von den Hügeln um Akkon beobachteten, bemerkten düster die gewaltige Menge von Belagerungsmaschinen, die Richard mitgebracht hatte.

Seit zwei Jahren waren in der muselmanischen sowie in der christlichen Welt alle Augen auf Akkon gerichtet gewesen. Baha al-Din Quaragush, einer von Saladins erfahrensten Hauptleuten und sein hervorragender Militärarchitekt, war mit der Verteidigung der Stadt betraut worden. Wenn sie fiel, war dies ein ungeheurer Schlag für das Prestige des Siegers von Hattin und Befreiers von Jerusalem. Richards Ankunft ermutigte die Belagerer zu größeren Anstrengungen und schwächte die Moral der Verteidiger. Sein Ruf war ihm vorausgeeilt. Das hölzerne Kastell von Mategriffon wurde wieder aufgebaut, diesmal vor den Toren von Akkon.

König Philipp, der am 20. April vor Akkon eingetroffen war, hatte eine wesentlich geringere Wirkung. Nach muselmanischen Quellen brachte er sechs Galeeren – gegenüber Richards fünfundzwanzig – und hatte sich damit zufriedengegeben, seine Belagerungsmaschinen aufzustellen, hauptsächlich Steinschleudern, um die Stadtwälle zu bombardieren. Dies tat er allerdings, zumindest nach der

Chronik des Rigord von Saint-Denis, so effektvoll, daß Akkon wie eine reife Frucht in Philipps Hände gefallen wäre, hätte er es nicht aus Höflichkeit vorgezogen, den Endangriff bis zum Eintreffen Richards hinauszuschieben. Das Bombardement wurde verstärkt, als Richard seine Belagerungsmaschinen heranbrachte, um sie jenen von Philipp, Hugo von Burgund und den Templern und Hospitalitern bereits aufgestellten hinzuzufügen. Philipps beste Steinschleudermaschine trug den Namen *Malvoisin*, »Böser Nachbar«, während eine andere mit Mitteln aus der gemeinsamen Truhe der Kreuzfahrer erbaute Maschine »Gottes Katapult« genannt wurde.

Die Verteidiger von Akkon versuchten, die feindlichen Belagerungsmaschinen in Brand zu schießen. Da sie aus Holz gemacht waren, waren sie gegen das gefürchtete griechische Feuer besonders empfindlich. Dies war ein Gemisch auf Naphthabasis, welches in Tonbehälter gefüllt und dann von Katapulten abgeschossen wurde. Der Anblick, den es bot, wurde von Joinville, dem Chronisten des Kreuzzugs Ludwigs des Heiligen, im Jahre 1250 anschaulich beschrieben: »Dieses griechische Feuer sah aus wie eine riesige Tonne voll vom Saft unreifer Trauben mit einem brennenden Schweif von der Länge eines großen Schwertes. Während es auf uns zukam, machte es ein donnerndes Geräusch – wie eine riesige durch die Luft fliegende Libelle. Nachts verbreitete es ein so grelles Licht, daß man unser Lager so klar wie bei Tageslicht sehen konnte.« Beim Aufprall zerbarsten die Behälter, und die Mixtur flammte auf. Da griechisches Feuer nicht mit Wasser gelöscht werden konnte, war es bei Seeschlachten verheerend, aber auch im Landkrieg war es äußerst wirksam, und um es zu bekämpfen, mußten die hölzernen Bauten mit Häuten oder anderen in Essig oder Urin eingeweichten Materialien bedeckt werden. Richard ließ auch einen »Wandelturm«, einen Belagerungsturm auf Rädern, bauen mit geschützten Stellungen für Armbrust- und Bogenschützen auf jeder Etage und mit einer obersten Plattform, die die Stadtmauer überragte und das Niederlassen einer Zugbrücke auf die Zinnen gestattete, über welche ein Sturmtrupp zum Angriff ansetzen konnte. Dies war ein äußerst aufwendiger Bau, aber selbst auf dem Gipfel des Kampfes gegen Saladin wetteiferten die zwei Könige miteinander, und Richard scheute keine Kosten, den Rivalen durch seine größeren Geldreserven auszustechen. Philipp hatte angeboten, jedem Ritter, der in seinen Dienst trat, drei *besants* (Goldstücke) pro Monat zu zahlen, nur um von Richard überboten zu werden, der vier *besants* auslobte. Vermutlich aus dem gleichen Grund scheinen Richards Belagerungsmaschinen besser bewacht gewesen zu sein als die Philipps und folglich durch muselmanische Attacken weniger gelitten zu haben. Auf jeden Fall zerbröckelten unter ihrem gemeinsamen Bombardement die Mauern von Akkon langsam, aber sicher. Hin und wieder stürzte ein Mauerabschnitt infolge Unterminierung ein. Unterminieren war die wirksamste Methode, eine Mauer zu Fall zu bringen. Die Mineure oder Sappeure höhlten einen Raum unter den Fundamenten aus, welchen sie zunächst mit Holzbalken abstützten. Die Mine wurde dann mit Gestrüpp, Scheiten und anderem brennbarem Material angefüllt. Wenn alles fertig war, wurde dies angezündet, und die Sappeure traten einen hastigen Rückzug an. Die Stützbalken brannten aus, das Mauerwerk darüber brach zusammen – und ein Trupp von Angreifern hielt sich bereit, durch die Bresche zu stürmen. Militärarchitekten versuchten, dieser Bedrohung entgegenzuwirken, indem sie exponierte Mauern mit einem *Glacis* schützten. Die breite Basis dieses schwerfälligen pyramidenartigen Gebildes ruhte auf dem Grund des Grabens und bedeutete, daß jeder Tunnel mit schwerem statischem Druck von oben, noch bevor er die Mauern erreichte, fertig werden mußte. Aber wenn die Sappeure ihre Arbeit hinlänglich gut machten, dann war die einzige Methode, sich einer Mine zu erwehren, das Graben einer Gegenmine. Das hieß, einen Tunnel in die Mine von der Verteidigerseite her zu graben und sie dann im Kampf einzunehmen und zu zerstören. Das Schicksal einer belagerten Stadt oder eines Kastells hing manchmal vom Ausgang dieser verzweifelten Handgemenge ab, die in der Dunkelheit unter der Erde stattfanden. Zu einem gewissen Zeitpunkt der Belagerung war Richard, nachdem er einen Turm unterminiert und bombardiert hatte, bis er so schwankte, daß er im Begriff war, einzufallen, derart versessen darauf, die Sache schnell zu beenden, daß er jedem, der ihm einen Stein zurückbrachte, zwei *besants* bot. Schließlich mußte, um den letzten Ansturm zu ermöglichen, der Graben aufgefüllt werden – mit Erde, Schutt und allen Arten von Abfall. Eine Lieblingsgeschichte unter den Belagerern von Akkon handelte von einer Frau, welche der Sache des Kreuzzugs so begeistert ergeben war, daß sie, als sie tödlich verwundet wurde, bat, ihr Körper solle in den Graben geworfen werden, damit sie selbst als Tote noch von einem gewissen Nutzen sein könne.

Kurz nach Richards Ankunft erkrankten sowohl er als auch Philipp. Die Chronisten nannten ihre Krankheit *Arnaldia* oder *Léonardie*, ein Fieber, welches das Ausfallen der Haare und Nägel verursachte. Es war wahrscheinlich eine Form von Skorbut. Man fürchtete um Richards Leben, aber er erholte sich, und sobald sein Zustand sich zu bessern begann, bestand er darauf, daß er in einer Sänfte an die Kampflinie getragen wurde, damit er die Belagerungsoperationen wieder befehligen konnte. In regelmäßigen Abständen, wenn die Könige der Ansicht waren, daß die Katapulte und Schleudern das Ziel sturmreif geschossen hatten, gaben sie den Befehl zum Angriff auf einen schwachen Punkt in den Stadtwällen. Wenn die Verteidiger von Akkon die Franken anrükken sahen, schlugen sie ihre Trommeln, um Saladin zu alarmieren, der prompt einen Entlastungsangriff auf das Lager der Christen unternahm, die auf diese Weise gezwungen waren, an zwei Fronten zu kämpfen. Immer wieder wurde der Angriff abgeschlagen. Nichtsdestoweniger forderte der ununterbrochene Druck seinen Tribut. Im Innern Akkons wurden für die belagerte Garnison Nahrungsmittel und Kriegsmaterialien knapp. Die Ankunft der angevinischen und französischen Flotten bedeutete, daß muselmanische Nachschubschiffe nicht länger hoffen konnten, den Hafen zu erreichen. Die Garnison hielt den Kontakt zu Saladin durch den Einsatz von Brieftauben aufrecht, und gelegentlich war ein Bote imstande, durch die fränkischen Linien zu schwimmen. Aber nach fast zwei Jahren der Belagerung waren die Verteidiger von Akkon erschöpft. Dennoch: Ihr Mut und ihre Ausdauer waren ungeheuer und erzwangen selbst im christlichen Lager Bewunderung: »Was können wir über die Rasse von Ungläubigen sagen, die ihre Stadt so verteidigten? Niemals gab es tapferere Soldaten als diese, die Ehre ihrer Nation. Wenn sie nur vom wahren Glauben gewesen wären, hätte es nirgendwo auf der Welt Männer gegeben, die sie übertrafen.«

Aber Mut allein reichte nicht länger aus. In der Nacht des 4. Juli unternahm Saladin eine letzte Anstrengung, das Lager der Belagerer im Sturm zu nehmen. Als der Angriff scheiterte, wurde die Kapitulation von Akkon unvermeidlich. Inzwischen waren weite Abschnitte ihrer Wälle zusammengebrochen und große Teile des Grabens aufgefüllt. Am 12. Juli kapitulierte Akkon, und Belagerer und Belagerte einigten sich auf die Übergabebedingungen. Das Leben der Verteidiger sollte gegen Zahlung eines Lösegeldes von zweihunderttausend Dinaren (Goldmünzen) geschont werden. Außerdem sollte Saladin fünfzehnhundert christliche Gefangene und das Heilige Kreuz zurückgeben. Als Saladin von den Bedingungen hörte, war er entsetzt, aber es war zu spät – fränkische Banner wehten bereits über der Stadt. Akkon war endlich gefallen.

Als die christliche Armee einmarschierte, um die Stadt in Besitz zu nehmen, ereignete sich ein verhängnisvoller Zwischenfall, der weitreichende Konsequenzen haben sollte. Herzog Leopold VI. von Österreich pflanzte sein Banner an die Seite der Standarten, die den Königen von Frankreich und England gehörten. Eine kurze Zeit lang stand sie triumphierend dort, aber dann rissen einige von Richards Soldaten sie herunter und warfen sie in einen Graben. Leopold war tief verletzt. Ein paar Tage später verließ er, nachdem er vergeblich versucht hatte, Genugtuung zu erhalten, Akkon und kehrte nach Österreich zurück. Er machte Richard für die Kränkung verantwortlich, zweifellos zu Recht. Die Soldaten mußten zumindest mit der stillschweigenden Billigung ihres Herrn gehandelt haben. Leopold hatte guten Grund, den König von England zu hassen, und zwei Jahre später, als ihm Richard in die Hände fiel, nahm er Rache. Was steckte hinter dem Zwischenfall mit der Standarte? Warum demütigte Richard Leopold? Soweit es die deutschen Chronisten jener Zeit berichten, war Richard einfach ein überheblicher und anmaßender Mann, der allen Ruhm für sich behalten wollte. Aber um zu begreifen, um was es wirklich ging, müssen wir Leopolds Stellung im Kreuzfahrerheer näher in Augenschein nehmen.

Leopold hatte Akkon im Frühling 1191 erreicht, etwas früher als die zwei Könige. Vom Moment seiner Ankunft an fand er sich in die Rolle des Führers des deutschen Kontingents gedrängt. Dies vor allem, da Friedrich Barbarossa das Heilige Land nie erreicht hatte; im Juni 1190 war er im Salep in Kleinasien ertrunken. Nach seinem Tod löste sich der große deutsche Kreuzzug auf. Nur versprengte Reste von Barbarossas Heer schafften es, sich nach Akkon durchzuschlagen. Sie kamen im Oktober 1190 an und führten die Gebeine des toten Kaisers mit sich – Gebeine, die, wie sie hofften, eines Tages die ihnen gebührende Ruhestätte in Jerusalem finden würden. Das Kommando über dieses Kontingent hatte Barbarossas zweiter Sohn, Herzog Friedrich von Schwaben. Im Januar 1191 jedoch wurde Friedrichs Name der langen Liste jener hinzugefügt, die den Lagerkrankheiten erlegen waren. Somit war Leopold bei seiner Ankunft der bedeutendste anwesende deutsche Edelmann. Doch trotz ausgezeichneter Familienverbindungen – Leopold war sowohl mit den Hohenstaufen wie mit den Comneni verwandt – verfügte er nicht über die Mittel, um seine Präsenz im fränkischen Lager fühlbar zu machen. Es waren nicht viele Deutsche in Akkon; Leopolds eigene Gefolgschaft war winzig; und er hatte nicht das Bargeld, um andere Männer unter sein Banner zu ziehen, so wie es Richard, seit er Marseille erreicht hatte, ständig getan hatte. Nach einem englischen Chronisten konnte Leopold es sich sogar nur leisten, in *Outremer* zu bleiben, weil er vom König von England subventioniert wurde. Der Herzog von Österreich blieb ein unwichtiger Außenseiter in einem Lager, welches sich in zwei Parteien gespalten hatte. Es war gänzlich unrealistisch von ihm, in Akkon seine Standarte neben denen der beiden Könige aufzurichten.

Wenn die zwei Könige erlaubt hätten, daß Leopolds Standarte dort blieb, hätten sie effektiv öffentlich anerkannt, daß der Herzog von Österreich berechtigt war, die Beute mit ihnen zu teilen. Doch vom Beginn des Kreuzzugs an hatten Richard und Philipp in der Annahme gehandelt, daß jeder von ihnen eine Hälfte der Beute bekommen würde. Erst kürzlich, während sie beide krank unter den Mauern von Akkon lagen, hatten die zwei Könige – die des Streitens nie müde wurden – erneut um die Beute gerangelt. Philipp hatte eine Hälfte von Zypern verlangt, und Richard hatte entgegnet, daß die Vereinbarung sich nur auf *Outremer* selbst beziehen könne, da ihm sonst Philipp den halben Artois zugestehen müßte, denn

Graf Philipp von Flandern war am 1. Juni vor Akkon gefallen, und nach den Bedingungen des Vertrags, den er mit Philipp von Frankreich im Jahre 1180 abgeschlossen hatte, bedeutete sein Tod, daß der französische König Anspruch auf Artois erheben konnte. Obgleich kein König dem anderen nachgab, zeigt die Auseinandersetzung, daß sie noch immer in Begriffen einer ausgeglichenen Teilung der Beute dachten. Die zwei Könige waren nicht bloß gewinnsüchtig. Schon seit einigen Jahren hatten die Barone von *Outremer* angesichts einer Folge von politischen und militärischen Krisen angekündigt, daß, falls ein König aus Westeuropa ihnen zu Hilfe käme, dieser die Macht innerhalb des Königreichs von Jerusalem übernehmen könne – was auch hieß, daß er aus den finanziellen Quellen des Königreichs schöpfen durfte. Da diese Quellen nun zurückerobert waren, fügte sich die Vereinbarung zwischen Richard und Philipp in den üblichen Rahmen der politischen und rechtlichen Gepflogenheiten. Das Problem ergab sich also zum Teil aufgrund der bescheidenen Rolle Leopolds im Kreuzfahrerlager und teilweise aufgrund der Tatsache, daß die zwei Könige Spätankömmlinge bei der Belagerung von Akkon waren. Der Herzog von Österreich war sicher nicht der einzige, der die Art und Weise übelnahm, in welcher die spät eingetroffenen Könige die Beute monopolisierten. Es gab viele Barone und Ritter, die, nachdem sie die Unbilden der Belagerung Monate oder sogar Jahre hindurch erduldet hatten, sich nun kaltgestellt sahen. Ihres berechtigten Lohnes beraubt, waren sie zu arm, um irgend etwas anderes zu unternehmen, als nach Hause zurückzukehren. Natürlich beklagten sie sich bitter über die Gier der Franzosen und der Engländer, und in gewissem Sinne war Leopold zu ihrem Sprecher geworden. Ohne Zweifel hatte Philipp während dieser ganzen Affäre den gleichen Grundsatz wie Richard vertreten, aber es war Richard, der handelte – und in typisch direkter und willkürlicher Form handelte. Akkon war gefallen. Es war ein großer Triumph, aber der Augenblick des Sieges enthielt den Keim des Unfriedens.

Nachdem Akkon erneut eine christliche Stadt war, bestand die erste Aufgabe der Kreuzfahrer darin, die Kirchen wieder zu weihen. Nachdem die Kreuzfahrer ihre fromme Pflicht erfüllt hatten, wandten sie sich der Politik zu, der dornenreichen Frage der Krone von Jerusalem. Guido von Lusignan und Konrad von Montferrat unterbreiteten ihre Ansprüche formell dem Urteil von Richard und Philipp. Am 28. Juli erließen die zwei Könige ein Urteil, das ein Kompromiß war. Richards Protegé Guido sollte bis zu seinem Tode König bleiben, aber dann sollte die Krone auf Konrad und Isabella und ihre Nachkommen übergehen. Inzwischen sollten Guido und Konrad die könglichen Einkünfte teilen; Konrad sollte eine ausgedehnte nördliche Grafschaft, bestehend aus Tyrus und – falls er die Städte wiedererobern konnte – Sidon und Beirut, erhalten. Guidos Bruder Gottfried von Lusignan, der seine ritterlichen Talente während der Belagerung häufig unter Beweis gestellt hatte, wurde die Herrschaft über Jaffa und Askalon im Süden zugesprochen. Nun, da Gottfrieds Neffe Hugo IX. ein erwachsener Mann war, gab es für Gottfried daheim in Poitou weniger Spielraum, besonders, solange Richard seine Politik, die Lusignans von La Marche auszuschließen, aufrechterhielt. Jaffa und Askalon jedoch würden mehr als genügen, um Gottfried zu entschädigen – wenn sie zurückerobert werden konnten. Einige Tage später verkündete Richard, daß er das Heer bald nach Askalon führen werde.

König Philipp hatte bereits deutlich gemacht, daß er nach Frankreich zurückfahren wolle, und am 29. Juli entschied er sich endgültig für die Heimreise. Er hatte nie ein Kreuzfahrer sein wollen; er war krank gewesen, und ein Heerlager im Mittleren Osten war der Alptraum eines Hypochonders. Außerdem hatte er guten Grund zu wünschen, so bald wie möglich wieder in Frankreich zu sein. Sein Anteil am Nachlaß des Grafen Philipp von Flandern bedeutete ihm mehr als die Möglichkeit, im Triumph in Jerusalem einzuziehen. Wenn er sich des Artois sicher sein wollte, dann mußte er in den Artois einmarschieren. Vergeblich drängte Richard Philipp, sich ihm anzuschließen, bis Saladin das Königreich Jerusalem in seiner Gesamtheit abgerungen war. Vergeblich baten die führenden Männer im französischen Heer, mit Tränen in den Augen, ihren Herrn, zu bleiben. Am 31. Juli verließ Philipp Akkon. Er wurde von Konrad von Montferrat, dem er seinen Anteil an Akkon einschließlich der Hälfte der Gefangenen überlassen hatte, bis Tyrus begleitet.

Konrad wünschte nicht, in einem Heer zu bleiben, das von dem Herrn der Lusignans befehligt wurde. Am 3. August schiffte sich der König von Frankreich in Tyrus ein und segelte heimwärts. Richard war sich natürlich wohl bewußt, daß Philipp, sobald er in Paris war, versuchen könnte, Gisors und den Normannischen Vexin ebenso wie den Artois zu besetzen. Für einen skrupellosen Politiker war es eine vom Kreuzzug gesandte Gelegenheit, eine Versuchung, der kaum zu widerstehen war. Bevor Philipp Akkon verließ, versprach er nochmals, die angevinischen Gebiete in Frieden zu lassen; aber er mag wohl überlegt haben, daß Richard auch viele Male versprochen hatte, Alice zu heiraten. Unter diesen Umständen wäre es naiv von Richard gewesen, Philipps Versprechen irgendwelchen Glauben zu schenken, und eindeutig tat er dies auch nicht. Eine Gruppe von Richards Männern holte in einem Schiff Philipps Galeeren rasch ein und fuhr in ihrem Geleitschutz nach Europa zurück. Es kann kein Zweifel daran bestehen, daß sie zurückfuhren, um vor dem unvermeidlichen französischen Angriff zu warnen und sicherzustellen, daß Vorbereitungen getroffen wurden, ihm zu begegnen.

Unter diesen Männern war Roger von Howden. Glücklicherweise kann der Historiker aber auf neue Quellen zurückgreifen, um die durch die Abreise dieses ausgezeichneten Informanten entstandene Lücke auszufüllen. Vom Augenblick seiner Ankunft in Akkon an wurden Richards Aktivitäten von mittelöstlichen Chronisten, sowohl christlichen wie auch muselmanischen, beobachtet und kommentiert. Da ist die als *Estoire d'Eraclès* bekannte alte französische Chronik, die von Ernoul, einem Schildknappen des Balian von Ibelin, einem der führenden Barone in *Outremer*, begonnen wurde. Sie ist geschrieben, um das Unheil von 1187 zu erklären, ein Unheil, in welches die Ibelin-Familie tief verstrickt war. Da sie die Schuld an den Vorgängen Guido von Lusignan anlastet und daher – wie Balian von Ibelin es tat – Konrad von Montferrats Anspruch auf den Thron begünstigt, ist die Chronik Richard gegenüber offen feindselig. Die Bewunderer des letzteren gaben das Kompliment zurück. »Da war Balian von Ibelin«, schreibt Ambroise, »falscher als irgendein anderer Freund der Sünde.« Die *Estoire d'Eraclès* betont Richards Gerissenheit, Unbarmherzigkeit und Spitzfindigkeit – aber sie kann auch nicht umhin, diese Eigenschaften zu würdigen. Schließlich war Richard als der Eroberer von Zypern sehr wahrscheinlich der Retter der Barone von *Outremer*, denn die Insel wurde zu einem reichen und vor muselmanischen Invasionen sicheren Stützpunkt. Daneben gibt es die von arabischen Historikern geschriebenen Darstellungen, besonders von Baha ad-Din und Imad ad-Din, die beide Mitglieder von Saladins Hofstaat waren und dem Herrn, den sie liebten und dessen Namen sie priesen, sehr nahestanden. Die Vergleiche, welche sie zwischen den Königen von Frankreich und England anstellten, sind interessanter Lesestoff. In Imad ad-Dins Beschreibung von der Ankunft der Könige in Akkon macht Philipp eine sehr mittelmäßige Figur, während Richard wie ein Sturzbach ist, der alles mitreißt. Für Baha ad-Din war Richard »ein Mann von großem Mut und Geist. Er hatte große Schlachten gefochten und eine brennende Leidenschaft für den Krieg gezeigt. Sein Königreich und Rang waren geringer als jene des französischen Königs, aber sein Reichtum, sein Ruf und seine Tapferkeit waren größer«. Richards Rang schien ihnen geringer zu sein als der Philipps, weil sie gehört hatten, daß er Philipp huldigte, aber es ist klar, daß sie den englischen König mehr fürchteten. An anderer Stelle bezieht sich Baha ad-Din auf seine »Weisheit, Erfahrung, Tapferkeit und Energie« und auf »die Schläue dieses verfluchten Mannes. Um seine Ziele zu erreichen, benutzt er manchmal sanfte Worte, manchmal gewaltsame Taten. Gott allein war fähig, uns vor seiner Bosheit zu retten. Niemals mußten wir einem scharfsinnigeren oder kühneren Gegner die Stirn bieten.«

Die Angeviner betrachteten Philipps Abreise als eine verräterische Fahnenflucht, als einen feigen Bruch seines Pilgerschwurs. Und selbst im Capetingischen Frankreich blieb Philipps Abbruch des Kreuzzugs ein dunkler Punkt in seiner Herrschaft – allen Verdiensten um die Ausweitung der königlichen Autorität zum Trotz. In seiner Lebensbeschreibung Ludwigs des Heiligen, eines Enkels von Philipp, kam Jean de Joinville auf den Gegensatz zwischen den rivalisierenden Königen zurück: zwischen Philipp, der »nach Frankeich zurückkehrte, wofür er sehr getadelt wurde«, und Richard, der »blieb und große Waffentaten vollbrachte«, so daß er Ludwig dem Heiligen als das Beispiel des »größten Königs der Christenheit« hingestellt wurde. Philipps frühe Biographen, Rigord und Wilhelm der Bretone, taten ihr Bestes, ihren Herrn zu verteidigen und seine Abreise zu erklären. Nach Rigord verdächtigte Philipp Richard des Verrats, weil er Geschenke und Botschaften mit Saladin austauschte, und diese Tatsache zusammen mit seiner Krankheit ließen ihn widerstrebend zu dem Entschluß kommen, dem Heiligen Land den Rücken zu kehren.

Da ihm jedoch der Erfolg des Kreuzzugs sehr am Herzen lag, nahm er lediglich drei Galeeren mit und überantwortete den Rest seines Heeres und seines Schatzes Hugo von Burgund. Wilhelm der Bretone sagte, daß er Geld zurückließ, um fünfhundert Ritter und tausend Fußsoldaten drei Jahre lang zu bezahlen. Was er tatsächlich wirklich zurückließ, war sein Anteil am Lösegeld der Gefangenen von Akkon, und das war noch nicht eingegangen. Somit mußte Richard, um Hugo und sein Gefolge im Heer zu halten, bis das Lösegeld eingetrieben war, dem Burgunder 5000 Mark leihen.

Doch Richard muß auch eine gewisse Erleichterung über Philipps Abreise empfunden haben. In der lebhaften Wendung des Chronisten aus Winchester, Richard von Devizes, war Philipp für Richard wie ein an den Schwanz einer Katze gebundener Hammer. Obwohl seine Verantwortungen und die an seine Schatztruhe gestellten Ansprüche nun gewachsen waren, konnte zumindest kein Zweifel darüber bestehen, wer das Oberkommando hatte. Es war nun zum Beispiel allein Richards Sache, darauf zu achten, daß Saladin die Bedingungen des von seinen Offizieren in Akkon abgeschlossenen Vertrages erfüllte.

Dies war nicht leicht. Der erste Schritt war, die Rückkehr der muselmanischen Gefangenen sicherzustellen, die nach Tyrus gebracht worden waren. Konrad war jedoch halsstarrig, und erst als der Herzog von Burgund sich nach Tyrus begab, erklärte er sich mit der Herausgabe einverstanden. Hiervon abgesehen, tat Konrad nichts, um Richard zu helfen, obwohl dieser schließlich darum kämpfte, ein Königreich zu gewinnen, welches Konrad zu erben erwarten konnte. Für Ambroise war Konrad

der falsche Marquis, der versucht hatte,
durch Reichtum und Geschäfte unter der Hand,
durch List und Betrug das Land zu beherrschen.

Saladin hatte ebenfalls Probleme. Die Bedingungen des Vertrages von Akkon hatten ihn entsetzt. Es ist möglich, daß er, nachdem er in den Jahren seit 1187 so viele finanzielle und militärische Ansprüche an seine Emire gestellt hatte, einfach nicht in der Lage war, so viel Geld und so viele Gefangene bis zu dem festgesetzten Datum – einen Monat nach dem Fall von Akkon – zusammenzubringen. Einige der Details des Vertrags und die nachfolgenden Verhandlungen zwischen Richard und Saladin sind obskur; es ist nicht erstaunlich, daß Unterschiede zwischen den christlichen und muselmanischen Berichten über das, was geschah, bestehen. Es scheint, daß Richard, weil es länger dauerte als erwartet, die nach Tyrus gebrachten Gefangenen zurückzubekommen, zustimmen mußte, den Vertrag flexibel auszulegen. Saladin wurde erlaubt, das Lösegeld in Raten zu bezahlen: die erste – und bei weitem größte Rate – wurde am 20. August fällig. Aber keine Seite traute der anderen. Es war klar, daß Saladin noch immer Schwierigkeiten hatte, das Geld aufzutreiben, und die Männer in Richards Lager glaubten, daß er die Verhandlungen bewußt in die Länge zog. Je länger er Richard in Akkon festnageln konnte, desto schwieriger wurde die Eroberung des Landes. Als das Fälligkeitsdatum heranrückte, wuchs der Argwohn, und die Spannungen zwischen den beiden Heeren entluden sich in Scharmützeln. Am 19. August verbreitete sich ein Gerücht – vielleicht absichtlich gestreut – im französischen Lager: Saladin habe seine christlichen Gefangenen getötet. Gegen Mittag des 20. August waren Saladins Abgesandte noch immer nicht erschienen. Am Nachmittag marschierte Richard mit seinem Heer aus Akkon heraus. Dann wurden fast dreitausend Gefangene herausgeführt und in voller Sicht vor Saladins hilflosen Truppen niedergemacht. Nach Ambroise erfreuten sich die christlichen Soldaten an dem Massaker, da sie es als Vergeltung für den Tod ihrer Kameraden ansahen, die während der Belagerung getötet worden waren. Nur die Hauptleute der Garnison von Akkon wurden verschont; sie konnten große

Lösegelder einbringen oder sich später als nützlich erweisen, sollte ein Austausch von adligen Gefangenen gewünscht werden.

Von allen Taten Richards ist diese am erbittertsten kritisiert worden. Sie ist sowohl barbarisch als auch stupid genannt worden und wurde oft zitiert, um zu zeigen, daß es keine Tiefen gab, zu denen er nicht absinken konnte, wenn ihn sein Jähzorn ergriff. Aber es ist nicht genug, einfach zu verdammen: Man muß aus den Bedingungen jener Zeit heraus urteilen. Von allen Kriegen sind jene im Kreuzzugsgeist ausgefochtenen die schmutzigsten. Selbst Saladin, dem Ruf nach der höflichste und zivilisierteste aller Feinde, zog es vor, zwei Tage nach der Schlacht von Hattin alle Templer und Hospitaliter, die sich in seinen Händen befanden, hinrichten zu lassen, ohne ihnen die Chance zu geben, ausgelöst zu werden. Nach Imad ad-Din schaute er dem damaligen Gemetzel mit einem frohen Gesicht zu und betrachtete es als einen Akt der Läuterung. Baha ad-Din suggeriert in der Tat, daß die Tötung der Garnison von Akkon als eine Repressalie erfolgt sein mag. In den Augen der Kirche des zwölften Jahrhunderts war das Leben der Ungläubigen ohne Bedeutung. Sie waren in jedem Fall zur Hölle verdammt. Es war sogar eine Art von Tugend, diesen Prozeß zu beschleunigen. »Der Christ frohlockt über den Tod eines Heiden«, sagte der heilige Bernhard von Clairvaux, »weil Christus dadurch verherrlicht wird.«

Wenn in dieser Welt das Leben der Garnison von Akkon irgendeinen Wert hatte, dann als Geschäftsgrundlage für einen Austausch. Dieser Möglichkeit hatte sich Richard selbst beraubt, und infolgedessen verteilte Saladin nun das Geld, welches für die Auslösung gesammelt worden war, unter seine Truppen. Aber Richard hatte nicht länger warten können. Saladin versuchte, Zeit zu gewinnen – selbst Baha ad-Din gibt das zu –, und deshalb kommt ihm ein Teil der Verantwortung zu. Überdies hatten die anderen Führer in Richards Heer die Entscheidung mitgetragen. Ambroise:

Und da Saladin nichts tat
noch an jene Männer dachte,
die Akkon an seiner Statt bewacht hatten,
berief Richard einen Rat von Edlen ein

und vertraute ihnen den Fall an.
Sie überlegten und entschieden ...

Wenn die Kreuzfahrer Akkon verlassen wollten, was sonst konnten sie tun? Baha ad-Din glaubte, daß die Gefangenen in die Sklaverei fortgeführt werden sollten. Obwohl dies einem Moslem als eine natürliche Lösung erschien, der in einer Gesellschaft, welche Sklaven hielt, lebte, war es für Westeuropäer des zwölften Jahrhundert, die nur die Leibeigenschaft kannten, nicht so naheliegend. Vorher war den in Akkon gemachten Gefangenen die Freiheit angeboten worden, wenn sie die christliche Taufe auf sich nahmen. Viele von ihnen ließen sich anscheinend taufen, liefen aber, sobald sie freigelassen waren, zu Saladin über. Daraufhin untersagten Philipp und Richard weitere »Bekehrungen«. Konnten es sich die Kreuzfahrer leisten, von Akkon wegzumarschieren und eine ausreichend große Garnison zurückzulassen, um beinahe dreitausend Moslems zu bewachen? Allein so viele Männer zu ernähren würde schwierig genug sein, da auf Saladins Befehl die Gegend um Akkon gründlich verwüstet worden war. Gegen Mitte August waren die Gefangenen eher eine Unannehmlichkeit als ein Aktivposten geworden, und Richard und seine Soldaten hatten wenig Gewissensbisse, sich ihrer zu entledigen.

Zwei Tage später führte Richard die Armee aus Akkon heraus. Es war nicht leicht gewesen, die Soldaten zum Abzug zu überreden. Nach zwei Jahren harter Kämpfe war Akkon zu einem sicheren Hafen angenehmen Lebens geworden. Saladins Sekretär Imad ad-Din beschrieb in überschwenglicher Sprache die Aktivitäten der Prostituierten, die herbeigeströmt waren, um mit den Kreuzfahrern ins Geschäft zu kommen.

»Getönt und bemalt, begehrenswert und appetitanregend, kühn und feurig, mit näselnden Stimmen und fleischigen Schenkeln ... sie boten ihre Waren zum Genuß an, brachten ihre silbernen Fußkettchen so hoch, bis sie ihre goldenen Ohrringe berührten ... machten sich selbst zu Zielscheiben für die Wurfpfeile der Männer, boten sich selbst den Stößen der Lanzen dar, ließen Speere sich gegen Schilde erheben ... Sie verflochten Bein mit Bein, fingen Eidechse um Eidechse in ihren Löchern, leiteten Federn zu Tintenfässern, Sturzbäche zum Talgrund, Schwerter zu Scheiden, Feuerholz zu Herden ... und sie behaupteten, daß dies ein Akt der Barmherzigkeit ohnegleichen sei, besonders jenen gegenüber, die fern von Heim und Weib waren.«

Diese Damen mußten jedoch in Akkon zurückbleiben. Waschfrauen waren noch immer die einzigen weiblichen Wesen, denen Richard gestattete, das Heer auf seinem Marsch zu begleiten.

Das Ziel des Marsches war Jerusalem, aber es wäre tollkühn gewesen, zu versuchen, den direkten Weg von Akkon dorthin zu nehmen: Das Land war hügelig und die Nachschublinie von der Küste her zu lang. So beschloß Richard, nach Jaffa zu marschieren. Von dort aus wollte er landeinwärts nach Jerusalem vorstoßen. Welche Route er auch immer wählte, er würde nun bald der türkischen Kavallerie – den Elitetruppen von Saladins Armee – im offenen Land gegenüberstehen. Vor Akkon waren die Belagerer sicher hinter ihren Befestigungen verschanzt gewesen, und die gefürchtete türkische Kavallerie hatte niemals Gelegenheit gehabt, ihre Fähigkeiten zu zeigen. In Akkon hatten die Christen militärischen Problemen gegenübergestanden, die sich nicht von jenen einer Belagerung in Europa unterschieden. Aber nun mußte Richard sich mit einem ungewohnten Stil der Kriegführung auseinandersetzen. Er sollte auch diese Prüfung glänzend bestehen, weil er klug genug war, sich von den Einheimischen beraten zu lassen.

Die von den Türken und den Kreuzfahrern angewandten sehr verschiedenen Kavallerietaktiken bilden einen faszinierenden Kontrast. Die Türken waren im wesentlichen berittene Bogenschützen, obwohl jeder von ihnen neben dem Bogen einen kleinen runden Schild trug und eine Lanze, Schwert oder Keule führte. Alle ihre Waffen waren jedoch leichter als die der fränkischen Ritter, und im Nahkampf waren die Franken deutlich im Vorteil. Die Türken nutzten daher die Schnelligkeit und Gewandtheit ihrer Pferde, um sich in sicherem Abstand zu halten, während sie ihre Pfeile auf ihre Feinde abschossen. Sie gebrauchten den Bogen im vollen Galopp mit solcher Gewandtheit, daß sie sich selbst auf dem Rückzug im

Sattel drehen und präzise auf ihre Verfolger schießen konnten. Sie benutzten ihre Mobilität, um den Feind einzukreisen und von allen Seiten gleichzeitig auf ihn einzudringen. Erst wenn ihre Pfeile den Feind auf einen nahezu hilflosen Zustand reduziert hatten, schulterten die Türken ihre Bogen und ritten heran, um sich auf den Nahkampf einzulassen.

Die wichtigste taktische Waffe der Franken war der Angriff ihrer schwerbewaffneten Ritter. Der Ritter, die Zügel und den Schild in der linken Hand haltend, hielt steif eine Lanze unter seinem rechten Arm und nutzte den Schwung des Pferdes, um dem mit der Lanze geführten Stoß enorme Wucht zu verleihen. Wenn seine Lanze beim Aufprall zersplitterte, setzte der Ritter den Kampf mit dem Schwert fort. Die Gewalt des Ansturms war derart, daß kein Truppenkörper ihm standhalten konnte. Es wurde gesagt, daß ein Franke im Sattel ein Loch in die Mauern von Babylon reiten konnte. Wenn es den Franken gelang, einen Angriff gegen die geschlossene Hauptmacht ihres leichter bewaffneten Feindes auszuführen, war die Schlacht entschieden. So einfach war das – oder so schwierig. Wenn der Zeitpunkt des Angriffs nicht genau abgestimmt war, wenn es dem Feind, vor allem der türkischen Reiterei gelang, auszuweichen und die Ritter ins Leere stoßen zu lassen, wurden die Franken, die ihre dichte Formation verloren hatten, für einen Gegenangriff verwundbar. Die türkischen berittenen Bogenschützen schwärmten rund um ihren Feind herum wie Stechmücken um den Kopf eines Mannes. Der Versuch, sie durch einen Angriff zu vertreiben, war so vergeblich wie der Schlag nach dem Mückenschwarm:

> Wenn man sie zu verfolgen versucht,
> scheinen ihre unvergleichlichen Rosse
> wie Schwalben davonzufliegen,
> und keiner kann ihnen folgen.
> Die Türken sind so geschickt,
> ihren Verfolgern auszuweichen,
> daß sie für uns wie giftige
> und lästige Bremsen sind.

Die Türken waren so beweglich, griffen so geschickt an, daß die schwerfälligen Ritter nur geschlossen bestehen konnten. So mußte der Angriff bis zum exakt richtigen Moment zurückgehalten werden – und die an bedenkenlose Attacken gewöhnten Ritter fanden es nicht immer leicht, geduldig zu sein, wenn sie sich unter unaufhörlichem Beschuß befanden. Ausgenommen aus nächster Nähe hatte der leichte türkische Bogen nicht die Kraft, einen Pfeil abzuschießen, der imstande gewesen wäre, ein Panzerhemd zu durchbohren und den Körper des Trägers zu verletzen, aber er konnte tief genug eindringen, um im Panzer steckenzubleiben, so daß Ritter unter türkischen Angriffen häufig Ähnlichkeit mit Igeln oder Stachelschweinen gewannen. Ernsthafter als diese Einbuße an Würde der Erscheinung war die Gefahr, daß dem Ritter das weniger gut gepanzerte Pferd unter dem Leib weggeschossen wurde. In dieser Situation kam der Fußsoldat zu seinem Recht. Die Ritter und ihre Pferde mußten geschützt werden, bis der Augenblick zum Angriff kam. Die Aufgabe, sie zu schützen, oblag der Infanterie, sowohl den Spießträgern wie den Bogenschützen. Sie wurden zu einem Verteidigungsschirm zusammengezogen, der die Ritter wie eine Mauer umschloß und die Türken zwang, außerhalb der Bogenschußweite zu bleiben. Dies bedeutete natürlich, daß die Marschgeschwindigkeit des Heeres vom Tempo der Infanterie diktiert wurde. Die türkischen berittenen Bogenschützen hatten den Vorteil unvergleichlich höherer Geschwindigkeit und größerer Mobilität. Wenn die Franken bei dieser Art von Kriegführung überleben wollten, dann waren Eigenschaften wie Ausdauer, Ruhe und Disziplin gefragt – nicht gerade Eigenschaften, die gemeinhin mit dem mittelalterlichen Ritter in Verbindung gebracht werden. Aber die Ritter des Kreuzfahrerheeres müssen sie besessen haben. Im Urteil eines Syrers des zwölften Jahrhunderts, Usamah: »Die Franken – möge Allahs Fluch sie treffen – sind von allen Männern die vorsichtigsten in der Kriegführung.«

Richards Marsch südwärts nach Jaffa war eine klassische Demonstration bester fränkischer Militärtaktik. Er hielt sich dicht an die Küste. So war die rechte Heeresflanke vom Meer und von Richards Flotte geschützt. Als Akkon sich ergab, war ein großer Teil der vor Anker liegenden ägyptischen Flotte im Hafen erbeutet worden, von dieser Seite war also nichts zu befürchten. Die Ritter waren in drei Divisionen geteilt, deren linke Flanke von Infanterie geschützt wurde. Da dies hieß, daß die Fußsoldaten den ständigen Nadelstichen türkischer Attacken standhalten mußten, teilte Richard sie in zwei alternierende Abteilungen: Eine Hälfte marschierte jeweils an der Linken, während die andere sich im Troß zwischen den Rittern und dem Meer erholte.

Saladin marschierte gleichfalls südwärts, auf einer Parallelroute, wobei er seine Kerntruppen in einiger Entfernung von den Franken hielt und nur kleine Abteilungen seiner Reiterei gegen sie schickte, um sie ständig in Atem zu halten.

Richards Männer standen unter striktem Befehl, alle Provokationen zu ignorieren und in geschlossener Formation zu marschieren. Niemand durfte seine Kolonne verlassen. Saladin konzentrierte sich natürlich auf die Nachhut, und die Infanterie war zuweilen gezwungen, kehrtzumachen und die türkischen Angriffe im Rückwärtsmarsch abzuwehren. Am ersten Tag des Marsches dehnte sich die Marschsäule zu weit aus, die Nachhut unter dem Herzog von Burgund blieb zurück, und die Türken stießen in die Lücke und griffen den Wagenzug des Trosses an. Richard selbst eilte von der Vorhut nach hinten, um nach dem Rechten zu sehen. Aber es war eine nützliche Lektion. Von da an wurden Richards Befehle streng befolgt, und der Nachhutdienst wurde normalerweise entweder von den Templern oder von den Hospitalitern übernommen – den Soldaten mit der meisten Erfahrung in dieser harten Schule der Kriegführung. Baha ad-Din war besonders von der Disziplin der Infanterie beeindruckt. »Ich sah einige fränkische Fußsoldaten, in denen ein bis zehn Pfeile steckten und die trotzdem mit ihrer gewöhnlichen Geschwindigkeit vorrückten, ohne ihr Glied zu verlassen ... Man kann nicht umhin, die wunderbare Geduld zu bewundern, die diese Leute zeigten, die die ermüdendste Strapaze ertrugen, ohne irgendwelchen Anteil an der Führung des Zuges zu haben oder irgendeinen persönlichen Nutzen daraus zu ziehen.« Ein weiteres gutes Omen jenes ersten Tages war das Ende einer alten Feindschaft. Der französische Ritter Wilhelm des Barres focht mit solcher Tapferkeit, daß Richard beschloß, den so lange gehegten Groll zu vergessen.

Tag für Tag bewegte sich das Heer langsam vorwärts, an Haifa vorbei, über den Kamm des Berges Karmel und weiter an Caesarea vorbei. Überall stellten die Kreuzfahrer fest, daß Saladins Männer vor ihnen dagewesen waren, Festungen geschleift und Ernten verbrannt hatten. Aber die Anwesenheit der Flotte ermöglichte es Richard, die Versorgung seiner Männer aufrechtzuerhalten und ihnen gelegentliche Ruhepausen an Bord der Schiffe zu gönnen. Die Hitze war intensiv, und die Franken in ihren Harnischen litten schwer. Der Sonnenstich forderte viele Opfer. Und jeden Tag fielen Männer unter den Pfeilen der Türken. Richard wurde durch einen Lanzenstoß in die Seite verwundet, aber nicht ernsthaft. Trotz allem bewegte sich das Heer in geschlossener Formation verbissen fort. Gegen Anfang September erkannte Saladin, daß er Richard nur aufhalten konnte, wenn er seine Truppen konzentrierter einsetzte, als er es bisher gewagt hatte. Er wählte als sein Schlachtfeld eine Ebene im Norden von Arsuf aus. Am 6. September waren die Franken erleichtert, nicht beläsitgt zu werden, als sie durch den Wald von Arsuf marschierten: Es hatte ein Gerücht gegeben, daß der Wald in Flammen aufgehen würde, während sie in seiner Mitte waren. Aber als sie aus dem Schutz des Waldes hervortraten, sahen sie, weshalb sie in Frieden gelassen worden waren. Saladin hatte den Tag damit verbracht, eine gewaltige Armee aufzustellen – wie es den Kreuzfahrern schien, in Schlachtordnung. Die Franken hatten natürlich keine andere Wahl als vorzurücken. Am 7. September verwandte Richard sogar noch mehr Sorgfalt als gewöhnlich darauf, seine Marschlinie zu organisieren. In die Vorhut stellte er die Templer; als nächstes kamen die Bretonen und die Männer aus Anjou; dann König Guido mit den Poitevinern; in der vierten Division marschierten die Normannen und die Engländer, die die Drachenstandarte trugen; nach ihnen kamen die französischen Kontingente und in der Nachhut in der Position der größten Gefahr die Hospitaliter. Sie waren in einer so soliden und dichten Formation zusammengezogen, daß es – wie man sagte – unmöglich war, einen Apfel in ihre Reihen zu werfen, ohne damit einen Mann oder ein Pferd zu treffen. Richard und der Herzog von Burgund ritten mit einem Gefolge ausgesuchter Ritter die Marschlinie auf und ab, während sie Saladins Bewegungen beobachteten und ihre eigene Formation prüften. Wie immer hatte die Infanterie ihre wesentliche Verteidigungsrolle zu spielen. Der einzige Unterschied zwischen der Schlacht von Arsuf und den Kämpfen der letzten zweieinhalb Wochen war, daß Saladin, indem er seine Hauptstreitmacht für den Angriff einsetzte, Richard eine Chance gab, einen der berühmten fränkischen Sturmangriffe auszuführen. Gegen zehn Uhr morgens setzte sich Saladin in Bewegung. Der Anblick und der Lärm der türkischen Kavallerie, die auf ihn zufegte, war etwas, das Ambroise nie vergessen würde:

Mit zahllosen flatternden Wimpeln
und Flaggen und Bannern von schönem Aussehen
sprengten dann dreißigtausend Türken
und mehr in wohlgeordneten Reihen,
prächtig gekleidet und ausstaffiert,
wild auf unsere Streitmacht zu.
Wie der Blitz rasten ihre Pferde heran,
und Staub stieg dick von ihren Hufen auf.
Vor den Emiren herziehend,
kam da eine Trompeterkapelle,
und andere Männer mit Trommeln und Tamburinen
waren da, die keine andere Arbeit hatten,
als auf ihre Trommeln einzuhämmern,
zu johlen und zu kreischen und großen Lärm zu machen.
So laut mißklangen ihre Tamburine, daß
sie den Donner des Herrn übertönt hätten.

Obwohl die Spieße und Pfeile der fränkischen Infanterie ein Blutbad anrichteten, schienen die türkischen Reiter, unterstützt von beduinischen und nubischen Hilfstruppen, überall zu sein, sie stürmten heran, schwenkten dann ab, griffen erneut an, immer näher und näher. Der Pfeilregen war so dicht, daß selbst das Sonnenlicht getrübt wurde. Die Hospitaliter gerieten in der Nachhut unter Druck.

Etliche Male im Verlauf des Tages bat der Großmeister der Hospitaliter um die Erlaubnis, angreifen zu dürfen. Jedesmal sagte Richard nein; sie müßten warten, bis er das Signal zu einem Generalangriff gab – sechs klare Trompetenstöße, zwei in der Vorhut, zwei im Zentrum, zwei in der Nachhut –, und das würde er erst tun, wenn die türkische Reiterei erschöpft war und ihre Pferde zu ermüden begannen. Die Hospitaliter hielten grimmig aus. Mit dem Fortschreiten des Tages wurde die Hitze immer drückender, der Staub und der betäubende Lärm der Trommeln und Zimbeln waren unerträglich. Das ersehnte Signal schien nicht kommen zu wollen, und sie verloren Pferde in alarmierender Anzahl. Bis zum letzten gereizt, verloren zwei der Ritter, der Ordensmarschall und Baldwin Carew, die Nerven und griffen an. Sofort galoppierten die übrigen Hospitaliter und die französischen Ritter ihnen nach, wobei sie den eigenen Infanterieschirm, der auf die plötzliche Bewegung der hinter ihnen postierten Ritter nicht vorbereitet war, auseinandertrieben. Dies war der kritische Augenblick. Die Gegenattacke der Hospitaliter mußte, obgleich sie verfrüht war, sofort unterstützt werden, sonst würde die Nachhut, die den Kontakt mit der Hauptarmee verloren hatte, von der überlegenen Zahl der Türken erstickt werden. Ohne zu zögern, ging Richard mit seinen Rittern zum Angriff über. Den Bretonen, Angevinern und Poitevinern war befohlen worden, sich ihnen anzuschließen. Die massierte französische Reiterei trieb alles vor sich her.

> Ihre Soldaten standen entsetzt da,
> denn wir fielen wie Donner auf die Feinde,
> und großer Staub stieg auf.
> Sie erlitten eine furchtbare Vernichtung,
> so daß über zwei Meilen hin
> ringsum Flüchtende das Land erfüllten,
> die einst in ihrem Stolz geprahlt.

Aber unter einem erfahrenen Feldherrn wie Saladin waren die Türken genau in diesem Moment am gefährlichsten. Wenn die Franken in ihrer Erregung den Angriff zu weit vortrugen, könnten die Ritter, die ihre geschlossene Ordnung verloren hatten, geradewegs in eine Falle hineingaloppieren. Richard war sich der Gefahr bewußt. Die Normannen und die Engländer waren in Reserve gehalten worden; die königliche Standarte sollte als ein Sammelpunkt dienen. Als die Türken ihrerseits zum Gegenangriff ansetzten, war somit eine Basis vorhanden, auf welcher die Franken ihre Linien erneut formieren konnten. Dann, als beide Seiten ihre Reserven in den erbitterten Kampf geworfen hatten, errang Richard den Sieg durch eine Serie von Sturmangriffen, die von Richard und Wilhelm des Barres angeführt wurden.

Saladin zog sich zurück, und das Heer setzte seinen Marsch nach Süden fort, wenn auch in jener Nacht viele heimlich zum Schlachtfeld zurückkehrten, um die Leichen der Erschlagenen auszuplündern. Saladins Prestige hatte einen zweiten großen Schlag erlitten. Erst Akkon, nun Arsuf. Die Legende von seiner Unbezwingbarkeit war zerstört. Seine Truppen waren demoralisiert, und obwohl das Geplänkel unvermindert weiterging, waren sie nicht willens, den Franken nochmals in offener Feldschlacht gegenüberzutreten. »Wir sind alle verwundet«, schrieb Baha ad-Din, »entweder an unseren Körpern oder in unseren Herzen.« Im Gegensatz hierzu stand Richard nun auf der Höhe seines Ruhms. Obwohl die Hospitaliter seinem Signal zuvorgekommen waren, hatten Richards schnelle Reaktion und seine meisterliche Handhabung der nächsten paar Minuten die drohende Konfusion in einen Sieg verwandelt. Natürlich wurde Richards persönlicher Anteil am Kampf Mann gegen Mann von seinen Soldaten gepriesen – und zweifellos übertrieben. »Da hieb der König, der grimmige, der außergewöhnliche König, die Türken in jeder Richtung nieder, und keiner konnte der Kraft seines Armes entkommen, denn wohin er sich, sein Schwert schwingend, auch wandte, bahnte er sich einen breiten Pfad wie ein Schnitter mit seiner Sichel.« Richards Kühnheit und Verwegenheit im Kampf trug ihm die Loyalität und Bewunderung seiner Soldaten ein, aber es waren seine Fähigkeiten als Heerführer, die wirklich zählten.

Drei Tage später, am 10. September, erreichte das christliche Heer Jaffa. Saladin hatte die Mauern zerstört und so großen Schaden angerichtet, daß die Armee innerhalb der Stadt keine Unterkunft finden konnte; so kampierte sie außerhalb der Mauern in einem Olivenhain. Richard hielt nun den Jerusalem am nächsten gelegenen Hafen. Der offensichtliche Kurs war, landeinwärts zu marschieren und direkt auf die Heilige Stadt zu ziehen. Aber hatte Richard genug Truppen, um Jerusalem zu belagern und seine Nachschublinie zu schützen? Wenn es Saladin gelänge, seine Verbindungswege abzuschneiden, würde Richard in ernstliche Schwierigkeiten geraten. Auf dem Marsch von Akkon nach Jaffa war Richards eine Flanke vom Meer geschützt worden, und in bezug auf Nachschub hatte er sich überwiegend auf seine Flotte verlassen; im Inland mochte die Zermürbungstaktik der Türken weit wirksamer sein. Das türkische Heer lag in Ramlah versteckt, während Saladin selbst ein Kontingent nach Askalon weiter südlich an der Küste führte. Die große Hafenfestung Askalon war der Schlüssel zu der lebenswichtigen Straße, die Ägypten und Syrien verband. Saladin wollte sowohl Jerusalem als auch Askalon verteidigen, aber nach Meinung seiner Emire hatte er nicht genug Truppen, und sie zwangen ihn, zwischen beiden zu wählen. Saladin entschied sich für Jerusalem. Dies bedeutete, daß er Askalon schleifen mußte, um zu verhindern, daß eine äußerst wichtige Basis intakt in die Hände der Christen fiel. An dem Tag, als Richard in Jaffa einzog, begannen Saladins Truppen, die Bevölkerung von Askalon zu evakuieren.

Was würde Richard nun tun? Die strategische Wichtigkeit Askalons war ihm bekannt, und er hatte nicht die Absicht, die Stadt von Saladin ungehindert zerstören zu lassen. Er sandte den zum Herrn von Askalon ernannten Gottfried von Lusignan in einer Galeere aus, um die Lage vom Meer her zu erkunden. Bei seiner Rückkehr trat der Kriegsrat zusammen. Richards Wünschen entgegen sprach sich die Mehrheit dafür aus, zu bleiben, wo sie war, und Jaffa wiederaufzubauen, da es der brauchbarste Hafen für den Marsch auf Jerusalem war. Wie zuvor bestand eine Meinungsverschiedenheit zwischen jenen, die die Notwendigkeit strategischer Maßnahmen einsahen, und jenen, die Pilger waren und vor allem wünschten, die Heilige Stadt zu betreten und ihr Gelübde zu erfüllen. Widerstrebend gab Richard der Meinung der Mehrheit nach. Zumindest würden die Soldaten, wenn sie eine Weile in Jaffa blieben, die Rast bekommen, derer sie nach den Strapazen auf dem Weg nach Arsuf dringend bedurften. Die im September 1191 getroffenen Entscheidungen erinnern daran, daß weder Saladin noch Richard autokratische Herrscher waren; beide waren gezwungen, auf die Gefühle der Männer Rücksicht zu nehmen, deren Treue und Unterstützung sie sich erhalten wollten.

Aber Richard war nach wie vor siegesgewiß. Aus einem am 1. Oktober geschriebenen Brief spricht seine Zuversicht: »Mit Gottes Gnade hoffen Wir, die Stadt Jerusalem und das Heilige Grab innerhalb von zwanzig Tagen nach Weihnachten wiederzuerlangen und dann in Unsere eigenen Dominien zurückzukehren.«

9

Jerusalem und Jaffa 1191 bis 1192

Den September und Oktober 1191 hindurch arbeitete das Heer an der Wiederherstellung der Mauern von Jaffa und genoß die Annehmlichkeiten der Stadt und der sie umgebenden Obsthaine.

> Da war großer Reichtum an Weidegrund,
> und da gab es Trauben und Feigen in Überfluß,
> Mandeln und Granatäpfel ebenso,
> welche so verschwenderisch wuchsen
> und so reichlich die Bäume füllten,
> daß alle nach Belieben essen mochten.

Ambroise war weniger glücklich über die Frauen, die von Akkon herunterreisten, um sie zu unterhalten:

> Zurück zum Heer kamen die Frauen
> und betrieben das Gewerbe der Wollust und Schande.

Jaffa jedoch war eine kleine Stadt, und nach einer Weile sehnten sich einige der Soldaten nach dem unterhaltenderen Akkon. Richard selbst war genötigt, nach Akkon zu reiten und sie zu ihrer Pflicht zurückzuschleppen. Als er zurückkam, brachte er Berengaria und Johanna mit. Trotz der entspannten Atmosphäre in Jaffa war der Feind nie weit, und einmal wurde Richard um ein Haar gefangengenommen. Er war mit einer Handvoll Ritter auf eine Erkundungspatrouille geritten, die er mit einer Falkenjagd verband, und wurde in einen türkischen Hinterhalt gelockt. Einige Männer seiner Eskorte wurden getötet, und Richard selbst entkam nur, weil ein Ritter, Wilhelm de Préaux, die Geistesgegenwart und den Mut hatte, vorzugeben, daß er der König sei. In der Annahme, Richard gefangen zu haben, brachen die Türken den Kampf ab und zogen sich in die Hügel zurück. Arabische Autoren waren von der Loyalität eines Mannes beeindruckt, der willens war, sich für seinen Herrn zu opfern. Auf der fränkischen Seite war Richards Gefolge wegen des knappen Entrinnens alarmiert und tat sein Bestes, den König davon abzubringen, an Scharmützeln teilzunehmen, aber anscheinend vergebens. Die Patrouillen gingen weiter, und wenn Richard einen Kampf sah, konnte nichts ihn davon abhalten, sich hineinzustürzen.

Aber wenn er in dieser Hinsicht unbesonnen und kurzsichtig war, so dachte Richard in einem viel großartigeren Maßstab weit voraus. Ihm schwebte nicht bloß die Rückeroberung von Jerusalem vor, sondern auch die Eroberung Ägyptens. Das ganze zwölfte Jahrhundert hindurch war dies ein liebevoll gehegter Plan der Könige von Jerusalem gewesen – und möglicherweise ein selbstzerstörerischer, da das Endergebnis ihrer Angriffe auf Ägypten die Vereinigung von Ägypten und Syrien unter einem Herrscher war – eben Saladin. Aber nachdem diese Vereinigung einmal vollzogen war, konnte kein Zweifel daran sein, daß das Projekt Sinn hatte: Saladins Festhalten an Jerusalem wurde durch den Reichtum des Niltales finanziert. Im dreizehnten Jahrhundert wurde die Maxime »die Schlüssel zu Jerusalem liegen in Kairo« das Prinzip, auf welches die Kreuzzugsstrategie gegründet war. Richard erwähnte seinen Plan eines Ägyptenfeldzugs, der im folgenden Sommer stattfinden sollte, in einem Brief, den er im Oktober 1191 den Genuesen schickte. Seine Politik bis zu diesem Zeitpunkt war die einer Allianz mit den Pisanern gewesen, da dies die von Guido von Lusignan eingeschlagene Linie gewesen war, während Konrad von Montferrat und Philipp von Frankreich sich auf die Genueser verließen. Aber obwohl es schwierig war, diese alten und erbitterten Rivalen, Pisa und Genua, zur Zusammenarbeit zu überreden, war es ebenso offensichtlich, daß jedes bedeutsame militärische Unternehmen gegen Ägypten optimale maritime Unterstützung erforderte. So bestätigte Richard im Oktober 1191 sowohl den Pisanern wie auch den Genuesern von

Jaffa aus Privilegien und überredete seinen Schützling Guido von Lusignan, das gleiche zu tun.

In der Zwischenzeit hatte er wieder einmal Verhandlungen mit Saladin eröffnet. Baha ad-Dins Bericht eines Meinungsaustausches zwischen Richard und Saladin gibt uns einen nützlichen Einblick in die Haltungen beider Seiten. Richard begann mit der Erklärung: »Die Moslems und die Franken bluten sich zu Tode, das Land ist völlig ruiniert, und Güter und Leben wurden auf beiden Seiten geopfert. Die Zeit ist gekommen, damit aufzuhören. Die strittigen Punkte sind Jerusalem, das Kreuz und das Land. Jerusalem ist für uns ein Gegenstand der Anbetung, den wir nicht aufgeben könnten, selbst wenn nur einer von uns übrig wäre. Das Land von hier bis jenseits des Jordan (*Oultrejourdain*) muß uns überantwortet werden. Das Kreuz, welches für euch nur ein Stück Holz ohne Wert ist, ist für uns von enormer Wichtigkeit. Wenn ihr es uns zurückgebt, können wir Frieden machen und von dieser endlosen Mühe ausruhen.« Als Antwort erklärte Saladin: »Jerusalem ist ebensosehr unser wie euer. In der Tat ist es uns sogar noch heiliger als euch, denn es ist der Ort, von welchem aus unser Prophet zum Himmel fuhr, und der Ort, wo unsere Gemeinde sich versammeln wird am Tag des Jüngsten Gerichts. Stellt euch nicht vor, daß wir darauf verzichten können. Das Land war überdies ursprünglich unser, während ihr Eindringlinge seid und nur infolge der Schwäche der zu jener Zeit [d.h. des ersten Kreuzzugs] hier lebenden Moslems imstande wart, es zu erobern. Was das Kreuz betrifft, so ist sein Besitz eine gute Karte in unserer Hand und kann nicht ausgeliefert werden außer im Austausch gegen etwas von hervorragender Bedeutung für den Islam.« Bei einer anderen Gelegenheit behauptete Saladin, daß, selbst wenn er wünschte, Jerusalem abzutreten, die Entrüstung des Volkes es unmöglich machen würde. (Und tatsächlich wurde Jerusalem, als es im Jahre 1229 den Christen zurückerstattet worden war, sofort – wenn auch nur zeitweilig – von einem Heer schlechtbewaffneter muselmanischer Bauern zurückerobert.)

Bei den meisten Verhandlungen im Oktober und November 1191 wurde Saladin von seinem Bruder al-Adil Saif ed-Din vertreten, den die Franken Safadin nannten. Er war ein Diplomat von vollendetem

Geschick, und nach Saladins Tod fiel ihm die Aufgabe zu, das Reich zusammenzuhalten. Wie die übrigen Kreuzfahrer schätzte und bewunderte Richard al-Adil, und Mitte Oktober brachte er einige auf den ersten Blick erstaunliche Friedensvorschläge vor. Wenn Saladin seinem Bruder Palästina verleihen würde, dann würde er, Richard, die Heirat seiner Schwester Johanna mit al-Adil in die Wege leiten. Als Mitgift würde er ihr die Küstenstädte von Akkon bis Askalon geben. Das glückliche Paar könnte in Jerusalem wohnen, zu welchem die Christen freien Zugang erhalten sollten. Al-Adil war an der Idee interessiert – oder über sie belustigt – und gab sie an Saladin weiter, der sie zur Überraschung seiner Berater sofort aufnahm. Aber Saladin war sich sicher, daß die ganze Sache bloß ein Spaß von Richard war, und er wollte ihn nicht verderben. Und tatsächlich, als al-Adils Gesandter Richard das nächste Mal besuchte, erzählte ihm der König, daß Johanna in rasende Wut geraten sei, als sie von dem Plan ihres Bruders gehört habe. Vielleicht, fuhr Richard in der gleichen Stimmung fort, wäre es der beste Weg zur Lösung des Problems, wenn al-Adil Christ würde. Später hatte Richard den Einfall, eine seiner Nichten den Platz der widerspenstigen Johanna einnehmen zu lassen. Fraglos waren diese Verhandlungen nicht für bare Münze zu nehmen. Richard war nicht der Mann, der sich in einem Nebel von romantischen Vorstellungen verirrte. Er inspizierte ein zum Aufbruch von Jaffa bereites Heer und lernte in der Zwischenzeit den Feind kennen, ob nun durch Scharmützel oder durch das Austauschen von Komplimenten und Geschenken. Alle auch noch so oberflächlichen Kontakte dienten der Erkundung, der Einschätzung der Stimmung in Saladins Lager. Und Saladins Lager war natürlich keinesfalls einig. Die Rückschläge der letzten paar Monate hatten Spannungen und Rivalitäten zum Vorschein gebracht. Es ist möglich, daß der Tod von Saladins Neffen Taqui al-Din Umar am 9. Oktober 1191 bereits einen plötzlichen Streit um die Übernahme seiner Länder zwischen al-Adil und Saladins ältestem Sohn al-Afdal herbeiführte – ein Streit, der dem Nachfolgedisput vorausging, der Saladins Tod im Jahre 1193 folgte. Gewiß, falls die *Estoire d'Eraclès* irgendwie verläßlich ist, bestand unter den fränkischen Baronen von *Outremer* der Eindruck, daß Saladin und al-Adil zerstritten waren, und man fürchtete, daß al-Adil Johanna tatsächlich heiraten und sich selbst als ein unabhängiger Herrscher etablieren könnte. Es wäre also denkbar, daß Richards Vorschläge vielleicht als Sondierungen beabsichtigt waren, um Spaltungen am Hofe Saladins zu erforschen und auszuweiten.

Aber wenn dies beabsichtigt war, so hatte Richard wenig Erfolg. Denn al-Adil und Saladin spielten das gleiche Spiel – und mit größerer Wirkung. Indem sie ostentativ getrennt mit Richard und mit Konrad von Montferrat verhandelten, gaben sie den Franken guten Grund zu der Befürchtung, daß der Riß im fränkischen Lager bald irreparabel werden könnte. Seit Ende Juli hatte sich Konrad von Montferrat, unzufrieden mit dem Kompromiß, der die Krone in den Händen seines jüngeren Rivalen beließ, vom Kreuzzug ferngehalten. Trotz wiederholter Bitten hatte er es abgelehnt, Richard irgendwelche Hilfe zu gewähren. Er war so weit gegangen, Saladin anzubieten, daß er mit den Kreuzfahrern brechen würde, wenn er Beirut und Sidon erhielte. Aber da er tatsächlich schon mit ihnen gebrochen hatte, sah Saladin keinen Grund, zwei wertvolle Städte zu verschenken. Um Beirut und Sidon zu bekommen, würde Konrad gegen Richard zu den Waffen greifen müssen, und selbst Konrad wagte nicht, dies seinen Männern zuzumuten. Unter diesen Umständen war es Saladin zufrieden, Friedensgespräche ohne die Absicht, Frieden zu schließen, zu führen. Er glaubte, daß es keine Friedensbedingungen gäbe, welche die Kreuzfahrer auf Dauer daran hindern könnten, sofort nach seinem Tod Jerusalem anzugreifen. Da war es klüger, den Heiligen Krieg fortzusetzen, bis er sie aus Palästina vertrieben hatte oder bei dem Versuch dazu selbst umgekommen war.

Am 31. Oktober 1191 verließ Richard Jaffa und begann die letzte Etappe seines Zuges nach Jerusalem. Der Vormarsch war außerordentlich langsam. Den November – während er die Verhandlungen weiterführte – und den Dezember über konzentrierte er sich auf den Wiederaufbau der Kastelle an der Pilgerstraße von Jaffa nach Jerusalem – Kastelle, die Saladin geschleift hatte. Saladin zog sich nach Jerusalem zurück und begnügte sich damit, Patrouillen auszuschicken, um Richards Verbindungslinien zu stören und jeden Fouragetrupp, der nicht schwer bewacht war, anzugreifen. Bei einem dieser Angriffe sah sich der Fouragetrupp einer großen Übermacht gegenüber, und obwohl Richard den Earl von Leicester und den Grafen von St. Pol zu seiner Verstärkung schickte, waren die Franken in großen Schwierigkeiten, als der König selbst auf dem Schauplatz eintraf. Seine Begleiter, die Lage rasch abwägend, rieten ihm, sich nicht einzumischen: »Es wird Euch nicht gelingen, sie zu retten. Es ist besser, daß sie allein sterben, als daß Ihr in diesem Angriff den Tod riskiert und so den ganzen Kreuzzug gefährdet.« Aber obwohl Richard mit diesem Argument vertraut war und es zweifellos zu würdigen wußte, war er nicht zurückzuhalten: »Ich sandte diese Männer her. Wenn sie ohne mich sterben, soll ich nie wieder König genannt werden.« Und er stürzte sich wieder einmal in das Handgemenge und ging unversehrt daraus hervor. Die Köpfe der erschlagenen Türken ließ er auf Lanzen mit ins Lager zurückführen.

Am 22. November hatte das Hauptheer Ramlah erreicht und blieb dort sechs Wochen lang, festgehalten von unablässigem Winterregen. Da das Lagern und Führen eines Heeres im Winter äußerst schwierig war, löste man traditionsgemäß in dieser Jahreszeit die Armeen auf, die Soldaten gingen nach Hause. Saladin hielt sein Heer bis zum 12. Dezember zusammen, aber er war schließlich genötigt, dem Druck seiner Emire und ihrer meuternden Truppen nachzugeben. Als Richard erfuhr, daß das Gros von Saladins Armee sich zerstreut hatte, verlegte er sein Hauptquartier nach Latroun. Hier verbrachte er Weihnachten und befahl dann dem Kreuzfahrerheer, bis Beit Nuba, nur zwanzig Meilen vor der Heiligen Stadt, zu marschieren.

Das Wetter war gräßlich; schwerer Regen und heftige Hagelstürme tobten; der Boden war schlammig. Die Nahrung wurde feucht und verdarb, die Kleider waren durchnäßt, und Waffen und Rüstungen rosteten. Doch die Soldaten waren in jubilierender Stimmung, und sie dankten Gott, der sie so weit gebracht hatte:

Gott, dürfen wir nun unsere Stimmen erheben
in Dank, in Anbetung und in Preis!
Nun werden wir Dein Heiliges Grab sehen!

Kein Mann fühlte Kummer oder Trübsinn,
Traurigkeit oder Bedrängnis,
denn alles war Freude und Glück.

Aber nicht alle waren so optimistisch. Jene, die das Land kannten und die weitsichtig genug waren, sich vorstellen zu können, was geschehen würde, wenn Jerusalem erobert war, blieben skeptisch. Dies galt in erster Linie für die Templer und die Hospitaliter. Sie wiesen darauf hin, daß Richard, wenn er Jerusalem belagerte, mit Sicherheit zwischen der Garnison und einer Entsatzarmee in die Zange genommen werden würde. Welche Hoffnung bestand, dieser Falle zu entkommen, wenn sie so weit vom Meer entfernt waren? (In Wirklichkeit war die Moral der Truppen, die noch bei Saladin in Jerusalem aushielten, so tief gesunken, daß die Stadt ziemlich bald hätte fallen können.) Aber wenn sie Jerusalem nähmen, was dann? Die begeisterten Kreuzfahrer, Pilger des Heiligen Grabes, würden alle nach Hause zurückkehren, nachdem sie ihre Pilgerfahrt beendet, ihre Gelübde erfüllt hätten. Wie viele könnten dazu überredet werden, in Jerusalem zu leben und es zu verteidigen? Wie sie sehen konnten, war es nicht gerade ein Land, in dem Milch und Honig flossen. Die Antworten auf diese Fragen waren offensichtlich. Die Alternative war die Befestigung der Küstenstädte, um zunächst eine solide Ausgangsbasis für einen späteren Angriff auf Jerusalem zu schaffen. Je näher das Heer Jerusalem kam, desto stärker setzte sich diese realistische Sicht gegen den Mythos des Kreuzzuges durch. Bei einer im Januar 1192 abgehaltenen Zusammenkunft des Heeresrates wurde die unvermeidliche Entscheidung getroffen: Richard gab den Befehl zum Rückzug. Für die meisten gewöhnlichen Soldaten, die Pilger, war es ein bitterer Schlag. Die Wetterbedingungen, welche während des Marsches auf die Heilige Stadt heiter hingenommen worden waren, erschienen nun auf dem Rückmarsch unerträglich. Sogar die Elemente schienen sich über sie lustig zu machen:

Wenn sie mit einer Warenlast beladen waren
und durch den dicken Schlamm schritten,

knickten ihre Knie ein, und sie fielen hin.
Dann gaben sich fluchende Männer dem Teufel
drunten in der Hölle. Meine Herren,
denkt nicht, daß dies eitle Worte sind:
Niemals noch war eine tüchtige Kompanie
so tief ins Elend gesunken.

Und für diese Männer war nun Richard, der Eroberer von Zypern und von Akkon, der Sieger von Arsuf, der General, der vor den Toren von Jerusalem kehrtmachte.

Der Rat, welcher für den Rückzug votiert hatte, hatte auch beschlossen, daß der vernünftigste Kurs die Einnahme von Askalon und sein Wiederaufbau war. Dies war solide militärische Strategie, aber nicht aus Vernunftgründen waren die Soldaten über das Meer gekommen. Die meisten französischen Kontingente, von denen es hieß, daß sie für die Belagerung von Jerusalem gewesen waren, zogen sich nach Jaffa zurück – einige sogar nach Akkon. Es war eine sehr verringerte Armee, mit der Richard am 20. Januar 1192 Askalon erreichte. Während der nächsten vier Monate blieben seine Streitkräfte dort und bauten es zur stärksten Festung an der Küste Palästinas aus. Sie erhielten wiederum keine Unterstützung von Konrad von Montferrat und recht wenig von irgend jemand sonst. Der Herzog von Burgund gesellte sich Anfang Februar wieder eine Zeitlang zu ihnen, kehrte aber dann nach Akkon zurück, sobald Richard verkündete, daß er es sich nicht leisten könne, ihm noch mehr Geld zu leihen.

Akkon befand sich im Chaos. Die Genuesen und die Franzosen versuchten, die Kontrolle über die Stadt an sich zu reißen, und eine Flottille von Galeeren unter dem Kommando von Konrad von Montferrat schloß sich ihnen an. Aber in einer dreitägigen Schlacht verteidigten die Pisaner die Stadt gegen diese Koalition. Richard war auf dem Weg in den Norden, als er ihren Hilferuf erhielt. Er erreichte Akkon am 20. Februar, nur um festzustellen, daß die Nachricht von seinem Kommen Konrad und Hugo zu einem hastigen Rückzug nach Tyrus getrieben hatte. Richard gelang es, eine zeitweilige Versöhnung zwischen den Pisanern und den Genuesen herbeizuführen, dann begab er sich in den Norden, um Konrad zu treffen. Die beiden Männer trafen in Casal Imbert an der Straße nach Tyrus zusammen. Konrad weigerte sich erneut, zum Heer in Askalon zu stoßen, und auf beiden Seiten fielen zornige Worte. Richard leitete dann eine Ratsversammlung, bei welcher Konrad formell sein Anteil an den Einkünften des Königreichs Jerusalem entzogen wurde. Da jedoch der Marquis von Montferrat die Unterstützung der meisten ansässigen Barone und die der Franzosen besaß, war es äußert schwierig, dieses Urteil in die Praxis umzusetzen, wenn auch Richard sechs Wochen lang in Akkon blieb, um die Lage dort zu konsolidieren. Der Wiederaufbau von Askalon ging inzwischen unter dem wachsamen Auge des neuen Grafen, Gottfried von Lusignan, weiter. Die meisten Baukosten wurden aus Richards Tasche bestritten, aber einige gewinnträchtige Überfälle auf zwischen Ägypten und Syrien verkehrende Karawanen ließen hoffen, daß die Festung sich bald selbst finanzieren können würde.

Am 31. März 1192 kehrte Richard zurück, um Ostern mit seiner Armee in Askalon zu verbringen. Während er Gaza und Darum erkundete und ein weiteres Vorrücken die Küste hinunter plante, vergnügten sich die Franzosen – nach Ambroise – in Tyrus:

> Jene, die dort anwesend waren, versicherten
> uns, daß sie die späten Stunden durchtanzten,
> ihre Häupter geschmückt mit Blumen,
> verflochten zur Girlande und zur Krone;
> neben Weinfässern setzten sie sich nieder
> und tranken, bis zum Morgengebet geläutet wurde,
> dann machten sie sich auf den Heimweg
> zwischen den Huren ...

Den ganzen Frühling über setzten sowohl Richard wie Konrad ihre getrennten Verhandlungen mit Saladin fort. Richard erhielt am 15. April Nachrichten aus Europa, die ihn auf eine Einigung drängen ließen: Sein Bruder Johann stiftete in England Unruhe, und König Philipp bedrohte, ungeachtet des von ihm geschworenen Eides, die Grenzen zur Normandie. Richard würde in sein Land zurückkehren müssen. Aber was würde in *Outremer* in seiner Abwesenheit geschehen? Konrad war nicht bereit, mit Guido von Lusignan zusammenzuarbeiten. Wenn die Fehde andauerte, würde Saladin mit ziemlicher Sicherheit in der Lage sein, den Boden zurückzugewinnen, den er in den letzten zwölf Monaten verloren hatte. Das Königreich brauchte dringend einen König, der wirklich Macht ausübte, einen König, dessen Autorität unbestritten war. Verglichen mit dieser harten Tatsache war die Frage, wer besser legitimiert war, von sekundärer Bedeutung.

Unter diesem Druck berief Richard am 16. April eine Versammlung des Heeresrates in Askalon ein – vierundzwanzig Stunden nach der Ankunft des vom Kanzler von England, Wilhelm Longchamp, gesandten Kuriers. Er bot der Versammlung zwei Könige zur Auswahl an: Konrad oder Guido. Der Rat entschied sich einmütig für Konrad. Richards Biographen und Historiker der Kreuzzüge haben immer gesagt, daß diese Entscheidung eine schockierende Überraschung für den König war, aber das ist kaum wahrscheinlich. Es ist wahr, daß er bis dahin immer für Guido Partei ergriffen hatte. In der Praxis hatte dies jedoch bedeutet, daß Richard der Herrscher von Jerusalem gewesen war, nicht Guido. Wenn Richard Guido als König bestätigen wollte, hätte keine Notwendigkeit bestanden, eine Versammlung des Heeresrates einzuberufen und ihr die Entscheidung zwischen den beiden nahezulegen. Richards Heer hatte bereits einen König anerkannt, Guido, und diese Versammlung ergab nur einen Sinn, wenn ein politischer Wechsel in Betracht gezogen wurde. Aller Wahrscheinlichkeit nach hatte Guidos tatkräftiger Bruder, Gottfried von Lusignan, schon beschlossen, auf die Herrschaft über Askalon und Jaffa zu verzichten und nach Poitou heimzukehren. Wenn Richard erst einmal abgereist war, mußte Guidos Position noch verwundbarer werden. Natürlich konnte er nicht ohne ein Wort des Bedauerns fallengelassen werden, und so drückte Richard seine Betrübnis über das Geschehen aus, bevor er verkündete, daß er die Entscheidung des Rates anerkennen werde. Während Richard in Wirklichkeit herrschte, konnte Guido durchaus formell als König fungieren. Aber selbst Richard war nicht fähig gewesen, Konrad von Montferrat entweder

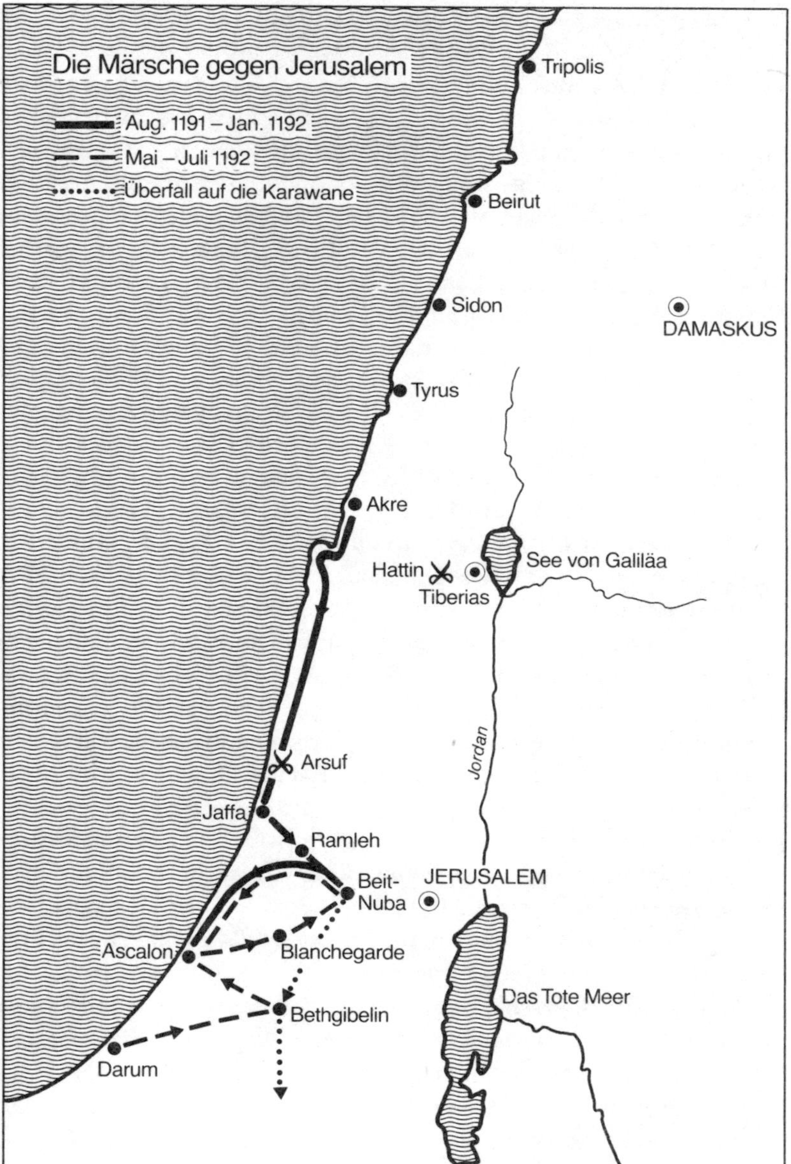
Die Märsche gegen Jerusalem
Aug. 1191 – Jan. 1192
Mai – Juli 1192
Überfall auf die Karawane
Tripolis
Beirut
Sidon
DAMASKUS
Tyrus
Akre
Hattin
Tiberias
See von Galiläa
Jordan
Arsuf
Jaffa
Ramleh
Beit-
Nuba
JERUSALEM
Ascalon
Blanchegarde
Bethgibelin
Das Tote Meer
Darum

zu besiegen oder sich seine Zusammenarbeit zu sichern. Guido hatte, sich selbst überlassen, erst recht keine Chance gegen diesen klugen und völlig skrupellosen Gegner. Falls es Guido gelungen wäre, Akkon zurückzuerobern, hätte es vielleicht anders ausgesehen, aber so war er in den Augen der Barone von *Outremer* noch immer der Mann, der die Schlacht von Hattin verloren hatte. All dies muß Richard während der sechs Wochen, die er in Akkon verbrachte, klargeworden sein – wenn nicht schon früher. Glücklicherweise war er in der Lage, Guido in großem Stil zu entschädigen. Er hatte vorher Zypern für 100000 *besants* an die Templer verkauft. Bisher hatten sie erst vierzig Prozent des Kaufpreises entrichtet, und ihr Versuch, das Geld aufzutreiben, indem sie der zypriotischen Bevölkerung eine Steuer auferlegten, hatte eine Rebellion heraufbeschworen. Es sah so aus, als ob Zypern mehr Ärger machen würde, als es wert war. Daher waren die Templer leicht zu überreden, für 40000 *besants* an Guido weiterzuverkaufen. Richard drängte Guido nicht, den Restbetrag von 60000 *besants* zu entrichten, und er wurde tatsächlich niemals bezahlt. Die Lusignans sollten Zypern während der nächsten dreihundert Jahre regieren – bis 1489.

Inzwischen mußte Konrad von Montferrat von seinem Glück unterrichtet werden; Richard sandte also Graf Heinrich von der Champagne nach Tyrus, um die Nachricht zu überbringen. Graf Heinrich war ein vornehmer Kreuzfahrer, der sich bereits seit fast zwei Jahren im Heiligen Land aufhielt. Als der Neffe von König Richard und von König Philipp befand er sich in einer günstigen Lage, die Uneinigkeit zwischen den angevinischen und französischen Streitkräften beizulegen. Aus diesem Grund hatte er vom Zeitpunkt seiner Ankunft im Sommer 1190 an bis zum Kommen der zwei Könige im Jahre 1191 als Kommandeur der Akkon belagernden Armee fungiert. In den letzten paar Monaten hatte er sich eindeutig Richards Partei angeschlossen, da er es vorzog, in Askalon zu bleiben, statt sich mit dem Herzog Hugo von Burgund nach Tyrus zurückzuziehen. (Dies ist möglicherweise der Grund dafür, daß Herzog Hugo in Joinvilles *Leben des heiligen Ludwig* als »kühn, aber sündhaft, unternehmend, aber unklug« beschrieben wird, da Joinville der Erbseneschall der Champagne war.) Als Graf Heinrich Tyrus erreichte und seine Nachricht überbrachte, fiel Konrad auf die Knie und dankte Gott. Ambroise will ihn beten gehört haben, daß ihm nicht vergönnt sein solle, gekrönt zu werden, wenn er nicht würdig sei, König zu sein. Richard hatte es eilig; so wurde vereinbart, daß Konrad innerhalb der nächsten paar Tage in Akkon gekrönt werden sollte. Graf Heinrich reiste ab, um Vorbereitungen für die Krönung zu treffen. Da machte das Messer eines Meuchelmörders alle Pläne zunichte.

Am 28. April wollte Konrad mit seiner Gattin Isabella speisen. Sie jedoch brauchte so lange für ihr Bad, daß er schließch aufgab und sich in das Haus seines Freundes, des Bischofs von Beauvais, begab in der Hoffnung, dort zu speisen. Leider hatte der Bischof gerade sein Mahl beendet, so machte sich Konrad – zweifellos darüber nachsinnend, daß dies nicht sein Glückstag sei – wieder auf den Heimweg. Als er um eine Ecke bog, kamen ihm zwei Mönche entgegen, von denen einer einen Brief für ihn zu haben vorgab. Als Konrad herantrat, um den Brief in Empfang zu nehmen, erstachen sie ihn, und er starb bald danach.

Wer waren die Mörder? Und welches war ihr Motiv, Konrad umzubringen? Bevor er hingerichtet wurde, gestand einer von ihnen, daß sie sich als Mönche verkleidet hatten, um sich Konrad nähern zu können. In Wirklichkeit waren sie beide Anhänger von Rashid ed-Din Sinan, einer legendären Gestalt im Nahen Osten und volkstümlich als »Der alte Mann vom Berge« bekannt. Rashid war von 1169 bis zu seinem Tod im Jahre 1193 der Führer des syrischen Zweiges einer revolutionären religiösen Bewegung, die am Ende des elften Jahrhunderts in Persien begründet worden war. Die orthodoxen Moslems, die Persien regierten, berachteten die Anhänger der neuen Lehre als Ketzer und versuchten, sie zu unterdrükken. Aber diese Ketzer unterwarfen sich nicht sanftmütig der Verfolgung. Sie schufen sich eine Basis in der großen Bergfestung von Alamut und wandten sich gegen jene, die sie angriffen. Ihre auserwählte Waffe war der Dolch des Meuchelmörders. Im frühen zwölften Jahrhundert wurde die neue Lehre zusammen mit ihren terroristischen Techniken nach Syrien getragen, und hier erhielten die Fanatiker den Namen, unter welchem sie in Erinnerung blieben:

Assassinen. Das Wort »Assassine« kommt vom arabischen *hashish.* Ihre Feinde bezichtigten sie, daß sie Haschisch nähmen; für Außenstehende schien es die einfachste Erklärung für ihre Wildheit. Es gibt keinen Beweis dafür, daß sie wirklich Haschisch nahmen, aber es besteht überhaupt kein Zweifel an der Tatsache, daß sie den Mord als eine politische Waffe benutzten. So fand im Laufe des zwölften und des dreizehnten Jahrhunderts ein neues Wort Eingang in die Sprachen Europas: *Assassine*, ein fanatischer Mörder.

Die Beschreibung der Assassinen, die der deutsche Chronist Arnold von Lübeck im späten zwölften Jahrhundert gibt, illustriert sehr gut die gewaltige Wirkung, welche »Der alte Mann vom Berge« auf die Vorstellungskraft der Europäer hatte: »Dieser alte Mann hat durch Zauberei die Männer seines Landes so verwirrt, daß sie weder einen anderen Gott außer ihm verehren noch an einen solchen glauben. Er verlockt sie mit Versprechungen von einem künftigen Leben, in welchem sie ewige Freude genießen werden, und läßt sie so den Tod dem Leben vorziehen. Er braucht nur zu nicken, und sie werden von einer hohen Mauer herabspringen, wobei sie sich ihre Schädel brechen und elend sterben. Die wahrhaft Gesegneten, so erzählt er ihnen, sind jene, die andere töten und dann selbst getötet werden. Wann immer irgendwelche seiner Anhänger diesen Weg zu sterben wählen, beschenkt er sie mit Messern, welche dem Mord geweiht sind. Er gibt ihnen dann einen Trank, der sie berauscht, indem er sie in Ekstase und Vergessen taucht. Auf diese Weise gebraucht er seine Magie, um sie phantastische Träume schauen zu lassen, voller Freuden und Wonnen. Er verspricht ihnen, daß sie, falls sie sterben, während sie auf seinen Befehl töten, für immer in solchen Träumen leben werden.«

Da die Assassinen meist heimlich zuschlugen, wuchs ihre Macht schnell an. Es gab kaum eine Möglichkeit, sich gegen sie zu schützen. Eine Geschichte, die auch Saladin berührt, sagt viel über die Natur der Rashid ed-Din zugeschriebenen Macht. Nach dieser Erzählung schickte »Der alte Mann vom Berge« einen Boten zu Saladin, der den Auftrag hatte, seine Nachricht nur persönlich zu übermitteln. Natürlich ließ Saladin den Boten durchsuchen, aber es wurde keine Waffe gefunden. Dann entließ Saladin sein Gefolge bis auf einige wenige bewährte Ratgeber. Der Bote weigerte sich jedoch, seine Botschaft zu verkünden. Saladin schickte also alle weg mit Ausnahme von zwei Leibwächtern. Noch immer zögerte der Bote, aber Saladin sagte: »Diese beiden weichen nie von meiner Seite. Ich betrachte sie als meine Söhne. Verkünde deine Botschaft oder nicht, wie es dir beliebt.« Darauf wandte sich der Bote an die zwei Leibwächter und sagte: »Wenn ich euch im Namen meines Meisters befehle, Saladin zu töten, werdet ihr das tun?« Sie sagten, daß sie es tun würden, zogen ihre Schwerter und sprachen: »Verfüge über uns, wie du willst.« Der Bote befahl ihnen, ihre Schwerter in die Scheide zu stecken, und dann verließen alle drei das Lager des Sultans. Saladin war sprachlos. Rashid ed-Din Sinans Botschaft war verkündet worden. Wir müssen uns erinnern, daß Saladin der Verteidiger der muselmanischen Orthodoxie war und alle Ketzer verfolgte. Die Gefahr eines Meuchelmordes war deshalb für ihn viel größer als für die meisten Christen, obwohl er 1176 mit den syrischen Assassinen eine Einigung erzielt zu haben scheint. Aber vor diesem Datum gab es mindestens zwei Anschläge auf sein Leben. Manchmal soll er nur in einem ausgeklügelt konstruierten hölzernen Turm Ruhe zum Schlaf gefunden haben.

Aber warum sollten die Assassinen den Wunsch gehabt haben, Konrad von Montferrat zu ermorden? Niemand wußte wirklich die Antwort hierauf, und es verbreiteten sich rasch Gerüchte aller Art. Einige sagten, daß Saladin Rashid bestochen hätte, sowohl Richard wie auch Konrad zu töten, aber »Der alte Mann« tötete nur einen von ihnen, weil er wußte, daß der Sultan, wenn beide aus dem Weg geschafft wären, freie Hand haben würde, sich mit den Assassinen zu befassen. Andere beschuldigten Richard. Das Geständnis des einen Assassinen soll den König von England belastet haben, aber selbst wenn ein solches Bekenntnis abgelegt wurde, kann es nicht als verläßliches Indiz gelten. Es war ein »normales« Verfahren der Assassinen, den Mörder mit einer »Deckgeschichte« dieser Art zu versehen, um Mißtrauen und Verdacht im gegnerischen Lager zu verbreiten. Für die Assassinen war Richard in dieser Hinsicht eindeutig erste Wahl: Er und Konrad waren stets politische Feinde gewesen, und ein Beobachter, selbst wenn er die Nachricht von der kürzlichen Versöhnung gehört hatte, mochte wohl annehmen, daß an einer so radikalen Wendung etwas Verdächtiges war. Nur jemand, der die Situation in England und der Normandie verstand, konnte in Richards plötzlichem Sinneswandel die Logik erkennen. Es gab viele französische Kreuzfahrer, die alles zu glauben bereit waren, was gegen Richard gesagt wurde, besonders als es klar wurde, daß der Mann, der durch Konrads Tod offenbar am meisten gewonnen hatte, Richards Neffe und politischer Verbündeter Heinrich von der Champagne war. Glücklicherweise für Richard jedoch wurde er in einem von dem »alten Mann vom Berge« selbst geschriebenen und an Leopold VI. von Österreich gesandten Brief ausdrücklich entlastet. Tatsächlich war der Brief aber eine Fälschung. Jemand versuchte, Gerüchte zu zerstreuen. Aber nützliche Gerüchte sterben nie, und der von Richard angestiftete Assassinen-Mord wurde zu einer Standardlüge im europäischen Propagandakrieg der 1190er Jahre. Einhundert Jahre danach verwandelte ein als historisches Poem getarntes capetingisches Propagandastück Richard sogar in einen zweiten »alten Mann vom Berge«, indem es beschrieb, wie er englische Knaben zu Meuchelmördern abrichtete. Auch er schärfte ihnen dem Gedicht zufolge ein, sie würden in den Himmel kommen, wann immer eine erfolgreiche Mission mit ihrem eigenen Tod endete.

Aus unserem großen zeitlichen Abstand ist es nicht leicht, zu erschließen, was hinter dem Mord an Konrad steckte. Alles, was wir über Richard und Saladin wissen (zumindest nach dem *coup d'état* von 1171, mit dem er die Macht in Ägypten ergriff), deutet darauf hin, daß sie sich nicht zum Meuchelmord herabgelassen haben würden. Die redlichste Erklärung ist die von den Chronisten von *Outremer* angebotene – weil sie weder einen capetingischen noch einen angevinischen noch einen muselmanischen Gesichtspunkt reflektiert. Diese Chronisten berichten, daß Konrad Rashid durch einen Akt von Piraterie beleidigt hatte und die Rache des »alten Mannes« auf sich gezogen hatte. Es war nicht die Art von Erklärung, die Amateurpolitikern zusagte. Dafür war sie viel zu simpel. Sie zogen es vor, nach tieferen Ursachen und nach Verschwörungen von machiavellistischer Subtilität zu forschen. Nichtsdestoweniger deutet das vorhandene Beweismaterial darauf hin, daß es sich so zutrug.

Konrads Tod stürzte Akkon ins Chaos. Der Herzog von Burgund versuchte, die Stadt an sich zu reißen, doch Isabella, die behauptete, Anweisungen ihres toten Gatten auszuführen, schloß sich in der Burg ein und sagte, sie würde die Schlüssel niemandem außer Richard oder dem legal gewählten König von Jerusalem aushändigen. Aber wer mochte das sein? War Guido von Lusignan nun wieder König? Es gab einige, die befürchteten, daß er mit pisanischer Unterstützung seine Bemühungen um den Thron erneuern könnte. Wo stand jetzt Isabellas erster Gatte, Humphrey von Toron? Wenn die Ehe mit Konrad ungültig gewesen war, war sie noch immer mit Humphrey verheiratet? (Es gab noch eine weitere Version von Konrads Tod, welche Humphrey als den Drahtzieher des Mordes nannte.) Oder sollte Isabella, die einundzwanzigjährige, zweimal verehelichte Erbin des Königreiches, sich einem dritten Gemahl anvertrauen? Heinrich von der Champagne wurde nun Richards Kandidat für den Thron, und sie erkannten beide, daß so schnell wie möglich Klarheit geschaffen werden mußte. Der beste Weg, die politische Ungewißheit zu beenden, war, daß Heinrich die Dame heiratete, bevor dies irgendein anderer tat – und danach sollten die Juristen die Frage der rechtlichen Gültigkeit der Eheschließung in Muße erörtern. Obwohl es also Anzeichen dafür gibt, daß sowohl Richard als auch Heinrich die Zweifel der Juristen teilten, heiratete Heinrich am 5. Mai, eine Woche nach Konrads Tod, die junge Witwe Isabella. Ambroise sah die Motive des Grafen aus einem eher romantischen Blickwinkel:

Die Franzosen zögerten nicht im mindesten,
sondern schickten geradewegs nach dem Priester
und veranlaßten den Grafen, die Dame zu heiraten.
Meiner Seel', ich hätt' das auch getan,
denn sie war blond und schön,
und so, mag Gott mir gnädig sein,
war der Graf, wenn ich nicht irre,
wohl geneigt, sie zu frein.

Nach der Hochzeit zogen Heinrich und Isabella in den königlichen Palast von Akkon:

> Der Graf wohnt prächtig hier. Ach, ich wollt',
> daß ich etwas so Gutes hätt'.

In den letzten zwanzig Tagen hatten sich die Ereignisse überschlagen. Am 15. April war Guido noch König von Jerusalem gewesen. Am 5. Mai war er schon Herr von Zypern, während das Königreich Jerusalem seinen dritten Herrscher in ebenso vielen Wochen willkommen hieß. Heinrich jedoch nahm den Titel König niemals an – entweder, weil er nicht in Jerusalem gekrönt werden konnte oder aufgrund der Bedenken über die Gültigkeit seiner Ehe. Nach Richards Abreise wurde er der Herrscher des Königreichs bis 1197, als er versehentlich rückwärts durch das offene Fenster eines hochgelegenen Zimmers fiel und starb. Isabella nahm darauf ihren vierten Gatten, Guido von Lusignans Bruder Aimer, der 1205 zuviel Fisch aß und starb. Auf diese Weise war Isabella im Alter von dreiunddreißig einmal geschieden und dreimal verwitwet.. Als sie bald darauf starb, muß die Welt als ein etwas sicherer Ort für Ehemänner erschienen sein.

Von Richards Gesichtspunkt aus bedeutete die Ernennung Heinrichs von der Champagne, daß er zum erstenmal alle Streitkräfte des Königreichs zu seiner Verfügung hatte. Er beschloß, die Gelegenheit zu ergreifen, um die Länge der Küstenlinie in christlichen Händen zu erweitern und den Druck auf Saladins Verbindungslinien zwischen Ägypten und Syrien zu verstärken. Er forderte Heinrich und die französische Armee auf, sich ihm anzuschließen, und zog gegen die Festung Darum, zwanzig Meilen südlich von Askalon. Darum fiel nach fünf Tagen erbitterter Kämpfe am 22. Mai 1192, einen Tag, bevor Heinrich und der Herzog von Burgund eintrafen. In einer noblen Geste übergab Richard die eingenommene Stadt sogleich dem neuen Herrn von Jerusalem. Nun, da ein neuer Geist der Zusammenarbeit unter den Christen herrschte, wuchs die Zuversicht, auch Jerusalem endlich einnehmen zu können. Aber am 29. Mai empfing Richard einen weiteren Kurier aus England, den Vizekanzler Johann von Alençon, mit beunruhigenden Nachrichten über eine Verschwörung zwischen Johann und König Philipp. Richard war nun in einem schrecklichen Dilemma gefangen: Was war wichtiger – Jerusalem oder das Angevinische Reich? Johann von Alençon wird etwa acht Wochen gebraucht haben, um von London nach Jaffa zu reisen. Was war in diesen Wochen geschehen – und, wenn er nun wieder aufbrach, was würde in den nächsten zwei oder drei Monaten geschehen? Jerusalem war greifbar nahe. Sollte er erneut versuchen, es zu nehmen? Es war auch jetzt kein sehr hoffnungsvolles Unternehmen, aber wollte er als der König bekannt werden, der es nicht einmal versucht hatte? Wenn er Jerusalem durch irgendein Wunder nähme, würde es niemand in Europa geben, der sich gegen ihn stellen konnte, den Eroberer, der die Heilige Stadt der Christenheit zurückgegeben hatte. Aber angenommen, der Feldzug schlug fehl, und er kam auch noch zu spät nach Hause?

Der Heeresrat trat zusammen und beschloß, daß, was immer Richard täte, das Heer Jerusalem angreifen würde. Als diese Nachricht zu den Soldaten durchsickerte, war die Freude so groß,

daß sie nicht zu Bett gingen, sondern
bis nach Mitternacht tanzten, noch immer hingerissen.

Richard zog sich in sein Zelt zurück und blieb dort einige Tage lang, bekümmert und unentschlossen. Schließlich gelang es einem seiner Kaplane, Wilhelm von Poitiers, mit ihm zu sprechen und seine Stimmung wieder zu heben. Er erinnerte den König an all die vergangenen Triumphe, welche Gott ihm auszukosten erlaubt hatte, an all die Gefahren, welchen er durch Gottes Gnade entronnen war. Nun, da er dicht vor den endgültigen Sieg geführt worden sei, wäre es schmachvoll, zurückzuweichen.

Nun wird es von groß und klein gesagt,
die dir Ehre wünschen, einer wie alle,
wie du der Christenheit
ein Vater und auch ein Bruder gewesen bist,
und wenn du sie nun verläßt,
wird sie, so verraten, sicher verderben.

Richard hörte schweigend zu, und auch, als der Kaplan geendet hatte, sagte er nichts, aber am nächsten Tag verkündete er, daß er bis Ostern bleiben werde und daß alle sich sogleich zur Belagerung von Jerusalem rüsten sollten.

Am 6. Juni verließ das Heer in zuversichtlicher Stimmung Askalon. Fünf Tage später erreichte es Beit Nuba, ohne auf Widerstand gestoßen zu sein. Die einzigen Verluste waren zwei Soldaten, die an Schlangenbissen starben. Heinrich von der Champagne war nach Akkon gezogen, um Verstärkung zu holen, und Richard befahl seinen Männern, auf ihr Eintreffen zu warten. Saladin hatte sich auf Jerusalem zurückgezogen. Abgesehen von dem gewöhnlichen Geplänkel zwischen Fourage- und Aufklärungspatrouillen, wurde die Hauptarmee in Ruhe gelassen. Ambroise berichtet, daß im Verlauf eines Scharmützels der König auf die Kuppe eines Hügels ritt, von wo er eine klare Sicht auf Jerusalem hatte: dies kann gut der als »Montjoie« bekannte Hügel gewesen sein, der Fleck, von welchem aus die Männer des ersten Kreuzzugs die Heilige Stadt zuerst sahen. Es war auch der Ort, an dem Richard dem Ziel seiner Wünsche am nächsten war: Weiter sollte er nicht kommen. In der Legende des dreizehnten Jahrhunderts wurde diesem Augenblick eine viel dramatischere Wendung verliehen: Als der König erkannte, daß er in Sichtweite von Jerusalem war, hob er seinen Schild, um seine Augen zu bedecken, und weinend bat er Gott, daß er ihn nicht zwingen möge, auf die Stadt zu blicken, wenn er sie nicht befreien könne.

Für die Soldaten, die in Beit Nuba müßig warten mußten, schien Graf Heinrich sich endlos Zeit zu lassen. Wie so oft in der Geschichte der Kreuzzüge half die Entdeckung einer Reliquie, die Moral aufrechtzuerhalten. Angeblich befand sich ein Bruchstück des Heiligen Kreuzes in der Nähe. Es war vergraben worden, damit es nicht in die Hände der Ungläubigen fiel. Richard und seine Ritter wurden von dem Mann, der es versteckt hatte, zu der Stelle geführt. Es war der

Abt vom heiligen Elias, der sich von
nichts als Wurzeln und Brot ernährte.

Mit seinem großen Bart, der ungestutzt wuchs,
schien er ein sehr heiliger Mann.

Dieses Stück des Kreuzes zu finden war ein Trost. Trost anderer Art fand sich in einem erfolgreichen Überfall auf eine reiche Karawane, deren Schätze – von Schachbrettern bis zu Kamelen – unter die Soldaten verteilt wurden. Aber so aufregend diese Episoden auch waren, sie waren kein Ersatz für eine Belagerung von Jerusalem. Schließlich traf Graf Heinrich ein, und am 29. Juni lagerte die gesamte Streitmacht in Beit Nuba. Baha ad-Din vermittelt ein anschauliches Bild von dem Schrecken in Saladins Hauptquartier, den Richards Anrücken auslöste – die Emire prahlten zwar tapfer, aber in Wirklichkeit waren sie bereit, die Stadt jeden Augenblick aufzugeben. Saladin selbst war bestürzt und außerstande zu schlafen. Doch soweit es die Führer des Kreuzzugs betraf, hatte sich nichts wirklich geändert. Sie waren wieder dort, wo sie sechs Monate vorher gewesen waren. Hinzu kam, daß Saladin diesmal vermeintlich eine größere Armee zur Verfügung hatte und in der Lage sein würde, die Nachschublinien zur Küste abzuschneiden, sobald das christliche Heer unter den Mauern von Jerusalem stand. Außerdem hatte Saladin alle Quellen rund um Jerusalem ausgetrocknet oder verseucht, so daß sich die Armee im Hochsommer in einer wasserlosen Region befinden würde. Richard schlug nun einen Alternativplan vor: einen Angriff auf Ägypten. Eine kombinierte Flotte von pisanischen und genuesischen Schiffen hatte bereits eine wichtige Rolle bei der Einnahme von Darum gespielt – ein idealer Ausgangspunkt für den Marsch durch die Wüste Sinai –, und, so versicherte Richard seinen Hauptleuten, sie lag nun in Akkon vor Anker, bereit, den Nachschub in das Nildelta zu transportieren. Er selbst war bereit, eine Armee von siebenhundert Rittern und zweitausend bewaffneten Soldaten, die aus seinen eigenen Mitteln bezahlt wurden, die Küstenstraße entlang nach Ägypten hineinzuführen. Es wurde vereinbart, daß die Alternativen – die Belagerung von Jerusalem oder der Angriff auf Ägypten – dem Rat der Zwanzig (fünf Templer, fünf Hospitaliter, fünf Barone aus *Outremer* und fünf Adlige aus Frankreich) vorgelegt werden sollten und daß die gesamte Armee anerkennen würde, was dieser Rat beschloß.

Der Rat entschied zugunsten der ägyptischen Kampagne – wie

Richard zweifellos vorausgesehen hatte, da zehn der zwanzig Mitglieder Einheimische waren und Richard immer darauf bedacht war, ihre Erfahrung in seine Pläne einzubeziehen. Einiges spricht dafür, daß Richard im verborgenen schon auf die Verwirklichung seiner alten Idee eines Ägyptenfeldzuges hingearbeitet hatte, seit er im vergangenen Oktober mit den Genuesen Verhandlungen eröffnet hatte. Der Herzog von Burgund und das französische Kontingent weigerten sich jedoch, mitzuwirken. Für sie hieß es Jerusalem oder nichts. Richard war bereit, nach Jerusalem zu ziehen, sagte er, wenn die Armee darauf bestehe, aber er werde sie nicht führen. Er werde als ihr Kamerad, ihr Pilgergefährte, mitziehen, aber nicht als ihr Hauptmann. Er wolle sie nicht in eine Falle führen. Aber die Armee bestand nicht darauf, konnte dies auch nicht, denn sie war hoffnungslos in zwei Lager gespalten, und deshalb war keiner der beiden Pläne durchzusetzen. Hugo von Burgund komponierte ein beleidigendes Lied über Richard, und seine Truppen machten ihren Gefühlen Luft, indem sie es laut sangen; Richard antwortete in ähnlicher Form. Doch abgesehen von diesem unbedeutenden Beitrag zur Troubadourkunst leistete die Armee nichts. Am 4. Juli begann der Rückmarsch. Für Richard muß es ein Tag des Jammers gewesen sein. Er hatte weit mehr als die anderen riskiert, als er sich bereit erklärte, weiter im Heiligen Land zu bleiben. Er wußte nun, daß er Jerusalem nicht befreien und Ägypten nicht erobern würde, und vielleicht war ihm inzwischen auch das Angevinische Reich verloren.

Auf verschiedenen Routen kehrte das Heer zur Küste zurück. Richard nahm wieder Verhandlungen mit Saladin auf, und sie kamen einer Einigung schnell nahe. Saladin stimmte zu, Pilger nach Jerusalem hereinzulassen und die Küste den Christen abzutreten, vorausgesetzt, daß sie Askalon schleiften. Richard jedoch weigerte sich, die Zerstörung einer Festung in Betracht zu ziehen, an welche er so viel Zeit und Geld gewendet hatte. Er zog es vor, sie zu verstärken, indem er ihre Garnison mit aus Darum abgezogenen Truppen auffüllte. Darum, nicht länger als Stützpunkt für einen Angriff auf Ägypten benötigt, wurde geschleift, um zu verhindern, daß es in Saladins Hände fiel und als Nachschubdepot bei einer Belagerung

Askalons benutzt würde. Während die Diskussion um Askalon andauerte, zog Richard nach Akkon, wo er am 26. Juli ankam. Er hatte eine Zeitlang einen Schlag im Norden gegen Beirut erwogen.

Aber Saladin setzte sich als erster in Bewegung. Am 27. Juli erschien sein Heer vor den Mauern von Jaffa. Nachdem die Stadt fünf Tage lang tapfer Widerstand geleistet hatte, ergab sie sich und wurde geplündert. Die Besatzung zog sich in die Zitadelle zurück, aber ihre Lage war hoffnungslos, und sie konnte nichts weiter tun, als ein wenig Zeit zu gewinnen. Sie verständigte sich mit Saladin: Sie würde kapitulieren, wenn sie nicht bis drei Uhr des nächsten Tages, am 1. August, entsetzt wäre; natürlich hatte sie, sobald sie Saladins Heer erblickte, eine Botschaft nach Akkon geschickt, und so hoffte man, daß Richard inzwischen unterwegs sei. Er hatte die Nachricht am Abend des 28. Juli in Akkon erhalten und sich sofort in Marsch gesetzt. Heinrich von der Champagne nahm mit einer Truppe Templer und Hospitaliter die Landroute, wurde aber in Caesarea durch die Nachricht aufgehalten, daß die Straße von einer zweiten muselmanischen Armee blockiert sei. Richards Kompanie zusammen mit den Pisanern und Genuesen fuhr in Galeeren, wurde aber durch Gegenwinde vom Berg Karmel her aufgehalten. Demzufolge erreichte seine Flotte erst in der späten Nacht des 31. Juli Jaffa. Als die Dämmerung anbrach, sah es aus, als sei Richard zu spät gekommen. Die ganze Stadt und die Küstenlinie wimmelten von muselmanischen Soldaten. Die belagerte Garnison muß der Flotte ihre Anwesenheit signalisiert haben, doch Richard unternahm nichts; vermutlich fürchtete er eine Falle, da er wußte, daß fränkische Banner auch von muselmanischen Händen gewebt werden konnten. Als die Stunden verrannen und immer noch nichts geschah, verlor die Garnison die Hoffnung; einige der Soldaten legten ihre Waffen nieder und drohten, die Zitadelle zu verlassen.

Zu diesem kritischen Zeitpunkt, als Jaffa verloren schien, sprang ein Priester von der Zitadelle in den Hafen. Sein Sprung wurde durch seichtes Wasser und Sand abgefangen. Er schwamm zu den Galeeren hinaus. Sobald Richard sicher war, daß der Kern der Garnison noch immer aushielt, zögerte er nicht länger. Die rotgestrichene königliche Galeere unter ihrer roten Flagge schoß vorwärts.

Richard legte seine Beinschienen ab, sprang ins Wasser und watete, gefolgt von seinen Leuten, ans Ufer. Die Landung wurde durch konzentriertes Armbrustfeuer von den Schiffen aus gedeckt. Als ein Brückenkopf freigekämpft war, errichteten die Soldaten aus Holz eine erste Barrikade. Dann ging Richard mit einer starken Abteilung zum Angriff über und drang in die Stadt ein. Die Türken waren in einem Zustand völliger Konfusion: Einigen stand der Sinn noch immer mehr nach Beute als nach Krieg, während andere glaubten, daß die Besatzung sich bereits ergeben hätte und überrumpelt wurde, als sie zu Richards Beistand einen Ausfall machte. In kürzester Zeit waren sie entweder tot oder auf der Flucht. An jenem Tag, so Ambroise, übertraf die Kühnheit des Königs die Rolands bei Roncesvaux.

Saladins Attacke auf Jaffa war ein brillanter und unerwarteter Schachzug gewesen. Wenn sie erfolgreich verlaufen wäre, hätte sie effektiv den Küstenstreifen des wiedergeborenen Königreichs Jerusalem in zwei separate Teile zerschnitten, und Saladin war diesem Erfolg äußerst nahegekommen. Richard war im letzten Augenblick eingetroffen, und die muselmanischen Truppen waren seinen Rittern und Armbrustschützen im offenen Kampf nicht gewachsen. Wäre er allerdings achtzehn Stunden später gekommen, hätte er Jaffa fest in Saladins Gewalt vorgefunden. Noch wichtiger: Saladin hatte auf diese dramatische Weise die Initiative ergriffen, um sein altes Prestige als Feldherr zurückzugewinnen und so die Autorität über seine Emire wieder geltend zu machen. Der Versuch war gescheitert. Ironischerweise mag es sein, daß Saladin zu früh zugeschlagen hatte. Dies war ein Krieg, in dem beide Seiten sehr viel über die Pläne des Feindes wußten. Es war, da der Kampf in einem Land ausgetragen wurde, in dem die überwältigende Masse der Bevölkerung entweder Moslems war oder Arabisch sprach und sich nach arabischer Sitte kleidete, auf der »zivilen« Ebene fast unmöglich, Freund und Feind zu unterscheiden. Kundschafter und Spione bewegten sich frei von einer Seite auf die andere. Auf diese Weise hatte Saladin bereits am 23. Juli von Richards Absicht erfahren, Beirut zu belagern, und er hatte sofort reagiert. Wenn er nicht so gut informiert gewesen wäre, hätte er unter Umständen mehr Erfolg gehabt, denn Richard hätte sich nicht mehr in Akkon, sondern bereits auf dem Marsch nach Beirut befunden – zu weit entfernt, um noch eingreifen zu können.

Von Jaffa aus zog sich Saladin etwa fünf Meilen landeinwärts zurück und nahm sofort die Friedensverhandlungen wieder auf – oder vielmehr Waffenstillstandsverhandlungen, da es für einen orthodoxen Moslem keinen Frieden zur Beendigung des Heiligen Kriegs geben konnte. Wie vorher erwies sich Askalon als der Stein des Anstoßes. Saladin beschloß deshalb, einen Überraschungsangriff zu versuchen, bevor Richards Landheer Zeit gehabt hatte, sich mit seiner amphibischen Streitmacht zu vereinigen, und während seine Ritter noch an einem großen Mangel an Pferden litten. Richard hatte, als er sein Lager außerhalb der zertrümmerten Stadtmauern aufschlug, Saladin zur Schlacht geradezu provoziert, und Saladin entschloß sich nun, die Herausforderung anzunehmen. Während der Nacht des 4. August rückte die türkische Kavallerie vor. Glücklicherweise wurde der König gewarnt, und es gelang ihm im letzten Augenblick, seine Truppen in Schlachtordnung aufzustellen, obwohl einige der Soldaten nur halb bekleidet waren. Das erste Glied kniete nieder, jeder Mann von seinem Schild geschützt und einen Spieß gegen den Feind gerichtet. Hinter ihnen standen die Armbrustschützen, die paarweise arbeiteten; während der eine seinen Bolzen abschoß, spannte der andere eine zweite Armbrust. Die Türken griffen an, hielten aber inne und schwenkten ab, sobald sie sahen, daß dieser furchtbare defensive Igel sich nicht auflösen und fliehen würde. Am Ende waren es Richard und seine zehn Ritter zu Pferde, die dazu übergingen, einen Feind zu attackieren, der ungern kämpfte, nun, da er das Überraschungsmoment verloren hatte. In den Augen einiger seiner Anhänger wurde der Sieg durch die persönliche Tapferkeit und Verwegenheit des Königs errungen:

»Der König war ein Gigant in der Schlacht und war überall auf dem Feld, bald hier, bald dort, wo immer die Attacken der Türken am grimmigsten wüteten. An jenem Tag leuchtete sein Schwert wie der Blitz, und viele der Türken spürten seine Schneide. Einige wurden von ihrem Helm bis zu ihren Zähnen entzweigespalten; andere verloren ihre Köpfe, Arme und andere Glieder, durch einen einzigen Schlag abgehauen. Er mähte Männer nieder, wie Schnitter mit ihren Sicheln Korn niedermähen. Wer auch immer seinen Streich fühlte, hatte keinen Bedarf für einen zweiten. Er war ein Achilles, ein Alexander, ein Roland.«

Dies waren die Qualitäten, welche ihn zur Legende machten. In Wirklichkeit wurde der Sieg durch die professionelle Kompetenz errungen, mit der er seine Truppen ordnete, und durch die schlechte Moral der Türken, die immer noch an den Nachwirkungen ihrer Vertreibung aus Jaffa litten und Saladins Führung nicht mehr vertrauten.

Dies war das Ende von Saladins Initiative. Beide Seiten waren nun völlig erschöpft. Richard wurde ernsthaft krank. (Gerüchten zufolge begann er, von dem Moment an zu genesen, als er hörte, daß Hugo von Burgund in Akkon gestorben war.) Für ihn war es an der Zeit, Frieden zu schließen und nach Hause zu gehen. Saladin war klug genug, die Schwierigkeiten und Sorgen Richards einschätzen zu können, und er war entschlossen, den Kampf weiterzuführen, den seiner Meinung nach die Franken auf lange Sicht nicht gewinnen konnten. Aber seine Emire verweigerten ihm die Gefolgschaft:

»Seht den Zustand des Landes, zerstört und zertrampelt, seht auf Eure Untertanen, bedrückt und verwirrt, auf Eure Armeen, erschöpft und krank, auf Eure Pferde, vernachlässigt und ruiniert. Es gibt wenig Nachschub, Nahrung ist knapp, die Lager sind weit, die lebensnotwendigen Dinge teuer. Alle Lieferungen müssen aus Ägypten kommen, durch die mörderischen Gefahren der Wüste zu uns.«

(Dieser letzte Satz zeigt, warum Saladin sich so sehr um Askalon sorgte. Es bedrohte die Straße nach Ägypten.) Nach Imad ad-Din argumentierten die Emire, daß ein Waffenstillstand die Franken nach Europa zurückschicken würde. Wenn somit Saladin nach einer Periode der Erholung beschlösse, den Krieg zu erneuern, würde es in Palästina fast niemand mehr geben, der sich gegen ihn stellen könne. Angesichts des Widerstrebens seiner Truppen mußte Saladin sich der Kraft dieser Argumente beugen. Aber bei seinen Verhandlungen mit Richard blieb er, was Askalon betraf, unerbittlich.

Schließlich gab Richard nach, von einer Krankheit geschwächt, die ihn eine physische wie auch politische Notwendigkeit zur Rückkehr empfinden ließ. Er bestand nur darauf, daß die neuerbauten Befestigungen dem Erdboden gleichgemacht werden sollten, bevor Askalon übergeben wurde. Unter diesen Bedingungen einigten sich Richards und Saladins Vertreter auf einen dreijährigen Waffenstillstand. Von Tyrus bis Jaffa sollte die Küste in christlichen Händen bleiben. Jerusalem blieb natürlich unter islamischer Herrschaft, aber Pilgern stand es frei, die Stadt zu besuchen. Viele von Richards Leuten nahmen diese Gelegenheit wahr, er selbst tat es nicht. Er wollte Jerusalem als Eroberer betreten oder gar nicht.

Statt dessen zog er nach Akkon, um sich zu erholen und Vorkehrungen zur Rückreise zu treffen. Er befreite Wilhelm de Préaux im Austausch gegen zehn muselmanische Gefangene. Am 9. Oktober 1192 stach er schließlich in See. Der dritte Kreuzzug – sein Kreuzzug – war vorbei. Er war ein Fehlschlag, da Jerusalem nicht genommen worden war, aber in Anbetracht der politischen und militärischen Probleme, mit denen Richard und seine Hauptleute fertig werden mußten, ist das Ausmaß ihres Erfolges erstaunlich. Die Küstenstädte konnten als Stützpunkte für die spätere Eroberung von ganz Palästina dienen. Solange Saladin am Leben war, gab es kaum eine Chance hierfür, aber nach dem Tod des großen muselmanischen Heerführers konnte sich die Lage wandeln. Saladin hatte böse Ahnungen. Es war schon offenbar, daß auf seinen Tod ein Kampf um die Macht innerhalb seiner Familie folgen würde. Wäre Richard noch ein halbes Jahr – bis Ostern des folgenden Jahres – im Heiligen Land geblieben, wie er einst versprochen hatte – und was er auch beinahe hätte tun müssen, da der 9. Oktober so ungefähr das späteste Datum im Jahre war, an dem die Seereise noch sicher war –, so hätte er vielleicht seinen Ehrgeiz zu befriedigen vermocht. In einer der Ironien der Geschichte starb Saladin am 4. März 1193, mehr als drei Wochen vor Ostern. Aber zu jener Zeit war Richard schon ein Gefangener in Deutschland.

10
Gefangener in Deutschland 1193 bis 1194

Auf der Reise von Akkon nach Hause kam Richard gut voran. Im Durchschnitt dauerte die Rückreise aus dem Heiligen Land nach Venedig neunzig Tage, zweimal so lang wie die west-östliche Passage, und Winterseereisen erforderten normalerweise überdurchschnittlich viel Zeit. Aber gegen Ende der ersten Dezemberwoche, sechzig Tage nach der Abfahrt von Akkon am 9. Oktober 1192, näherte sich Richard bereits Venedig. Während der meisten Reisezeit war er an Bord der *Franche-Nef* gewesen, eines großen Schiffes, welches fähig war, auch in Wetterbedingungen weiterzusegeln, die Galeeren in den Hafen trieben. Wenn er diese Reisegeschwindigkeit auf der Überlandroute von Venedig in die Normandie beibehalten hätte, wäre er im Januar 1192 in seinen Dominien angekommen. Wäre er zu diesem Datum tatsächlich zurückgekehrt, hätte niemand auf die Idee kommen können – weder die zeitgenössischen Chronisten noch die Historiker –, daß die von ihm getroffenen Vorkehrungen für die Regierung seiner Länder in seiner Abwesenheit unzureichend oder kurzsichtig gewesen wären: denn er wäre in ein unvermindertes Angevinisches Reich heimgekehrt.

Es hatte einige Schwierigkeiten gegeben – was unvermeidlich war, wenn man einen so ehrgeizigen und unbedenklichen Bruder wie Johann hatte –, und Richard hatte dessen Stimmung bestimmt nicht verbessert, als er in dem mit Tankred im Oktober 1190 abgeschlossenen Vertrag Arthur zu seinem Erben ernannte. Nichtsdestoweniger behielt Richards Statthalter in England, Wilhelm Longchamp, Bischof von Ely, päpstlicher Legat, Justitiar und Kanzler von England, die Lage unter Kontrolle. Es überrascht kaum, daß seine Beziehungen zu Johann gespannt waren, und Richard hatte schon im Februar 1191 etwas hierüber gehört, während er sich noch in Messina befand. Er hatte Walter von Coutances, Erzbischof von Rouen, mit Briefen ausgestattet, die ihn autorisierten, wenn nötig, die Regierungsgeschäfte zu übernehmen. Aber es bestand eindeutig keine Krise und offensichtlich auch kein Grund zur Eile. Walter von Coutances wartete in Messina, bis Eleonore und Berengaria am 30. März dort eingetroffen waren, und reiste dann mit Eleonore in gemächlichem Tempo zurück, so daß er England nicht vor Ende Juni erreichte. Longchamp hatte inzwischen einen unsicheren Kompromiß mit Johann erzielt, hauptsächlich, indem er zustimmte, alles zu tun, was er könne, um Johann auf den Thron zu helfen für den Fall, daß Richard auf dem Kreuzzug umkäme. (Ein Versprechen, das jeder vernünftige Politiker gegeben hätte; es war nichts damit zu gewinnen, die Ansprüche eines kleinen Kindes zu unterstützen.) Den Sommer von 1191 hindurch regierte Longchamp England, und Johann wurde als der Thronfolger bestätigt. Aber im September beging der Kanzler einen fatalen Fehler und verschaffte damit Johann den Vorwand, auf den er gewartet hatte. Der Halbbruder von Richard und Johann, Gottfried, inzwischen zum Erzbischof von York geweiht, entschloß sich, nach England zurückzukehren – entgegen seinem Eid, das Land drei Jahre lang nicht zu betreten. Er landete in Dover, wo Longchamps Schwager die Burgbesatzung kommandierte. Als er hörte, daß die Männer des Kommandanten ihn zu verhaften beabsichtigten, suchte er in der Priorei von St. Martin Zuflucht. Hier wurde er vier Tage lang belagert, und dann, am 18. September 1191, drangen Longchamps Männer ein, um seiner habhaft zu werden, und schleiften ihn an Armen und Beinen hinaus, wobei sein Kopf auf das Pflaster schlug, während sie ihn vom Altar der Prioreikirche wegzerrten.

Dieser Gewaltakt erinnerte viele Menschen an den Tod von Thomas Becket – Longchamp nun in der Rolle Heinrichs II. Bis auf den letzten Mann wandte sich der englische Klerus in einem empörten Aufschrei gegen ihn; von jenem Tag an gab es keinen Akt der Tyrannei, kein Vergehen, ob politisch, sexuell oder finanziell, dessen sie ihn nicht für fähig hielten. Johann und seine Parteigänger hatten wenig Mühe, die Erregung gegen ihn zu schüren, bis er gezwungen war, schmählich aus dem Land zu fliehen. Eine gewisse Vorstellung von den Propagandatechniken, die Johanns Parteigänger gebrauchten, gibt der weitverbreitete Bericht über eine Szene, die sich im Oktober des Jahres 1191 am Strand von Dover abspielte, als Longchamp, der von seinen Feinden als klein, affenähnlich und in Knaben vernarrt beschrieben wurde, nach einem Boot Ausschau hielt, in welchem er den Ärmelkanal überqueren könnte. Beschrieben wurde die Szene von Hugo von Nonant, Johanns Hauptpropagandisten und in seiner Freizeit Bischof von Coventry – ein Mann, von dem gesagt wurde (wieder von seinen Feinden), daß er auf dem Sterbebett keinen Beichtvater finden konnte, der ihn von seinem endlosen Sündenkatalog lossprechen wollte.

»Longchamp verkleidete sich als Frau – ein Geschlecht, welches er immer haßte – und vertauschte seine Priesterrobe mit einem Hurenkleid. Welche Schande! Der Mann wurde eine Frau, der Bischof ein Hanswurst. In ein grünes Gewand von ungeheuerer Länge gekleidet, hinkte er eilig – denn der arme kleine Kerl war lahm – von der Burghöhe ans Meeresufer und setzte sich dann, um zu rasten, auf einen Fels. Dort zog er die Aufmerksamkeit eines halbnackten Fischers auf sich, der naß und kalt von der See war und der dachte, daß der Bischof die rechte Frau sei, ihn aufzuwärmen. Er legte seinen linken Arm um Longchamps Hals, während seine rechte Hand tiefer hinunterwanderte. Plötzlich riß er das Gewand hoch und stieß schamlos hinein – lediglich um mit dem unwiderlegbaren Beweis konfrontiert zu werden, daß die Frau ein Mann war. Der Fischer rief also seine Kameraden herbei, um einen Blick auf diese wahrhaft bemerkenswerte Kreatur zu werfen.«

Nach Hugo von Nonant gelang es Longchamps Dienern schließlich, ihn von dem Fischer zu befreien, aber nach weiteren Abenteuern dieser Art landete der Kanzler im Kerker von Dover, wo man ihn eine Woche festhielt, bevor er freigelassen wurde und den Weg nach Flandern fand. Aber obwohl Johanns Freunde die Würde eines Mannes morden konnten, konnten sie ihrem Patron nicht die Macht sichern, nach der ihn dürstete. Der Platz des Kanzlers an der Spitze der Verwaltung wurde von Walter von Coutances eingenommen, und Johanns Reaktion darauf zeigt deutlich, daß er von den Früchten seines Sieges über Longchamp enttäuscht war.

Im Januar 1192 bat König Philipp von Frankreich innerhalb eines Monats nach seiner Rückkehr nach Frankreich den Seneschall der Normandie, Wilhelm FitzRalph, sich mit ihm zu einer Konferenz zwischen Gisors und Trie zu treffen. Dort legte er eine gefälschte Fassung des Vertrags von Messina vom März 1191 vor. Nach diesem Dokument war der Normannische Vexin Alices Mitgift, und da Richard nun eine andere geheiratet hatte, verlangte Philipp, daß der Vexin jetzt zusammen mit seiner Schwester an ihn zurückgegeben werde. Wilhelm FitzRalph und die Barone der Normandie weigerten sich, diese Forderung zu erfüllen. Philipp verließ die Konferenz unter zornigen Schwüren, er werde den Vexin mit Gewalt nehmen. Sein erster Schritt war die Einladung Johanns nach Paris. Man nahm an, daß er Johann anbieten werde, ihn zum Herrn über alle angevinischen Gebiete in Frankreich zu machen, wenn er an Richards Stelle treten und Alice heiraten würde (die Tatsache, daß Johann schon verheiratet war, war eindeutig kein Problem). An diesem Punkt intervenierte Eleonore von Aquitanien. Bisher war sie in der Normandie geblieben, doch nun setzte sie hastig nach England über, um ihren jüngsten Sohn zur Rede zu stellen. Unter dem Druck seitens seiner Mutter und Walters von Coutances – vor allem schwankend gemacht durch ihre Drohung, seine Güter in der Normandie zu konfiszieren – tat Johann, wie ihm geraten wurde. König Philipp versuchte, eine Invasion der Normandie vorzubereiten, aber seine Adligen weigerten sich, bei einem Angriff auf die Ländereien eines abwesenden Kreuzfahrers mitzutun, so daß dieser Plan scheiterte.

Philipps Rückkehr fiel wie geplant mit Richards Anweisung zusammmen, überall im Angevinischen Reich die Burgen in Bereitschaft zu versetzen. Diese Vorbereitungen erzielten den gewünschten Effekt. Nur in Aquitanien gelang es Philipp, die Loyalität einiger Vasallen Richards zu erschüttern. Eine Anzahl von Grundherren erhoben sich in einer Rebellion, die durch die Erkrankung Elies de la Celle, des Seneschalls der Gascogne, begünstigt wurde. An ihrer Spitze standen Graf Elie von Périgord und der Vicomte de Brosse. Aber sobald der Seneschall seine Gesundheit wiedererlangt hatte, gewann er die Initiative zurück. Er nahm die Burgen der wichtigsten Feinde ein und zerstörte sie entweder oder behielt sie in seinen Händen. Hinter der Revolte steckten nicht bloß die Intrigen König Philipps, sondern auch das natürliche Bedürfnis des Grafen von Toulouse, die Ländereien zurückzuerobern, die er 1188 verloren hatte. Nun erwies aber die durch Richards Heirat mit Berengaria gefestigte Allianz mit Navarra ihren Wert. Berengarias Bruder, Sancho von Navarra, führte eine große Streitmacht von Rittern zum Beistand des Seneschalls herbei, und zusammen trugen sie den Krieg in die Gebiete des Grafen Raimund und bis unter die Mauern von Toulouse. Ende 1192 war offenbar, daß das Angevinische Reich trotz Philipps intriganten Bemühungen innerlich sehr gefestigt war. Die einzige wirkliche Schwierigkeit gab es nicht in England, sondern in Aquitanien, und selbst hier hatten sich Richards Vorkehrungen – seine Auswahl der Beamten, seine diplomatische Heirat – mehr als ausreichend erwiesen, die Lage zu stabilisieren.

Diese ganze Zeit hindurch war Richard über die Vorgänge in seinem Reich informiert. Berichterstatter und Kuriere gingen in beiden Richtungen hin und her. Es war die einzige Möglichkeit, seinen Finger am Puls der politischen Aktivität in Westeuropa zu behalten, aber die damit verbundenen praktischen Schwierigkeiten waren ungeheuer, auch wenn Richard als Kreuzfahrerkönig eine quasi religiöse Autorität ausüben konnte. Die große, zwischen ihm und seinen Untertanen klaffende Spanne an Zeit führte notwendigerweise dazu, daß er auf die Ereignisse immer nur sehr verspätet reagieren konnte. Gegen Januar 1192 zum Beispiel hatte er beide Seiten von Longchamps Fall gehört, und er sandte Andreas de Chauveny – einen edlen Ritter, der sich einen Arm gebrochen hatte und nun nicht mehr einsatzfähig war – nach Rom, wo er imstande war, die Angelegenheit mit Kanzlisten zu erörtern, die sowohl Walter von Coutances als auch Wilhelm Longchamp vertraten. Nach Roger von Howden ließ Andreas de Chauveny verlauten, daß Richard bereit sei, Longchamp aufzugeben, aber allem entgegenzutreten wünsche, was ein weiteres Anwachsen von Johanns Macht begünstigte. Während Richard in *Outremer* war, scheint Rom als eine Art Börse für den Austausch von Informationen fungiert zu haben. Andreas de Chauveny, der sich im März 1192 dort aufhielt, wird gewiß von

Philipps Versuchen gehört haben, sich den Vexin anzueignen und Johann für sich zu gewinnen – ein Thema, über das Richard den ganzen Mai hindurch verworrene und einander widersprechende Berichte erhalten sollte. Am wichtigsten waren ihm offenkundig die Berichte, die sich mit Aquitanien befaßten, da Richard seine Rückreise so plante, daß er dort zuerst eintreffen würde.

Die Gefangennahme und Einkerkerung Richards war einer der wichtigsten politischen Vorfälle im Europa des späten zwölften Jahrhunderts; er führte ebenso zu einer ernsten Schwächung in der Verteidigung der Normandie wie zum Sturz des Königreichs von Sizilien. Bis zum heutigen Tag bleiben die Umstände, die zu Richards Festnahme in Wien durch die Männer des Herzogs Leopold von Österreich führten, in Dunkel gehüllt. Wir sind auf Mutmaßungen angewiesen.

Unser Ausgangspunkt ist das späte Datum von Richards Abreise aus Akkon. Dies bedeutet, daß es bereits Mitte November war, als die *Franche-Nef* Korfu anlief. Bis dahin war er wahrscheinlich der Route gefolgt, welche Philipp im Sommer 1191 genommen hatte. Von Korfu konnte er – wie es Philipp getan hatte – in Otranto oder Brindisi Kontakt zu den Beamten von König Tankred von Sizilien aufnehmen, und sie werden ihn mit den neuesten Nachrichten versorgt haben. Es mag zu dieser Zeit gewesen sein, daß er von der Invasion in Toulouse erfuhr, die Elie de la Celle und Sancho von Navarra unternommen hatten. Angesichts der Feindschaft des Grafen Raimund mußte nun jeder Plan fallengelassen werden, in einem norditalienischen oder südfranzösischen Hafen zu landen und durch die Provence nach Aquitanien zurückzukehren. Der Weg weiter östlich durch Frankreich oder das Rheinland lieferte ihn der Willkür König Philipps beziehungsweise Kaiser Heinrichs VI. aus. Tankred, der alle Bewegungen des Kaisers mit großer Sorgfalt beobachtete, wußte zweifellos von dem Treffen zwischen Philipp und Heinrich VI. im Dezember 1191 in Mailand und von der Erneuerung ihrer Freundschaft. Nach dem Fehlschlag seines Feldzugs von 1191, in dessen Verlauf seine Gemahlin Konstanze in Tankreds Hände gefallen war, plante der Kaiser nun eine neue Invasion Siziliens, und seine diplomatischen Vorbereitungen schlossen Verträge mit Pisa wie auch mit Genua ein, um sich der Flotten dieser Städte zu versichern. Für Richard war also auch die Route an der Küste entlang westwärts in Richtung Barcelona – in der Hoffnung, dann durch Aragon und Navarra nach Hause zurückkehren zu können – nicht sicher. Er konnte mit seiner geringen Begleitmannschaft von Schiffen aus Pisa, Genua oder Toulouse abgefangen werden. Außerdem brach der mediterrane Winter herein, und je länger er auf See blieb, desto größer wurde das Risiko eines Schiffbruchs. Aufgrund des Wetters kam der Seehandel normalerweise während des Winters zum Erliegen. (Die pisanischen Gesetze des zwölften Jahrhunderts gingen so weit, alle Seefahrt nach dem 30. November zu verbieten.) Ganz abgesehen von den mit dem Durchfahren der Straße von Gibraltar verknüpften Schwierigkeiten – beide Ufer wurden von muselmanischen Mächten gehalten – genügt allein das Wetter, um zu erklären, weshalb Richard keinen Gedanken daran verschwendet haben wird, die Iberische Halbinsel zu umschiffen, um nach Hause zurückzukehren. Nach dem großen arabischen Geographen des zwölften Jahrhunderts, Edrisi, war der Atlantik ein schroffes Meer der Dunkelheit, seine düsterfarbigen Wasser von Stürmen zerrissen, in welchen die Wellen zu erschreckenden Höhen anstiegen; nur die Engländer, schrieb er, waren kühn genug, sich auf ihn hinauszuwagen, aber selbst sie segelten nur im Sommer.

Richard war eindeutig in einer sehr unangenehmen Lage. Alle Routen nach Hause schienen blockiert zu sein. Da seine Feinde offenbar nicht bereit waren, ihm freies Geleit zu gewähren, entschloß er sich, insgeheim und inkognito zu reisen. Er entschied sich für eine Route, auf der man ihn am wenigsten vermuten würde.

Er verließ die *Franche-Nef* in Korfu (sie wurde später in Brindisi gesichtet) und mietete zwei oder drei Galeeren, die ihn und sein Gefolge die dalmatinische Küste hinauf nach Norden tragen sollten. Das Wetter aber machte seine winterliche Drohung wahr. Sie erlitten an der istrischen Küste Schiffbruch, irgendwo zwischen Aquileja und Venedig. Mit viel Glück entrannen Richard und seine wenigen Gefährten unversehrt. Da er geplant hatte, inkognito zu reisen, war er nur mit einer Handvoll Männer an Bord der Galeeren gegangen: treuen Rittern wie Baldwin von Béthune und Wilhelm von L'Etang, seinem vertrautesten Sekretär, Magister Philipp von Poitiers, und einigen Templern.

Zumindest einer ihrer Schildknappen sprach Deutsch, und Richard selbst wußte eine ganze Menge über deutsche Politik, sicher durch seine eigenen Familienverbindungen und vielleicht auch über Gespräche mit dem Ritter, der seine Standarte während der Gefechte um Jaffa getragen hatte: Heinrich, den Kreuzfahrern als Heinrich der Deutsche geläufig. Somit verwarf Richard die Idee, die direkte Route von Venedig aus zu nehmen: über Verona, den Brennerpaß, Tirol, Schwaben und dann den Rhein hinunter. Dieser nordwestliche Weg hätte ihn in das Zentrum der Macht Heinrichs VI. gebracht. Statt dessen hoffte er offenbar, indem er nach Nordosten in Richtung Böhmen zog, die Gebiete jener Fürsten zu erreichen, die dem Kaiser Heinrich VI. feindselig gegenüberstanden. Die Schlüsselgestalten in dieser Gruppe kamen aus der Welfen- (oder Guelfen-)Familie, und der bedeutendste der Welfen war Richards Schwager, Heinrich der Löwe, ehemals Herzog von Bayern und Sachsen. Heinrichs VI. rücksichtslose Geldsuche zur Finanzierung seines neuen Zugs gegen Sizilien trieben weitere Fürsten auf die Seite der Welfen: unter ihnen den neuen Herzog von Böhmen, Ottokar, seinen Bruder Wladislaw von Mähren, Hermann von Thüringen und Albert von Meißen. War Richard erst einmal in Böhmen angelangt, konnte er auf Straßen weiterreisen, die von seinen Verwandten und ihren Freunden kontrolliert wurden, bis er einen Ost- oder Nordseehafen erreichte. Außerdem waren die Pässe in den Zentralalpen im Mittwinter sehr schwierig, während die Straße nach Böhmen über den Pontebbapaß nur eine ziemlich niedrige Bergkette zu überqueren hatte. Der Nachteil dieser Route war, daß sie ihn durch die Steiermark und Österreich führte, Länder, die dem Herzog gehörten, dessen Standarte in Akkon niedergeworfen worden war. Aber wo jede Route, ob zu Land oder zur See, von Problemen strotzte, war dies wahrscheinlich die beste Chance.

Richard hoffte, daß er und seine Gruppe, als aus dem Heiligen Land zurückkommende Pilger verkleidet, der Entdeckung entgehen würden. Beinahe sofort jedoch erregten sie den Argwohn des Grafen Meinhard von Görz, eines Verwandten des Konrad von

Montferrat. Jeder, der an Richards Verbleib interessiert war, mußte bei Berichten über eine Gruppe normannischer und englischer Pilger im Lande aufhorchen, besonders wenn es stimmt, daß diese Pilger verschwenderisch mit Geld um sich warfen. Ein deutscher Chronist sagt, daß Richard in einer Küche gefangengenommen wurde, wo er an einem Bratspieß Fleisch röstete – offenkundig in der Hoffnung, durch die Verrichtung dieser servilen Arbeit getarnt zu sein. Unglücklicherweise trug der Küchengehilfe einen herrlichen Ring, der viele Jahreslöhne wert war. Die Einzelheiten dieser Geschichte sind wahrscheinlich falsch, aber zusammengenommen mit den Berichten in anderen Chroniken deutet sie an, daß die Reisenden – trotz ihrer sorgfältigen Pilgertracht, langen Haare und fließenden Bärte – sich nicht genügend Mühe gaben, ihren Reichtum zu verbergen. Meinhard von Görz nahm acht von Richards Rittern fest. In Friesach in Kärnten wurden sechs weitere festgehalten, während es Richard selbst noch einmal gelang, zu entkommen. Er verschwand mit nur drei Begleitern in die Nacht. Obwohl die Straßen nun überwacht wurden, schlichen sie sich noch drei Tage weiter durch die Täler der Mur und Mürz. In einem Versuch, ihre vorherigen Fehler zu vermeiden, hielten sie nicht länger an, um Nahrung zu kaufen, aber in der Nähe von Wien holte sie der Hunger ein. So fiel Richard kurz vor Weihnachten 1192, weniger als fünfzig Meilen von der Sicherheit der mährischen Grenze entfernt, in die Hände Leopolds von Österreich. Von nun an hatte in England niemand mehr ein freundliches Wort für die Österreicher: »Sie sind Barbaren, die mehr wie wilde Tiere denn wie Menschen leben«, schrieb Ralph of Diss.

Leopold ließ Richard auf eine starke Burg schaffen, die hoch auf einem die Donau überschauenden felsigen Abhang gebaut war: Dürrenstein. Die Burg ist heute eine Ruine, aber eine Legende verbindet sich noch immer mit ihren zerfallenen Mauern, die Legende von Blondel, dem treuen Spielmann, der auf der Suche nach seinem vermißten Herrn Deutschland der Länge und Breite nach durchwanderte. Er besuchte Burg um Burg und sang außerhalb jeder einzelnen die ersten Zeilen eines Liedes, welches er und Richard einstmals zusammen komponiert hatten. Endlich, in Dürrenstein, hörte er den Refrain. Die Legende wurde in ihrer frühesten Form von einem Spielmann aus Reims in der zweiten Hälfte des dreizehnten Jahrhunderts erzählt. Es gibt nicht das geringste Indiz dafür, daß an der Geschichte irgend etwas Wahres ist – aber sie war eine gute Reklame für Spielleute. In Wirklichkeit wurde Richards Gefangennahme keineswegs geheimgehalten. Sowohl Leopold von Österreich als auch sein Herr, der Kaiser Heinrich VI., waren erpicht darauf, aus ihrem vornehmen Pfand den größten Nutzen zu ziehen, und die Voraussetzung war, der Welt bekanntzumachen, daß sie den König von England gefangenhielten. Am 28. Dezember hatte Leopold den Kaiser unterrichtet. Der forderte den Herzog sofort auf, Richard an seinen Hof in Regensburg zu bringen. Das große Geschäft konnte beginnen.

Für Heinrich VI. war die Nachricht ein Geschenk des Himmels. Er befand sich in tiefen politischen Schwierigkeiten. Seine sizilianischen Unternehmungen hatten sich bisher als ebenso teuer wie katastrophal erwiesen. Im Deutschen Reich provozierte fast jeder Schritt, den er unternahm, neue Opposition. Das Deutsche Reich war praktisch ein von Fürsten regiertes Königreich. Obwohl der Hohenstaufe der bei weitem mächtigste dieser Fürsten war, bedeutete für ihn der Versuch, in jeder Ecke seines gewaltigen Königreichs seinen Willen durchzusetzen, Aufruhr geradezu herauszufordern. Aber Konzessionen und Kompromisse zu machen fiel Heinrich VI. nicht leicht. Er neigte dazu, auf seinen Rechten als König zu bestehen, komme, was da wolle. 1191 hatte die Wahl eines neuen Bischofs von Lüttich zu Streitigkeiten zwischen dem Herzog von Brabant und dem Grafen von Hennegau geführt. In diesem nordwestlichen Teil seines Königreichs besaß der Kaiser wenig reale Macht, und doch ließ sich Heinrich durch den Disput zu dem Versuch ermutigen, einen dritten Kandidaten durchzusetzen. Im November 1192 wurde einer der rivalisierenden Kandidaten, Albert von Brabant, von einer Gruppe Ritter ermordet, die mit Kaiser Heinrich VI. in Verbindung gebracht wurde. Ein Proteststurm erhob sich, und der Kaiser sah sich nun zwei Hauptschauplätzen der Rebellion gegenüber: den Welfen und ihren Verbündeten im Norden und Osten und den Fürsten des Niederrheinlands, angeführt von zwei tatkräftigen Geistlichen, den Erzbischöfen von Köln und Mainz, im Nordwesten. Da damit etwa die Hälfte der deutschen Fürsten in offenem Aufruhr standen, drohte Heinrich VI. Niederlage und Absetzung. Es war zu diesem kritischen Zeitpunkt, daß das Glück ihm Richard in die Hände spielte.

Mehr als ein Jahr lang feilschten Könige und Fürsten um Richards Körper, den Körper eines Mannes, der ein Kreuzfahrer war und damit offiziell unter dem Schutz der Kirche stand. Aber in den Augen der Politiker war die wertvollste Figur auf dem Schachbrett Europas auf den Markt gekommen, und das Bieten für ihn war entsprechend heftig. Ereignisse im Byzantinischen Reich sowie in England, Frankreich und Deutschland hingen von dem Ausgang der Auktion ab. Das erste auszuhandelnde Geschäft war der Verkauf Richards an Heinrich VI. – eine komplizierte Angelegenheit, da sowohl Kaiser wie Herzog ihre eigenen Absichten verfolgten und keiner dem anderen im geringsten traute. Am 6. Januar 1193 trafen Leopold von Österreich und Meinhard von Görz in Regensburg ein und brachten ihren Gefangenen mit. Das erste Zusammentreffen von Heinrich VI. und Richard I., der zwei Herrscher, die Europa in den 1190er Jahren dominierten, war kurz. Leopold, der befürchtete, daß der Kaiser beabsichtigte, Richard zu entführen, schickte ihn zu sicherem Gewahrsam nach Österreich zurück. Es bedurfte dann eines dreiwöchigen Feilschens, bevor Heinrich VI. und Leopold sich am 14. Februar endgültig über die Bedingungen einigten. Es wurde vereinbart, daß aus der Gesamtsumme von 100000 Mark, welche der effektiv auf Richards Kopf festgesetzte Mindestpreis war, der Herzog 75000 erhalten sollte. 50000 Mark hiervon waren getarnt als Mitgift für Eleonore von der Bretagne, Richards Nichte, die zu Michaelis einen von Leopolds Söhnen ehelichen sollte. Zusätzlich sollte Richard ohne Lösegeld die Gefangenen freilassen, die er auf Zypern gemacht hatte, Isaak Comnenus und seine Tochter. Leopold war seitens seiner Mutter mit den Comneni verwandt, und indem er darauf bestand, daß das ihnen zugefügte Unrecht wiedergutgemacht werde, konnte er ein schnödes Geschäft mit einer guten Tat verzieren. (Isaak wurde tatsächlich freigelassen. Kaum war er aus dem Gefängnis, als er schon Anstrengungen unternahm, sich des Thrones von Konstantinopel zu bemächtigen. Aber sein plötzlicher Tod – er mag vergiftet worden sein – machte seinen Hoffnungen auf ein neues Reich ein Ende.)

Leopold und Heinrich VI. vereinbarten auch, daß Richard persönlich mit fünfzig Galeeren und zweihundert Rittern Heinrich VI. bei seiner nächsten Invasion Siziliens beistehen sollte. Unter diesen Konditionen war Leopold willens, Richard dem Kaiser zu übergeben, aber er verlangte von Heinrich VI. zweihundert Geiseln, als Garantie, daß der Kaiser seinen Teil des Handels einhalten würde. All dies war eine Sache gewesen, die Heinrich und Leopold regeln mußten; Richard wurde nicht gefragt.

Um diese Zeit wußte natürlich schon die ganze Christenheit, was sich ereignet hatte. Der Papst exkommunizierte Leopold – was dieser vorausgesehen hatte. Der Vertrag vom 14. Februar legte bemerkenswerterweise fest, daß Richard die Absolution seines Fängers erlangen sollte! Philipp von Frankreich war die Nachricht von Heinrich VI. übermittelt worden: »Insofern als er nun in Unserer Gewalt ist und stets sein Möglichstes getan hat, um Euch zu reizen und zu stören, haben Wir es für richtig erachtet, Eure Hoheit zu unterrichten, denn Wir wissen, daß diese Neuigkeiten Euch überreichliche Freude bereiten werden.« Philipp schrieb sofort an Leopold und bat ihn, Richard nicht freizulassen, ohne ihn konsultiert zu haben. Dann gab er die Information an den Mann weiter, von dem er glaubte, daß er den besten Gebrauch davon machen könnte: Gegen Mitte Januar 1193 war Johann bereits auf dem Weg nach Frankreich. In Paris huldigte er Philipp für die Normandie und alle anderen Territorien Richards einschließlich – so hieß es jedenfalls in England – England. Er versprach, Alice zu heiraten und Gisors und den Normannischen Vexin Philipp zu überlassen.

Dann kehrte er nach England zurück, um dort in einem Staatsstreich die Macht an sich zu reißen. Er erbat sich Hilfe von Wilhelm, dem König der Schotten, aber der wollte mit solch verräterischen Ränken nichts zu tun haben. Im Jahre 1189 hatte Richard gegen Zahlung von 10000 Mark Wilhelm von den demütigenden Bedingungen befreit, welche Heinrich II. dem König der Schotten auferlegt hatte, nachdem er ihn 1174 gefangengenommen hatte.

Wilhelm hatte nicht die Absicht, sich nun, da Richard ein Gefangener war, gegen ihn zu wenden. Johann suchte Unterstützung auch bei Philipps Schwiegervater Baldwin, dem Herzog von Hennegau und Grafen von Flandern. Hier zumindest fand er willige Verbündete. Eine Flotte wurde in Wissant zusammengezogen, bereit, im Frühling gegen England zu fahren. Aber Eleonore und ihre Justitiare musterten Kompanien zur Verteidigung der südöstlichen Küste an, und abgesehen von ein paar unbesonnenen Vorläufern, die prompt gefangengenommen wurden, erwies sich die Invasion als undurchführbar. Johann konnte nicht viel mehr tun als walisische und flämische Söldner zu dingen, mit ihnen die Besatzungen seiner Burgen Windsor und Wallingford zu verstärken und sich dann zum König ausrufen zu lassen. Sein Bruder Richard sei tot, ließ er verbreiten. Einige glaubten ihm, aber Eleonore, die Justitiare und die Barone waren nicht zu beirren. Sie kannten Johann und wußten, daß Richard lebte. Der Bischof von Bath, Savaric de Bohun, hatte, wahrscheinlich auf seinem Rückweg von Rom, den Kaiser aufgesucht – mit dem er entfernt verwandt war – und im Januar die Frage von Richards Freilassung angeschnitten. Das war zu einem Zeitpunkt, als Heinrich VI. noch mit Leopold verhandelte.

Eine Abschrift des Briefes des Kaisers an den König von Frankreich war Walter von Coutances in die Hände gefallen. Er berief das große Reichskonzil zu einer Versammlung am 28. Februar 1192 nach Oxford. Das Konzil sandte zwei Zisterzienseräbte nach Deutschland, um weitere Informationen zu bekommen. Am 19. März fanden sie Richard in Ochsenfurt, einer kleinen Stadt am Main nicht weit von Würzburg. Herzog Leopold war dabei, ihn nach Speyer zu überführen, um ihn dort dem Kaiser zu übergeben. Richard begrüßte die zwei Äbte herzlich. Sie waren die ersten Besucher, die in der Lage waren, ihm verläßliche Auskunft über die Ereignisse in England und der Normandie zu erteilen; er befragte sie also eingehend. Obwohl ihn der Verrat seines Bruders schwer traf – ein schlechter Dank für die Güter und Titel, mit welchen er ihn überhäuft hatte –, tröstete er sich mit dem Gedanken, daß Johann nicht der Mann sei, ein Land an sich zu reißen, solange ihm entschlossener Widerstand entgegenschlug. Die Äbte begleiteten Richard während der letzten drei Tage seiner Reise nach Speyer. Nach Roger von Howden erregte das Betragen des Königs während dieser schwierigen Zeit die Bewunderung aller, die ihn trafen: höflich, sogar in der Gefangenschaft würdevoll, selbstbeherrscht und imstande, sich über die Wechselfälle des Glücks zu erheben.

Am kaiserlichen Hof in Speyer mußte sich Richard für seine Handlungen verantworten. Er wurde angeklagt, das Heilige Land verraten zu haben (vermutlich, weil er mit Saladin Frieden geschlossen hatte), den Mord an Konrad von Montferrat angestiftet zu haben (einer der loyalsten Anhänger Heinrichs VI. war Konrads Bruder, Bonifazius von Montferrat) und mit dem Kaiser getroffene Vereinbarungen gebrochen zu haben. Roger von Howden sagt nicht genau, um welche Vereinbarungen es ging, aber Heinrich VI. bezog sich vermutlich auf Richards Bündnis mit Tankred von Sizilien und seine Unterstützung Heinrichs des Löwen. Auf diese Beschuldigungen antwortete der König jedoch so kraftvoll und überzeugend, daß er sogar den kaiserlichen Hof für sich gewann. Abgesandte König Philipps waren anwesend und nahmen die Erinnerung an Richards Haltung mit sich nach Paris zurück, und es ist deutlich abzulesen, daß selbst Wilhelm der Bretone, Philipps Hofdichter, beeindruckt war. »Als Richard antwortete, sprach er so beredt und königlich, in so löwenherzigem Stolz, daß es war, als ob er vergessen hätte, wo er sich befand und unter welch unwürdigen Umständen er gefangengenommen worden war, und sich vorstellte, auf dem Thron seiner Ahnen in Lincoln oder in Caen zu sitzen.« Heinrich VI. wurde selbst von der veränderten Atmosphäre erfaßt, ließ seine Anschuldigungen fallen, pries Richard, gab ihm den Friedenskuß und versprach, eine Versöhnung zwischen ihm und König Philipp zustande zu bringen. Angesichts dieser Szene weinten die Zuschauer vor Freude. Richard war es für den Augenblick gelungen, die Gefahr einer capetingisch-hohenstaufischen Allianz gegen ihn zu bannen. Aber trotz aller Friedensküsse mußte er immer noch für seine Freiheit zahlen. Am 25. März stimmte er einem Lösegeld von 100 000 Mark zu, daneben versprach er für ein Jahr die Gestellung von fünfzig Galeeren und zweihundert Rittern. Es gibt Hinweise darauf, daß Hubert Walter, Bischof von Salisbury, am 30. März in

Speyer war, und es ist fast sicher, daß er auch den entscheidenden Erörterungen vom 21. bis zum 25. März beiwohnte. Herbert war für Richard im Laufe der Zeit zum engsten und vertrauenswürdigsten Berater und Minister geworden. Im Herbst des Jahres 1190 war er in Begleitung Baldwins von Canterbury nach Akkon gekommen. Nach dem Tod des Erzbischofs am 19. November 1190 übernahm er das englische Kontingent bei der Belagerung, bis Richard selbst ankam. Von da an war er einer der unzertrennlichen Gefährten des Königs in *Outremer* gewesen und hatte sich als Soldat, Diplomat und Verwalter einen großen Ruf erworben – unter den Muselmanen ebenso wie bei den Franken. Er war wahrscheinlich einer jener Männer, die Richard auf der *Franche-Nef* zurückließ, als er seinen Versuch begann, in Verkleidung nach Hause zurückzukehren. Auf jeden Fall war er noch im Königreich Sizilien, als er die Nachricht von Richards Gefangennahme hörte. Er ging sogleich nach Rom, vermutlich um sicherzustellen, daß Zölestin III. Leopold von Österreich exkommunizierte, und tat alles mögliche, um die Freilassung des Königs zu erreichen. Dann eilte er ins Deutsche Reich weiter. Es war, sagte Richard in einem am 30. März 1193 an seine Mutter geschriebenen Brief, »eine anstrengende und gefährliche Reise« gewesen. Der König zeigte seine Dankbarkeit und sein gutes Urteilsvermögen, indem er Eleonore bat, dafür zu sorgen, daß Hubert zum Erzbischof von Canterbury gewählt werde, ein Erzbistum, das seit Baldwins Tod vakant geblieben war. Hubert und seine zwei Äbte nahmen dann ihren Abschied und zogen in Richtung England.

Vieles spricht dafür, daß Richard eine schnelle Freilassung erwartete, sobald er die Geiseln beschafft hatte, welche der Kaiser forderte. Aber Heinrich VI. hatte nicht die Absicht, diese Trumpfkarte so rasch aus der Hand zu geben. Trotz der theatralischen Geste, die er zu Ostern am Hof von Speyer gemacht hatte, sah er keinen Grund, warum er nicht weitere Angebote von Philipp anhören und einen König gegen den anderen ausspielen sollte. Er schickte Richard unter strenger Bewachung auf die Burg Trifels westlich von Speyer. Dies geschah, um ihn aus der politischen Arena in Deutschland zu entfernen, wo er, wie das Verfahren in Speyer gezeigt hatte, viele

Sympathisanten hatte, und um ihn effektiv unter Einzelhaft zu stellen. Das war ganz und gar nicht nach Richards Geschmack – obwohl in England berichtet wurde, daß er sich bei Laune hielt, indem er seinen Wächtern Streiche spielte und sie betrunken machte. Er wurde aus Trifels durch die Diplomatie eines anderen alten Freundes, Wilhelm Longchamp, befreit, der trotz seiner Vertreibung aus England weder Richards Vertrauen noch sein Amt als Kanzler eingebüßt hatte. Longchamp überredete Heinrich VI., Richard zu erlauben, an den kaiserlichen Hof zurückzukehren, der inzwischen in den Palast von Hagenau übergesiedelt war, und er handelte auch ein verbindliches Junktim für die Freilassung des Königs aus: sobald 70000 Mark bezahlt und die Geiseln übergeben worden waren. Am 19. April 1193 wurde Longchamp nach England zurückgesandt mit Briefen sowohl von Richard wie Heinrich VI., in denen die Untertanen des Gefangenen ermahnt wurden, das Geld so schnell wie möglich aufzutreiben. Richard – oder Longchamp – schlug verschiedene Methoden der Besteuerung vor und fügte hinzu, daß registriert werden solle, wieviel jeder Edelmann beisteuerte, »so daß wir wissen mögen, inwieweit wir jedem Dank schulden«. Sobald Eleonore und die Justitiare in England diesen Brief erhielten, erließen sie Verordnungen, eine fünfundzwanzigprozentige Steuer auf das Einkommen und den Wert alles beweglichen Vermögens zu erheben und den Jahresertrag an Wolle der Zisterzienserklöster sowie das Gold- und Silbergerät der Kirchen im ganzen Land einzuziehen. Abschriften der Briefe wurden in andere Teile von Richards Dominien verschickt, wo man ähnliche Maßnahmen ergriff – obgleich vielleicht nicht mit jenem hohen Grad an bürokratischer Gründlichkeit, der die englische Verwaltung charakterisierte. Natürlich waren Philipp und Johann, während all dies vor sich ging, nicht untätig gewesen. In drei verschiedenen Teilen des Angevinischen Reiches war Krieg ausgebrochen. In England versuchte Johann, aus der andauernden Unsicherheit über Richards Zukunft Nutzen zu ziehen, gewann aber nur wenig an Boden. Die Justitiare ließen die königlichen Burgen verstärken und erhöhten die Garnisonen, sie hoben Armeen aus, und es gelang ihnen, Johanns Streitkräfte in die Burgen von Windsor und Tickhill zurückzudrängen, wo sie belagert wurden. Sie standen kurz vor der Kapitulation, als Hubert Walter aus dem Deutschen Reich ankam – er landete am 20. April – und vorschlug, einen sechsmonatigen Waffenstillstand abzuschließen. Wenn eine große Menge Geld schnell aufgebracht werden sollte – und Johanns Besitzungen in England und der Normandie hierzu beitragen sollten –, dann war Friede im Inland wichtig. Die Justitiare, die natürlicherweise zögerten, extreme Maßnahmen gegen einen Mann zu ergreifen, der bald König sein konnte, stimmten sofort zu. Nach den Bedingungen des Waffenstillstands war es Johann gestattet, die Burgen in Nottingham und Tickhill zu behalten, aber er mußte Windsor, Wallingford und die Peak für die Dauer des Waffenstillstands an seine Mutter übergeben.

In Aquitanien fiel Ademar von Angoulême, der behauptete, seine Grafschaft als ein Lehen von Frankreich zu halten – d.h. unabhängig vom Herzog von Aquitanien –, über die Ländereien des Herzogs in Poitou her. Aber auch hier waren Richards Beamte wohlvorbereitet und entschlossen. Ademars Truppen wurden zurückgeschlagen, er selbst gefangengenommen.

Auf dem dritten Kriegsschauplatz jedoch sah es weniger günstig aus. Hier leitete Philipp die Operationen, und es gelang ihm, den Verteidigungsanlagen der Normandie einen vernichtenden Schlag zuzufügen. Am 12. April kapitulierte die große Grenzfestung von Gisors und deren naher Nachbar Neaufles vor dem König von Frankreich.

Die entscheidende Schwäche hier war politischer, nicht militärischer Natur. Heinrich II. und Richard hatten riesige Summen für die Befestigungen von Gisors und der anderen Burgen im Normannischen Vexin ausgegeben, aber Philipp brauchte seine Stärke nicht an diesen massiven Bollwerken zu erproben. Gisors wurde nicht militärisch zur Kapitulation gezwungen. Sein Kastellan, Gilbert de Vascœuil, ergab sich ohne Schwertstreich. Englische und normannische Autoren verdammten ihn einmütig als einen Verräter. Fraglos hinterging er das Vertrauen seines Herrn, aber er war ebenso zweifellos in einer sehr unangenehmen Lage, und es muß ihm schwergefallen sein, gegenwärtige gegen künftige Loyalitäten abzuwägen. Gilbert war während des Winters von 1190/1191 in Sizilien gewesen, und er war sich wohl bewußt, daß weder Heinrich VI. noch Philipp irgendeinen Grund hatten, Richard zu lieben. Wenn der Kaiser Richard nicht freiließ, was würde mit Gisors geschehen? Es konnten kaum Zweifel daran bestehen, daß an dem Tag, da Johann mit Philipps Hilfe Herzog der Normandie wurde, Gisors eine capetingische Besitzung werden würde. Niemand sonst im ganzen Angevinischen Reich war so exponiert wie der Kastellan von Gisors. Viele andere Grenzherren erlagen dem von Philipp im Frühling 1193 ausgeübten Druck: die Herren von Aumâle und Eu, Hugo von Gournay, Wilhelm von Caieux, Graf Robert von Meulan und Graf Gottfried von Perche. Zumindest drei dieser Männer waren mit Richard auf dem Kreuzzug gewesen: Wilhelm von Caieux, Hugo von Gournay und Gottfried von Perche; einem von ihnen, Graf Gottfried, hatte Richard eine seiner Nichten zur Frau gegeben. Doch diese Verbindungen hielten sie nicht davon ab, ihre Burgen Philipps Truppen zu öffnen. Ihr Problem war, daß sie als Markherren auf beiden Seiten der Grenze Besitzungen hielten und es sich kaum leisten konnten, nur einem Herrn gegenüber unzweideutig loyal zu sein. Sie balancierten immer auf einem politischen Hochseil zwischen dem König von Frankreich auf der einen Seite und dem Herzog der Normandie auf der anderen. Es waren diese selben Herren gewesen, die sich der Revolte von 1173/1174 gegen Heinrich II. angeschlossen hatten. Wenn sie nicht rechtzeitig zur erfolgversprechenden Partei überliefen, mußten sie fürchten, auf der Strecke zu bleiben. Infolge von Philipps Übernahme des Artois nach dem Tod Philipps von Flandern waren die Barone der nordöstlichen Normandie in einer besonders verwundbaren Position. Es war kaum überraschend, daß sich einige von ihnen der Reputation als Abtrünnige aussetzten in jenen schwierigen Zeiten, als Richard im Gefängnis war oder Johann auf dem Thron saß. Aber moralisch und militärisch gab es Unterschiede zwischen ihrem Fall und jenem des Kastellans Gilbert de Vascœuil. Sie konnten beanspruchen, daß sie die Pflicht hatten, ihre angestammten Güter zu schützen, während Gilbert rund um Gisors und Neaufles keine Ländereien hatte; er war ausschließlich als Richards Kastellan dort, seine einzige Pflicht war die seinem Herrn gegenüber. Militärisch gesehen war der Fall von Gisors und der anderen Burgen des Vexin von höchster Bedeutung, denn er öffnete den Weg ins Herz der Normandie, nach Rouen.

Ohne Zögern rückte Philipp gegen die herzogliche Hauptstadt vor. Seine große Armee schloß ein flämisches Kontingent unter Graf Baldwin ein. Er hatte – nach Roger von Howdens Aussage – nicht weniger als dreiundzwanzig Belagerungsmaschinen zur Verfügung. Zuerst herrschte Verwirrung und Unsicherheit in Rouen, aber die Ankunft eines weiteren Kreuzzuggefährten Richards, Robert, Earl von Leicester, erhöhte die Entschlossenheit der Verteidiger. Als König Philipp die Stadt aufrief, sich zu ergeben, wurde ihm gesagt, daß die Tore offen seien und er jederzeit hereinkommen könne, wenn er wolle. Der König von Frankreich war nicht der Mann, in eine augenfällige Falle hineinzulaufen. Er ließ sich zu einer Belagerung nieder, scheint aber von dieser ungewöhnlichen Demonstration der Zuversicht seitens der Verteidiger aus der Fassung gebracht worden zu sein. Nach nur zwei Wochen legte er Feuer an seine Belagerungsmaschinen und zog ab auf der Suche nach leichterem Wild. Verneuil hielt ihm stand, aber er eroberte bald zwei weitere Grenzburgen, Pacys und Ivry – und da Pacys Robert von Leicester gehörte, war sein Fall eine Genugtuung. Trotz des Rückschlags vor den Mauern von Rouen waren April und Mai 1193 erfolgreiche Monate für Philipp. Von nun an sollte die Burg von Gisors ein Dorn im Fleische Richards sein. In einem sehr realen Sinn sollten die Ereignisse dieser Monate ihren Schatten über den Rest von Richards Herrschaft werfen.

Der Verteidigungswillen der Normandie war stark, aber die Möglichkeit, daß Richard auf Lebenszeit gefangen blieb, untergrub die Zuversicht. Die Normannen mögen sich wohl eines anderen Herzogs der Normandie des zwölften Jahrhunderts erinnert haben – Robert –, der von Heinrich I. im Jahre 1106 gefangen wurde und noch immer im Kerker lag, als er fast dreißig Jahre danach starb. Sowohl Johann als auch – mit größerer Wirkung – Philipp schlachteten dieses Thema mit aller Macht aus. Philipp tat überdies sein Bestes, die Möglichkeit in Wirklichkeit zu verwandeln. Er arrangierte eine Begegnung mit Heinrich VI. auf einer Konferenz am 25.

Juni. Angeblich wollte der Kaiser teilnehmen, um die beiden Könige zu versöhnen, aber Richard war überzeugt, daß er sich, falls diese Zusammenkunft stattfände, bald in einem französischen Gefängnis befinden würde, aus dem es kein Entrinnen mehr gab. Philipp konnte dem Kaiser entweder Bargeld oder politische Hilfe anbieten oder eine Kombination aus beiden. Mit Philipps Beistand würde Heinrich VI. zum Beispiel imstande sein, die Aufständischen am Niederrhein von zwei Seiten gleichzeitig anzugreifen. Richard mußte um jeden Preis dieses Bündnis verhindern. Der Gefangene wurde zum Diplomaten. Den ganzen Frühsommer 1193 hindurch arbeitete er an seiner selbstgestellten Aufgabe, und schließlich gelang es ihm, Heinrich mit einigen der Rebellen zu versöhnen. Dank ihrer lebenswichtigen Handelsverbindungen zu England und der Normandie waren die Fürsten des Niederrheinlands geneigt, dem König von England entgegenzukommen, während der Kaiser bereit war, Frieden zu schließen, wenn die Regelung Geld einschloß, mit dem er seinen sizilianischen Feldzug finanzieren konnte. Das im Juni geplante Treffen zwischen König Philipp und dem Kaiser fand nicht statt. Statt dessen schwor Heinrich VI., daß er keine Mitschuld an der Ermordung Albert von Brabants trage, und autorisierte eine neue Bischofswahl in Lüttich. Mit Richard als Vermittler erzielte er eine Einigung mit den rheinländischen Rebellen, mit Hermann von Thüringen und Albrecht von Meißen. Als Teil desselben politischen Prozesses wurden die Bedingungen für die Auslösung des Königs erneut ausgehandelt und am 29. Juni in Worms endgültig festgelegt. Richard würde freigelassen, wenn der Kaiser 100 000 Mark erhalten hätte und Geiseln für eine zusätzliche Zahlung von 50 000 Mark, die innerhalb von sieben Monaten nach Richards Freigabe erfolgen müßte. Innerhalb des gleichen Zeitraums sollte Eleonore von der Bretagne nach Österreich kommen, um Herzog Leopolds Sohn zu heiraten. Die zusätzliche Summe von 50 000 konnte jedoch erlassen werden, wenn es Richard gelang, den mächtigsten Rebellen, Heinrich den Löwen, zu überreden, mit dem Kaiser Frieden zu schließen. In anderen Worten: Richard war es zunächst gelungen, Philipps Pläne zu vereiteln, aber dies nur unter ungeheuren finanziellen Lasten für seine eigenen Untertanen.

Als Philipp II. von Frankreich von diesem neuesten Vertrag zwischen Heinrich VI. und Richard hörte, sandte er Johann eine Botschaft: »Gebt auf Euch acht; der Teufel ist los.« Er glaubte offenbar, daß Richards Befreiung bevorstünde, und schloß mit dessen Statthaltern in der Normandie Frieden, um seine Gewinne dort zu konsolidieren. Die erste Klausel des in Mantes am 9. Juli 1193 abgeschlossenen Vertrags legte lediglich fest, daß Philipp alle die Ländereien, welche er erobert hatte, behalten könne. Nach seiner Freigabe sollte Richard an Philipp 20000 Mark zahlen. Als Sicherheit für diese Zahlung wurden vier angevinische Schlüsselburgen übergeben: Loches, Châtillon-sur-Indre, Drincourt und Arques. Der Graf von Angoulême sollte freigelassen werden, und weder er noch seine Vasallen sollten in irgendeiner Weise für ihren Krieg gegen den Herzog von Aquitanien bestraft werden. Von Richards Standpunkt aus waren diese Bedingungen hart, aber wahrscheinlich wußte er besser als Philipp, daß es noch viele Monate dauern würde, bevor er frei war. Unter diesen Umständen lohnte es sich, fast allem zuzustimmen, solange Philipps Vormarsch Einhalt geboten wurde. Aber die Kampagne in der Normandie war nur ein Schauplatz von Philipps Krieg gegen Richard. An der diplomatischen Front ging der Kampf weiter. Philipp hegte immer noch die Hoffnung, eine Invasion Englands unternehmen zu können, und zu diesem Zweck nahm er Verhandlungen über ein Heiratsbündnis mit Dänemark auf. Am 15. August 1193 ehelichte er Ingeborg, die Tochter des Königs Knut VI. Als ein Nachfolger des berühmten Knut des Eroberers und Königs von England im elften Jahrhundert besaß Knut VI. sowohl einen fadenscheinigen Anspruch auf den Thron von England als auch eine Flotte. Philipp war an beiden interessiert, aber unglücklicherweise verlor er schon am Morgen nach dem Vollzug der Ehe alles Interesse für Ingeborg. Er verstieß seine neue Gemahlin und versuchte, sie erneut der Obhut der dänischen Gesandten zu übergeben, die sie nach Frankreich eskortiert hatten, aber die weigerten sich, sie zurückzunehmen, und reisten hastig ab. Jahrelang sollte Philipp lieber die Verdammung der Kirche hinnehmen, als Ingeborg als seine Königin anzuerkennen. Sein Traum von einer neuen dänischen Invasion Englands hatte sich in einen häuslichen Alptraum verwandelt. Derlei kleinere Enttäuschungen konnten ihn jedoch von seinem Kampf gegen das Angevinische Reich nicht ablenken. Es war nicht allzu schwierig, seine Ehe mit der Begründung der Blutsverwandtschaft durch einige willfährige capetingische Bischöfe auflösen zu lassen – unter ihnen natürlich sein Vetter, der Bischof von Beauvais, der im Auftrag Konrads von Montferrat während der Belagerung von Akkon schon einmal ähnliche Dienste geleistet hatte. Der Papst mißbilligte den Spruch, aber Philipp fühlte sich frei, nach einer neuen Gattin Ausschau zu halten.

In der Hoffnung, eine Art von Gegengewicht zu Richards Einfluß auf die deutschen Fürsten zu schaffen, brachte er sich als Gatten für Agnes, der Erbin des Onkels Heinrichs VI., Konrad von Hohenstaufen, Pfalzgraf vom Rhein, ins Gespräch. Aber auch hier wurde Philipp enttäuscht. Die Mutter von Agnes, die der Ansicht war, daß das Betragen des Königs von Frankreich als Ehemann einiges zu wünschen übriglasse, duldete stillschweigend Agnes' heimliche Eheschließung mit Heinrich von Braunschweig, einem Sohn Heinrichs des Löwen und Neffen Richards. Da diese Heirat ein Schritt in Richtung auf eine Versöhnung zwischen den Welfen und den Hohenstaufen war, brachte sie Richard auch der Freiheit näher. Aber die Leute, die am meisten zur Freilassung des Königs beitrugen, waren seine Untertanen, die Steuerzahler in England, der Normandie, Anjou und Aquitanien. Bis Weihnachten 1193 hatte Heinrich VI. so viel von dem Lösegeld erhalten, daß er den 17. Januar 1194 zum Tag von Richards Freigabe bestimmte. Der Kaiser verkündete auch, daß er beabsichtige, Richard zum König der Provence zu machen, und hatte den 24. Januar als Krönungstag angesetzt.

Dieser Plan – wenn er ausgeführt worden wäre – hätte Richard zum Herrscher eines sich von den Alpen bis zur Rhone erstreckenden, den Hafen Marseille einschließenden Königreichs gemacht. Obwohl dieses Territorium theoretisch ein Teil des Kaiserreichs war, hatte Heinrich VI. in Wirklichkeit nicht die Macht, einen König über die Köpfe der lokalen Barone hinweg einzusetzen. Richard wäre nur dem Titel nach König der Provence gewesen. Doch da einer seiner Vasallen in diesem neuen »Königreich« der Marquis von der Provence gewesen wäre, bekannt – unter einem anderen Hut – als Graf Raimund V. von Toulouse, so konnte selbst das tituläre Königtum Richard einen Hebel verschaffen, gegen den alten Widersacher, dessen Grafschaft er beanspruchte, vorzugehen. Soweit es Heinrich VI. betraf, so konnte es sicherlich die Würde seiner Krone nur vermehren, wenn der König von England als König der Provence ihm den Lehnseid schwur.

Aber Mitte Januar 1194 wurden all diese Pläne umgeworfen, denn Philipp und Johann machten zusammen ein neues Gebot für Richard: 150000 Mark. Wenn er ihnen Richard nicht ausliefern wollte, boten sie Heinrich VI. entweder 100000 Mark, wenn er Richard bis zum Herbst zurückhielte (d.h. bis zum Einbruch des Winters, wenn keine Feldzüge mehr möglich waren), oder 1000 Pfund pro Monat, solange er ihn gefangenhielt. Heinrich geriet in Versuchung. Er verschob zunächst das Datum von Richards Freilassung und berief eine weitere Versammlung der Reichsfürsten zum 2. Februar in Mainz ein. Wieder einmal zahlten sich nun Richards Verbindungen mit den deutschen Fürsten aus, besonders mit jenen vom Niederrhein. Sie zwangen den Kaiser, die von ihm getroffenen Vereinbarungen einzuhalten. Also wurde Richard am 4. Februar 1194 mit Abschluß der Zahlung von 100000 Mark und Übergabe der Geiseln – einschließlich zweier Söhne Heinrichs des Löwen und eines Sohns des Königs von Navarra – für die noch ausstehenden 50000 Mark freigegeben. Heinrich VI. aber hatte schließlich doch noch Erfolg damit, Richard zu überreden, formell sein Vasall zu werden. Auf den Rat seiner Mutter überließ Richard das Königreich von England Heinrich VI., um es als ein Lehen des Kaisers zurückzuempfangen. Er sollte seinem Lehnsherrn 5000 Pfund pro Jahr zahlen. Richard war nun ein Vasall Philipps für seine Territorien auf dem Kontinent und ein Vasall Heinrichs VI. für sein Inselkönigreich. Aber er war endlich ein freier Mann.

Nach Roger von Howdens Berechnung war er ein Jahr, sechs Wochen und drei Tage im Gefängnis gewesen. Zuzeiten hatte er fast die Hoffnung auf die Befreiung aufgegeben, und das besser bekannte von Richards zwei erhaltenen Liedern datiert aus einer solchen Periode der Niedergeschlagenheit – wahrscheinlich dem Frühsommer von 1193, als er von dem Plan zu einer Konferenz zwischen Philipp und Heinrich wußte und während ihm der Abfall einiger jener Barone, die mit ihm auf dem Kreuzzug gewesen waren, noch frisch im Gedächtnis war.

Schwach die Worte und stockend die Zunge,
womit ein Gefangener seine traurige Lage beklagt;
doch zu seinem Trost mag er ein Lied machen.
Freunde hab' ich viele, aber ihre Gaben sind gering;
Schande über sie, wenn unausgelöst ich armer Wicht
zwei Winter schmachte hier!

Engländer und Normannen, Männer von Aquitanien,
gut wissen sie alle, die mir Huldigung schulden,
daß nicht mein niedrigster Kamerad im Feldzug
sich so härmen sollte, hätt' ich Gold ihn freizusetzen;
niemanden will ich mit Vorwürfen begegnen,
doch – ich bin Gefangener hier!

Dies hab' ich gelernt, hier so unausgelöst gelassen,
daß der, den Tod oder Gefängnis der Sicht entrückt,
der Verwandten und Freunde beraubt ist;
wehe mir! Aber größeres Weh wird jene befallen,
ja, traurig und voller Schande wird ihr Leben sein,
wenn lange ich hier schmachten muß.

Kein Wunder ist's, daß mein Herz wund,
während mein Herr mein Land niederdrückt, dünkt mich;
wär' er nur eingedenk des Eides, den wir schworen
einer dem andern, bin ich gewiß,
daß diese Schmach schon lang vorüber wär'
und meine Qual ein Ende fänd'!

Meine Kameraden, die ich liebte und noch immer liebe –
die Herren von Perche und Caieux –,
seltsame Geschichten haben mich erreicht,

die schwer zu beweisen sind;
ich war nie falsch gegen sie; für alle Zeit
würden sie Schande auf sich ziehen,
wenn sie Waffen führten gegen mich, einen Gefangenen hier!

Und sie, meine Ritter von Anjou und der Touraine –
wohl wissen sie, die nun behaglich zu Hause sitzen,
daß ich, ihr Herr, im fernen Allemaine gefangen bin.
Sie sollten um meine Befreiung kämpfen,
aber ihre Schwerter stecken in den Scheiden
und rosten friedlich, während ich gefangen bin.

Richard wurde in Mainz freigelassen, noch immer weit von seinen bedrohten Ländern entfernt. Seine Feinde erkannten, daß ihre letzte Gelegenheit gekommen war. Philipp ließ seine Armeen noch einmal in die Normandie einmarschieren, um die Territorien in Besitz zu nehmen, welche Johann ihm in einem im Januar 1194 abgeschlossenen Vertrag abgetreten hatte. Diese schlossen die gesamte Normandie östlich der Seine ein mit Ausnahme der Stadt Rouen und ihrer Umgebung; Johann hatte dem französischen König überdies Vaudreuil und die Gebiete östlich der Itun zugestanden. Weiter westlich belehnte er den Grafen von Perche mit Moulins und Bonsmoulins, da schon dessen Ahnen diese Burgen bis 1168 gehalten hatten. Vendôme wurde Ludwig von Blois übergeben. Weiterhin erkannte Johann Graf Ademars Anspruch auf die Unabhängigkeit Angoulêmes vom Herzogtum Aquitanien an. Vielleicht am schwerwiegendsten von allem: Er übergab Philipp die Schlüsselfestungen der Touraine: Tours, Azayle-Rideau, Amboise, Montbason, Montrichard, Loches und Châtillon-sur-Indre. Johann war eindeutig ein verzweifelter Mann. Um Richard zu verdrängen, war er bereit, die ganze Arbeit seines Vaters und seines Bruders zunichte zu machen und sich mit einem Angevinischen Reich zu begnügen, welches durch den Verlust lebenswichtiger Grenzregionen nicht nur verstümmelt, sondern auch kritisch geschwächt wurde. Einstweilen existierten Johanns Belehnungen lediglich auf dem Papier. Es war Sache der Nutznießer, sie mit Waffengewalt zu verwirklichen. Philipp begann dies Werk in der Normandie. Im Februar eroberte er Evreux, Neubourg und Vaudreuil, womit er die Kontrolle über beide Ufer der Seine bis in den Bereich von Rouen hinein gewann. Er mag die herzogliche Stadt ein zweites Mal bedroht haben, bevor er sich nach Paris zurückzog. Dann begab er sich in den Süden, nach Sens, wo er die Huldigung von zwei weiteren aquitanischen Vasallen Richards, Gottfried de Rancon und Bernard Vicomte de Brosse, entgegennahm.

Während dieser bedrohlichen Übergriffe auf seine Dominien war Richard auf dem Rückweg nach England. Er kam nur langsam voran, aber in den Wochen seiner Reise rheinabwärts knüpfte er ein Bündnissystem zusammen, das ein bestimmendes Element der europäischen Politik in den nächsten zwanzig Jahren sein sollte. Als Gegenleistung für Pensionen aus seiner anscheinend unerschöpflichen Schatztruhe wurde ihm die Huldigung des Erzbischofs von Mainz und Köln, des Bischofs von Lüttich, des Herzogs von Brabant, des Grafen von Holland und verschiedener anderer Herren aus dem Niederrheinland zuteil. Da er keine direkte Militärhilfe von diesen Verbündeten erhielt, sind sie mitunter von Historikern als teurer Luxus verurteilt worden, aber sie waren Teil einer Koalition, die Philipp II. hemmen und ihn seines wertvollsten Bundesgenossen, des Grafen von Flandern, berauben sollte. Am 13. März endlich landete Richard in Sandwich. Vor den Altären von Canterbury und Bury St. Edmunds sank er zu Dankgebeten für seine sichere Heimkehr in die Knie.

Die lange Gefangenschaft in Deutschland war ihn und seine Untertanen teuer zu stehen gekommen. Andererseits hatten die Vorkehrungen, welche er zur Verteidigung und Verwaltung seiner Länder in seiner Abwesenheit auf dem Kreuzzug getroffen hatte, sich als sehr wirksam erwiesen. Über einen Zeitraum von mehr als zweieinhalb Jahren – vom Juli 1190 bis zum März 1193 – blieben die angevinischen Regierungsinstitutionen in Abwesenheit ihres Oberhauptes bemerkenswert stabil, in Aquitanien, in Anjou, in der Normandie und – trotz der scharfen Auseinandersetzungen zwischen Johann und Longchamp – auch in England. Die Anerkennung hierfür gebührt den Seneschallen, Amtmännern und Bürgermeistern, den Justitiaren und Sheriffs, denen die Verwaltungshoheit während des Kreuzzugs und Richards Gefangenschaft überlassen war, aber auch dem König, der sie ausgewählt und ernannt hatte.

Bei seiner Rückkehr sah sich Richard zunächst der Aufgabe gegenüber, Philipp in den Tälern der Loire und der Seine wieder zurückzudrängen – ein Unternehmen, welches erhebliche Kriegsaufwendungen mit sich bringen würde, die die seinen Untertanen bereits auferlegten beispiellosen finanziellen Bürden noch vergrößerten. 100 000 Mark – das Lösegeld für einen König – war eine riesige Summe, vielleicht zweimal sein gesamtes Jahreseinkommen aus England. Kaiser Heinrich VI. profitierte nicht nur von diesem zweifelhaften Geschäft – in den Jahren 1193 und 1194 schien das Glück des Kaisers keine Grenzen zu kennen. Am 20. Februar 1194 starb König Tankred von Sizilien, und der Thronerbe war ein kleines Kind. Im Mai marschierte Heinrich über die Alpen, seine Kriegstruhe voll von angevinischem Silber. Schon am 22. November 1194 wurde er in Palermo zum König von Sizilien gekrönt.

Von Richards Feinden hatten zwei weniger Grund zum Feiern. Der erste von ihnen war Johann. Sobald Richard der Freiheit wiedergegeben wurde, muß Johann erkannt haben, daß sein Spiel erbärmlich fehlgeschlagen war. Seine Burgen in England wurden belagert und befanden sich in einer aussichtslosen Lage. Man erzählte sich, daß der Kastellan von St. Michael's Mount in Cornwall vor Schrecken starb, als er die Nachricht von der Landung Richards hörte. In der Normandie hatte Philipp ihm die Obhut über Arques, Drincourt und Evreux gewährt, aber selbst wenn es ihm gelang, diese Burgen gegen seinen Bruder zu halten, konnten sie ihn in keiner Weise für den Verlust der Territorien entschädigen, die ihm Richard 1189 verliehen hatte. Das Beste, was Johann tun konnte, war, sich seinem Bruder auf Gnade und Ungnade zu ergeben. Er hatte nicht mehr erreicht, als jenem Reich, dessen Krone er noch immer erben konnte, einigen Schaden zuzufügen und der Welt weitere Beweise für seine Unfähigkeit und Hinterlist zu liefern.

Der zweite war der Mann, der Richard gefangengenommen hatte, Leopold VI. von Österreich. Da er es gewagt hatte, einen Kreuzfahrer einzusperren, wurde er exkommuniziert, und der

Papst erlegte ihm auf, das Lösegeld zurückzuzahlen. Er weigerte sich. Er hatte ohnehin nur sehr wenig davon bekommen. Seine Hoffnung war die Mitgift, die Eleonore von der Bretagne ihm eintragen sollte, wenn sie seinen Sohn ehelichte. Aber sieben Monate waren seit dem Tag von Richards Freilassung verstrichen, und noch immer gab es keine Nachricht von der versprochenen Braut. Er drohte Richard, seine Geiseln hinrichten zu lassen, wenn dieser nicht bald seine Nichte nach Österreich sandte. Eine der Geiseln, Baldwin von Béthune, erhielt den Auftrag, dem König dieses Ultimatum zu überbringen. Die Drohung wirkte. Im Dezember 1194 brach Baldwin von Béthune mit Eleonore und der Tochter von Isaak Comnenus nach Österreich auf. Aber am 26. Dezember brach Leopolds Pferd bei einem Ausritt unter ihm zusammen und zermalmte ihm den Fuß. Am nächsten Tag war der Fuß schwarz angelaufen, Leopolds Ärzte rieten zur Amputation, aber angeblich war niemand zu finden, der sich an die schmerzhafte Operation heranwagte. Trotz der dringenden Bitten des Herzogs konnte sich auch sein Sohn und Erbe nicht entschließen, selbst Hand anzulegen. Schließlich mußte Leopold selbst eine Axt nahe an seinen Beinknochen halten und einem Diener befehlen, die Axt mit einem Holzhammer durch den Knochen zu treiben. Nach drei Schlägen war der brandige Fuß entfernt. Aber es war zu spät. Am letzten Tag des Jahres verschied Leopold, nachdem er seinen Frieden mit der Kirche gemacht und versprochen hatte, Richard vollen Ersatz zu leisten. Die Geiseln kehrten heim. Wie es auch immer um den Wahrheitsgehalt dieser Geschichte stehen mag, in den Augen der Angeviner war Gottes Gericht vollzogen.

11
Rückeroberung 1194 bis 1199

Richard sah keine Notwendigkeit, sich lange in England aufzuhalten. Die meisten der in Johanns Namen gehaltenen Burgen hatten bereits kapituliert. Nur Tickhill und Nottingham, beide von Hubert Walter, nunmehr Erzbischof von Canterbury, seit Mitte Februar belagert, hielten noch stand. Die Besatzung von Tickhill schickte zwei Ritter aus, um festzustellen, ob Richard tatsächlich im Lande war, und als diese die Wahrheit der Berichte bestätigten, wurde die Burg übergeben. Die Garnison von Nottingham war aus härterem Holz geschnitzt. Richard kam dort am 25. März 1194 an, begleitet von »einem großen Hörner- und Trompetenblasen«. Aber die Verteidiger waren überzeugt, daß die Fanfare lediglich ein Scheinmanöver wäre, und fochten weiter. Einige Männer, die in Richards Nähe standen, wurden durch Bogenschützen von den Zinnen getroffen. Der König gab den Befehl zum sofortigen Sturm. Richard selbst nahm an dem Angriff teil, wobei er nur ein leichtes Panzerhemd zu seinem Visierhelm trug, aber von großen Schilden, die vor ihm hergetragen wurden, beschützt wurde. Seine Truppen nahmen die Außenmauer und dann das Vorwerk. Der Einbruch der Dunkelheit machte dem Kampf ein vorläufiges Ende. Während der Nacht brannte die Garnison die äußeren Befestigungen der Burg nieder, damit sie den Belagerern nicht als Deckung dienen konnten. Am nächsten Tag setzte Richard die Belagerung mit anderen Mitteln fort. Er brachte seine Belagerungsmaschinen heran und ließ in voller Sicht der Garnison Galgen errichten. Einige der am Vortag gefangengenommenen Soldaten wurden gehängt. Die Botschaft war deutlich. Wenn die Besatzung weiterkämpfte, würde sie das gleiche Schicksal erleiden. Am 27. März wurde zwei Unterhändlern freies Geleit zum Lager des Königs gegeben. »Nun«, sagte Richard, »was seht ihr? Bin ich hier?« Als die beiden Ritter bei ihrer Rückkehr Bericht erstatteten, verließ ein Teil der Garnison die Burg sofort, und alle übrigen ergaben sich am nächsten Tag. Ihr Leben wurde geschont, aber sie mußten hohe Lösegelder zahlen. Richard mußte die Geiseln in Deutschland befreien und ein Heer aufstellen, um seine verlorenen Territorien zurückzuerobern; jeder Penny war wichtig.

Nach einer vergnüglichen Jagd im Sherwood Forest – wo er der rein legendären Gestalt des Robin Hood zumindest geographisch am nächsten kam – kehrte Richard nach Nottingham und zu einer wichtigen Ratsversammlung zurück. Es gab eine ganze Menge Geschäfte zu erledigen: Rechtsverfahren, die gegen Johann und seine Parteigänger einzuleiten waren, und vor allem, Methoden zu ersinnen, um Männer und Geld zu beschaffen. Honoratioren und Beamten, die angenommen haben mochten, daß sie ihre Ämter im Jahre 1189 gekauft hätten, wurden informiert, daß sie diese in Wirklichkeit nur für eine Frist von Jahren gepachtet hatten und daß die Frist nun abgelaufen sei. Wenn sie in solch lukrativen Positionen bleiben wollten, würden sie neue finanzielle Vereinbarungen treffen müssen. Das Danegeld wurde in Form einer neuen Grundsteuer, »Carucage« genannt, wieder eingeführt, aber wie im Jahre 1189 kam der größte Ertrag aus einer Unzahl von Abmachungen mit Einzelpersonen, die Ämter oder Privilegien anstrebten, oder mit Gemeinden, die Schutz oder Gemeinderechte wünschten. Richard war begierig darauf, in die Normandie aufzubrechen, und eigentlich gegen seinen Willen ließ er sich von der Notwendigkeit einer öffentlichen Demonstration seiner königlichen Souveränität überzeugen. Am 17. April schritt er in vollem Ornat und eine Krone tragend in einer Prozession durch die Kathedrale von Winchester, wobei er von seiner Mutter, Königin Eleonore, und den meisten Prälaten und Baronen von England begleitet wurde.

Die feierliche Kronprozession fand am Sonntag nach Ostern statt. Für Richard bedeutete der Anbruch des Frühlings nichts anderes als die ersehnte Möglichkeit, ins Feld zu ziehen. In der Haltung zu Kampf und Ritterlichkeit mag er dem kriegerischen Dichter Bertrand de Born sehr nahe gewesen sein, der nicht müde wurde, den Glanz des Rittertums zu feiern:

»Ich liebe die fröhliche Osterzeit, die Blätter und Blumen hervorbringt; und ich liebe den freudigen Gesang der Vögel, der durch das Unterholz hallt. Aber ich liebe es auch, inmitten der Wiesen Zelte und Pavillons sich ausbreiten zu sehen; es erfreut mein Herz, auf dem Feld Ritter und Pferde in Schlachtordnung aufgestellt zu sehen.

Und es entzückt mich, wenn die Reiterei den Feind auseinandertreibt; und ich liebe es, sie von der großen Streitmacht der Reisigen gefolgt zu sehen; und mein Herz ist erfüllt von Frohsinn, wenn ich starke Burgen belagert sehe und die Stakete zerbrochen und überrannt und die Verteidiger auf dem Hügel, rundherum von Gräben umschlossen und beschützt von starken Palisaden.

Und ich mag es, den Herrn zu sehen, der beim Angriff in der ersten Linie reitet, bewaffnet und furchtlos, denn so begeistert er seine Männer, ihm kühn zu dienen. Und dann, wenn die Schlacht beginnt, wird jeder ihm guten Mutes folgen, denn kein Mann erringt Respekt, der nicht viele Schläge gegeben und hingenommen hat.

Keulen und Schwerter, Helme von verschiedenen Farbtönen, Schilde, die gespalten und zerschmettert sein werden, sobald der Kampf einsetzt; viele Vasallen, die zusammenprallen, bis die Rosse der Toten und Verwundeten über das Feld irren. Und laßt jeden Mann von hoher Geburt, ist er im Schlachtgetümmel, an nichts anderes denken als an das Zerschlagen von Köpfen und Armen; denn es ist besser zu sterben, als bezwungen zu werden und zu leben.

Ich sage euch, ich finde kein solches Vergnügen an Essen oder Wein oder Schlaf wie daran, den Ruf ›Auf sie!‹ von beiden Seiten zu hören und das Wiehern der Rosse, die ihre Reiter verloren haben, und die Schreie ›Hilfe! Hilfe!‹; daran, Männer, große und kleine, ins Gras bei den Gräben sinken zu sehen, und daran, die Toten zu sehen mit den bannergeschmückten Lanzenstümpfen in ihren Rippen.

Bring dieses Lied meinem Herrn Ja und Nein
Und sag ihm, daß er zu lange schon im Frieden liegt.«

Richard, den Bertrand seinen »Herrn ja und nein« nannte, nicht weil er von unbeständigem Wesen war, sondern weil er immer wenig und zur Sache sprach, brauchte solche Ermutigung nicht. Er wartete ungeduldig, während ein Heer, zu dem auch walisische Söldner und Brabanzonen zählten, sich in Portsmouth sammelte. Am 2. Mai befahl er, Männer und Pferde einzuschiffen, und dann stach er – gegen den Rat seiner Seeleute – in See. Aber seine Flotte von einhundert großen Schiffen wurde von dem ungünstigen Wind zurückgetrieben, und am nächsten Tag lief er wieder in Portsmouth ein, um zu warten, bis der Sturm sich gelegt hatte. Erst am 12. Mai beruhigte sich das Meer, und Richard verließ England, um niemals wiederzukehren. Er hinterließ sein Inselkönigreich in der Obhut eines der hervorragendsten Kronminister der englischen Geschichte: Hubert Walter von Canterbury. Als ein Neffe des Justitiars Heinrichs II., Ranulf Glanville, hatte Hubert schon früh administrative Erfahrung unter dem alten König gesammelt, aber erst auf dem Kreuzzug war er zu einem der wichtigsten Berater Richards geworden. Im ersten Anflug der Kreuzfahrtbegeisterung nach dem Fall von Jerusalem hatten verschiedene Bischöfe Kreuzzugsgelübde abgelegt, aber nur zwei von ihnen, Baldwin von Canterbury und eben Hubert von Salisbury, hatten sie erfüllt. Als Hubert aus dem Heiligen Land zurückkam, war er ein berühmter und hochgeachteter Mann. Es gab genügend einflußreiche Kandidaten für das Erzbistum, das seit Baldwins Tod in Akkon im November 1190 unbesetzt war, aber Hubert war fraglos der Mann des Königs, und so wurde er im Mai 1193 zum Erzbischof gewählt. Zu Weihnachten wurde er als Nachfolger von Walter von Coutances zum Hauptjustitiar ernannt und schließlich im März 1195 auch zum päpstlichen Legaten.

Diese Konzentration bedeutender Ämter in Kirche und Staat in den Händen eines Mannes, verbunden mit der beständigen Unterstützung des Königs für seinen Minister, gaben Hubert Walter eine unangreifbare Position. Es gab natürlich Kritiker – ob enttäuschte und verbitterte Männer wie Gerald von Wales oder strenge Heilige wie Hugo von Lincoln, der auf seinem Sterbebett um die Vergebung Gottes und Hubert Walters bat, weil er es mitunter versäumt hatte, den Erzbischof zu tadeln, wenn Tadel erforderlich war. Beide Kritiker drückten auf verschiedene Weise die offizielle Linie der Kirche aus: Männer der Kirche sollten sich nicht in weltliche Angelegenheiten einmischen. Da aber die Kirche keineswegs gewillt war, auf weltlichen Reichtum und ihre Privilegien zu verzichten, war ein hohes Maß von Weltlichkeit unvermeidlich, aber ein Geistlicher, der so tief in säkulare Geschäfte, finanzielle, rechtliche, selbst militärische, versunken war, der die Macht eines Königreiches in Händen hielt, verursachte den Klerikern stets Unbehagen, ob sie Hubert nun angriffen – oder ob sie sich alle Mühe gaben, ihn zu rechtfertigen wie zum Beispiel Ralph of Diss. Es scheint auch dem Erzbischof selbst bedenklich geworden zu sein: Im Jahre 1198 legte er sein Justitiaramt nieder, und sein Platz wurde von einem Laien eingenommen. Doch trotz dieses Rücktritts arbeitete er weiter als Statthalter Richards, und unter einem neuen König übernahm er die Aufgaben des Kanzlers. Heinrich II. hatte sich ähnliches erhofft, als er Thomas Becket als Erzbischof von Canterbury zu seinem Kanzler ernannte, aber Becket erwies sich als eine Katastrophe. Richards erster Kanzler, Longchamp, versagte, hatte aber auch mit den widrigsten Umständen zu kämpfen; Hubert Walter war ein in jeder Hinsicht glänzender Administrator. Kein König hätte sich einen besseren Beamten wünschen können. Er kontrollierte die Regierungsmaschinerie in einem Zeitalter der administrativen Reform und Expansion, in einem Zeitalter des Experiments, als die Krone die Regie über einige der wichtigsten wirtschaftlichen Einnahmequellen übernahm – die Zinnminen, die Häfen –, in einem Zeitalter, das den Aufstieg einer einflußreichen Gruppe von professionellen Staatsbeamten sah – kurz, in einer entscheidenden Periode der Geschichte der englischen Bürokratie. Die Motive, welche dieser rapiden Entwicklung zugrunde lagen, waren der Krieg und die finanziellen Bedürfnisse eines Königs, der unnachgiebig um seine verlorenen Territorien kämpfte.

Bei der Landung in Barfleur wurde dem König ein ungestümes Willkommen zuteil. Überall, wohin er ging, fand er sich inmitten einer jubelnden Menge. Alt und jung sang ein Hohnlied auf die Franzosen: »Gott ist in seiner Kraft wiedererschienen. Es ist Zeit für den französischen König, zu verschwinden.« Der französische König seinerseits dachte nicht daran, war im Gegenteil wieder in die Normandie eingedrungen, um die Gebiete in Besitz zu nehmen, welche ihm Johann in dem Vertrag vom Januar 1194 zugestanden hatte. Am 10. Mai belagerte Philipp die wichtige Burg von Verneuil. Die Garnison hatte bereits einer Belagerung im Jahre 1193 widerstanden und war zuversichtlich, diesen Erfolg wiederholen zu können. Die Soldaten öffneten Philipp spottend die Tore und forderten ihn heraus, doch einzutreten. Vermutlich verdankten sie viel von ihrem Vertrauen und Glauben, daß Richard schon auf dem Weg sei, sie zu entsetzen. In Wirklichkeit befand er sich am 10. Mai noch immer in Portsmouth, von den Stürmen im Ärmelkanal aufgehalten. Infolgedessen hatte Philipp vor Richards Ankunft eine letzte Chance, neues Terrain zu gewinnen. Einer von Philipps Verbündeten wartete den Ausgang der Belagerung nicht ab, bevor er die Seite wechselte. Johann reiste Richard nach Lisieux entgegen, wo der König, der endlich den Kanal überquert hatte, eine Nacht im Hause von Johann von Alençon verbrachte. Dort suchte Johann ihn auf, fiel ihm zu Füßen und erflehte seine Vergebung. Sie wurde ihm sofort gewährt: großmütig, sagten Richards Bewunderer, aber auch beiläufig und verächtlich. Richard behandelte seinen Bruder wie ein Kind. Es dauerte einige Zeit, bevor er einen Teil seiner Besitzungen zurückerhielt, und selbst dann wurden ihm die Burgen vorenthalten, aber Johann »das Kind« (nun siebenundzwanzig Jahre alt) war besser behandelt worden, als er es verdient hatte – und, wie ihm Johann von Alençon ins Gesicht sagte, sehr viel besser, als er Richard behandelt hätte. Während Richards Fehler vielleicht ein übermäßiges Selbstvertrauen war – er fürchtete niemanden –, fühlte sich sein Bruder jedem unterlegen, der Macht und Intelligenz besaß. Um seinem Bruder zu beweisen, daß er ihm nützlich sein konnte, zog Johann nach Evreux, das ihm Philipp im Februar anvertraut hatte. Im Mai ließ er in der Stadt alle französischen Soldaten niedermachen und ergriff von ihr im Namen Richards Besitz. Es ist kein Wunder, daß sowohl die capetingischen wie die angevinischen Chronisten ihn mit Ekel betrachteten.

Von Lisieux aus eilte Richard weiter, um Tubœuf, etwa zwanzig Kilometer westlich von Verneuil, am Morgen des 21. Mai zu erreichen. Hier wurde er von einem Ritter der Garnison von Verneuil erwartet, dem es gelungen war, sich durch die französischen Linien zu schlagen. Nach Rigord von Saint-Denis hatten Philipps Belagerungsmaschinen bereits einen Abschnitt der Burgmauer zum Einsturz gebracht, so daß Hilfe dringend benötigt wurde. Vieles deutet darauf hin, daß Richard in seiner Eile der großen Armee, die er von England herübergebracht hatte, weit vorausgeritten war. Anstatt vorzurücken, um Philipp zur Schlacht herauszufordern – eine Taktik, welche den französischen König stets erschreckte –, setzte er eine Truppe von Rittern, Reisigen und Armbrustschützen in Marsch, um die französischen Linien zu durchbrechen und die Garnison zu verstärken (was gelang), während er einer anderen Abteilung befahl, einen weiten Bogen um Verneuil zu schlagen und Philipps Nachschublinien östlich der Burg abzuschneiden. Philipp, der den Erfolg der Belagerung schon vor Augen hatte, fand sich plötzlich in einer schwierigen Lage wieder. Am 28. Mai erhielt er die Nachricht, daß Johann ihn verraten und sich Evreux angeeignet hatte. Er ritt sofort mit einer Abteilung in Richtung auf Evreux davon, und obwohl er ausreichende Streitkräfte in Verneuil zurückließ, um die Belagerung aufrechtzuerhalten, entschieden seine Hauptleute sich am nächsten Tag für den Rückzug, wobei sie ihre Belagerungsmaschinen zurücklassen mußten. Philipps plötzlicher Aufbruch war der letzte Anstoß für seine Truppen gewesen, die durch die Bedrohung ihrer Verbindungslinien und durch Nachrichten, daß Richards Hauptarmeen sich nun von der Normandie und von Anjou her im Anmarsch befanden, beunruhigt und verängstigt waren. Nach Scharmützeln mit der Nachhut der Franzosen zog Richard am 30. Mai im Triumph in Verneuil ein. Um seine Hochachtung für die Tapferkeit und Loyalität der Garnison zu zeigen, küßte er jeden Mann der Reihe nach und versprach allen reiche Belohnung. Das Blatt hatte sich gewendet.

Nichtsdestoweniger war Philipp weit davon entfernt, sich geschlagen zu geben. Er vertrieb Johann aus Evreux und plünderte die Stadt. Es war sowohl ein Akt der Vergeltung für das Blutbad an seinen Truppen dort als auch ein Eingeständnis der Tatsache, daß er nicht länger hoffen konnte, die Stadt zu halten. Er war jedoch immer noch in der Lage, Rouen zu bedrohen, und er machte dies für alle klar ersichtlich, indem er die Seine überquerte und die Burg von Fontaine angriff, kaum vier oder fünf Meilen von der herzoglichen Hauptstadt entfernt. Johann und der Earl von Leicester standen in Rouen, verfügten aber nicht über ausreichende Streitkräfte, um Philipps Truppen herauszufordern. Dennoch benötigte Philipp vier Tage, vom 10. bis zum 14. Juni, um diese sehr kleine Burg zu erobern. Nach dieser Drohgebärde gegen Rouen zog er sich zurück. Um die Flut, die über ihn hereinzubrechen drohte zu dämmen, schlug einen dreijährigen Waffenstillstand vor.

Richard hatte inzwischen größeres Wild gejagt. Seit dem 14. Juni hatten seine Truppen drei Burgen gestürmt, von denen jede einzelne wichtiger als Fontaine war und eine, Loches, eine bedeutende Festung. Die große Armee, die sich in Verneuil gesammelt hatte, war in zwei Hälften geteilt worden. Ein anglonormannisches Kontingent zog nordwärts und nahm Beaumont-le-Roger, eine Burg, die Robert von Meulan gehörte, einem der Markbarone, die sich 1193 für Philipp erklärt hatten. Die Aufgebote aus Anjou und Maine stürmten und zerstörten die Burg von Montmirail an der Grenze von Maine und Perche. Richard mag in Beaumont-le-Roger gewesen sein, aber seine Hauptsorge galt nun seinen Territorien weiter südlich. Seine Eheallianz mit Navarra warf immer noch Dividenden ab. Berengarias Bruder Sancho war mit einer Streitmacht, die 150 Armbrustschützen einschloß, in Aquitanien einmarschiert und eifrig damit beschäftigt, die Ländereien von Ademar von Agoulême und Gottfried von Rancon zu verwüsten. Sancho wurde dann von der Nachricht, daß sein Vater, König Sancho VI., im Sterben lag, nach Navarra zurückgerufen, aber seine Armee zog in die Touraine, um Loches zu belagern, wo, wie vereinbart worden war, Richard zu ihr stoßen würde.

Loches war eine jener Burgen, welche im Juli 1193 zunächst an Philipp als Sicherheit für die Zahlung von 20000 Mark übergeben worden waren und dann von Johann im Januar 1194 endgültig abgetreten wurden. Der Verlust dieser Schlüsselfestung scheint in der Touraine Symbolcharakter gehabt und die angevinische Vormacht dort erschüttert zu haben. Zu dem Zeitpunkt von Richards Ankunft in Loches hatten die navarresischen Truppen schon für eine Weile unter den Mauern gelagert, ohne merkliche Fortschritte gemacht zu haben; wahrscheinlich fehlten ihnen große Belagerungsmaschinen, so daß sie nichts weiter tun konnten, als die Burg zu blockieren. Aber am 13. Juni nahmen Richards Truppen in einem grimmigen Angriff die Mauern im Sturm und setzten die große Garnison gefangen.

Nachdem Richard seine Autorität in der Touraine wiederhergestellt hatte, war seine nächste Aufgabe die Unterwerfung der Rebellen in Aquitanien. Er hatte seinen Statthaltern in der Normandie, dem Seneschall, dem Festungskommandanten und dem Erzbischof von Rouen, Vollmacht erteilt, einen lokalen Waffenstillstand für ein Jahr abzuschließen, aber Philipp wünschte einen allgemeinen Waffenstillstand, und so scheiterten die Verhandlungen. Der französische König wandte sich nach Süden, um Richards Bewegungsfreiheit dort einzuschränken. Es war aber nicht leicht für Philipp, dies zu tun, ohne seinem Gegner die Möglichkeit zu geben, ihn zur offenen Feldschlacht zu zwingen. Denn auf eine solche Gelegenheit wartete Richard. Anfang Juli zog er nach Vendôme hinauf (eine weitere jener Städte, die Johann im Januar übergeben hatte) und schlug dort sein Lager auf, wodurch er die Straße sperrte, welche Philipp nehmen mußte, wenn er seine Präsenz im Loiretal fühlbar machen wollte. Sobald Philipps Späher berichteten, daß Richards Armee unmittelbar vor ihnen stand, verkündete der französische König, daß er am Morgen angreifen werde, um dann prompt kehrtzumachen. Richard setzte entschlossen nach und holte vor Fréteval am 4. Juli die französische Nachhut ein. Daraufhin wandte sich die gesamte Armee Philipps zur Flucht. Richard setzte an der Spitze seiner Reiterei zu einer energischen Verfolgung an; er hoffte, Philipp selbst fassen zu können. Auf dem Gewaltritt wechselte Richard nach dem Bericht des Roger von Howden mehrfach das Pferd. Philipp entkam, aber der französische Troß fiel Richard in die Hände. Die reiche Beute schloß Pferde, Zelte, Belagerungsmaschinen und einen großen Teil von Philipps Kriegsschatz ein. Auch das Offizin des französischen Königs mit seinen Archiven wurde Richard von seinen Truppen gebracht. Sie enthielten Dokumente mit den Na-

Von Philipp II. bis März 1194 erobert: Dieppe, Arques, Eu, Aumâle, Mortemer, Drincourt, Gournay, Neufmarché, Pont de l'Arche, Vaudreuil, Louviers, Léry, Acquigny, Neubourg, Evreux, Beaumont-le-Roger, Conches, Breteuil, Tillières, Nonancourt, Illiers l'Evêque, Louye, Ivry, Pacy, Vernon, Gaillon – und das Vexin.
Von Philipp II. Weihnachten 1195 noch gehalten: Neufmarché, Neaufles, Gisors, Dangu, Gaillon, Pacy, Ivry, Nonancourt, Vernon, Gamaches.

men jener Untertanen, die bereit gewesen waren, zum Feind überzulaufen. Richard war trotz aller Begier, den Mann, den er zu hassen gelernt hatte, zur Strecke zu bringen, noch immer ein vorsichtiger Taktiker. Einer seiner erfahrensten Hauptleute, Wilhelm Marshal, hatte einen Teil der Armee auf Richards Befehl zurückgehalten, um jeden Versuch der Franzosen, sich zu sammeln und einen Gegenangriff zu führen, abschlagen zu können. An jenem Abend, während Richards Männer feierten, wobei sie sich ihrer großen Taten, der Ritter, die sie gefangen, und der Beute, die sie errungen hatten, rühmten, pries der König Wilhelm in den folgenden Worten: »Marshal hat Besseres geleistet als wir alle. Hätte es irgendwelche Schwierigkeiten gegeben, so wäre er bereit gewesen. Wenn man eine gute Reserve hat, fürchtet man seine Feinde nicht.« Für jeden Feldhauptmann war es eine Demütigung, seinen Troß zu verlieren, und innerhalb von vierzig Tagen war dies König Philipp zweimal zugestoßen – einmal in Verneuil, wo er seine Belagerungsmaschinen verlor, und in Fréteval, wo er seinen gesamten Wagenzug aufgeben mußte. Philipp war aus dem Feld geschlagen, und Richard hatte nun freie Hand in Aquitanien.

Von Vendôme aus zog Richard in den Süden. Wir wissen nichts über die Kampagne außer dem, was Richard selbst in einem kurzen Brief an Hubert Walter schrieb: »Wißt, daß Wir durch die Gnade Gottes, der in allen Dingen das Recht stützt, Taillebourg und Marcillac und das gesamte Land von Gottfried von Rancon erobert haben; ebenso die Stadt Angoulême, Châteauneuf-sur-Charente, Montignac, Lachaise und all die anderen Burgen und das Land des Grafen von Angoulême in seiner Gesamtheit; Wir nahmen die Stadt und die Zitadelle von Angoulême an einem einzigen Abend ein; insgesamt fingen Wir volle dreihundert Ritter und vierzigtausend Soldaten.« Da diese Note am 22. Juli von Angoulême abgeschickt wurde, hatte Richard offenbar zwei arbeitsreiche Wochen hinter sich. Die alte und machtvolle Allianz von Gottfried von Rancon und dem Grafen von Angoulême war anscheinend in einer Kampagne von zerschmetternder Kraft und Entschiedenheit erdrückt worden, zum Teil dank der Tatsache, daß Sancho von Navarra bereits gute Vorarbeit geleistet hatte. Die Eroberung von Angoulême war der

Gipfelpunkt eines zweimonatigen Feldzugs von bemerkenswertem Erfolg: der Entsatz Verneuils, die Einnahme von Loches, die Verfolgung bei Fréteval und die Eroberung von Taillebourg. Wie Ralph of Diss bemerkte: »Von der Burg von Verneuil bis in die Pyrenäen gab es niemand, der ihm standhielt.«

Wieder einmal zwingt uns der Mangel an historischen Zeugnissen, einzugestehen, daß wir fast nichts über die administrativen Maßnahmen wissen, welche ergriffen wurden, um diese Wiederherstellung von Richards Autorität nach der Ungewißheit der letzten achtzehn Monate zu untermauern. Einige wenige verstreute Hinweise legen jedoch nahe, daß die relativ gut dokumentierten in England angewandten Methoden auch auf den Süden übertragen wurden. Überdies vertraute Richard vor allem den Männern, die mit ihm auf dem Kreuzzug gewesen waren und deren politische und administrative Kompetenz unter schwierigen und ungewöhnlichen Umständen erprobt worden war. Genauso, wie der Kreuzritter Hubert Walter Justitiar von England wurde, kehrten Robert von Thornham und Gottfried de la Celle aus dem Heiligen Land zurück, um Seneschalle von Anjou und Aquitanien zu werden.

In der Normandie dagegen setzte Richard weiterhin auf einen alten bewährten Beamten: Wilhelm FitzRalph. Als Seneschall während der ganzen letzten zwanzig Jahre des zwölften Jahrhunderts ist er eine Figur von großer Wichtigkeit in der Geschichte der normannischen Staatsentwicklung, aber politisch gesehen war er von geringerer Bedeutung als der englische Justitiar und die anderen Seneschalle, weil Richard in den letzten Jahren seiner Herrschaft seine Aufmerksamkeit auf die Normandie konzentrierte und der dortige Seneschall unvermeidlich vom Herzog und König überschattet wurde.

In den Friedensgesprächen vom Juni 1194 und in den darauffolgenden zwei Wochen hatte Philipp versucht, den Druck auf die Stellungen Richards im Loiretal und darüber hinaus aufrechtzuerhalten, aber als er bei Fréteval sein Heil in ungeordneter Flucht suchte, wurde deutlich, daß seine Prioritäten anderswo lagen. Obwohl er bereit war, Gesten zur Unterstützung von Rebellen in Richards südlichen Gebieten zu machen – wie er es seit 1182/1183 getan hatte –, wollte er sich von ihnen offenkundig in keinen größeren Konflikt hineinziehen lassen. In der Normandie war das anders. Wirtschaftlich und strategisch war das Seinetal für den König in Paris lebenswichtig. Philipp würde mit aller Kraft kämpfen, um die hier gemachten Gewinne zu halten. Wenn er sein Bestes tat, um in Aquitanien Unruhe zu stiften, so war das lediglich der Versuch, Richards Aufmerksamkeit abzulenken. Am Ende hatte Philipps Taktik durch Zufall Erfolg, und Richard wurde in Aquitanien getötet. Dies änderte aber nichts an der Tatsache, daß der Hauptschauplatz des Kampfes in den letzten vier Jahren von Richards Regierung die Region zwischen Paris und Rouen war.

Während Richard nach Fréteval südwärts in die Saintonge und den Angoumois zog, eilte Philipp in den Norden zurück. In seiner Abwesenheit hatte eine normannische Armee unter dem Befehl Johanns und des Earls von Arundel Vaudreuil belagert. Nach dem Verlust des Normannischen Vexin im Jahre 1193 war die Burg von Vaudreuil die Schlüsselfestung an der Grenze geworden, die den Zugang zur Seinebrücke von Pont de l'Arche, nur zehn Meilen südlich von Rouen, kontrollierte. Vaudreuils Bedeutung in den Augen der normannischen Herzöge wird durch die Tatsache belegt, daß es zusammen mit Rouen, Caen und Falaise eine jener Burgen war, in denen sie ihren Schatz aufbewahrten. Vaudreuils Fall im Februar 1194 war ein harter Schlag gewesen – und für Philipp natürlich ein großer Triumph. Er hatte nicht die Absicht, es sich wieder entwinden zu lassen. Es wirft ein grelles Licht auf Johanns Laufbahn, wenn wir uns daran erinnern, daß der Prinz, der Vaudreuil im Juli 1194 belagerte, derselbe Mann war, der es nur sechs Monate zuvor Philipp ausgeliefert hatte. Philipp bewältigte die Strecke von Châteaudun nach Vaudreuil in drei Tagen – nach seinen Biographen eine großartige Leistung, da eine bewaffnete Streitmacht normalerweise zwei Wochen brauchte, um hundert Meilen zurückzulegen. Es war auf jeden Fall schnell genug, um Johann und den Earl von Arundel zu überraschen. Philipps forcierter Marsch nach Vaudreuil zeigt, daß nicht nur die Angeviner die Fähigkeit besaßen, die W.L. Warren Heinrich II. und seinem Sohn Richard I. bescheinigte: »Aus einer Falltür mit der Plötzlichkeit eines Dämonenkönigs aufzutauchen.« Der französische König griff Johanns Lager im Morgengrauen an und errang einen überzeugenden Sieg. Während die normannische Reiterei sich in Sicherheit bringen konnte, wurde der Großteil der Fußtruppen gefangengenommen. Der gesamte Troß fiel Philipp in die Hände. Der Erfolg des französischen Königs bei Vaudreuil Mitte Juli zeigt, daß die spektakulären Siege, welche Richard im Süden erfocht, an der normannisch-französischen Grenze nicht zu wiederholen waren. Hier war der Widerstand entschlossener, und alles deutete auf ein zähes Kräftemessen hin, bei dem jeder Vorstoß methodische Vorbereitung erforderte.

Der Waffenstillstand von Tillières, durch Philipps Vertreter am 23. Juli besiegelt, sollte bis 1. November 1195 anhalten und war wie alle Waffenstillstände auf das Prinzip des *Status quo* gegründet. Beide Seiten sollten behalten, was sie am Tage des Waffenstillstands besaßen. Dies bedeutete, daß Philipp Vaudreuil behielt mit den dazugehörigen Befestigungen in Louviers , Acquigny und Léry sowie Gisors und den Normannischen Vexin, Vernon, Gaillon, Pacy, Illiers-l'Evêque, Marcilly-sur-Eure, Louye, Tillières-sur-Avre und Nonancourt. Andere Ländereien, meist im Nordosten der Normandie, welche Richard als Besitz von Vasallen Philipps anerkannte, schlossen die Besitzungen von Eu, Arques, Aumâle, Mortemer, Beauvoir und Neufmarché ein. Unter den Parteigängern Philipps waren normannische Markherren wie Wilhelm von Caieux, Hugo von Gournay und Graf Robert von Meulan. Die Bedingungen des Waffenstillstands machen das Ausmaß der Aufgabe, die vor Richard lag, deutlich. Er hatte nicht nur die Kontrolle über einen großen Teil der östlichen Normandie verloren, sondern auch seine Grenzfestungen. Gemäß den Bedingungen des Waffenstillstands war Richard nur gestattet, vier Burgen wiederaufzubauen: Drincourt im Nordosten und Le Neubourg, Conches und Breteuil westlich von Evreux. Zwei der Rebellen in Aquitanien waren in den Waffenstillstand einbezogen: der Vicomte de Brosse und der Graf von Angoulême. Da der Waffenstillstand am 23. Juli 1194 unterschrieben ist, scheint er von Richards normannischen Statthaltern in Unkenntnis der neuesten Entwicklungen in Aquitanien ausgehandelt worden zu sein, und dies mag Roger von Howdens Bemerkung erklären, daß die Bedingungen Richard mißfielen. Da er aber seine Eroberung der Besitzungen Gottfrieds von Rancon und Ademars von Angoulême bis zum 22. Juli erfolgreich beendet hatte, mag er mit dem *Status quo* vom 23. Juli letztlich doch zufrieden gewesen sein. Auch in der Normandie scheint König Philipp einige Orte freiwillig aufgegeben und zerstört zu haben, was einem Rückzug gleichkam. Evreux und Drincourt gehörten gewiß in diese Kategorie; Conches, Breteuil und Le Neubourg wahrscheinlich auch.

Es bestand jedoch nur geringe Aussicht, daß der Waffenstillstand lange eingehalten werden würde. Zum Teil, weil die komplizierten, sich oft widersprechenden Lehnspflichten in den Marken unweigerlich zu Disputen führen mußten und damit zum Ausbruch von Feindseligkeiten. Der Waffenstillstandsvertrag hatte gar nicht erst versucht, irgendwelche der Probleme in dieser Region zu lösen – man hatte einfach die Lage so belassen, wie sie sich am Stichtag darstellte. Die Positionen innerhalb der Baronie Drincourt zum Beispiel waren völlig ungeklärt. Philipp zählte die Herren von Drincourt zu seinen Anhängern, daher bestand er darauf, sie in den Waffenstillstand einzubeziehen, aber Richards normannische Hauptleute hielten offenbar Drincourt, da dies eine der vier Burgen war, deren Wiederaufbau Richard ausdrücklich gestattet wurde. Die Lage war nicht nur ungeklärt, sie war auch von Grund auf unerträglich. Waffenstillstand oder nicht, Richard, der Herzog der Normandie, mußte jede Gelegenheit ergreifen, um die Schande, daß capetingische Banner über seinen Burgen wehten, zu tilgen. Daß er dies mit einiger Wirkung tat, scheint klar aus den Friedensverhandlungen vom Sommer 1195 hervorzugehen, da Philipp nun bereit war, seine Eroberungen, ausgenommen den Normannischen Vexin, Gaillon, Vernon, Ivry und Pacy, zurückzugeben. Es ist schwer vorstellbar, daß Philipp freiwillig so großzügig gewesen sein sollte, es sei denn, seine Eroberungen waren entweder schon verloren, oder der Verlust stand unmittelbar bevor. Roger von Howden bestätigt die Tatsache, daß der Waffenstillstand häufig gebrochen wurde und daß Philipp es im Sommer 1195 schließlich vorzog, viele normannische Burgen zu schleifen, da er sie nicht länger halten konnte. Aber unglücklicherweise sind uns die Einzelheiten dieser

Vorgänge gänzlich verlorengegangen: mit einer Ausnahme, des Ringens um Vaudreuil – und selbst hier sind die historischen Quellen spärlich und widersprüchlich.

Eines ist klar: Es gab Verhandlungen der beiden Könige vor Vaudreuil im Juli 1195. Philipp hatte bereits beschlossen, die große Burg zu zerstören, und benutzte die Gespräche lediglich als ein Mittel, um Zeit zu gewinnen, damit seine Ingenieure die Arbeit des Unterminierens der Mauern vollenden konnten. Erst als Richard das Donnern der einstürzenden Mauern hörte, durchschaute er Philipps Absichten und schwor zornentbrannt, daß er »bei Gottes Beinen« dafür sorgen werde, daß an jenem Tag noch Sättel geleert würden. Sofort darauf gab er den Befehl zum Angriff. Philipp zog sich hastig über die Seine zurück und ließ die Brücke von Portjoie hinter sich abbrechen. Richard, um seine Beute gebracht, kehrte nach Vaudreuil zurück und ergriff von der Burg Besitz. Die Reste der französischen Armee wurden gefangengenommen. Obwohl dies eine dramatische Geschichte war, die von mindestens vier zeitgenössischen Autoren in lebhaften Farben geschildert wird, kann sie nicht exakt datiert werden. Wo immer Roger von Howden irgend kann, macht er sich die Mühe, ein genaues Datum anzugeben, aber in diesem Fall begnügt er sich damit zu sagen, daß es »an einem gewissen Tag« geschah. Diese untypische Ungenauigkeit, zusammengenommen mit seinen vagen Aussagen über »häufige Brüche des Waffenstillstands« und »viele zerstörte Burgen«, macht es bedauerlich klar, daß unser bisher zuverlässigster Informant nach dem Sommer von 1194 sehr wenig über die Ereignisse in der Normandie weiß. Wenn Roger von Howden uns also nichts über militärische Aktivitäten Richards in den zwölf Monaten vor der Übernahme von Vaudreuil berichtet, berechtigt uns dies somit nicht zu der Annahme, daß Richard tatsächlich Frieden gehalten hätte. Wenn der Vorfall am Tage der Konferenz von Vaudreuil nicht in Zusammenhang mit einem weiteren Vorrücken Richards stände, wäre Philipps Entscheidung, die Burg zu unterminieren, ein unerklärlicher Akt der Torheit. Wendet man sich aber von den Chroniken ab und den Chartas zu, den Urkunden von Richards Kanzlei, so entstehen nur neue Probleme. Denn die Datierung der »Charter« deutet darauf hin, daß Richards Kanzlei mindestens bei zwei Gelegenheiten *vor* dem Juli 1195, im Januar und im Juni 1195, von Vaudreuil aus Urkunden verschickte. Was in und um diese Schlüsselfestung während der ersten sechs Monate von 1195 wirklich geschah, wird für immer ein Geheimnis bleiben, aber es ist möglich, daß Richard in der Lage war, direkt vor den Toren der Burg hofzuhalten, daß er mit anderen Worten die Garnison von Vaudreuil zur Ohnmacht verurteilt hatte. Eine Burgbesatzung, die nicht länger das Territorium um ihre Burg herum beherrschte, war ein kostspieliger Luxus, auf den zu verzichten sich Philipp wohl entschieden haben könnte. Die Unterlagen des normannischen Schatzamts für das im September 1195 auslaufende Finanzjahr zeigen, daß Richard große Summen für die Burg in Pont de l'Arche ausgab, nur drei oder vier Meilen nördlich von Vaudreuil nahe dem Zisterzienserkloster, welches Richard in Bonport gegründet hatte. Die Burg kontrollierte die Brücke über die Seine und damit die Straße nach Rouen. Solange die Brücke von Pont de l'Arche sich in Richards Händen befand, konnte er nach Belieben Streitkräfte hinüberbringen, die in Rouen ausgehoben und stark genug waren, um zu gewährleisten, daß die Garnison von Vaudreuil hinter ihren Mauern blieb. Druck dieser Art, über einen langen Zeitraum aufrechterhalten, mußte, auch wenn er zu Scharmützeln führen mochte, nicht unbedingt in einer militärischen Aktion kulminieren, die groß genug war, um die Aufmerksamkeit der Chronisten auf sich zu ziehen. Er konnte nichtsdestoweniger ein äußerst wirksames Mittel der Kriegführung sein, und die allgemein vertretene Ansicht, daß zwischen Juli 1194 und Juli 1195 eine Periode des Friedens herrschte, muß wahrscheinlich revidiert werden. An ihrer Stelle sollten wir uns eine Periode anhaltenden militärischen Drucks auf einige von Philipps normannischen Burgen vorstellen, wodurch sie allmählich ihrer Funktion beraubt wurden und der Einkünfte und Vorräte verlustig gingen, welche sie normalerweise aus dem sie umgebenden Landstrich zogen. Da Richards Probleme in der Normandie durch die unzuverlässige Loyalität der Markherren verursacht worden waren, war es einleuchtend, Männer von erprobter Treue auf die umstrittenen Besitzungen zu setzen. Eine Familie, die während der gesamten 1190er Jahre Richards

Sache verpflichtet blieb, waren die Lusignans: in *Outremer*, auf Zypern und in Poitou. Das Oberhaupt der Familie, Hugo IX., *der Braune*, hatte einen jüngeren Bruder, Ralf von Exoudun, und ihm gewährte Richard die Hand der Erbin der Grafschaft Eu. Ralf erscheint zum erstenmal als Graf von Eu im August 1194. Eine weitere reiche Dame, deren Besitzungen in derselben Region lagen, die verwitwete Gräfin von Aumâle, wurde mit Baldwin von Béthune verehelicht, der vor kurzem aus Österreich zurückgekehrt war. Das Hochzeitsdatum ist ungewiß; wir wissen nur, daß Richard alle oder einen Teil der Kosten bezahlte und daß die Feier zwischen Januar und September 1195 lag. Eine Gräfin zu heiraten hieß aber noch lange nicht, ihre Besitzungen in die Hand zu bekommen. Die Bedingungen des Waffenstillstands von Tillières besagten, daß Philipp die Grafschaft Aumâle Hugo von Gournay verliehen hatte, und als im August 1195 Philipp seine Schwester Alice – nun endlich zu ihm zurückgekehrt – mit dem Grafen Wilhelm von Ponthieu vermählte, belehnte er sie mit der Grafschaft Eu und der Stadt Arques. Es gab mit anderen Worten zwei Aspiranten sowohl auf Eu als auch auf Aumâle, einen, der am Hofe Richards anerkannt wurde, und einen, der sein Lehen vom französischen König empfangen hatte. Es würde also niemanden überraschen, wenn Ralf von Exoudun und Baldwin von Béthune eifrige Vorkämpfer des Krieges im Nordosten der Normandie gewesen wären, denn sie hatten viel zu gewinnen. Und die Dokumente der Friedensverhandlungen von 1195 deuten an, daß sie tatsächlich nahe daran waren, die ihnen von Richard zugesprochenen Besitzungen zu erobern.

Daß Richard die militärische Initiative während des Scheinwaffenstillstands von 1195 in der Hand behielt, wird durch die Existenz einiger Zeugnisse aus einem anderen Feldzug deutlich – einem Feldzug, über welchen Roger von Howden nichts wußte. Bei der Thronbesteigung im Jahre 1189 hatte Richard alle seine Rechte über die Auvergne und die Baronien von Issoudun und Graçay abgetreten. Aber da Philipp in Richards Augen Teile der Normandie gestohlen hatte, fühlte er sich gerechtfertigt, an einer anderen Front nach Ersatz Ausschau zu halten. Nach dem nordischen Chronisten Wilhelm von Newburgh, dem einzigen Verfasser, der einen Bericht von diesem Feldzug hinterließ, eroberten Richards Brabanzonen zunächst Issoudun und etliche andere Burgen in Berry und rückten dann in die Auvergne ein, wo sie den Grafen gefangensetzten und seine Burgen in Besitz nahmen. Wilhelm von Newburgh betrachtet die ganze Angelegenheit als eine glanzvolle Ausdehnung der angevinischen Macht, aber abgesehen von der Andeutung, daß sie sich während des Sommers zutrug, als Vaudreuil fiel, gibt er kein Datum für den Feldzug an. Moderne Historiker neigen, wenn sie die Einnahme von Issoudun überhaupt erwähnen, zu der Annahme, daß sie stattfand, während Richard in Vaudreuil alle Hände voll zu tun hatte, und daß die siegreiche angevinische Armee eine reine Söldnertruppe unter Mercadiers Befehl war. Aber die Unterlagen des normannischen Schatzamtes enthalten Zahlungsangaben für Barone und Ritter, die sich in einem Krieg in Issoudun um Richard sammelten, und am 3. Juli 1195 wurde in Issoudun eine Charta in Richards Namen ausgestellt. Der König mag durchaus später Mercadier die Führung überlassen haben und nach Vaudreuil zurückgekehrt sein, aber es sieht so aus, als ob Richard selbst die frühen Stadien der erfolgreichen Kampagne in Berry überwachte.

Friedensgespräche wurden während dieser ganzen Periode ab und an wiederaufgenommen. Krieg und Diplomatie gingen Hand in Hand, und oft fanden die Chronisten die bei Friedenskonferenzen vorgebrachten Pläne interessanter als die Routine der Kriegführung. Ralph of Diss zum Beispiel berichtet von einem capetingischen Vorschlag, daß der Disput durch ein Duell zwischen fünf Recken auf jeder Seite beigelegt werden sollte, und sagt, daß Richard von diesem Einfall entzückt war – unter der Bedingung, daß er und Philipp jeder einer von seinen fünf sein sollte; aus dem Plan wurde – wie immer – nichts. Pläne dieser Art waren einfach Propagandaübungen – öffentliche Erklärungen, um zu zeigen, daß man sich im Recht wähnte und einem derartigen Gottesurteil mit Zuversicht entgegensah. Beide Seiten waren gleichfalls bestrebt zu zeigen, daß sie aufrichtig über den Ausgang des Kampfes zwischen Christ und Moslem besorgt waren, und als Ende Juli 1195 schlechte Nachrichten aus Spanien eintrafen, gab es ein weiteres Motiv, den Konflikt zu beenden. Bei Friedensverhandlungen im August schien Philipp willens zu sein, auf einen großen Teil seiner Eroberungen in der Normandie zu verzichten, aber in Wirklichkeit hatten beide Seiten noch immer die Hoffnung, ihre Verhandlungspositionen zu verbessern, und die Bedingungen wurden nie ratifiziert. Auch sandte keiner der beiden Könige den Christen in Spanien irgendwelche Hilfe. Es mag sein, daß Alices Gatte, der Graf von Ponthieu, zu eifrig war, seine neuerworbenen Rechte in Eu und Arques mit den Waffen nachzuweisen, als daß ein Friede gemäß den im August 1195 erörterten Bedingungen durchführbar war. Anfang November, während Richard sich in Verneuil aufhielt, inszenierten einige von Philipps Männern in der fernen Nordostecke der Normandie einen Raubzug. Dieppe wurde erneut geplündert, etliche Schiffe im Hafen wurden mit griechischem Feuer angegriffen und gingen in Flammen unter. Alle Indizien wiesen auf den Grafen von Ponthieu als den Anstifter des Überfalls, denn Dieppe war die kommerzielle Hauptrivalin seiner eigenen Hafenstadt St. Valery. Daraufhin brodelte ein planloser Krieg von Überfall und Gegenüberfall in dieser Gegend vor sich hin. Philipp, der damit rechnete, daß Richards Aufmerksamkeit durch die Ereignisse in der Normandie abgelenkt würde, trachtete mit aller Macht danach, den verlorenen Boden in Berry zurückzugewinnen. Die französischen Truppen marschierten auf Issoudun, belagerten und eroberten die Stadt, nicht aber die Burg. Den Verteidigern gelang es, eine Botschaft an Richard durch die französischen Linien zu bringen. Sie erreichte ihn in Vaudreuil. Er sandte sofort Anweisungen aus, daß sich seine Armeen vor Issoudun vereinigen sollten, während er im halsbrecherischen Galopp mit einer kleinen Truppe – jeden Tag eine Dreitagereise, sagt Roger von Howden – nach Süden ritt. Als er Issoudun erreichte, durchbrach er Philipps Linien und zog in die belagerte Burg ein. Der französische König setzte die Belagerung mit erhöhter Anstrengung fort, aber in den nächsten Tagen erschienen mehr und mehr angevinische Truppen auf der Bildfläche, und bald zeigte sich, daß es nicht Richard war, der in der Falle saß, sondern Philipp. Er war nun zahlenmäßig unterlegen und nicht einmal mehr in der Lage zu fliehen, wie er es in Fréteval getan hatte. Es gab keine Alternative zu Richards Bedingungen, und die akzeptierte Philipp am 5.

Dezember 1195. Die beiden Könige vereinbarten, Weihnachten wieder zusammenzutreffen, um die Friedensbedingungen zu ratifizieren. In der Zwischenzeit sollte eine kurze Waffenruhe eingehalten werden.

Die Friedenskonferenz fand wie vereinbart nahe Louviers im Seinetal zwischen Vaudreuil und Gaillon statt. Ein Vergleich der Friedensbedingungen vom Januar 1196 mit dem Waffenstillstand vom Juli 1194 spiegelt Richards Machtzuwachs in dieser Zeit. In der Normandie hatte er alles zurückerobert außer dem Normannischen Vexin und den Burgen von Neufmarché, Vernon, Gaillon, Pacy, Ivry und Nonancourt. In Berry hatte er Châtillon-sur-Indre (eine der im Juli 1193 übergebenen Burgen), La Châtre, Saint-Chartier, Châteaumeillant, Issoudun und Graçay zurückgewonnen. In Aquitanien mußte Philipp formell anerkennen, daß der Graf von Angoulême, der Vicomte de Brosse und der Graf von Périgueux Vasallen waren, die dem Herzog von Aquitanien Huldigung und Dienst schuldeten. Philipp willigte auch ein, seinen Verbündeten, den Grafen von Toulouse, fallenzulassen, wenn letzterer nicht in den Frieden mit einbezogen werden wollte. Alles in allem markierte der Frieden von Louviers einen großen Erfolg für Richard. Außerdem enthielten die Friedensbedingungen den Keim weiterer Fortschritte. Richard hatte darauf bestanden, daß eine der Burgen des Vexin, Baudemont, von einem seiner Parteigänger, Stefan von Longchamps, gehalten werden sollte. Es wurde auch vereinbart, daß die normannischen Besitzungen des Hugo von Gournay nach Hugos Tod an den Herzog zurückfallen würden – oder früher, wenn Hugo sich entschloß, in Richards Lehnspflicht zurückzukehren. Hugo von Gournays Lage war offenbar prekär, denn der Frieden von Louviers enthüllt, daß einige seiner Ritter auf Richards Seite gekämpft hatten. Unter diesen Umständen ist es nicht überraschend, ihn im Jahr darauf wieder im angevinischen Lager zu finden. Der Frieden von Louviers konnte nur eine Zwischenlösung sein; solange Philipp einen Fuß in dem Land behielt, welches Richard als sein rechtmäßiges Eigentum betrachtete, war eine permanente Lösung unmöglich.

Obwohl der Frieden mit Philipp nicht mehr als eine Atempause bedeutete, fühlte sich Richard nun stark genug, um an einer neuen Front Klarheit zu schaffen. Im Frühling 1196 forderte er Konstanze von der Bretagne auf, seinem Hof beizuwohnen. Nach dem Tod ihres ersten Gatten, Richards Bruder Gottfried, war sie mit Ranulf, Earl von Chester, verheiratet worden. Sie blieb jedoch in der Bretagne, während er es vorzog, in England oder der Normandie zu leben, und im allgemeinen scheint es, daß das Herzogtum sich nach dem Tod Heinrichs II. eine weitgehende Unabhängigkeit erhalten hatte. Obwohl Konstanzes Tochter Eleonore unter Richards Vormundschaft lebte und er mehr als einmal Heiraten für sie arrangiert hatte, benötigte er mehr als dies, wenn er die traditionelle normannische Herrschaft über die Bretonen wieder geltend machen wollte: Er strebte die Vormundschaft über den Thronerben des Herzogtums an. Der Thronfolger Arthur war neun Jahre alt, und es war Zeit, daß er die Fürsorge seiner Mutter verließ. Kaum aber hatte die Herzogin Konstanze den Fuß auf normannische Erde gesetzt, um an Richards Hof zu reisen, als sie auch schon von ihrem Gatten entführt und in seine Burg in St. James-de-Beuvron gebracht wurde. Konstanzes bretonische Ratgeber, die Arthur in ihrer Obhut hatten, waren alarmiert und machten Richard mit Recht oder Unrecht hierfür verantwortlich. Sie riefen Philipp um Hilfe an und widerriefen alle Loyalität für den Herzog der Normandie. Richards Antwort war ein Einfall in die Bretagne. Die Rebellen waren schnell gezwungen, sich seinen überlegenen militärischen Mitteln und – nach Wilhelm dem Bretonen – der Unbarmherzigkeit, mit welcher er Krieg führte (wobei er angeblich nicht einmal den Karfreitag heiligte), zu beugen. Aber obwohl Richard den Krieg gewann, verlor er den Disput. Arthurs bretonische Räte brachten ihn erst in ein Versteck und dann in die Sicherheit des französischen Hofes.

Aus der Bretagne schrieb Richard am 15. April an Hubert Walter. Er bat ihn, Ritter zu entsenden, die bereit wären, in einer langen Kampagne zu dienen: Er erwartete nun einen großen Krieg mit dem König von Frankreich. Sie sollten bis zum 2. Juni in der Normandie sein.

Philipp hatte praktisch Richard erneut den Krieg erklärt, als er Arthur an seinem Hof Asyl gewährte, aber wenn er seine Drohungen in die Praxis umsetzen wollte, brauchte er Verbündete, die ihm Hilfe bieten konnten, nicht Verbündete wie die Bretonen, die seiner Hilfe verzweifelt bedurften. Die Rolle des Beschützers eines jungen Prinzen zu spielen, der ins Exil getrieben worden war, war gut und schön, aber Philipp brauchte nicht nur eine gute Sache, sondern auch gute Soldaten. So machte sich der französische König im Frühling und Frühsommer des Jahres 1196 auf die Suche nach Verbündeten. Am vielversprechendsten war das im Nordosten in den Niederlanden, wo die Grundherren sowohl reicher an Geld als auch an Männern waren als die Barone der Bretagne. Die Übergabe von Eu und Arques im Vertrag von Louviers bedeutete, daß Philipp für den Grafen von Ponthieu Ersatz finden mußte, wenn Alices neuer Mann mit einer Gattin zufrieden bleiben sollte, die von den Angevinern in skandalöser Weise mißbraucht und dann abgeschoben worden war. Graf Rainold von Boulogne hatte auch Interessen in der nordöstlichen Normandie, und Philipp mag ihn davon überzeugt haben, daß der Vertrag von Louviers nicht bedeutete, daß die Capetinger keine weiteren Ambitionen in jenem Gebiet hätten. Aber Philipps größter Erfolg war es, den neuen Grafen von Flandern und Hennegau, Baldwin VI., zu überreden, dem Bündnis beizutreten, denn Baldwin zählte zu den Fürsten, die Richard auf seinem Rückweg aus Deutschland im Jahre 1194 gehuldigt hatten. Im Juni 1196 aber war Baldwin bereit, in die Fußstapfen seines Vaters zu treten und auf französischer Seite zu kämpfen. Während jenes Monats trafen sich die drei Fürsten am französischen Hof. Der Boden war bereitet für eine große französische Offensive, die sich zunächst gegen Aumâle richtete.

Philipp verfügte mit den von Graf Baldwin geführten Kontingenten über eine große Armee und eine Menge Belagerungsmaschinen. Aber Aumâle wurde tapfer verteidigt, und Richard profitierte indessen von Philipps Konzentration auf den Norden. Er eroberte Nonancourt; gemäß den französischen Chronisten übergab der Kastellan die Burg kampflos und ging dann, seinen Verrat bitter bereuend, als Templer ins Heilige Land. Von Nonancourt aus marschierte Richard zum Entsatz von Aumâle, wo sein Angriff auf das französische Lager blutig abgewiesen wurde. Nur die französischen

Chronisten geben Details; die englischen berichten entweder gar nichts oder deuten an, daß Richard, bestrebt, eine blutige Schlacht zu vermeiden, sich abwandte und seine Truppen aussandte, statt dessen das capetingische Territorium zu verwüsten. In beiden Fällen ist deutlich, daß Richard versuchte, Aumâle zu entsetzen, und scheiterte. Wilhelm der Bretone schreibt, daß Richard nur widerstrebend und erst nach einigem Zögern den Angriffsbefehl erteilte, nachdem er die Wahrscheinlichkeit einer Niederlage gegen die Schande abgewogen hatte, sich zurückzuziehen, ohne auch nur den Versuch gemacht zu haben, den Verteidigern zu helfen. Richard hatte nicht die Angewohnheit, seine Niederlagen öffentlich bekanntzugeben, somit ist die Quellenlage auf angevinischer Seite unbefriedigend, aber aller Wahrscheinlichkeit nach war er gezwungen gewesen, ein gutverschanztes französisches Lager anzugreifen, und war mit schweren Verlusten zurückgetrieben worden. Eine Woche später etwa, um den 20. August, kapitulierte Aumâle. Richard mußte 3000 Mark bezahlen, um die Garnison, die zu entsetzen er unfähig gewesen war, auszulösen. Die französischen Steinschleudern hatten die Burg so stark beschädigt, daß Philipp sich entschloß, die Zerstörungsarbeit lieber zu vollenden als sie zu reparieren und zu versuchen, sie zu halten.

Der Rest des Sommers 1196 verlief schlecht für Richard. Er belagerte Gaillon und wurde durch einen Armbrustbolzen am Knie verletzt. Philipp nahm Nonancourt wieder ein. Der einzige Lichtblick für Richard war die Einnahme von Gamaches, einer der Burgen des Normannischen Vexin, durch Johann. Aber obwohl Richard im Feld verschiedene Rückschläge zu verkraften hatte, entwickelte er in dieser Zeit die Strategie, die den Sieg bringen sollte. Das Ziel war natürlich die Rückeroberung des Vexin, und um dies zustande zu bringen, stellte sich Richard selbst zwei Aufgaben. Die erste war der Aufbau eines sicheren Basislagers, von welchem aus er den Schlag gegen den Vexin führen konnte. Die zweite war, Philipp seiner zwei wertvollsten Verbündeten, des Grafen von Toulouse und des Grafen von Flandern, zu berauben.

Es war wahrscheinlich im Spätsommer des Jahres 1196, als Richard sein Basislager zu bauen begann: Château-Gaillard oder vielmehr jenen gesamten Festungswerkkomplex an der Seine in Andeli, von der Burg auf dem Felsen von Andeli gekrönt – Richards berühmtestes Monument. Es ist evident, daß es beiden Königen wünschenswert erscheinen mußte, diesen strategischen Punkt zu befestigen, auch wenn das im Frieden von Louviers ausdrücklich untersagt worden war. Aber im März 1196 besuchte Richard die Insel von Andeli. Es war eine von etlichen kleinen Inseln im Fluß an dieser Stelle und jene, auf welcher der Erzbischof von Rouen ein Zollhaus errichtet hatte, um von den die Seine auf- und abwärts fahrenden Schiffen Gebühren einzuziehen. Die Landgüter der Kirche von Rouen, von denen viele im Vexin lagen, hatten durch den Krieg stark gelitten – was lediglich die Entschlossenheit des Erzbischofs verstärkt hatte, an einem seiner lukrativsten Besitztümer, dem Rittergut von Andeli, festzuhalten. Richard kehrte im April, Mai und Juni wieder nach Andeli zurück. Er war eindeutig von dem Ort angezogen und mag begonnen haben, mit dem Erzbischof über den Erwerb zu verhandeln, aber Erzbischof Walter, obgleich ein alter Freund und erfahrener Diener der Krone, war zuerst und vor allem darauf bedacht, die Rechte und Privilegien der Kirche zu schützen, welche seiner Obhut anvertraut worden waren. In einem gewissen Stadium verlor Richard die Geduld. Er beschlagnahmte das Rittergut und begann zu bauen. Der Erzbischof protestierte. Richard stellte sich taub. Am 7. November 1196 machte sich der Erzbischof auf den Weg nach Rom, um seine Beschwerde dem Papst vorzulegen.

Inzwischen befestigte Richard die Insel von Andeli und baute dort einen Palast, der während der letzten zwei Jahre seines Lebens seine Lieblingsresidenz wurde. Gegenüber auf dem rechten Ufer legte er eine neue Stadt an (jetzt Petit-Andelys), und dann erhob sich auf der einhundert Meter hohen Kalksteinklippe Petit-Andelys und die Seine überschauend und mit beiden durch eine Reihe von Außenwerken verbunden, das, was er selbst entweder seine »schöne Burg auf dem Fels« (*bellum castrum de Rupe*) oder seine »kecke Burg« (Château-Gaillard) nannte. Die ganze Verteidigungsanlage wurde durch eine Palisade, die auf der Südseite des Felsens quer durch den Fluß gebaut war, vervollständigt. Richard selbst überwachte die gesamten Arbeiten und duldete nicht, daß sie durch irgend etwas unterbrochen wurden. Der Erzbischof von Rouen hatte neben seinen anderen Protesten dem Herzogtum ein Interdikt auferlegt. Dies bedeutete, daß die meisten Gottesdienste verboten waren und folglich, so Roger von Howden, »die Straßen und Plätze der Städte der Normandie mit unbestatteten Leichen bedeckt waren«. Aber in Andeli arbeiteten die Wasserträger, die Kalkbrenner, Zimmerleute, Steinbrucharbeiter, Steinmetzen, Holzfäller, Bergleute, Wächter, Aufseher und Schmiede weiter. Im Oktober 1197 hob Papst Zölestin III. das Interdikt auf, da sich eine Einigung zwischen König und Erzbischof abzeichnete. In Andeli ging die Arbeit weiter. Im Mai 1198, sagt Wilhelm von Newburgh, fiel ein Blutschauer vom Himmel, der die unfertigen Mauern rötete. Einige von Richards Beratern waren beunruhigt und hielten es für ein übles Omen, aber der König blieb ungerührt. Keinen Moment lang erlaubte er den Maurern und Ingenieuren, das Arbeitstempo zu verlangsamen. »Er hatte ein solches Vergnügen an dem Gebäude, daß, wenn ich mich nicht irre, falls ein Engel vom Himmel herabgestiegen wäre und ihm gesagt hätte, er solle es aufgeben, er jenen Engel mit einem Schwall von Flüchen überschüttet hätte und die Arbeit unbeschadet weitergegangen wäre.« Richards enge persönliche Bindung an Château-Gaillard macht es möglich, dessen Entwurf als Beweismaterial – wenn solche Beweise denn nötig sind – für seine enorme Kenntnis der Belagerungskriegskunst zu sehen. Der zunehmende und zunehmend wirksame Gebrauch von Belagerungsmaschinen im zwölften Jahrhundert hatte Militärarchitekten schärfer denn je die Gefahr »toter Winkel« zum Bewußtsein gebracht, Mauer- oder Turmabschnitte, die die Verteidiger mit ihren Geschossen nicht bestreichen konnten. Château-Gaillards herausragendes Merkmal – noch heute klar sichtbar – ist die elliptische innere Zitadelle mit ihrer bemerkenswert gekrümmten Ringmauerlinie. Hier ist kein toter Winkel zu finden; das Feuer der Garnison konnte jeden sich nähernden Feind erreichen. Die Standortwahl, die Gesamtstruktur der Befestigungsanlagen, Palisade, Inselstadt, Burg: Jedes Element war ein harmonischer Teil des Ganzen. Die Details der Entwürfe von Mauern und Türmen – alles trägt die Spuren einer meisterlichen Hand. Richard, nicht gerade von Bescheidenheit geplagt, behauptete, daß die Anlage so perfekt entworfen sei, daß er sie selbst dann halten könnte, wenn seine Mauern aus Butter gemacht wären.

Obgleich die Ruinen von Château-Gaillard noch heute auf den ersten Blick beeindrucken, vermitteln sie keinen wirklichen Hinweis auf die Bedeutung der Festung. Es gibt andere Burgen, deren Ruinen gleichermaßen mächtig erscheinen. Aber dies ist irreführend, weil die Befestigungsanlagen in Andeli, als Ganzes genommen, einzigartig sind. Andere Burgen spiegeln meist das Werk von Generationen. Château-Gaillard jedoch wurde in nur zwei hektischen Jahren aus dem Boden gestampft. Die Einigung, welche Richard mit Erzbischof Walter erzielte, verweist auf die Bedeutung, die der König seiner Burg beimaß. Als Entschädigung für das eine Rittergut von Andeli gab er der Kirche von Rouen nicht nur zwei Rittergüter, sondern auch den florierenden Seehafen Dieppe. Ein weiterer Hinweis ist ein Dokument, das die Ausgaben von Andeli in den zwei Jahren bis zum September 1198 aufzeichnet. In diesem Zeitraum betrugen die Aufwendungen etwa 11 500 Pfund. Um einen Eindruck zu vermitteln, wie außerordentlich hoch diese Summe war, ein Vergleich: Für den Wiederaufbau der Mauern der Stadt Eu – das größte Stück Bauarbeit, welches in der Rechnungsrolle des Jahres 1198 verzeichnet ist – gab Richard fast 1 300 Pfund aus. Wenn wir uns englischen Burgen zuwenden, stellen wir fest, daß Richard nur knapp über 7 000 Pfund für *alle* englischen Burgen während seiner ganzen Herrschaftszeit ausgab. Die höchste Summe, die für irgendeine einzelne englische Burg während dieser Periode ausgegeben wurde, waren die 8 250 Pfund für Dover – und die verteilte sich über fünfzig Jahre von 1164 bis 1214. Gemessen an diesen Vergleichen stellt Château-Gaillard jede andere Festung in Europa in den Schatten. Die Frage drängt sich auf: Warum so viel Geld für dieses eine Bauwerk?

Die konventionelle Antwort lautet, daß die Befestigung von Andeli dazu bestimmt war, die Lücke in den normannischen Verteidigungsanlagen zu schließen, die durch den Fall von Gisors verursacht worden war. In diesem Licht war die Rolle von Château-Gaillard eine defensive; seine Funktion war es, die direkte Route nach Rouen zu blockieren. Offensichtlich ist etwas daran – aber es ist auf keinen Fall die ganze Geschichte. Dies war die Rolle, welche die Festung während Johanns Herrschaft spielen sollte, als es zu einem allgemeinen Verfall angevinischer Macht in der Normandie kam. In der langen Geschichte von Versagen, Mißtrauen und Ungewißheit unter Johann war die sechsmonatige Verteidigung, die die isolierte Garnison von Château-Gaillard leistete, eine der wenigen ehrenvollen Episoden. Aber hieraus folgt nicht, daß Richard *beabsichtigte*, daß Château-Gaillard eine in erster Linie defensive Funktion ausüben sollte. In den Jahren von 1196 bis 1199 dachte er nicht daran, die Normandie zu verteidigen, sondern daran, den Vexin zu erobern. Château-Gaillard muß deshalb eine Rolle im Rahmen einer Angriffsstrategie gespielt haben. Männer und Nachschub konnten aus dem normannischen Hauptarsenal in Rouen hierher gesandt werden, entweder auf dem Fluß oder – da die Seinemäander und die Strömung gleichermaßen unvorteilhaft waren –, sondern auf der gutverteidigten Seinetalstraße via Pont de l'Arche, Vaudreuil und dann über die Brücke bei Portjoie nach Andeli. Richards Interesse an dieser Route wurde noch unterstrichen, als er sich selbst eine Residenz in Portjoie bauen und die Seinebrücke wiederherstellen ließ, die Philipp im Juli 1195 bei seiner Flucht zerstört hatte. Château-Gaillard schützte die vorgeschobene Basis, von der aus Richard seine Schläge gegen Philipps Burgen führen wollte.

In demselben Sommer von 1196, als Richard seine Pläne zur Befestigung von Andeli entwarf, trat er in Verhandlungen mit Graf Raimund VI. von Toulouse ein, Verhandlungen, welche in einer diplomatischen Umwälzung enden sollten. Seit dem Jahre 1159 hatten sich die angevinischen Herzöge in einem Zustand fast permanenten Krieges mit den Grafen von Toulouse befunden. Die Herzöge argumentierten, daß Toulouse durch Erbrecht ihnen gehörte, und obwohl sie nicht imstande waren, diesen Anspruch durchzusetzen, war es ihnen im allgemeinen gelungen, an der Quercy festzuhalten. Aber kein Graf von Toulouse, der sich seine Selbstachtung erhalten hatte, konnte sich mit dem Verlust dieses wertvollen Gebiets um Cahors abfinden. Wann immer also der Herzog von Aquitanien sich in Schwierigkeiten befand, versuchte der Graf von Toulouse, die Situation auszunutzen. Dieser Unruheherd war ein wesentliches Element der aquitanischen Politik der 1180er und 1190er Jahre und offensichtlich eines, welches Philipp von Frankreich sehr zusagte. Im Jahre 1195 hatte Richard die Chance, diese Belastung abzuwerfen, denn zu Beginn jenes Jahres trat Raimund VI. die Nachfolge seines Vaters als Graf von Toulouse an. Anscheinend hat es auch 1195 noch bewaffnete Konflikte zwischen Aquitanien und Toulouse gegeben – obwohl der Schlagabtausch offenbar außerhalb der Sichtweite oder des Interesses der angevinischen Chronisten lag. Es mag der Rückschläge, die Richard 1196 in der Normandie erlitt, bedurft haben, ihn zu überzeugen, daß er sich ganz auf den Norden konzentrieren müsse, wenn er den Vexin zurückerobern wollte. Um dafür die Hände frei zu haben, mußte er den vom Grafen von Toulouse geforderten Preis zahlen, besonders, da König Sancho von Navarra sich nun in einen Krieg mit Kastilien gestürzt hatte und nicht länger ein verläßlicher Verbündeter im Süden war. Außerdem mag ihn auch der Tod von Alfons II. von Aragon im Jahre 1196 überzeugt haben, daß die Zeit gekommen war, die Bündnisse im südwestlichen Europa neu zu gestalten. Im Oktober 1196 waren die Verhandlungen abgeschlossen. Raimund VI. kam nach Rouen und heiratete dort Richards Schwester Johanna. Richard verzichtete auf seinen Anspruch auf Toulouse, gab die Quercy zurück und verlieh ihm die Grafschaft Agen als Johannas Mitgift. Agen sollte als ein Lehen des Herzogtums Aquitanien gehalten werden als Gegenleistung für die Dienste von fünfhundert Rittern für einen Monat, sollte es Krieg in der Gascogne geben. Diese Bedingungen waren großzügig genug, einen ehemaligen Feind nicht nur zu neutralisieren, sondern ihn zu einem Freund und Verbündeten zu machen. Von einem finanziellen Standpunkt aus machte es Sinn für den Herrn von Bordeaux, mit dem Herrn von Toulouse Frieden zu halten, so daß der Flußhandel auf der Garonne aufblühen und für beide eine Quelle des Profits werden konnte. Zumindest ein englischer Historiker, Wilhelm von Newburgh, erkannte die Bedeutung dieser Eheallianz. Sie markiere, sagte er, das Ende von vierzig Jahren zermürbenden Krieges, das Ende des alten Hasses – und sie bedeutete, daß Richard sich mit geballter Kraft dem großen Kampf mit König Philipp widmen konnte.

Um die gleiche Zeit belegte Richard den angevinischen Handel mit Flandern mit einem Embargo. Einige englische Kaufleute, die dagegen verstießen, erhielten schwere Geldstrafen. Flandern war die am dichtesten bevölkerte und höchstindustrialisierte Region in Nordwesteuropa. Brügge, Ypesru, Gent und Lille waren große Gewerbezentren mit mehr Mündern, als die Felder von Flandern füllen konnten. Das Land war auf importierte Nahrungsmittel angewiesen und ebenso, da die Hauptindustrie die Tuchherstellung war, auf den Import von Wolle. So eng die wirtschaftlichen Bande zwischen Bordeaux und Toulouse auch waren, die Bande zwischen Flandern und Ostengland waren sogar noch enger und lebenswichtiger. England lieferte sowohl Getreide als auch riesige Mengen hochwertiger Wolle. All dies bedeutete, daß der Graf von Flandern ein Fürst von großem Reichtum war – aber auch einer, der wirtschaftlich besonders verwundbar war. Baldwin von Flandern und Hennegau war 1195 mit Philipp in Issoudun und 1196 in Aumâle gewesen. Nun bekam er die Folgen von Richards Unmut zu spüren.

Im April 1197 erneuerte Richard den Krieg mit einem Überfall auf den Hafen des Grafen von Ponthieu, St. Valéry. Er brannte die Stadt nieder und trug viel Beute hinweg einschließlich der Reliquien des Stadtheiligen. Im Hafen fand er einige englische Schiffe, die mit Getreide und anderen Nahrungsmitteln beladen waren. Die Seeleute wurden gehängt, die Schiffe verbrannt und ihre Ladungen beschlagnahmt. Der König wollte ein Zeichen setzen, damit seine Wirtschaftssanktionen streng durchgesetzt wurden. Auf der anderen Seite lockte er Graf Baldwin mit großzügigen Angeboten. 1194 hatte er Baldwin eine Pension versprochen, wenn der junge Graf der französischen Allianz seines Vaters untreu wurde, aber Baldwin hatte abgelehnt. Jetzt bot Richard ihm an, das lähmende Handelsembargo aufzuheben und Baldwin die volle Summe der aufgelaufenen Pension seit jener Zeit zu zahlen, wenn er sich der angevinischen Seite anschlösse. Bis Mittsommer waren die Vorgespräche so weit fortgeschritten, daß eine Gesandtschaft, angeführt von Wilhelm Marshal und Peter des Préaux mit 1730 Mark in den Taschen, die für die Interessen des Königs ausgegeben werden sollten, nach Flandern reisen konnte. Graf Baldwins Ratgeber und Verwandte sollten einen Vorgeschmack davon erhalten, welcher Nutzen aus einer Allianz mit dem reichen König von England zu ziehen wäre. Schon im Juli wurde ein förmlicher Vertrag aufgesetzt, in dem Richard und Baldwin vereinbarten, daß keiner von ihnen einen Waffenstillstand oder Frieden mit dem König von Frankreich ohne Zustimmung des anderen schließen würde. Das Bündnis war ein Triumph von Richards Gelddiplomatie. Die Verlagerung der Macht, welche es implizierte, wird durch die Präsenz von drei normannischen Markherren – Graf Robert von Meulan, Wilhelm von Caieux und Hugo von Gournay – unter jenen, die für Richards Einhaltung des Vertrags bürgten, deutlich gemacht. 1197 waren sie ebenso feinfühlig für die Richtung, aus der der Wind blies, wie sie es 1192 gewesen waren, als sie sich Philipp anschlossen. Nach der Einschätzung von Rigord von Saint-Denis war dieses Bündnis die Ursache von tausend Übeln für Frankreich.

Selbst bevor die Allianz mit Flandern formell besiegelt war, erlaubten die Verhandlungen Richard, in der östlichen Normandie die Initiative wieder an sich zu reißen. Im Mai 1197 ritt er nach Gournay und führte von dort aus einen Einfall in das Beauvaisis an, wobei er die Burg von Milli eroberte. Nach der *Geschichte von Wilhelm Marshal* war der Held des Sturms auf Milli kein anderer als Wilhelm selbst, und als alles vorbei war, wurde er von Richard getadelt: »Sir Marshal, ein Mann von Eurem Stand sollte nicht sein Leben in Abenteuern dieser Art aufs Spiel setzen. Überlaßt sie den jungen Rittern, die noch einen Ruf erringen müssen.« Aber nach derselben Quelle mußte Richard gewaltsam davon abgehalten werden, sich selbst in das Kampfgetümmel zu stürzen. Während Richard und Wilhelm Marshal Milli stürmten, brachte ein anderes angevinisches Kontingent, geführt von Mercadier und Graf Johann, einen noch größeren Coup zustande: Sie fingen Philipps Vetter, den Bischof von Beauvais. Auf dem Kreuzzug hatte sich Philipp von Beauvais eng an Konrad von Montferrat angeschlossen, und Richard haßte ihn seit jener Zeit. Er setzte den Bischof gefangen und weigerte sich, ihn freizulassen. Proteste mit der Begründung, daß dies keine Art und Weise sei, einen Mann der Kirche zu behandeln, wurden mit dem Argument pariert, daß Philipp nicht als Bischof, sondern als in den Krieg ziehender Ritter gefangengenommen worden sei, denn er war voll gewappnet und behelmt gewesen. Der Bischof von Beauvais war in der Tat selbst für das kriegerische 12. Jahrhundert ein notorisch militanter Bischof. Er sollte später aktiv an der Schlacht von Bouvines teilnehmen – Wilhelm der Bretone versuchte, ihn damit zu entschuldigen, daß er behauptete, der Bischof sei nur durch Zufall auf das Schlachtfeld geraten und habe ebenso zufällig gerade einen Streitkolben zur Hand gehabt. Nach seinem erfolgreichen Überfall kehrte Richard in die Normandie zurück, wo er Dangu, eine nur vier Meilen von Gisors entfernte Vexiner Burg, belagerte und einnahm.

Dies waren nützliche Gewinne, aber dem sollte Bedeutenderes folgen, wenn erst einmal die Allianz mit Flandern endgültig abgeschlossen war. Der westliche Teil Flanderns – der als Artois bekannte Distrikt einschließlich so reicher Städte wie Arras, St. Omer und Douai – war seit dem Tod des Grafen Philipp in Akkon in französischen Händen gewesen. Wenn Baldwin den Artois überfiel, bestand die Möglichkeit, daß Philipp II. zu seiner Verteidigung herbeieilen würde und somit Richard die freie Wahl der Zeit und des Ortes für einen Gegenangriff böte. Im Juli griff Baldwin im Nordosten an, während Richard seinen Vorstoß im Süden in Berry unternahm. Philipp aber ignorierte beide Drohungen. Er eroberte zunächst Dangu zurück, dann wandte er sich nordwärts. Zu diesem Zeitpunkt war Douai bereits gefallen, und Arras stand unter Belagerung. Als Philipp zum Entsatz von Arras heranrückte, zog sich Baldwin zurück, und der König von Frankreich jagte hinter ihm her, entschlossen, einen untreuen Vasallen zu strafen. Aber Philipp war in seiner Entrüstung zu unvorsichtig. In einer Serie von geschickt ausgeführten Manövern brach Baldwin die Brücken hinter und vor Philipps Armee nieder und schnitt seine Nachschublinien ab. Schließlich erkannte Philipp, daß er in eine Falle gelockt worden war, aus der es kein Entkommen gab, und er schlug Friedensverhandlungen vor. Er versprach, Baldwin zu geben, was der wünschte, falls er mit Richard bräche. Der Graf von Flandern aber weigerte sich, und schließlich kam man überein, daß Verhandlungen aller Parteien im September zwischen Andeli und Gaillon stattfinden sollten. Baldwin und Richard trafen sich in Rouen und zogen dann zusammen zu der Konferenz. Richard war bestimmt noch nicht zu einem endgültigen Frieden bereit, aber er war gewillt, einem Waffenstillstand zuzustimmen, wenn er behalten konnte, was er besaß. Während Baldwin und Philipp in Flandern beschäftigt gewesen waren, hatte er in Berry verschiedene Burgen erobert – nicht weniger als zehn nach Roger von Howden –, unter anderem Vierzon. Auch im Vexin scheinen außerdem trotz des Fehlschlags, Dangu zu halten, gewisse Fortschritte erzielt worden zu sein. Die Aufzeichnungen des normannischen Schatzamts zeigen, daß Richard Geld für die Burgen von Gamaches und Longchamps ausgab; die Grenze zwischen dem angevinischen und französischen Machtbereich wurde allmählich zurückgeschoben.

Theoretisch sollte der im September 1197 geschlossene Waffenstillstand bis Januar 1199 andauern. Natürlich wurde er nicht eingehalten, und ebenso unweigerlich waren die Monate des Friedens mit Vorbereitungen für den Krieg angefüllt. Richard führte energisch seine zwei Hauptaufgaben fort: Burgenbau und Koalitionsbau. Seine Suche nach weiteren Verbündeten im Kampf mit Philipp verband sich mit der zentralen Frage der europäischen Diplomatie – der Wahl eines neuen deutschen Königs als Nachfolger von Heinrich VI., der am 28. September 1197 in Messina am Fieber starb – im Alter von nur 32 Jahren. Da Heinrichs Sohn, der künftige Kaiser Friedrich II., noch keine drei Jahre alt war, war es für die Feinde der Hohenstaufen eine goldene Gelegenheit, sich erneut zu erheben. An ihrer Spitze standen Richards welfische Verwandte und seine Verbündeten, die Fürsten des Niederrheinlands. Sie luden Richard ein, an dem Geschäft, einen neuen König zu wählen, teilzunehmen, und auf seinen Vorschlag stimmten sie einmütig für seinen Neffen, Heinrichs des Löwen jüngeren Sohn Otto von Braunschweig. Otto hatte den größten Teil seiner Jugend am angevinischen Hof zugebracht und war im Sommer 1196 zum Grafen von Poitou ernannt worden. In der Abwesenheit seines älteren Bruders, der sich auf einem Kreuzzug befand, war er effektiv das Haupt der

Welfenfamilie und eine natürliche Wahl für »Königmacher«, die nach jemandem Ausschau hielten, der sich mit dem Hohenstaufenkandidaten, Heinrichs VI. jüngerem Bruder Philipp von Schwaben, messen konnte. So wurden im Verlauf des Frühlings und Sommers von 1198 zwei Könige in Deutschland gewählt: einer finanziell und diplomatisch vom König von England unterstützt, der andere deshalb vom König von Frankreich. Insgesamt profitierte eher Richard als Philipp von der umstrittenen Wahl, da sie seine Bindungen mit einer Anzahl von Fürsten der Niederlande stärkte – mit Dietrich, Graf von Holland, Heinrich, Herzog von Limburg, Heinrich, Herzog von Brabant, und Adolf, Erzbischof von Köln, sowie mit Baldwin von Flandern und Hennegau –, während Philipps Freunde in Deutschland zu weit entfernt wohnten, um Richard Sorgen zu machen. Aber das Gewicht dieses feindlichen Blocks an seiner nordöstlichen Grenze gab Philipp Grund zur Besorgnis, besonders, da immer mehr von seinen eigenen Vasallen es für weise erachteten, sich der erfolgversprechenden angevinischen Sache anzuschließen, vor allem Renaud, Graf von Boulogne, und Hugo, Graf von St. Pol. Und nicht nur im Nordosten gingen Philipps Grenzvasallen auf Richards Seite über; auch Gottfried von Perche und Ludwig von Blois taten es. Natürlich blieb Philipp nicht untätig. Er schlug auf traditionelle Weise zurück, indem er in ein Bündnis mit zwei von Richards aquitanischen Vasallen eintrat: Aimar von Limoges und Ademar von Angoulême. Aber es kann keinen Zweifel geben, daß in dieser diplomatischen Kriegführung Richard die Oberhand behielt. Schließlich konnte Richard, da er Otto unterstützte, davon ausgehen, daß auch der Heilige Stuhl in Rom ihm wohlgesinnt war. Der neugewählte Papst Innozenz III., obgleich er eine Fassade der Neutralität zu wahren suchte, zog in Wirklichkeit einen Welfenkaiser einem Hohenstaufenkaiser vor. Da Innozenz auch mit Philipp von Frankreich wegen der Verstoßung Ingeborgs im Streit lag, stand er fraglos dem König von England näher, wenn auch die ehelichen Angelegenheiten des letzteren nicht ganz klar gewesen zu sein scheinen. In einem im Mai 1198 geschriebenen Brief versprach der Papst Richard, daß er versuchen würde, Sancho von Navarra zu überreden, die Burgen von St.-Jean-Pied-de-Port und Roquebrune zurückzugeben, welche Sanchos Vater Richard ursprünglich als Berengarias Mitgift überlassen hatte. Dieses isolierte Beweisfragment, das auf Spannungen zwischen Richard und Sancho von Navarra hindeutet, legt nahe, daß die Regelung mit Toulouse sehr wohl Teil einer größeren politischen Neuordnung der Bündnisse unter den an die Pyrenäen grenzenden Ländern gewesen sein mag. Wenn dies zutrifft, dann ist es möglich, daß um 1198 herum ein Fragezeichen über Richards kinderloser Ehe mit Berengaria hing. Wir befinden uns unvermeidlich im Reich der Mutmaßung, aber es mag sein, daß sie unfruchtbar war. Wenn dies der Fall war, dann muß ihre Zukunft ungewiß gewesen sein, da es wenige Positionen gab, die prekärer waren als jene einer Königin, die keinen Erben gebar und die eine Allianz repräsentierte, welche nicht länger benötigt wurde.

Während Richards Diplomaten in Deutschland und in Rom emsig waren, wurden seine Administratoren völlig in Anspruch genommen durch die ihnen von des Königs unersättlichem Bedarf an Geld und Soldaten auferlegten Pflichten. Im Dezember 1197 berief Hubert Walter in Oxford eine Konzilversammlung ein und gab Richards Forderung weiter, daß ihn die Barone von England mit einer Streitkraft von dreihundert Rittern für ein Dienstjahr auf ihre eigenen Kosten unterstützen sollten, während die Städte fünfhundert bewaffnete Reisige stellen sollten. Maßnahmen dieser Art waren eine Rationalisierung des Feudalsystems, welches in der Theorie den Dienst von mehr Rittern verlangte – zehnmal soviel –, aber für einen Zeitraum, der zu kurz war, als daß er von Nutzen gewesen wäre außer für rein lokale Konflikte. Forderungen wie diese provozierten natürlich Widerstand – und die politischen und gesetzlichen Argumente sind oft von zeitgenössischen Berichtern gut erfaßt. Aber während die Chronisten die Debatten aufzeichnen, zeigen Schatzamturkunden, daß der König und Hubert Walter ihren Willen bekamen. Außerdem machen es die Chronisten deutlich, daß, obwohl sie mit der Höhe der Besteuerung nicht einverstanden waren, sie nichtsdestoweniger mit der Politik sympathisierten, welche die Besteuerung nötig machte. Es schien ihnen richtig und angemessen, daß ein König jeden Nerv anspannen sollte, um die Ländereien zurückzuerlangen, die ihm verräterisch geraubt worden waren.

Der Krieg setzte im September 1198 wieder ein. Erneut drang Baldwin von Flandern in den Artois ein, nahm Aire kampflos ein und belagerte St. Omer. Die Bürger von St. Omer ließen Philipp mitteilen, daß sie sich ergeben müßten, wenn er nicht zu ihrer Hilfe käme. Philipp versprach ihnen, bis zum 30. September zu kommen; falls er nicht komme, stehe es ihnen frei, Friedensbedingungen auszuhandeln. Tatsächlich hatten die Verbündeten wie zuvor einen Krieg an zwei Fronten eröffnet, und Philipp wurde den September hindurch im Vexin festgehalten. Am 4. Oktober marschierte Baldwin in St. Omer ein. Inzwischen war der König von Frankreich in der Normandie zweimal besiegt worden. Beim erstenmal hatte er sein Heer zu einem Überfall in den Normannischen Vexin geführt, wurde aber von Richard und Mercadier ausmanövriert und mußte sich auf Vernon zurückziehen, wobei er etliche zwanzig Ritter und mehr als sechzig Soldaten zurückließ, die den Angevinern in die Hände fielen. Richard setzte diesen Erfolg gleich fort, indem er die Epte bei Dangu am 27. September durchwatete und in den Französischen Vexin einfiel. Er eroberte Courcelles und Boury am gleichen Tag und kehrte dann nach Dangu zurück, während eine andere Streitmacht Sérifontaine einnahm. Die Eroberung von Dangu und der drei anderen Burgen bedeutete, daß sich der Kreis um Gisors schloß. Philipp hatte Nachrichten von der Attacke auf Courcelles erhalten, und am 28. September brach er zu dessen Entsatz auf, ohne zu wissen, daß es schon gefallen war. Als die französische Armee von Mantes nordwärts marschierte, wurde sie von Patrouillen entdeckt, die Richard zur Erkundung des Landes östlich der Epte ausgeschickt hatte, während das Gros seiner Streitkräfte in Dangu ausruhte. Richard war selbst wie so oft mit seinen Patrouillen unterwegs, und sobald es klar wurde, daß Philipp nicht plante, die angevinische Armee in Dangu anzugreifen, sondern beabsichtigte, seinen Marsch nordwärts fortzusetzen, anscheinend ohne klare Kenntnis dessen, was um ihn herum vorging, entschied Richard, den durch gute Aufklärung errungenen Vorteil zu nutzen und die französische Armee anzugreifen, solange sie sich noch in Marschordnung befand. Er sandte Befehl an die Truppen in Dangu, so schnell wie möglich zu ihm zu stoßen. Als Philipp weitermarschierte, fürchtete Richard jedoch, seinen Vorteil zu verlieren. Der französische König würde sicher erkennen, was vorging, wenn er Courcelles erreichte – wenn nicht schon vorher –, und so gab Richard Order, anzugreifen, während einige seiner Verstärkungen noch immer unterwegs waren. Gemäß dem *Jongleur*, der die *Geschichte von Wilhelm Marshal* schrieb, führte er die Attacke selbst wie ein hungriger Löwe an, der seine Beute erspäht. Zum zweitenmal innerhalb von ein oder zwei Wochen wandte sich Philipp zur Flucht. Er versuchte, in Eilmärschen, den einzigen ihm verbleibenden Zufluchtsort, die Burg von Gisors, zu erreichen. Die Verfolgung war so hitzig, daß die Zugbrücke am Tor von Gisors unter dem Gewicht der französischen Ritter zusammenbrach, die sich in Sicherheit bringen wollten. Zwanzig Ritter ertranken, schrieb Richard in einem Brief, der von seinem Sieg berichtet, und Philipp soll angeblich unter jenen gewesen sein, die aus dem Fluß gezogen werden mußten. »Wir selbst stießen drei Ritter mit einer einzigen Lanze vom Pferd und halten sie gefangen.« Etwa nochmals hundert von Philipps Rittern wurden gefangengenommen, daneben eine große Zahl von Reisigen. Nach angevinischen Quellen hatte Richard eine zahlenmäßig überlegene Armee angegriffen – wenn auch eine, die überrascht worden war, bevor sie sich in Schlachtformation aufstellen konnte. Andererseits sagt Wilhelm der Bretone, daß Philipp so beherzt gegen widrige Umstände anfocht, daß die Ehre des Tages den wenigen gegen die vielen gehörte. Trotz dieses speziellen Plädoyers ist es klar, daß Philipp in seinem eigenen Land ausmanövriert worden war – innerhalb des Französischen Vexin – und eine demütigende Niederlage erlitten hatte. Nach Rigords Ansicht strafte Gott Philipp dafür, daß er den Juden den Einzug in seine Domänen erlaubt hatte. Richard verfügte nicht über die Ausrüstung, um Gisors zu belagern, er kehrte daher mit seinen Gefangenen nach Dangu zurück; lediglich die Tatsache, daß Philipp selbst entronnen war – mit Hilfe, so wurde gesagt, der auf den sommerlichen Straßen aufgewirbelten Staubwolken –, verringerte seinen Triumph.

Der Krieg ging weiter. Philipp nahm Rache, indem er eine neue Armee anmusterte und die Normandie südlich der Seine überfiel. Richard übte Vergeltung, indem er Mercadier aussandte, um die

Stadt Abbeville zu plündern, wo viele französische Kaufleute zu einer Messe zusammengekommen waren. Noch im Oktober fing Wilhelm le Queu, der Kastellan von Lyons-la-Fôret, eine französische Truppe ab, welche Philipp als Garnison nach Neufmarché gesandt hatte – an sich kein bedeutendes Gefecht, aber typisch für die Dutzende von unverzeichneten Zwischenfällen, welche Richards Vorstoß in den Vexin markiert haben müssen. Daß Richard noch immer an Boden gewann, wird durch zwei andere Vorfälle nahegelegt, welche Roger von Howden beiläufig erwähnt – ein Versuch seitens des Earls von Leicester, seine Burg Pacy zurückzuerobern, welche seit 1193 verloren gewesen war, und Philipps Entschluß, Le Goulet zu befestigen, eine Entscheidung, die darauf hindeutet, daß er entlang der Ufer der Seine zurückgedrängt wurde. Philipps eigene Einschätzung der Lage kann von den Friedensbedingungen abgeleitet werden, welche er im Herbst 1198 anbot. Er hatte einfach nicht die Mittel, die Belastung eines Krieges an zwei Fronten durchzustehen, und wenn er das Territorium zurückgewinnen wollte, das er im Artois verloren hatte, dann würde er mit Richard Frieden machen müssen, selbst wenn dies bedeutete, auf seine alten Eroberungen verzichten zu müssen. So bot er an, alles, was er im Vexion an sich gerissen hatte, mit Ausnahme von Gisors zurückzuerstatten. Aber Richard weigerte sich, auf einen Separatfrieden einzugehen, der die Bedingungen seiner Allianz mit Flandern brach. Philipp mußte sich mit einem Waffenstillstand begnügen, der bis zum 13. Januar 1199 dauerte. Dann wollten die beiden Könige sich treffen, um einen Friedensvertrag auszuhandeln.

Spät im Dezember traf ein päpstlicher Legat, Peter von Capua, auf dem Kriegsschauplatz ein. Innozenz III. hatte einen neuen Kreuzzug proklamiert und wollte deshalb unbedingt ein Ende des angevinisch-capetingischen Streits herbeiführen. Richard jedoch weigerte sich, Frieden zu schließen, solange Philipp noch normannisches Gebiet hielt. Als der Legat versuchte, ihn zu einem Kompromiß zu bewegen, indem er ihn an die permanente Gefährdung des Königreichs Jerusalem erinnerte, rief ihm Richard zornig die Umstände ins Gedächtnis, unter denen Philipp seine Territorien überfallen hatte. »Wenn nicht seine Bosheit gewesen wäre, ich hätte die

Gesamtheit von *Outremer* zurückerobert – und als ich vom Kreuzzug zurückkehrte, welchen Schutz gab mir da die Kirche?« Nach der *Geschichte von Wilhelm Marshal* verschärfte Peter von Capua den Disput sogar noch, als er Richard bat, den Bischof von Beauvais freizulassen. An diesem Punkt brach der König in so heftigen Zorn aus, daß der Legat in Todesangst entfloh. Aber schließlich ließ sich Richard dazu bewegen, einem Waffenstillstand von fünf Jahren zuzustimmen. Philipp durfte die normannischen Burgen, welche er noch hielt, behalten, aber Richard befahl seinen Hauptleuten zu verhindern, daß die capetingischen Garnisonen die Burgen verließen, um Proviant und Abgaben im Umland einzuziehen. Wenn dies wirksam durchgeführt wurde, mußten die Burgen, weit davon entfernt, ein Gewinn für Philipp zu sein, zu einer Belastung für seine bereits überstrapazierten Finanzen werden. Die *Geschichte von Wilhelm Marshal* berichtet, daß Wilhelm le Queu diese Politik so gründlich in die Tat umsetzte, daß er, nicht Philipps Kastellan, die Pachten von Gisors eintrieb, während die Garnison von Baudemont Angst hatte, auch nur Wasser aus der Quelle unmittelbar vor ihren Mauern zu schöpfen. Dies mag poetische Übertreibung sein, aber es deutet vieles darauf hin, daß Philipp unter diesen Bedingungen den Frieden nicht billiger als den Krieg fand.

Obgleich die Könige sich als eine Geste der Unterstützung für den geplanten Kreuzzug auf einen fünfjährigen Waffenstillstand geeinigt hatten, war es äußerst unwahrscheinlich, daß er länger als fünf Monate halten würde. Richard schickte Mercadier mit den Brabanzonen auf eine Expedition in den Süden, aber *en route* wurde seine Kompanie von einigen französischen Grafen überfallen. Richard beschuldigte Philipp prompt des Bruchs des Waffenstillstands – im Hinblick auf den allgemeinen Abscheu gegen Söldnerbanden vielleicht zu Unrecht. Als Richard sich in den Süden aufmachte, nahm Philipp die Gelegenheit wahr, um eine neue Burg an der Seine zwischen Gaillon und Andeli errichten zu lassen. Er erklärte sich schon kurz darauf bereit, sie wieder schleifen zu lassen, da Richard drohte, den Waffenstillstand aufzukündigen, aber es war offenkundig, daß Feindseligkeiten in dieser Atmosphäre gegenseitigen Argwohns jeden Augenblick wieder aufflammen konnten.

Ein weiterer Versuch wurde unternommen, eine für Richard annehmbare Lösung zu finden, welche Gisors in Philipps Händen beließ. Die Rechte des Königs von Frankreich über die Kirche von Tours waren für die Angeviner eine ständige Quelle der Irritation gewesen; falls er bereit war, diese aufzugeben, fände sich Richard vielleicht mit dem Verlust von Gisors ab. So wurde mit Hilfe des Legaten ein neuer Vertrag aufgesetzt. Philipps Sohn Ludwig sollte eine von Richards Nichten heiraten, eine Tochter des Königs von Kastilien, und Richard würde ihnen Gisors als Hochzeitsgeschenk gewähren. Philipp II. würde neben der Aufgabe seiner Rechte in Tours auch zustimmen, seinen Verbündeten Philipp von Schwaben fallenzulassen, und statt dessen Richards Neffen Otto von Braunschweig in seinem Kampf um die deutsche Krone unterstützen. Ob Richard diese Bedingungen ratifiziert hätte oder nicht, werden wir nie wissen. Er hatte diese Vorverhandlungen seinen Beamten überlassen, während er aufbrach, um in Aquitanien zu Mercadier zu stoßen. Dort sollte er seinen Tod finden.

12
Vor der Burg von Chalus-Chabrol

Die Legende von Richards Tod ist die Legende von einem vergrabenen Schatz und von der Gier eines Königs. Ein Bauer aus dem Limousin grub einen Schatz aus und brachte ihn seinem Herrn, aber die Nachricht von der wunderbaren Entdeckung erreichte König Richard, und er beanspruchte den Fund. Alles andere vergessend, eilte er von Anjou in den Süden, fest entschlossen, daß er sein werden sollte. Er kam in die kleine Stadt Chalus nicht weit von Limoges, und dort belagerte er die Burg von Chalus-Chabrol, in der der Schatz sich befand. Die Besatzung erkannte, daß es hoffnungslos war, dem berühmtesten Burgenzerstörer in Europa standhalten zu wollen. Sie bot deshalb die Übergabe an unter der Bedingung, daß aller Leben, Waffen und Rüstung verschont bliebe. Doch Richard lehnte dieses Angebot ab; er schwor, daß er sie alle fangen und hängen werde. In dieser brutalen und allzu selbstsicheren Stimmung wagte er sich in die Reichweite einer feindlichen Armbrust und wurde von einem Bolzen in die Schulter getroffen. Elf Tage später, am 6. April 1199, starb er. Der König von England, der größte Kreuzfahrer seines Zeitalters, war in einem unbedeutenden Streit in Aquitanien gefallen. Überheblichkeit und Gier hatten seinen Sturz in einer obskuren Posse um einen vergrabenen Schatz herbeigeführt. Er hatte sein Leben »sterilen Taten von ritterlicher Tapferkeit« geweiht, und nun verlor er es »im Kampf um ein paar glitzernde Steine« – das ist James Brundages Formulierung. Es war ein durchaus angemessenes Ende für die Herrschaft eines Königs, dem angeblich politischer Verstand fehlte, der gewiß ein mutiger Soldat war, aber kein Staatsmann, ein legendärer Krieger, aber ein verantwortungsloser König, der wenig von der wahren Kunst des Regierens verstand.

Dies ist die Version von Richards Tod, die in allen Biographien und Geschichtslehrbüchern auftaucht. Die Frage ist, war es wirklich ein Schatz, der Richard nach Chalus brachte? Verschiedene zeitgenössische Chronisten berichten uns, daß es sich so zutrug, aber wie gut informiert waren sie? Wußten sie, wovon sie sprachen, oder wiederholten sie bloß Gerüchte? Waren sie in dem, was sie schrieben, leidlich genau und objektiv – oder waren sie Moralisten oder Propagandisten, die mit einer Geschichte zufrieden waren, die demonstrierte, daß auch der Hochmut eines Königs vor dem verdienten Fall kommt? Wir müssen versuchen, diese Fragen zu beantworten, wenn wir begreifen wollen, was vor den Mauern der Burg von Chalus-Chabrol geschah. Immerhin weist die Schatzfundgeschichte zumindest einen sehr merkwürdigen Punkt auf. Was wurde aus dem Schatz? Die Burg fiel, aber kein Chronist sagt irgend etwas über einen Schatz, der in ihr gefunden worden wäre. Wurde er im Schatten der noch dramatischeren Nachricht von Richards Tod vergessen? Oder wurde kein Schatz gefunden, weil kein Schatz da war?

Wir müssen mit ein wenig Detektivarbeit beginnen. Wie in jeder guten Kriminalgeschichte ist das Schlüsselproblem das Motiv – obwohl es in diesem Fall nicht das Motiv des Mörders ist, sondern das des Opfers. Warum zog Richard nach Chalus-Chabrol? Detektivarbeit siebenhundertachtzig Jahre nach dem Geschehen ist nicht leicht. Dies ist jedoch kein Grund, sich davor zu drücken. Unsere wichtigsten Informationsquellen werden die Chronisten sein, die zu jener Zeit und kurz danach schrieben. Es ist nicht erstaunlich, daß ihre Berichte über den Tod beträchtlich voneinander abweichen. Was sollen wir angesichts solcher Unstimmigkeiten tun? Die meisten Historiker haben die von den wichtigen englischen und französischen Chronisten geschriebenen Fassungen genommen und ein Flickwerk aneinandergestückelt. Aber die wichtigen in Paris oder in England schreibenden Chronisten sind nicht unbedingt die bestinformierten über Ereignisse im Limousin. Anstatt ein Mosaik aus vielen Quellen zusammenzufügen, erscheint es mir nützlicher, die Chronisten »ins Kreuzverhör zu nehmen«, zu entscheiden, welche Quelle die zuverlässigste ist, und dann an dieser Fassung festzuhalten. Dabei muß man der Versuchung widerstehen, die Geschichte mit malerischen Details auszuschmücken, die von jenen, die weniger gut informiert waren, entlehnt wurden. Dies wird auf jeden Fall die hier angewandte Methode sein.

Wir wollen zuerst die wichtigen französischen und englischen Chronisten untersuchen, jene, die den rivalisierenden königlichen Höfen am nächsten zu stehen scheinen und von denen wir daher vernünftigerweise erwarten dürfen, daß sie über den Tod von Königen gut unterrichtet sind. Wir werden mit dem Verfasser beginnen, der die ausführlichste Beschreibung des Schatzes gibt. Das ist Rigord, ein Mönch aus der königlichen Abtei von Saint-Denis, unmittelbar vor den Mauern von Paris, der eine die *Gesta Philippi Augusti* (Die Taten des Philipp II. August) benannte Chronik geschrieben hat. Da Philipp August Richards unbarmherzigster Feind war und Rigord sich als der »offizielle Biograph« des französischen Königs betrachtete, ist es klar, daß Richard von dem Mönch aus Saint-Denis wenig Sympathie erwarten konnte. Laut Rigord bestand der Schatz aus einem Satz goldener Figuren, die einen um einen goldenen Tisch sitzenden Kaiser und seine Familie darstellten. Dieser wunderbare Fund – der wie moderne Historiker nahegelegt haben, ein Relikt aus der Zeit sein könnte, als Gallien römische Provinz war – wurde von einem nicht namentlich genannten Ritter ausgegraben. Als Richard den Schatz verlangte, suchte der Ritter bei seinem Herrn Zuflucht, dem Vicomte von Limoges, dem mächtigsten Baron in diesem Teil von Aquitanien. Trotz der Tatsache, daß Fastenzeit war, während der Krieg von der Kirche verboten war, belagerte also Richard Chalus-Chabrol, eine dem Vicomte gehörende Burg. Dort wurde er von einem unbekannten Armbrustschützen getroffen. Dieser Bericht ist klar und redlich genug, aber es ist beachtenswert, daß Rigord seine Beschreibung des Schatzes mit dem Ausdruck *ut ferebatur* einleitet, der »wie man sagte« oder »gemäß der Geschichte, welche ich gehört habe«, bedeutet.

Rigord schrieb seine Version von Richards Tod vor 1206 und möglicherweise ziemlich bald nach dem Ereignis. Einige Jahre später wurde sie von Wilhelm dem Bretonen, dem zweiten unserer Informanten, überarbeitet. Da Wilhelm einer der Kapläne von König

Philipp war, reflektiert er den Standpunkt des französischen Hofes sogar noch genauer als der Mönch von Saint-Denis. Zwischen Rigords Originalbericht und dessen revidierter Fassung von Wilhelm dem Bretonen bestehen einige wichtige Unterschiede. Wo Rigord geschrieben hatte, daß »ein Schatz von einem gewissen Ritter dort gefunden worden war«, setzte Wilhelm »ein Schatz war, so wird gesagt, dort gefunden worden« ein. Außerdem ließ er Rigords Beschreibung des Schatzes ganz weg. Mit anderen Worten, er scheint Rigords Fassung mit einem gewissen Maß an Vorsicht betrachtet zu haben.

Wilhelm schrieb aber noch ein anderes Werk, ein langes lateinisches Versepos, *Philippidos* genannt, und in diesem Gedicht schlug er nun alle Vorsicht in den Wind. Es ist eigentlich nicht so sehr eine Historie der Herrschaft König Philipps, denn eine Aneinanderreihung von dramatischen Episoden, die triumphierend in der Beschreibung seines größten Sieges, der Schlacht von Bouvines im Jahre 1214, gipfelt. Mit anderen Worten, sein Ziel ist es, seinen Helden zu rechtfertigen und zu glorifizieren, und Philipps Feinde werden dementsprechend verzerrt und herabgesetzt. So wird Richards Tod in einem langen literarischen Gruppenbild gefeiert, welches mit fünfzig Zeilen anfängt, die ganz dem Moralisieren über seinen falschen Stolz und das Unrecht, das er begeht, indem er gegen seinen Lehnsherrn, den König von Frankreich, Krieg führt, gewidmet sind. Wilhelm erzählt uns dann von etwas Wunderbarem, das sich nahe Limoges zutrug. Ein Bauer stolperte, während er sein Feld pflügte, über einen Hort von Münzen und trug ihn zu seinem Herrn, Achard von Chalus. Das Gerücht von diesem Fund kam Richard zu Ohren, und er beschloß, alles andere beiseite schiebend, den Schatz an sich zu reißen. Angesichts der überwältigenden militärischen Macht Richards bat Achard um einen Gottesfrieden während der heiligen Tage des Fastens und bot an, den Streit zwischen ihnen dem Gericht des Königs von Frankreich vorzulegen. Richard, durch diesen Vorschlag erzürnt, setzte die Belagerung mit Nachdruck fort, und bald begannen die Mauern von Chalus zu wanken. Die winzige Besatzung focht mit dem aus der Verzweiflung geborenen Mut weiter, wobei sie jede Art improvisierter Geschosse, die zur Hand waren, gegen die Belagerer richtete. An diesem Punkt unterbricht Wilhelm seine Erzählung von der Belagerung, um seine Leser mit den Parzen bekannt zu machen, den drei alten Schwestern, die das Schicksal des Menschen bestimmen, indem sie den Faden seines Lebens entweder ausspinnen oder ihn abzuschneiden beschließen. Atropos, der dritten von ihnen, legt er eine dreißig Zeilen lange Rede in den Mund, die erläutert, warum Richard nicht länger zu leben verdiente: Er ist gierig, hat keinen Respekt vor Gott oder vor heiligen Tagen, er hat mit seinem Herrn abgeschlossene Verträge gebrochen, und durch seinen Krieg gegen den eigenen Vater hat er die Gesetze der Natur verletzt. Atropos selbst also, nachdem sie ihre Schwestern überzeugt hat, daß es an der Zeit sei, mit dem Spinnen aufzuhören, griff in die Belagerung ein. Sie zeigte Achard, wo er einen Bolzen finden konnte, und hieß ihn, diesen einem Armbrustschützen namens Dudo geben. »Dies ist, wie ich wünsche, daß Richard sterbe [so Atropos], denn er war es, der zuerst die Armbrust in Frankreich einführte. Laßt ihn jetzt das Schicksal erleiden, das er anderen zugeteilt hat.«

Das alles hat natürlich nichts mit Geschichte zu tun, sondern ist ein recht langatmiges moralisches Drama. Aber interessant ist, daß es Rigords Bericht der Ereignisse von Chalus-Chabrol in keiner Weise bestätigt. Rigord und Wilhelm (im *Philippidos*) sind sich darin einig, daß ein Schatz gefunden wurde, aber sobald sie zu Einzelheiten übergehen, beginnen sie, einander zu widersprechen. Während für Rigord Richards Hauptgegner der Vicomte von Limoges war, erwähnt Wilhelm ihn nie. Diese widersprüchlichen Darstellungen lassen darauf schließen, daß die Leute am capetingischen Hof keine sehr klare Vorstellung von den Umständen von Richards Tod hatten. Und da beide, Rigord und Wilhelm der Bretone, im Namen seines großen Feindes schrieben, können wir ihnen nur Details glauben, die in anderen, mit Richard sympathisierenden Quellen bestätigt werden.

Es sind aber nicht nur französische Verfasser, welche die Schatzfundgeschichte erzählen. Englische Geschichtsschreiber tun dies auch, und unter ihnen ist Roger von Howden, der im allgemeinen als der verläßlichste und bestinformierte aller Historiker des späten zwölften Jahrhunderts gilt. In Howdens Version erscheint wieder der Vicomte von Limoges, obwohl unter einem falschen Namen. Howden nennt ihn Widomar, während sein tatsächlicher Name Ademar oder Aimar war. (Sein ältester Sohn und Erbe wurde Guido oder Wido genannt, Widomar kann also das Konglomerat einer unvollkommenen Erinnerung sein, die Vater und Sohn zusammenwarf.) Laut Howden schickte Vicomte »Widomar« Richard einen ansehnlichen Teil eines großen Gold- und Silberschatzes, der auf seinem Land gefunden worden war, aber der König verlangte ihn ganz und kam mit einem Heer nach Chalus-Chabrol, um ihn sich mit Gewalt zu nehmen. Die Garnison bot an, sich zu ergeben, unter der Bedingung, daß allen Leben und Waffen erhalten blieben, aber Richard wollte nichts davon hören. Er schwor, sie alle zu hängen. Noch am selben Tag wurde er von einem Armbrustschützen namens Bertrand de Gurdon angeschossen und zog sich tödlich verwundet in sein Zelt zurück. Als die Burg fiel, wurden alle Verteidiger mit Ausnahme von Bertrand de Gurdon hingerichtet. Richard ließ ihn vor sich bringen. »Welches Unrecht habe ich dir getan, daß du mich töten wolltest?« »Mit deiner eigenen Hand hast du meinen Vater und meine zwei Brüder getötet, und du wolltest mich töten. Nimm deine Rache auf jede Weise, die dir beliebt. Jetzt, da ich dich auf dem Sterbebett gesehen habe, werde ich gern jede Qual, die du ersinnen magst, erdulden.« Hierauf vergab ihm Richard und befahl, ihn freizulassen. Aber die Anordnung des sterbenden Königs wurde nicht befolgt. Bertrand wurde gefangengehalten, und nach Richards Tod wurde er bei lebendigem Leibe geschunden.

Was sollen wir von dieser Geschichte halten? In den Einzelheiten weicht sie deutlich von Rigord und Wilhelm dem Bretonen ab. Nichtsdestoweniger scheint sie die zentrale Tatsache eines Schatzes in Chalus zu bestätigen. Überdies glauben die meisten Historiker, daß sie in Roger von Howden die zuverlässige Autorität gefunden haben, nach der sie immer suchen – einen nüchternen, sachlichen Chronisten, der Zugang zu vielen offiziellen Dokumenten hatte.

Ein Chronist kann aber durchaus in einigen Beziehungen vertrauenswürdig sein und in anderen nicht, über einige Angelegenheiten gut unterrichtet sein und über andere nicht. Als königlicher

Schreiber, der häufig für die Geschäfte des Königs in den siebziger und achtziger Jahren des zwölften Jahrhunderts eingesetzt wurde, war Roger bestimmt über politische und administrative Angelegenheiten während der Regierung von Heinrich II. gut informiert. Er begleitete Richard auf dem dritten Kreuzzug, obwohl er vor dessen Ende nach England zurückgekehrt zu sein scheint. Er zog sich dann jedoch in sein Pfarrhaus in Yorkshire zurück und blieb dort, bis er (vermutlich 1202) starb. Seine Chronik konzentriert sich von 1192 an auf Ereignisse in England. Er weiß etwas über die Normandie in den 1190er Jahren, aber fast nichts über die entfernteren Teile des Angevinischen Reiches. Was er über Ereignisse im Süden erfuhr, war eindeutig auf romantische Gerüchte gegründet. Wir hören die Geschichte von einer maurischen Prinzessin, Tochter des »Kaisers von Afrika«, die sich in Richards Schwager, den christlichen König von Navarra, verliebt. Aus Anjou hören wir von fünfzehn Meuchelmördern, die von Philipp II. mit dem Auftrag, Richard zu ermorden, ausgeschickt wurden. Aus Poitou hören wir von den Tränenströmen, die eine in der Kathedrale von Poitiers aufbewahrte Statue des gekreuzigten Christus vergoß. Die dramatische Konfrontation zwischen Richard und Bertrand de Gurdon gehört in die gleiche Kategorie wie Howdens andere Erzählungen aus dem tiefen Süden. Sie ist romantische historische Fiktion und sollte als solche behandelt werden.

Wenn wir uns aber schließlich doch nicht mit Sicherheit darauf verlassen können, daß Roger von Howden die von Rigord und Wilhelm dem Bretonen erzählte Schatzfundgeschichte bestätigt, so gibt es noch einen weiteren zeitgenössischen englischen Bericht, der dies anscheinend tut. Es handelt sich um eine im Zisterzienserkloster von Coggeshall in Essex verfaßte Chronik. Es sieht ganz so aus, als habe ihr Autor über die Belagerung von Chalus-Chabrol von jemandem erfahren, der dort war: Milo, der Almosengeber des Königs und Abt des Zisterzienserhauses von Le Pin nahe Poitiers. Es war in der Tat Milo, der Richards letzte Beichte hörte, ihm die Letzte Ölung erteilte und dann Mund und Augen des Toten schloß. Von einem Augenzeugenbericht ausgehend, stellte der Verfasser von Coggeshall den bei weitem ausführlichsten Bericht der Belagerung zusammen. Er ist nicht nur mit Informationen vollgepackt, sondern er ist auch in einem nüchternen und untheatralischen Stil geschrieben; keine heroischen Dialoge wurden erfunden, keine moralische Pose färbt die Tatsachen. Hier haben wir also ein Zeugnis, das wirklich sehr ernst genommen werden muß – und auch dieser Chronist erwähnt den Schatz. Wir wollen aber zunächst sehen, was er sagt: »Vor der Fastenzeit des Jahres 1199 einigten sich die zwei Könige endlich, nachdem sie eine Friedenskonferenz abgehalten hatten, auf einen Waffenstillstand für eine vereinbarte Zeitspanne. Dann, während der Fastenzeit, nutzte König Richard diese Gelegenheit, ein Heer gegen den Vicomte von Limoges zu führen, der gegen seinen Herrn rebelliert und einen Freundschaftspakt mit Philipp geschlossen hatte, während die zwei Könige Krieg führten. Außerdem gibt es einige Leute, die sagen, daß ein Schatz von unschätzbarem Wert auf den Ländereien des Vicomtes gefunden wurde; daß der König befohlen habe, ihn ihm auszuhändigen, und daß als der Vicomte sich weigerte, des Königs Zorn noch stärker errregt wurde. Er verwüstete das Land des Vicomtes mit Feuer und Schwert, als ob er nicht wüßte, daß die Waffen die Fastenzeit über schweigen sollten, bis er schließlich nach Chalus-Chabrol kam . . .« Hier folgt dann eine Darstellung der Belagerung.

Zwei Dinge sind klar. Erstens: Der Chronist wußte, daß der Vicomte von Limoges gegen Richard rebelliert hatte. Zweitens: Der Verfasser hatte auch Gerüchte über einen Schatzfund gehört, unterschied aber diese sorgfältig – »es gibt einige Leute, die sagen« – von der Tatsache der Rebellion. Es ist auch bemerkenswert, daß der Chronist von Coggeshall lediglich an einer anderen Stelle seiner langen Beschreibung der Belagerung von Chalus-Chabrol diesen Ausdruck »wie die Leute sagen« benutzt. Es ist ein Abschnitt, in dem er schreibt, daß Richard sich seit nahezu sieben Jahren des Abendmahls enthielt: »wegen des tödlichen Hasses, den er in seinem Herzen gegen den König von Frankreich trug.« Es gibt jedoch eine Menge Indizien, die belegen, daß dies einfach nicht wahr ist; Richard wohnte eifrig der Messe bei. Nach alledem scheint es, daß die Geschichte vom Schatzfund sehr wohl nicht mehr als ein weitverbreitetes Gerücht sein kann und daß es eine andere Erklärung für Richards Anwesenheit vor Chalus-Chabrol geben muß.

Die nächste Frage muß sein: Wird diese Geschichte von einem Aufstand in Aquitanien durch irgendwelche anderen Zeugnisse unterstützt, oder müssen wir uns auf die Autorität von Coggeshall und Abt Milo allein verlassen? Tatsächlich erwähnen nicht weniger als fünf andere Chronisten eine Rebellion als Ursache von Richards Anwesenheit in Aquitanien. Der bei weitem wichtigste dieser Verfasser ist englischen Historikern wenig bekannt: Bernard Itier. Im Jahre 1199 war Bernard Mitte dreißig, ein Mönch in der großen Benediktinerabtei von St. Martial in Limoges, wo er später Bibliothekar wurde. Die Beziehungen zwischen den Vicomtes von Limoges und St. Martial, obgleich oft gespannt, waren auch äußerst eng; die Burg der Vicomtes befand sich in der Nähe der Abtei, und die Abtei war die traditionelle Begräbnisstätte der Vicomtes. Außerdem war Chalus nur ein paar Meilen von Limoges entfernt. Somit kann kein Zweifel daran bestehen, daß Bernard Itier viel besser in der Lage war, den lokalen Hintergrund der Ereignisse von Chalus zu erfassen als irgendein anderer Chronist. Er war überdies ein sorgfältiger und gewissenhafter Autor, der sich die Mühe machte, sein eigenes Werk zu überprüfen und zu berichtigen. Es ist nützlich, sich den genauen Wortlaut vor Augen zu halten:

»Bernard Itier schrieb dies nieder an dem Freitag vor dem Fest von St. Johannes dem Täufer in dem Jahre, als König Richard, bekannt als Cœur de Lion (Löwenherz), starb und bei seinem Vater in der Abtei von Fontevraud begraben wurde, zu der Freude von vielen und dem Kummer von anderen. Im Jahre unseres Herrn 1199 wurde Richard, der höchst kriegerische König der Engländer, von einem Pfeil in die Schulter g¯››¯o Belagerung eines Bergfrieds an einem Chalus-Chabrol genannten Ort im Limousin. In der Burg befanden sich zwei Ritter mit etwa achtunddreißig anderen, sowohl Männern als auch Frauen. Einer der Ritter wurde Peter Bru genannt, der andere Peter Basil, von welchem gesagt wird, daß er den Pfeil abfeuerte, welcher den König traf, so daß er innerhalb von zwölf Tagen starb, das will besagen, an dem Dienstag vor Palmsonntag, am 6. April, in den ersten Stunden der Nacht. In der Zwischenzeit, während er auf dem Krankenbett lag, hatte er seinen Truppen befohlen, eine Festung, Nontron geheißen, die dem Vicomte Ademar gehörte, und eine andere Stadt, Montagut geheißen, zu belagern. Dies taten sie, aber als sie vom Tode des Königs hörten, zogen sie sich in Bestürzung zurück. Der König hatte geplant, alle Burgen und Städte des Vicomtes zu zerstören.«

Zwei Punkte sind es wert, hervorgehoben zu werden. Erstens, Bernard Itier sagt nichts über einen vergrabenen Schatz. Zweitens wird klar, daß wir es nicht bloß mit der Belagerung einer ziemlich unbedeutenden Burg zu tun haben. Richard griff drei der Burgen des Vicomtes an, und in Limoges glaubte man, daß er beabsichtigte, alle Besitzungen des Vicomtes zu erobern. Dies paßt zu dem, was der Verfasser von Coggeshall über den »das Land des Vicomtes mit Feuer und Schwert verwüstenden« König sagt.

Es paßt auch zu dem, was der Autor der *Geschichte von Wilhelm Marshal* uns über Richards Motive, in den Limousin zu marschieren, erzählt. Obwohl dieses Gedicht nicht vor den zwanziger Jahren des dreizehnten Jahrhunderts verfaßt wurde und das Werk eines Spielmannes, eines Sängers, nicht eines Geschichtsschreibers, ist, kann es nichtsdestoweniger als außergewöhnlich wertvolle Quelle gelten. Wilhelm Marshal war einer der *Lieutenants* von König Richard, denen er am meisten vertraute, der Mann, dem der sterbende König die Obhut über die Burg und den Schatz von Rouen anvertraute – ein entscheidendes militärisches und politisches Kommando. *Die Geschichte von Wilhelm Marshal* basiert auf Erinnerungen – vielleicht den schriftlichen Memoiren – eines der Schildknappen Wilhelms, und sie enthält eine lebendige und bemerkenswert genaue Darstellung der Art und Weise, auf welche die Nachricht von Richards Tod Rouen erreichte. Wilhelm Marshal war noch zwei Wochen vor der Belagerung von Chalus-Chabrol mit dem König zusammen gewesen, und als einer seiner engsten Berater muß er gewußt haben, was Richard in den Süden gebracht hatte. Dieses Gedicht, das dem Kreis um Wilhelm Marshal entsprang, muß also durchaus ernst genommen werden. Es berichtet uns, daß Richard sich in den Limousin begab, weil der Vicomte Burgen gegen ihn hielt – mit anderen Worten: sich empörte –, aber es sagt nichts über einen Schatz. Falls es wirklich einen gegeben hätte, fällt es schwer, sich vorzustellen, daß ein guter Spielmann sich einen solchen Stoff hätte entgehen lassen.

Der dritte unserer anderen Verfasser ist ein Mönchschronist, Gervase von Canterbury. Er gibt an, daß Richard während der Belagerung von Nontron, einer Burg, welche, wie er sagt, dem Grafen von Agoulême gehörte, den Tod fand. In Wirklichkeit wurde Nontron von dem Vicomte von Limoges gehalten, aber da es sich an der Grenze zwischen dem Limousin und dem Angoumois befand und der Vicomte es als Pächter des Bischofs von Angoulême hielt, ist das ein Irrtum, der einem Chronisten leicht unterlaufen konnte. Trotz dieses Fehlers sollte Gervases Darstellung ernst genommen werden, weil sie sich auf den Bericht eines Canterbury-Mönches stützt, der auf dem Weg zu Richard war und der entweder bis in die Normandie oder sogar noch weiter südlich gekommen war, als er die Nachricht vom Tode des Königs hörte und sich entschloß umzukehren. Die Einführung des Grafen von Angoulême, Nachbar und Halbbruder des Vicomtes von Limoges, in die Geschichte kann wichtig sein. Es ist ein Zusatz, der sich nicht nur auf das Zeugnis des Gervase von Canterbury allein stützt. Ein vierter Chronist, Adam von Eynsham, war im Frühling von 1199 in Anjou. Er war in Gesellschaft seines Freundes und Herrn dort, des Bischofs Hugo von Lincoln, eines frommen Mannes, der aufgrund seines Lebenswandels heiliggesprochen wurde (im Gegensatz zu Becket, der aufgrund der Umstände seines Todes heiliggesprochen wurde). In späteren Jahren schrieb Adam eine Biographie des heiligen Hugo, und er berichtet, daß sie auf dem Weg waren, um den König aufzusuchen, aber in Angers haltmachten, als sie von Unruhen weiter südlich hörten, die durch den Krieg, welchen Richard gegen den Grafen von Angoulême führte, verursacht wurden. So finden wir nicht nur erneut den Grafen von Angoulême einbezogen, sondern es lohnt auch, darauf zu verweisen, daß Hugo von Lincoln, dem es nie an Mut fehlte, falls die Belagerung von Chalus-Chabrol lediglich eine unbedeutende Sache gewesen wäre, kaum um der Sicherheit willen in Angers seine Reise unterbrochen hätte.

Der fünfte Autor, der einen Aufstand in Aquitanien erwähnt, ist Roger von Wendover, Chronist und Mönch von St. Alban. Wenn sein Zeugnis allein stände, wäre es mit großer Skepsis zu behandeln, da er seine Chronik nicht vor den 1230er Jahren verfaßte und da er im allgemeinen bekannter für die Schärfe seiner Vorurteile als für die Genauigkeit seiner historischen Schriften war. Es ist aber deutlich, daß sein Bericht über das Jahr 1199 auf eine Quelle zurückgreift, die verlorengegangen ist, und insoweit könnte er einen gewissen Wert besitzen. Nach diesem Roger von Wendover ließ Richard in jenem Jahr eine Armee gegen die Rebellenbarone in Aquitanien aufmarschieren; er brannte ihre Burgen und Städte nieder, holzte ihre Weinberge und Obstgärten ab und schlachtete einige von ihnen mitleidlos hin. Wieder einmal findet sich kein Hinweis auf einen Schatz. Vor allem aber macht das gehäufte Gewicht all dieser Zeugnisse eines deutlich: Richard war vor Chalus nicht auf einem trivialen Raubzug, sondern mitten in einer großen Kampagne.

Die Andeutungen in *Die Geschichte von Wilhelm Marshal* und die kurzen Berichte von Gervase von Canterbury, Adam von Eynsham und Roger von Wendover sind, für sich genommen, nicht annähernd substantiell genug, um die Version, die von Rigord, Wilhelm den Bretonen und Howden gegeben wird, zu widerlegen. Nur wenn sie im Licht des von Bernard Itier gelieferten Materials gelesen werden, tritt ihre wahre Bedeutung hervor. Und es ist Bernard Itiers Version, die uns zwingt, Coggeshall nochmals zu lesen und die kritische Unterscheidung zwischen der von Milo und Le Pin stammenden Information und den Gerüchten um den Schatz zu treffen. Somit kann kein Zweifel bestehen, daß Bernard Itiers Zeugnis von äußerster Wichtigkeit ist, sowohl für das, was er sagt, als auch für das, was er nicht sagt. Durch einen außergewöhnlichen Zufall jedoch, als das Ergebnis eines offenbar geringfügigen Schreibfehlers, ergab es sich, daß dieses der Aufmerksamkeit fast aller modernen Historiker entging. Viele von Bernards historischen Schriften hatten die Form von kurzen Randnotizen oder Memoranden, die hier und da zwischen den Manuskripten in der Bibliothek von St. Martial niedergekritzelt wurden. Sehr oft beginnen diese Notizen mit einer Wendung wie »Geschrieben von Bernard Itier« oder etwas Ähnlichem. Er fügte eine Notiz dieser Art einem Exemplar der Chronik von Geoffroy de Vigeois an, einem Bericht über die Ereignisse im Limousin bis zum Jahre 1184. Jenes Exemplar von

Geoffroys Chronik existiert nicht mehr, aber im frühen siebzehnten Jahrhundert wurde sie – oder vielleicht eine Kopie von ihr – von einem ziemlich unfähigen Kopisten abgeschrieben. Er las die Einleitungsworte dieser Notiz falsch und setzte anstatt »B. Itier schrieb« – im Lateinischen war es »Scripsit B. Iterii« – »Beati schrieb«. Dies war vollkommener Unsinn und hatte zur Folge, daß der französische Antiquar Père Labbé, als er im siebzehnten Jahrhundert die Chronik druckte, sich entschloß, diesen scheinbar sinnlosen Satz wegzulassen. So wie er die Notiz druckte, begann sie mit den Worten »Im Jahre unseres Herrn 1199«, und sie ist lediglich in dieser anonymen Form der großen Mehrheit der Gelehrten bekannt geworden. Infolgedessen nahm niemand sie sehr ernst. Wenn die Historiker aber erkannt hätten, daß sie in Wahrheit von Bernard Itier stammte, wäre die Schatzfundgeschichte schon seit langem mit der Skepsis behandelt worden, die sie verdient. So sehen die seltsamen Konsequenzen eines Abschreibfehlers aus.

Es kann demnach kein Zweifel daran bestehen, daß jene Chronisten, die von einer Rebellion des Vicomtes Aimar von Limoges und des Grafen von Angoulême zu Beginn des Jahres 1199 berichten, recht haben. Ihre Darstellungen werden durch einen Satz von vier Dokumenten bestätigt, die einen Bündnisvertrag zwischen den Aufständischen und dem König von Frankreich, Philipp II., enthüllen. Zwei von diesen Dokumenten, eines im Namen des Grafen und das andere im Namen des Vicomtes aufgesetzt, sind mit April 1199 datiert, und sie rechtfertigen das Bündnis durch die Aufzählung der Beleidigungen und Ehrverletzungen, welche sie von seiten Richards, »vormals König von England«, erlitten hätten. Das dritte Dokument, aufgesetzt im Namen des Aimar von Limoges und seines Sohnes Guido, ist undatiert. Es ist jedoch beachtenswert, daß es sich auf die Verletzungen bezieht, die ihnen von Richard, König der Engländer – nicht Richard, vormals König –, zugefügt wurden. Das vierte Dokument, aufgesetzt im Namen von König Philipp, wurde in Paris im April 1198 ausgestellt. Leider ist die Sache mit der Datierung nicht ganz so einfach, wie sie scheint. Am französischen Hof lief das Jahr von Ostern bis Ostern – und Ostern ist ein bewegliches Fest. Eine April 1198 datierte königliche Charta konnte also entweder in den April 1198 oder in den frühen April 1199 gehören. Die Herausgeber von Philipps Chartas zogen es vor, sie dem April 1199 zuzuordnen, aber die Wahrscheinlichkeit spricht eher für den April 1198. Laut dem gutinformierten Chronisten von Coggeshall wurde der Vertrag zwischen Philipp II. und dem Vicomte Aimar abgeschlossen, »während die zwei Könige Krieg führten«. Im Januar 1199 hatten Richard und Philipp sich auf einen Waffenstillstand von fünf Jahren geeinigt, und die Waffenruhe scheint eingehalten worden zu sein. Die vernünftigste Auslegung dieser Dokumente wäre, daß zwei im April 1198 ausgestellt wurden, die das Bündnis zwischen König und Vicomte verkünden, und daß zwei weitere im April 1199 hinzugefügt wurden, zu welchem Zeitpunkt Graf Ademar von Angoulême sich entschlossen hatte, sich seinem revoltierenden Halbbruder anzuschließen.

Wenn also Richard im März 1199 in den Süden reiste, um eine Rebellion niederzuschlagen, woher stammte dann die Geschichte vom vergrabenen Schatz? Gab es sowohl einen Aufstand als auch einen Schatz? Es mag so sein, aber in diesem Falle war der Schatz dann von nebensächlicher Bedeutung. Worauf es wirklich ankam, war die Rebellion; was Richard in den Süden zog, war nicht die Gier, sondern die Politik. Andererseits kann die Geschichte vom Schatz nichts weiter als eine Legende sein. Wie der Tod Kennedys in Dallas traf der Tod König Richards die Menschen unvorbereitet. Der König war erst einundvierzig Jahre alt, und er hatte unversehrt alle Gefahren eines Kreuzzuges und der Gefangenschaft überstanden. Obwohl es natürlich stets möglich war, daß ein König, der aktiv am Krieg teilnahm, durch das Schwert umkam, geschah es in Wirklichkeit sehr selten. Auf die Jagd zu gehen, schloß mehr Risiken ein als in den Krieg zu ziehen. Außerdem gab es, soweit die Menschen in England wußten, im Frühjahr 1199 keinen Krieg. Der im Januar 1199 vereinbarte Waffenstillstand hatte eine vorübergehende Windstille in den großen Kampf zwischen Richard und Philipp gebracht. Wenn aber eine Art Frieden geschlossen worden war, wie konnte dann der König fallen? Was hatte er an einem Ort zu suchen, von dem nie jemand gehört hatte? Derartige Fragen forderten Antwort. Für englische Chronisten, die nichts über die Politik von Aquitanien wußten, lieferte die Geschichte vom vergrabenen Schatz eine bequeme und unwiderstehlich theatralische Erklärung für seine Anwesenheit an einem obskuren und entlegenen Ort. In den Händen von Rigord und Wilhelm dem Bretonen verwandelte sich die Erklärung zudem zur Illustration ihrer Denunziationen eines gierigen und willkürlichen Königs, dessen wirkliches Vergehen es war, ein größerer Mann als Philipp II. zu sein. Obgleich jedoch Geschichten über die Entdeckung verborgener Schätze in vielen Gesellschaften häufig verwendet wurden, das scheinbar Unerklärliche zu erklären, sollte man den Schatz von Chalus-Chabrol nicht einfach abtun. Was also mag der historische Kern dieser Legende gewesen sein? Es ist unwahrscheinlich, daß wir jemals in der Lage sein werden, diese Frage mit irgendeinem Grad von Bestimmtheit zu beantworten, obwohl man in Gefahrenzeiten selbstverständlich Horte von Münzen und Wertsachen vergrub und hoffte, sie, nachdem die Gefahr vorüber war, wieder an sich zu bringen. Tatsächlich wurde 1892 ein größerer Hort, der fast eintausend während Richards Regierungszeit geprägte Silberpfennige einschloß, in Nontron ausgehoben, und es wurde plausiblerweise angenommen, daß er zur Zeit des Angriffs auf Nontron von einer Abteilung der Truppen Richards im Frühjahr 1199 versteckt worden war. Es ist aber möglich, zu spekulieren. Wir wissen von Rigord, daß die Burg, die der König belagerte, dem Volk des Limousin als das *Castrum Lucii de Capreolo* (d.h. Chalus-Chabrol) bekannt war. Nach Meinung von Altertumsforschern des siebzehnten Jahrhunderts aus Limoges leitete sich dieser Name ab von Lucius, römischer Prokonsul von Aquitanien zur Zeit des Caesar Augustus und ein Mann von sagenhaftem Reichtum. Seine Geschicklichkeit in der Gebirgskriegführung trug ihm den Beinahmen »Capreolus« – die Geiß – ein. Er, so hieß es im Limousin, baute das Kastell, welches nach ihm benannt wurde. Falls die Geschichten aus dem siebzehnten Jahrhundert vom Reichtum des Lucius Capreolus schon um 1200 im Umlauf waren – wie es, Rigords Version des Namens Chalus-Chabrol vorausgesetzt, möglich erscheint –, dann könnte dies erklären, weshalb Richards Belagerung mit der Suche nach einem versteckten Schatz in Verbindung gebracht wurde.

Dies ist selbstverständlich nichts weiter als eine Mutmaßung. Dagegen erscheint mir über jeden vernünftigen Zweifel hinaus klar, daß Richard starb, während er eine Rebellion aquitanischer Barone niederschlug, und nicht im Verlaufe eines unerheblichen Raubzugs an einem Nebenschauplatz der Geschichte. Wie wichtig war aber eigentlich die Rebellion des Vicomtes Aimar von Limoges und des Grafen Ademar von Angoulême? Ich gehe davon aus, daß Richard die politischen Realitäten seiner Zeit klarer erkannte, als es im neunzehnten und im zwanzigsten Jahrhundert schreibende Historiker getan haben, und vor allem klarer als englische Historiker. Wenn englische Mediävisten sich im Ausland umgeschaut haben, sind sie kaum über die Normandie hinausgekommen, das Land auf der anderen Seite jener See, die sie den *Englischen Kanal* zu nennen gewohnt sind. Die Normandie war wichtig, weil die normannische Eroberung Englands von 1066 eine anglo-normannische Aristokratie schuf, eine einzige herrschende Elite mit Ländereien auf beiden Seiten der See. Und die Verwalter der Normandie im zwölften Jahrhundert hinterließen viele Zeugnisse – Chartas, Erlasse und Rechnungsrollen, die Dokumente der Zentralregierung –, mit welchen englische Historiker vertraut waren. Auf diese Weise konnten sie den Kanal überqueren und in ihrem Ausblick doch insular bleiben. Aber über die Normandie hinaus weiter in den Süden vorzudringen hätte bedeutet, einen Sprung in eine unbekannte und schlechtdokumentierte Welt zu wagen. Ihre Reaktion war es im allgemeinen, den Rest des Angevinischen Reiches als nebensächlich und lästig abzuschreiben – unproduktiv, beschwerlich und alles in allem nicht annähernd so wichtig wie England und die Normandie. Dies ist, glaube ich, ein zentraler Fehler. Anjou und Aquitanien, die Täler der Loire und der Garonne, waren wohlhabende und zivilisierte Teile der mittelalterlichen Welt, in denen ein ehrgeiziger Herrscher Macht und Ruhm finden konnte.

Um das Herzogtum von Aquitanien wirkungsvoll zu regieren, war es notwendig, die Straßen durch Limoges und Angoulême zu kontrollieren, denn sie waren die lebenswichtigen Verbindungslinien zwischen Poitiers im Norden des Herzogtums und Bordeaux und der Gascogne im Süden. Überdies war die zentrale Region von

Aquitanien – der Limousin, der Angoumois und Périgord – aus Gründen, die sich aus der Geschichte des elften und frühen zwölften Jahrhunderts herleiten, der unabhängigste und unruhigste Teil des Herzogtums. Für einen klugen und feindseligen Beobachter wie Philipp II. von Frankreich war es klar, daß hier – und nicht an der schwerbefestigten Grenze zwischen Rouen und Paris – der weiche Unterleib des Angevinischen Reiches lag. Somit war die Rebellion des Aimar von Limoges und Ademar von Angoulême nicht einfach ein Aufstand von »feudalen« Baronen, die sich an der Autorität ihres Lehnsherrn rieben – sie war von strategischer Bedeutung. Als Richard im März 1199 gegen Chalus zog, wandte er sich der Lösung eines entscheidenden politischen Problems zu, vielleicht sogar der größten politischen Aufgabe, dem die Angeviner dieser Zeit gegenüberstanden. Diese Tatsachen geben der Anwesenheit Richards vor Chalus eine neue Dimension und seinem Tod, wenn man so will, einen historischen Sinn.

Am Abend des 26. März 1199 befahl Richard, energisch und unerbittlich wie immer, trotz der bereits hereinbrechenden Dämmerung noch einen Angriff. Seine Bogen- und Armbrustschützen hielten ein dichtes Sperrfeuer aufrecht, das die Verteidiger in Deckung zwang, während die Sappeure die Unterminierung der Burgmauern vorantrieben. Ein Mann der Garnison aber, ein Armbrustschütze, hatte den Mut, sich auf der Mauer zu zeigen und das Feuer zu erwidern. Das war mehr eine Geste des Trotzes als sinnvoller Widerstand und konnte die erprobten Krieger unter Richards Kommando nicht irritieren. Ab und zu brach ein Stück Mauerwerk über den Köpfen der Belagerer zusammen, aber die Sappeure, geschützt durch speziell konstruierte Holzgerüste, sogenannte »Katzen«, arbeiteten stetig weiter. Die vierzig Männer und Frauen in der Burg, bedroht durch den bevorstehenden Einsturz eines ganzen Mauerabschnitts, standen kurz vor der Kapitulation.

Nach dem Abendessen verließ Richard sein Zelt, um den Fortschritt der Belagerung zu beobachten und (wie er es häufig tat) seine Geschicklichkeit mit einer Armbrust zu erproben. Da er nicht in die Schlacht ritt, trug er keinen Harnisch, nur seinen Helm, und verließ sich auf den großen rechteckigen Schild, der vor ihm hergetragen wurde. Die einsame Gestalt des Armbrustschützen – notdürftig gedeckt durch eine aufgestellte Bratpfanne – war noch immer auf der Brustwehr der verlorenen Burg zu sehen, und vielleicht war Richard von dem Anblick zu fasziniert und vernachlässigte seine Deckung, als der Mann einen gutgezielten Bolzen auf ihn abschoß. Jedenfalls duckte der König sich eine Sekunde zu spät hinter den Schild und wurde in die linke Schulter getroffen. Da er seine Leute nicht beunruhigen und die Verteidiger nicht ermutigen wollte, gab er keinen Laut von sich und kehrte in sein Zelt zurück, als ob nichts geschehen sei. Als er im Zeltinnern war, versuchte er, den Bolzen herauszuziehen, aber es gelang ihm lediglich, den Holzschaft abzubrechen, die eiserne Spitze blieb tief im Fleisch stecken. Sein Arzt wurde gerufen. Im flackernden Licht der Fackeln arbeitend, brachte er es fertig, den Bolzen zu entfernen; aber die Schulter war böse gezeichnet. Die durch den Bolzen und das Messer des Chirurgen verursachten Wunden wurden behandelt und verbunden. Richard blieb in seinem Zelt, erlaubte nur einigen wenigen seiner vertrautesten Gefährten einzutreten und ging seinen üblichen Vergnügungen nach. Das verstieß gegen den Rat seiner Ärzte, aber es lieferte den Truppen zumindest eine Erklärung für die Tatsache, daß er nicht weiter an der Belagerung teilnahm. Bald danach fiel Chalus-Chabrol. Aber es war nicht länger ein Sieg. Die Wunde des Königs wurde brandig, und die Infektion schritt täglich weiter fort. Richard hatte zu viele Männer sterben sehen, um nicht zu wissen, das dies das Ende war. Er schrieb an seine Mutter, Eleonore von Aquitanien, und sie eilte herbei. Er vergab dem Mann, der ihn angeschossen hatte, dann bekannte er seine Sünden und empfing die Letzte Ölung. In Chalus am 6. April 1199, als es Abend wurde, starb Richard Löwenherz.

13
Abschluß

Innerhalb von fünf Jahren nach Richards Tod hatte Johann die Normandie und Anjou an Philipp von Frankreich verloren. Die Grafschaft Poitou blieb ihm nur um Haaresbreite erhalten. Dieser rapide Zusammenbruch hat viele Historiker zu der Annahme veranlaßt, daß der Keim des Verfalls schon in der Zeit vor 1199 vorhanden gewesen sein muß – eine Annahme, die durch die Einschätzung Johanns als einen tüchtigen und umsichtigen König in der modernen Geschichtsschreibung gestützt wurde. Ein so kompetenter König wie Johann, so lautet das Argument, hätte nicht so schnell zurückgedrängt werden können, wenn das Reich, das er verteidigte, nicht schon vorher unhaltbar geworden wäre. Dies hat zu einer Auffassung von Richards Herrschaft als einer Periode der Überlastung und Anstrengung geführt, während welcher dem Gebäude des Angevinischen Reiches irreparabler Schaden zugefügt worden sei. Die Schuld daran wurde Richard zugemessen: Er habe die romantische Illusion der Kreuzzüge der schwierigen, aber fruchtbaren heimischen Verwaltungsarbeit vorgezogen. In seiner Abwesenheit bereits erlitten seine Besitzungen schwere Schläge. Nach seiner Rückkehr habe er eine Politik harter fiskalischer Ausbeutung betrieben, welche die Mittel seiner Untertanen so erschöpfte, daß sie nach seinem Tod unfähig waren, König Philipps erneuten Angriffen zu widerstehen. Richards Verantwortungslosigkeit sei die eigentliche Ursache von Johanns Niederlagen.

Dies ist in jeder Hinsicht eine falsche Interpretation. Johann ist der am meisten überschätzte König der englischen Geschichte. Er erscheint nur deshalb als ein so effizienter Monarch, weil der Beginn seiner Herrschaft mit dem Beginn eines neuen und bürokratischeren Systems der königlichen Buchführung zusammenfiel.

Denn diese Dokumente erlaubten es Historikern zum erstenmal, Einsicht in die tägliche Routine der Regierungsarbeit eines Königs zu nehmen. Johanns Tage *scheinen* im Vergleich zu denen seiner Vorgänger mit Verwaltungsarbeit angefüllt gewesen zu sein, aber dies bedeutet natürlich nicht, daß er wirklich härter oder effizienter arbeitete als diese. Entscheidend für unsere Einschätzung König Johanns aber sollte seine Inkompetenz auf einem Gebiet sein, das in jener Zeit von höchster Bedeutung war: dem Gebiet der Menschenführung.

Daß während Richards Abwesenheit Schäden angerichtet wurden, ist unbestreitbar. Aber dies geschah nicht, weil er sich auf den Kreuzzug begeben und seine Dominien vernachlässigt hatte: Wenn er im Januar 1192 wie geplant vom Kreuzzug zurückgekehrt wäre, hätte er sein Reich intakt vorgefunden. Der Schaden entstand, weil er in die Hände seiner christlichen Feinde – zu denen sein verräterischer Bruder Johann zählte – fiel. Er blieb länger als ein Jahr in Gefangenschaft und – soweit irgendwer 1193 wissen konnte – hätte noch viel länger festgehalten werden können. Der wesentliche Punkt jedoch ist, daß er die territorialen Verluste von 1193/1194 nicht hinnahm. Gegen Ende 1198 war Philipp aus den meisten seiner normannischen Eroberungen vertrieben worden und bereit, den Rest – mit der einzigen Ausnahme von Gisors – aufzugeben. Und um Gisors zu behalten, war er gewillt, einen hohen politischen und diplomatischen Preis zu zahlen. Auch anderswo verlor Philipp ständig an Boden – an Baldwin im Artois und an Richard in Berry. Richards Errungenschaften in Berry sind besonders wichtig, weil sie nicht nur eine Verbesserung der Lage von 1194 markieren, sondern einen Fortschritt gegenüber den Verhältnissen von 1189. Strategisch war dieser Zugewinn so wertvoll, weil er Philipps Zugang zu Loches blockierte und damit zu den Burgen des Loiretals, welche im Herzen des Angevinischen Reiches lagen. Der Zeitraum zwischen dem Frühling 1194 und Richards Tod war eine Periode der Rückeroberung und sogar in einigen Gebieten der Expansion. Falls er überlebt hätte, besteht jeder Grund anzunehmen, daß die Schwungkraft der letzten vier Jahre weitergewirkt hätte.

Die meisten Historiker würden dem nicht zustimmen. Sie gehen davon aus, daß die Rückeroberung einen zu hohen Preis forderte. Richards Dominien, überlastet durch die Bürde der Finanzierung eines Kreuzzugs, dann des hohen Lösegeldes und schließlich des unnachgiebigen Krieges in Frankreich, seien letztlich unvermeidlich die leichte Beute eines skrupellosen Feindes geworden. Um 1199 schon war das geschwächte Reich angeblich unfähig, seine eigene Verteidigung zu finanzieren, und nicht einmal Richards kriegerischer Geist hätte die Kette der Niederlagen unterbrechen können. Dies ist wiederum eine Argumentation, die der Überprüfung nicht standhält. In England, dem einzigen Teil der angevinischen Dominien, für welchen wir eine Reihe von Ziffern für die minimalen Jahreseinkünfte der Krone zusammentragen können, war auch Johann noch imstande, große Summen einzuziehen. Bemerkenswert sind besonders die 57000 Pfund, die allein von einer Steuer stammten, dem »Dreizehnten« von 1207. Historiker haben in der Tat ja gerade aufgrund seiner Finanzverwaltung Johanns Kompetenz nachweisen wollen. Solche Ziffern beweisen auf jeden Fall, daß der englische Steuerzahler 1199 nicht erschöpft war. Für das übrige Angevinische Reich liegt einfach kein Beweismaterial vor, auf das sich ein Urteil gründen könnte. Es ist wahr, daß nach 1199 große Geldmittel von England in die Normandie, nach Anjou und Aquitanien geschickt wurden, aber dies mag auch schon viel früher der Fall gewesen sein. Da England sich im Frieden befand, ist es kaum erstaunlich, daß dort zusammengezogenes Geld in Provinzen der Kriegszone verschickt wurde. Es wäre unsinnig gewesen, jeder Provinz die Lasten ihrer Verteidigung, die zugleich eine Verteidigung des Reiches war, allein aufzubürden.

Was viele Historiker zu vergessen scheinen, ist die Tatsache, daß es nicht nur die angevinischen Steuerzahler waren, die diesen Krieg zu finanzieren hatten. Auch Philipp mußte für seine Kriege Gelder eintreiben. Zumindest ein Zeitgenosse glaubte, daß die Bürden, welche Philipp den Gemeinden seines Landes auferlegte, gewichtiger waren als die in Richards Reich. Nach Johann von Belmeis war Richard im Vergleich mit dem französischen König so anspruchslos wie ein Eremit. Johann von Belmeis war Schatzmeister in York gewesen, Bischof von Poitiers und Erzbischof von Lyon; er war ein Kosmopolit und hochgeachteter Geistlicher, dessen Meinung und Rat viel galt. Zwar kennen wir Johanns Meinung lediglich in der Vermittlung – sie wird von einem englischen Chronisten, Wilhelm von Newburgh, zitiert –, und es könnte durchaus eingewendet werden, daß eine englische Chronik nicht die Quelle ist, von der man eine objektive Einschätzung des französischen Königs erwarten kann. Nichtsdestoweniger ist auffällig, daß sogar Philipps eigener Biograph, Rigord von Saint-Denis, sich alle Mühe geben mußte, um seinen Herrn gegen die Beschuldigung der Habgier zu verteidigen, die, wie er zugibt, weit verbreitet war. Natürlich wäre jeder König, der nicht der Habgier angeklagt worden wäre, ein seltsamer und möglicherweise einzigartiger Herrscher, aber entscheidend ist doch der völlige Mangel an Beweisen dafür, daß Richard ein ausbeuterischerer König als Philipp war oder daß seine Dominien ausgebluteter waren als die französischen. Die wenigen vorhandenen Hinweise suggerieren, im Gegenteil, daß es vielmehr Philipps Territorien waren, welche die Belastungen der Jahre 1198/1199 schärfer zu spüren bekamen.

Dieses Problem ist eng mit einem anderen verknüpft: der Frage des relativen Reichtums der capetingischen und angevinischen Besitzungen. Welcher der beiden Könige besaß die größeren Reserven? Ein Blick auf die Landkarte scheint anzuzeigen, daß Heinrich II. und seine Söhne viel reicher waren als Philipp, doch diese anscheinend offenkundige Schlußfolgerung ist von einigen modernen Gelehrten verneint worden – erst unlängst und sehr nachdrücklich von Professor J.C. Holt, dem führenden Historiker auf dem Gebiet des angevinischen England. Er hat argumentiert, daß von den 1170er Jahren an das Gleichgewicht zwischen Angevinern und Capetingern sich stetig zugunsten der letzteren verlagerte und daß ein wesentlicher Grund hierfür die sich verbessernde finanzielle Lage der französischen Monarchie war. Er hat königliche französische Abrechnungen für 1202/1203 – die frühesten, die überlebten – mit den Registern der englischen und normannischen Schatzämter verglichen und ist zu der Schlußfolgerung gelangt, daß Philipp reicher war als Richard oder auch Johann. Dem widerspricht indessen die

Geschichte des Kreuzzugs ebenso wie die des darauffolgenden Krieges. Richard konnte ganz offensichtlich immer mehr Geldmittel für das Anwerben von Söldnern, den Burgenbau oder das Hofieren von Verbündeten ausgeben. Wenn wir seinen Erfolg in den militärischen und diplomatischen Kampagnen von 1194 bis 1198 abschätzen, ist seine finanzielle Überlegenheit eindeutig ein Faktor von höchster Wichtigkeit.

Aber dies bringt uns zum ursprünglichen Problem zurück. Wenn die Angevinerkönige reicher als Philipp II. waren, warum fiel ihr Reich so bald nach Richards Tod auseinander? Eine Antwort ist sicherlich, daß Johanns Charakter so geartet war, daß er und seine Barone in einer Atmosphäre gegenseitigen Mißtrauens lebten. »Die Normannen in den alten Tagen waren Korn«, sagt der Autor der *Geschichte von Wilhelm Marshal*, »aber nun sind sie Spreu; denn seit dem Tod von König Richard haben sie keine Führung mehr.« Auf diese Weise wurden die Normannen in den Jahren von 1202 bis 1204 von jedem Windstoß aus Frankreich durcheinandergewirbelt. Doch es gab noch andere Ursachen. In seinem Versuch, das Angevinische Reich effektiv zu regieren, unternahm es Johann, Gebiete zusammenzuschweißen, welche nicht automatisch zusammengehörten. Das Reich Heinrichs II. war eine junge Schöpfung, es war noch nicht zu einem traditionellen Teil der politischen Szene Europas geworden. Zufälle von Heirat und Geburt hatten es zusammengebracht, und solche gleichen Zufälle konnten es wieder auseinanderreißen. Als Heinrich II. seine Tochter Eleonore Alfons VIII. von Kastilien 1170 zur Gemahlin gab, scheint er ihr die Gascogne als Mitgift verliehen zu haben. Es war ein Geschenk, welches nach dem Tod von Eleonore von Aquitanien wirksam werden sollte – dies jedenfalls behauptete König Alfons, als er 1204 in die Gascogne einmarschierte. Auf ähnliche Weise verzichtete Richard auf die Quercy und gab den Agenais seiner Schwester Johanna, als sie sich 1196 mit Raimund VI. von Toulouse vermählte. Als Richard und Philipp den Vertrag von Messina im März 1191 aufsetzten, ging Richard davon aus, daß er mehr als einen Sohn haben und seine Dominien auf sie verteilen werde. Den Fürsten jener Zeit war die Staatsidee noch fremd, es ging ihnen um die Interessen ihrer Familie, nicht um die

Einheit ihres Reiches. Sie konnten nicht England oder die Normandie oder Anjou oder Poitou zerteilen, weil diese alte politische und soziale Gemeinwesen waren, in denen die Grundherren mehr oder minder ausgeprägtes Solidaritätsgefühl besaßen – sie fühlten sich als Engländer oder Normanne oder Angeviner oder Poiteviner –, aber das gesamte Reich war in diesem Sinne *keine* politische Einheit, und es konnte in seine Bestandteile zerbrochen werden – gemäß den Interessen der herrschenden Dynastie. Diese grundlegende Heterogenität des Angevinischen Reichs wurde verhüllt durch die Umstände, unter welchen Richard 1189 seinem Vater nachfolgte, aber es gab keinen Grund, warum sie nicht wieder in den Vordergrund treten sollte, wenn er starb. Und genau dies geschah. Seine Mutter Eleonore blieb Herzogin von Aquitanien. Anjou, Maine und die Touraine erklärten sich für Arthur. England und die Normandie akzeptierten Johann. Johanns Herrschaft begann also mit einem Nachfolgestreit.

Die Verantwortung hierfür wird üblicherweise Richard zur Last gelegt, da er es angeblich aus Nachlässigkeit unterließ, einen Thronfolger zu bestimmen. Falls hieran irgend etwas Wahres wäre, so wäre es eine schwerwiegende Beschuldigung, denn es kann kein Zweifel bestehen, daß Nachfolgestreitigkeiten der häufigste Grund für ernsthafte politische Unruhen im Europa des zwölften Jahrhunderts waren – genaugenommen tausend Jahre hindurch vom Europa des siebten Jahrhunderts bis zum Europa des siebzehnten Jahrhunderts. Die Zeitgenossen wußten dies und machten sich deswegen Sorgen. Wenn nach einer Periode der Ungewißheit ein Thronerbe geboren wurde, herrschte allgemeine Freude. Die Geburt eines Erben versprach Stabilität. Die Legende der Geburt von Jakob von Aragon im Jahre 1208, wie sie von dem späteren Chronisten Ramon Muntaner erzählt wird, malt diesen Kernpunkt mittelalterlichen Lebens in den grellsten Farben: Jakobs Vater, Peter II. von Aragon, mied seine Gemahlin, Marie von Montpellier, weil er in eine andere junge Dame verliebt war. Dies beunruhigte das Volk von Montpellier so sehr – »denn wenn der König sterben sollte und keinen Erben hinterließe, würde es ein großer Schaden für sein ganzes Land sein« –, daß es sich an einen der Ritter aus dem Hofstaat des Königs wandte und ihn überredete, dem König mitzuteilen, daß die Dame, die er liebte, ihn in einem verdunkelten Schlafgemach erwarte. In Wirklichkeit war es natürlich die Königin, die sich dort bettete. Um ganz sicherzugehen, knieten etwa fünfzig der Edlen von Montpellier die ganze Nacht hindurch vor dem Schlafgemach der Dame und beteten, daß der König drinnen seine Pflicht tun möge. Außerdem blieben alle Kirchen der Stadt geöffnet, so daß die gesamte Bevölkerung an dieser Nacht des inbrünstigen Gebets teilnehmen konnte. Unnötig zu sagen, daß König Peter nicht, bevor der Tag anbrach und fünfzig Zeugen in das Schlafgemach traten, seine Königin erkannte. Sie gebar neun Monate später einen Sohn, und natürlich konnte niemand leugnen, daß er der legitime Erbe des Thrones von Aragon war.

Roger von Howdens Geschichte von der Warnung des Eremiten an Richard läßt darauf schließen, daß einige seiner Untertanen den Verlauf seiner Ehe mit Berengaria mit ähnlicher Sorge beobachteten – wenn auch mit weniger Einfallsreichtum. Obwohl Richard einen illegitimen Sohn hatte, wurden in acht Jahren Ehe keine Kinder geboren – und die Eheleute lebten nicht die ganze Zeit über getrennt. Wenn seine Gattin unfruchtbar war, hätte Richard die Ehe annullieren lassen sollen? Dies wäre sicherlich normale politische Praxis gewesen, aber auch unklug, solange die Allianz mit Navarra ihren Wert behielt – in den Jahren 1193/1194 hatte sie sich als außerordentlich nützlich erwiesen. Erst nach dem Bündnis mit Toulouse im Jahre 1196 wurde ein Bruch mit Navarra denkbar, und es ist möglich, daß Richard um 1198 eine Annullierung seiner Ehe in Betracht zog. In der Zwischenzeit – da er ja wohl kaum mit dem Tod rechnete – gab es keinen Grund, irgend etwas anderes als provisorische Vorkehrungen für die Nachfolge zu treffen – obwohl dies angesichts der Jugend seines Neffen Arthur und des unzuverlässigen Verhaltens seines Bruders Johann in den Jahren 1189 bis 1194 keine leichte Aufgabe war. Es ist jedoch klar, daß Richard im Herbst 1197 Johann als mutmaßlichen Erben anerkannt hatte, und er bestätigte diese Verfügung auf seinem Sterbebett. Er tat also, was er konnte, um die Thronfolge zu klären.

Falls es andererseits die Hauptpflicht eines Königs war, am Leben zu bleiben, bis er einen Sohn hatte, der ihm nachfolgte, dann kann es keinen Zweifel geben, daß Richard seine Mängel hatte. Er war nicht so besorgt um seine Gesundheit, wie er es hätte sein können; nach König Philipps Maßstäben war er geradezu leichtsinnig. Er nahm immer wieder große Risiken auf sich. Dazu zählt allerdings nicht die Tatsache, daß er bei der Belagerung von Chalus-Chabrol keinen Harnisch trug. Selbst im Krieg trugen Ritter ihre Rüstung nur, wenn sie mußten, und der vor Richard hergetragene Schild war normalerweise ein angemessener Schutz. Nichtsdestoweniger bedeutete seine aktive und rückhaltlose Teilnahme an jeder Form der Kriegführung, daß er mitunter in Gefahr war, verwundet oder gefangengenommen zu werden. Dies geht sehr klar aus den Chroniken über seine Kreuzfahrt hervor. Ambroise verzeichnet eine Unterhaltung, die angeblich im Herbst 1192 stattgefunden haben soll, als Hubert Walter eine Pilgerfahrt nach Jerusalem unternahm und mit Saladin zusammentraf. Die beiden Männer sprachen über Richard. Hubert Walter lobte seine Kühnheit, Ritterlichkeit und Großmut:

»Sire, ich sage mit Stolz,
daß mein Herr der edelste Ritter
auf Erden ist . . .«
Der Sultan hörte den Bischof ruhig an
und antwortete: »Nun ich weiß, es ist wahr,
daß der König tapfer und edel ist,
aber wie unbesonnen wirft er sich in die Schlacht!
Was für ein großer Fürst ich immer sei,
Vernunft und Mäßigung und Großmut
stell' ich höher als übermäßige Kühnheit.«

Richards Kühnheit war indessen mehr als die sinnlose Hemmungslosigkeit eines Kriegers, der Bertrand de Borns Liebe zu den Erregungen des Kampfgetümmels teilte. Seine Kühnheit war vor allem Ausdruck seines Ehrgefühls, das ihm gebot, von seinen Soldaten nicht mehr zu verlangen als von sich selbst. Solcher Mut ergab durchaus einen Sinn: Seine Männer fochten besser, weil sie wußten, daß ihr Herr bei ihnen war, daß er sie persönlich anführte. Demzufolge war die Moral von Richards Truppen immer hoch, und sein Einsatz hat sicher manche Schlacht und manchen Sturm entschieden. Der Autor der *Geschichte von Wilhelm Marshal* bestätigt, daß die französischen Ritter normalerweise als die besten in Europa anerkannt waren, sagt aber, daß dreißig von Richards Rittern, wenn er ihr Führer war, vertrauensvoll vierzig Franzosen annehmen und sie auch schlagen würden.

Wie wir den Saladin zugeschriebenen Worten entnehmen können, gab es Zeitgenossen, die Richards Gleichgültigkeit im Angesicht der Gefahr kritisierten, aber die meisten Männer beurteilten ihn eher mit dem Herzen als mit dem Verstand. Für seine Soldaten war er ein untadeliger Held. Wenn er sie dazu aufgefordert hätte, sagte ein zeitgenössischer Chronist, wären seine Männer ihm zuliebe bis zu den Säulen des Herkules durch Blut gewatet. Seine Kühnheit war die Eigenschaft, welche ihn schon zu Lebzeiten zur Legende machte und sein Gedächtnis in den nachfolgenden Jahrhunderten lebendig hielt. Aber wir sollten uns durch den Glanz der Legende nicht verführen lassen, seine anderen Fähigkeiten zu unterschätzen. Als Politiker, Administrator und Feldherr – kurz als König – war er einer der herausragenden Herrscher der europäischen Geschichte.

Um Richard Gerechtigkeit widerfahren zu lassen, müssen wir ihn vor dem Hintergrund seiner Zeit sehen. Wenn die wichtigste Aufgabe eines Königs die Erhaltung seines Patrimoniums war – des Landes, das er von seinem Vater geerbt hatte –, dann war Richard ein sehr viel erfolgreicherer Herrscher als sein Bruder oder selbst sein Vater. Beide, Johann und Heinrich II., starben in einem politischen Chaos, das sie selbst geschaffen hatten. Wenn dieser Vergleich seinem Vater gegenüber ungerecht erscheint – Heinrich II. war ein großer König, aber einer, der gegen Ende einer langen Herrschaft zunehmend versagte –, so müssen wir einbeziehen, daß Richard weniger als ein Jahrzehnt lang König war. Heinrich II. genießt einen großen Ruf als der König, der das Gewohnheitsrecht in England formte und die Macht der Krone stärkte. Aber die meisten Reformen, auf welchen seine Reputation beruht, rief er im zweiten und dritten Jahrzehnt seiner Herrschaft ins Leben. Die meisten Könige benötigten Zeit, um sich zu etablieren – aber Richard nicht. Innerhalb von zwei oder drei Jahren nach seiner Krönung hatte sein Kreuzzug ihn weltberühmt gemacht. Im Jahre 1189 war er bereits ein erfahrener Soldat und Politiker. Er hatte in der harten Schule Aquitaniens eine Menge gelernt. Wenn wir ihn beurteilen, sollten wir ihn nicht nur als den Kreuzfahrerkönig sehen; die meiste Zeit seines Lebens war er Herzog von Aquitanien, und – wie aus den Umständen seines Todes deutlich hervorgeht – die Politik des Herzogtums seiner Mutter blieb stets eines seiner Hauptanliegen.

Er fiel in einer Rebellion, hinter der deutlich die Hand König Philipps zu erkennen ist. Philipp war Richards Hauptfeind und zugleich der Mann, an dem er gemessen wurde. In vieler Hinsicht ist es nicht leicht, sie zu vergleichen, denn der eine starb früh, während der andere die Belohnungen erntete, die jenen zufallen, die ihre Feinde überleben. Andererseits war in den Jahren von 1194 bis 1199 ihr Kampf die Hauptader der Politik von Nordwesteuropa, und es ist möglich, ihre Taten in dieser Arena zu analysieren. Beide Könige waren Experten in der Kunst der Belagerungskriegführung. Da er anfangs im Besitz der umstrittenen Burgen war, besaß Philipp einen Vorteil. Es ist gerade deshalb unübersehbar, daß Richard der bessere, vielseitigere Kriegsherr war, ebenso auf dem Schlachtfeld zu Hause wie auf Erkundungspatrouillen oder in den Gräben einer Belagerung. Philipp wagte es nicht, Richards Armee in offener Feldschlacht zu begegnen, während Richard diesen Zusammenprall mindestens zweimal suchte. Richard gewann aber seine Kriege nicht einfach durch kühne Taten auf dem Schlachtfeld, sondern auch, weil er in der Lage war, die ökonomischen Reserven des Angevinischen Reichs militärisch sinnvoll einzusetzen und ihre Verteilung zu organisieren. Das Bild von Richard als einem draufgängerischen Ritter in Rüstung, einem großen Krieger, aber nichts sonst, ist ein Bild, das auf einer romantischen und unrealistischen Vorstellung vom Krieg basiert. Kampagnen wurden nicht durch unbekümmerte Tapferkeit gewonnen. Die Kriegführung im zwölften Jahrhundert kreiste um die Kontrolle von Steinburgen und befestigten Städten; sie war eine ebenso präzise Disziplin wie Kriegführung im

Zeitalter Vaubans, des genialen Generalinspekteurs Ludwigs XIV. Um diese Disziplin zu meistern, benötigte ein Mann viele Fähigkeiten: die Beherrschung von Militärtaktik und -strategie, die Begabung, gute Untergebene auszuwählen und sich ihr Vertrauen und ihre Loyalität zu erhalten. Offenkundig machte auch Richard Fehler – die Ernennung von Gilbert de Vascœuil zum Kommandanten von Gisors zum Beispiel –, aber im Ganzen gesehen war er in jeder Hinsicht bemerkenswert erfolgreich. Taktisch war sein Marsch von Akkon nach Jaffa ein ebensolches Meisterwerk wie die wirkungsvolle Nutzung der Aufklärung, aufgrund derer er Philipp 1198 in völliger Verwirrung nach Gisors hineindrängte. Strategisch erwies er sich als fähig, einen Kreuzzug zu organisieren, einen Angriff auf Ägypten zu planen und die gesamte Verteidigung des Angevinischen Reichs zu leiten. Politisch und diplomatisch war er in der Lage, Philipp auszumanövrieren, indem er die entscheidenden Bündnisse mit Flandern und Toulouse schloß. Administrativ war er letztlich verantwortlich für die Auswahl solcher Männer wie Hubert Walter und Gottfried FitzPeter in England, Robert von Thornham in Anjou und Gottfried de la Celle in Aquitanien, während der Fall von Wilhelm FitzRalph, dem Seneschall der Normandie, deutlich macht, daß er auch alte Beamte seines Vaters hielt, wenn sie befähigt waren. Diese Justitiare und Seneschalle zogen nicht nur in Richards Namen Geld ein; sie gaben es auch aus, hauptsächlich – wie der König selbst – für den Krieg. Wirksame Verwaltung ist nicht bloß eine Angelegenheit des Einziehens großer Mengen von Geld, ohne allzuviel Opposition zu erregen, es ist auch eine Frage der Geldanlage, der Wirksamkeit der ausgegebenen Mittel. In diesem Sinne war Richard selbst ein ausgezeichneter Administrator, der den politischen, diplomatischen und militärischen Wert des Geldes genau kannte.

Wir teilen natürlich die Wertvorstellungen des zwölften Jahrhunderts nicht; ebenso natürlich aber müssen wir Richard und seine Zeitgenossen im Rahmen der Werte ihrer Zeit zu verstehen versuchen. So liegt uns das Urteil nahe, daß die Kreuzzüge eine schreckliche Verschwendung von menschlichem Leben waren und daß an barbarische und intolerante Kriege gewandte Zeit viel besser hätte genutzt werden können. Aber im zwölften und dreizehnten Jahrhundert dachten selbst die gelehrtesten und humansten Christen anders. Richard versuchte, als er auf den Kreuzzug ging, um das Heilige Land zurückzuerobern, den Maßstäben seiner eigenen Zeit gerecht zu werden. Somit fanden seine Zeitgenossen es richtig und angemessen – wenn auch unangenehm –, daß sie aufgefordert waren, finanziell dazu beizutragen, sein Lösegeld aufzubringen und für die Kriege zu zahlen, die ihm seine ererbten Besitzungen zurückgewinnen sollten. Wilhelm von Newburgh schrieb, daß Richards Untertanen, obwohl er sie schwerer besteuerte, als es sein Vater getan hatte, sich nicht darüber beklagten. Sie vertrauten dem Sinn seiner Handlungen – ebenso wie spätere Generationen jenen anderen erfolgreichen Kriegerkönigen Edward III. und Heinrich V. vertrauten. Aber Richard packte viel größere logistische Probleme an als einer seiner Vorgänger oder auch, um das Beispiel eines weiteren berühmten Feldherrn anzuführen, als Wilhelm der Eroberer. Er brachte eine Flotte und ein Heer nicht nur auf die andere Seite des Ärmelkanals, sondern auf die andere Seite des Mittelmeers, und dort stand ihm in Saladin ein großer Gegner gegenüber. Da Saladin Zugang zu weit größeren Reserven an Männern, Geld und Nachschub hatte, war Richards Feldzug eine erstaunliche Leistung. Nur weil es ihm versagt blieb, Jerusalem zurückzuerobern, wurde sein Kreuzzug in den rein emotionalen Begriffen christlicher Zielsetzung als ein Fehlschlag angesehen. Aber in den Begriffen militärischer Logistik und Effizienz war er ein glänzender Erfolg. Aus diesem Grund ist es angebracht, das letzte Wort nicht einem englischen oder einem französischen Chronisten zu überlassen, sondern einem muselmanischen. Nach Ibn al-Athirs Urteil machten »Richards Mut, Scharfsinn, Energie und Geduld ihn zum bemerkenswertesten Herrscher seiner Zeit«.

Ausgewählte Bibliographie

Zwei frühere Biographien von Richard sind lesenswert:

K. Norgate, *Richard the Lionheart* (London 1924), und J. Brundage, *Richard Lion Heart* (New York 1973).

J. Gillingham, *The Life and Times of Richard I* (London 1973), ist wegen seiner Illustrationen betrachtenswert.

W. L. Warren, *Henry II* (London 1973), ist sowohl umfangreich als auch lesbar. Es ist informativ, was Richards Beziehungen zu seinem Vater und seine Laufbahn als Herzog von Aquitanien betrifft.

L. Landon, *Itinerary of King Richard I* (London: Pipe Roll Society N.S. Bd. 13, 1935), liefert ein unentbehrliches chronologisches Gerüst.

J.T. Appleby, *England without Richard* (London 1965), zeichnet Ereignisse während Richards Abwesenheit auf.

Wie die vorangegangenen ist diese Biographie hauptsächlich auf wohlbekannten zeitgenössischen literarischen Quellen gegründet. Von diesen sind die wichtigsten:

Roger of Howden, *Gesta Henrici II et Ricardi I,* Hg. W. Stubbs, 2 Bde. (R[olls] S[eries] 1867).

Roger of Howden, *Chronica,* Hg. W. Stubbs, 4 Bde. (R.S. 1868/1871).

Ralph of Diss, *Radulfi de Diceto Decani Londiniensis Opera Historica,* Hg. W. Stubbs, 2 Bde. (R.S. 1876).

Ralph of Coggeshall, *Chronicon Anglicanum,* Hg. J. Stevenson (R.S. 1875).

Richard von Devizes, *Chronicon,* Hg. u. Übers. J.T. Appleby (London 1963).

Wilhelm of Newburgh, *Historia Rerum Anglicarum,* Hg. R. Howlett in *Chronicles of the Reigns of Stephen, Henry II and Richard I,* Bde. I und 2 (R.S. 1884).

Histoire de Guillaume le Maréchal, Hg. P. Meyer, 3 Bde. (Société de l'histoire de France, Paris 1891/1907).

Œuvres de Rigord et de Guillaume le Breton, Hg. H.F. Delaborde, 2 Bde. (Société de l'histoire de France, Paris 1882/1885).

Geoffrey de Vigeois, *Chronica*, Hg. P. Labbe, *Novae Bibliothecae Manuscriptorum II* (Paris 1657).

Ambroise, *L'Estoire de la Guerre Sainte*, Hg. G. Paris (Paris 1897). Übersetzt von M. J. Hubert u. J. La Monte als *The Crusade of Richard Lionheart* (New York 1941).

Itinerarium Peregrinorum et Gesta Regis Ricardi, Hg. W. Stubbs (R. S. 1864).

Weitere Quellenangaben sind in den folgenden Kapitelanmerkungen zu finden.

Kapitelanmerkungen

1

»Mittelalterliche Geschichte neigte stets dazu, sich allmählich in romantische Versepen zu verwandeln«, und eine Stufe dieser Entwicklung wird in *Crusade and Death of Richard I,* Hg. R.C. Johnston (Anglo-Norman Texts, Bd. 17, 1961) deutlich. Das aus dem 13. Jahrhundert stammende Versepos über Richards Leben ist uns lediglich in einer Fassung aus dem 14. Jahrhundert überliefert: *Der Mittelenglische Versroman über Richard Löwenherz,* Hg. K. Brunner (1913). Die legendäre capetingische Darstellung Richards ist in Guillaume Guiarts Vershistorie aus dem 14. Jahrhundert erhalten: *Branches des royaux lignances,* Hg. J.A. Buchon (Paris, 1820). Einige der frühesten Legenden werden von Roger von Wendover überliefert, *Flores Historiarum,* Hg. H.G. Hewlett, Bd. 3, S. 21–27 (R.S. 1886–1889). B.B. Broughton, *The Legend of King Richard I* (Den Haag 1966) ist eine sehr prosaische Betrachtung über die Rolle des Königs in der mittelalterlichen Dichtung und Legende. S. auch: J. Gillingham, »Some Legends of Richard the Lionheart: their development and their influence«, *Accademia Nazionale del Luneei, Problemi attuali di seienza e di cultura* (Rom 1981).

2

J. Le Patourel, »The Plantagenet Dominions«, *History 50* (1965), liefert eine ausgezeichnete kurze Einführung in das Angevinische Reich. J. Boussard, *Le Gouvernement d'Henri II Plantagenêt* (Paris 1965), ist eine systematische Betrachtung des gesamten Reiches, aber über Aquitanien selbst gibt es nichts so Erschöpfendes wie Boussards eigene Studie über Anjou: *Le Comté d'Anjou sous Henri Plantagenêt et ses Fils 1151–1204* (Paris 1938). A. Richard, *Histoire des Comtes de Poitou 778–1204,* 2 Bde. (Paris 1903), ist nützlich, aber aus analytischer Sicht ist J. Martindale, *The Origins of the Duchy of Aquitaine and the Government of the Counts of Poitou 902–1137* (unveröffentlichte Dissertation, Oxford 1964), wertvoller. Viele ihrer Schlußfolgerungen, besonders was die zweite Hälfte des zwölften Jahrhunderts betrifft, haben sich bestätigt. Siehe auch G.T. Beech, *A Rural Society in Medieval France: The Gâtine of Poitou in the Eleventh and Twelfth Centuries* (Baltimore 1964).

Das grundlegende Werk über den Weinhandel ist R. Dion, *Histoire de la vigne et du vin en France des origines au XIXe siècle* (Paris 1959). Siehe auch einige der Essays in Y. Renouard, *Études d'histoire médiévale,* 2 Bde. (Paris 1968).

Der »Führer« für Pilger nach Compostella wurde von J. Vielliard herausgegeben, *Le Guide du pèlerin de St. Jacques de Compostelle* (Macon 1950), aber er sollte in Zusammenhang mit der warnenden Erzählung C. Hohlers, »A Note on Jacobus«, *Journal of the Warburg and Courtauld Institute 35* (1972), gelesen werden. Über die Angeviner und Santiago siehe K. Leyser, »Frederick Barbarossa, Henry II and the hand of St. James«, *English Historical Review 90* (1975).

Über Rittertum und die Erziehung des Ritters: R.W. Barber, *The Knight and Chivalry* (London 1970); S. Painter, *French Chivalry* (Baltimore 1940). Ich habe auch Gottfried von Straßburgs *Tristan* in der englischen Übersetzung von A.T. Hatto (Harmondsworth 1960) benutzt. Richards Religiosität ist unserer Sicht natürlich entzogen, aber allem Anschein nach war er fromm auf die konventionelle Art und Weise der Könige. Siehe Coggeshall, *Chronicon,* S. 97; Howden, *Chronica,* Bd. 4, S. 288–290; *Gesta Regis Ricardi,* S. 146–147; Adam von Eynsham, *Magna Vita,* S. 101–105; Robert von Auxerre, *Monumenta Germaniae Historica* SS XXVI S. 259; *Chronicon Turonense Magnum, Recueil des Chroniques de Touraine,* Hg. A. Salmon (Tours 1854), S. 144. Auf seinem Sterbebett vergab Richard dem Mann, der ihn erschoß: Siehe Coggeshall, S. 96, und den von C. Köhler veröffentlichten Brief von Radulfus Presbiter, »Notices et extraits de manuscrits«, *Revue de l'Orient latin 5* (1897). Während seiner beiden Aufenthalte in England scheute er nicht die Mühe, Bury St. Edmunds zu besuchen. Siehe auch *The Chronicle of Jocelin of Brakeland,* Hg. H.E. Butler (London 1949), S. 99, und Ambroise, *The Crusade,* S. 91.

Über Richard als Patron der Klosterorden siehe E.M. Hallam, »Heinrich II., Richard I. and the Order of Grandmont«, *Journal of Medieval History I* (1975), und auch ihre Dissertation *Aspects of the Monastic Patronage of the English and French Royal Houses c. 1130–1270* (unveröffentlichte Dissertation, London 1976), in der Richard als freigebiger als Heinrich II. und Philipp II. dargestellt wird.

Eine gute, kurze Einführung in das Problem der »höfischen Liebe« gibt C. Morris in *The Discovery of the Individual* 1050–1200 (London 1972). Siehe auch P. Dronke, *Medieval Latin and the Rise of the European Love Lyric* (Oxford 1965), und L. Topsfield, *Troubadours and Love* (Cambridge 1975). C.S. Lewis, *The Allegory of Love* (Oxford 1936), ist noch immer lesenswert. Eine gute Auswahl an übersetzten Troubadourliedern enthält A.R. Press, *Anthology of Troubadour Lyric Poetry* (Edinburgh 1971).

3

Richards Mutter hat die Biographen immer interessiert. Die zwei bekanntesten sind A. Kelly, *Eleanor of Aquitaine and the Four Kings* (London 1952), und R. Pernoud, *Eleanor of Aquitaine* (London 1967). Beide behandeln sie aus allzu romantischer Sicht wie auch E.R. Labande – trotz seines komplizierten wissenschaftlichen Apparats – in »Pour une image véridique d'Aliénor d'Aquitaine«, *Bulletin de la Société des Antiquaires de l'Ouest* 4th Ser. 2 (1952). Nützlich, obgleich mitunter übermäßig skeptisch gegenüber den Chronisten, ist H.G. Richardson, »The Letters and Charters of Eleanor of Aquitaine«, *English Historical Review* 74 (1959). Siehe auch B. Lees, »The Letters of Queen Eleanor of Aquitaine to Pope Celestine III«, *English Historical Review* (1906). Eine kurze, vernünftige und nüchterne Einschätzung von Eleonores Charakter gibt E.A.R. Brown in *Eleanor of Aquitaine: Patron and Politician*, Hg. W.W. Kibler (Austin 1976). Siehe auch F.M. Chambers, »Some Legends concerning Eleanor of Aquitaine«, *Speculum 16* (1941). Andrew the Chaplain's Abhandlung, *De Amore,* wurde unter dem Titel *The Art of Courtly Love* von J.J. Parry ins Englische übersetzt (New York 1941). Doch die Ansicht, daß Eleonore »einen Liebesgerichtshof im großen Stil« begründete, wurde wirkungsvoll widerlegt von J.F. Benton, »The Court of Champagne as a Literary Center«, *Speculum 36* (1961). Über Eleonore und die Angeviner als Schirmherren von Kunst und Literatur siehe R.R. Bezzola, *Les Origines et la formation de la littératur courtoise en occident,* Teil 3, *La Société courtoise,* 2 Bde. (Paris 1963). Band I behandelt auf 310 Seiten den Angevinischen Hof. Band 2 beschäftigt sich auf 220 Seiten mit den Höfen von Frankreich, Sizilien und *Outremer.* R. Lejeune, »Le rôle littéraire d'Aliénor d'Aquitaine«, *Cultura Neolatina 14* (1954), und »Le rôle littéraire de la famille d'Aliénor d'Aquitaine«, *Cahiers de civilisation médiévale* 1 (1958), neigt dazu, Eleonores Einfluß zu überschätzen. Siehe auch die Essays von R. Baltzer, M. Lazar und E.S. Greenhill in der von W.W. Kibler herausgegebenen Sammlung.

Über den Krieg im Europa des zwölften Jahrhunderts ist das nützlichste Buch (obwohl es eine viel weitere Periode umspannt und die Wichtigkeit der Burgen unterschätzt): J.F. Verbruggen, *De Krijgskunst in West-Europa in de Middeleeuwen* (Brüssel 1954). Hilfreich sind auch J. Boussard, »Les mercenaires au XIIe siècle: Henri II Plantagenêt et les origines de l'armée de métier«, *Bibliothèque de l'Ecole des Chartes* 106 (1945/1946); E. Audouin, in, *Essai sur l'armée royale au temps de Philippe Auguste* (Paris 1913), und H. Grundmann, »Rotten und Brabanzonen: Söldnerheere im 12. Jahrhundert«, *Deutsches Archiv* 5 (1941/1942). G. Duby, *Le Dimanche de Bouvines* (Paris 1973), ist provozierend geschrieben, aber manchmal durchaus aufschlußreich. Über die Rolle der Burgen in der Kriegführung, R.A. Brown, *English Castles* (London 1976). Über die Familie Lusignan gibt es zwei genealogische Studien von S. Painter, »The houses of Lusignan and Châtellerault, 1150–1250«, *Speculum 30* (1955), und »The lords of Lusignan in the eleventh and twelfth centuries«, *Speculum 32* (1957), beide erneut abgedruckt in *Feudalism and Liberty: Articles and Addresses of Sidney Painter,* Hg. F.A. Cazel (Baltimore 1961).

Richards Ernennung zum Herzog von Aquitanien wurde verschiedentlich auf 1170, 1172 und 1179 datiert. Die Chronologie des Geoffrey de Vigeois macht klar, daß 1172 das richtige Datum ist. Der Bericht der Revolte von 1173/1174 basiert größtenteils auf Roger of Howden, Ralph of Diss und Robert of Torigny, *Chronica,* Hg. R. Howlett, *Chronicles of the Reigns of Stephen etc.*, Bd. IV (R.S. 1889).

Die Rolle von La Rochelle wird aus den erregten Worten von Richard dem Poiteviner, *Recueil des historiens des Gaules et de la France,* Bd. 12, S. 418–421, deutlich.

4

Über die Belagerung von Castillon-sur-Agens, nicht, wie üblicherweise angegeben wird, Castillon-sur-Dordogne, im Jahre 1175 siehe Howden, *Gesta,* Bd. 1, S. 101, und J. Andrieu, *Histoire de l'Agenais* (Agen 1893), Bd. 1, S. 38–42.

Über die Beziehungen des Vicomte von Limoges zu Cornwall: Geoffrey de Vigeois, Hg. Labbe, S. 309/310; T.D. Hardy, *Rotuli Litterarum Clausarum* (Record Commission 1833), S. 429, 437. Über Zinnbergbau siehe G.R. Lewis, *The Stannaries* (Harvard 1906), besonders Anhänge J und L.

Es ist strittig, ob der Sieg über Vulgrins Brabanzonen im Jahre 1176 Richard zugeschrieben werden kann. Nach Ralph of Diss fielen die Brabanzonen auf ihre übliche brutale Art in Poitou ein, worauf ihnen das gebührende Schicksal einer Schlacht bei Barbezieux zuteil wurde. Gegen sie stand eine Armee, die der Bischof Johann von Poitiers und Theobald Chabot *princeps militiae Ricardi ducis (Diceto* 1, S. 407) in Richards Abwesenheit aufgestellt hatten. Dies ist der ausführlichste Bericht und von Historikern im allgemeinen anerkannt, aber er enthält ein widersprüchliches Element: Barbezieux liegt südlich von Angoulême – kaum auf der Route einer Invasion der Diözese von Poitiers. Roger of Howdens Version (*Gesta* 1, S. 131/132), eindeutig auf einen offiziellen zeitgenössischen Bericht gegründet, erwähnt weder Bischof Johann noch Theobald Chabot, sondern sagt nur, daß Richard die Brabanzonen in einer Schlacht zwischen St. Maigrin und Bouteville besiegte – was die Lage von Barbezieux zutreffend beschreibt. Es ist natürlich möglich, daß zwei getrennte Zusammenstöße in der gleichen Gegend stattfanden, aber wahrscheinlicher ist, daß der gleiche Vorfall aus zwei verschiedenen Gesichtspunkten aufgezeichnet wurde. Ralph of Diss, der etliche Jahre später als Howden schrieb, sah die Episode mit den Augen des Bischofs Johann; wir wissen, daß er von ihm Information erbat und erhielt (*Diceto* 1, S. 5/6).

Wir wissen sehr wenig über die Niederwerfung des Limousin durch Heinrich II. und Richard im Jahre 1177. Da sowohl Vater als auch Sohn dort waren, fehlte Roger of Howden seine gewöhnliche Informationsquelle – die von Richard an seinen Vater in England gesandten Berichte. Es gibt jedoch ein Beweisstück, welches bisher von Historikern des Angevinischen Reichs übersehen worden ist und welches wahrscheinlich in dieses Jahr fällt. Dies ist ein von dem Abt Archamband von Solignac, einem Haus derBenediktiner unmittelbar südlich von Limoges, geschriebener Brief, der in *Recueil des Chartes de l'abbaye de Stavelot-Malmédy,* Hg. J. Halkin und C.G. Roland (Brüssel 1909), Bd. 1, S. 506/507, abgedruckt wurde. Die Datierung dieses Briefes seitens des Herausgebers auf 1170–1176 kann außer acht gelassen werden, da sie sich auf die hoffnungslos unverläßliche Liste der Äbte von Solignac in *Gallia Christiana II, 570,* gründet.

Über Heinrichs II. Erwerb von La Marche siehe G. Thomas, *Les Comtes de la Marche de la maison de Charroux,* S. 49–51.

Die Geschichte der südlichen Grenze von Aquitanien ist nur in wenigen Bruchstücken überliefert. Spanische Historiker waren verständlicherweise in die Geschichte der Reconquista vertieft und vernachlässigten deshalb ihre nördlichen Grenzen. Ich habe verwendet: F.W. Schirrmacher, *Geschichte Spaniens,* Bde. 3 und 4; P.Tucoo-Chala, *La Vicomté de Béarn et le problème de sa souveraineté* (Bordeaux 1961); C. Higounet, »La Rivalité des maisons de Toulouse et de Barcelone pour la préponderance méridionale«, *Mélanges d'histoire du Moyen Age dédiés à la mémoire de Louis Haphen* (Paris 1951).

Über den jungen König siehe O.H. Moore, *The Young King Henry Plantagenet 1155–1183 in History, Literature and Tradition* (Columbus 1925).

Es gibt verschiedene Ausgaben von Bertrand de Borns Gedichten, aber den vernünftigsten Versuch, das kniffelige Problem ihrer Datierung anzugehen, unternahm C. Appel, *Bertran von Born* (Halle 1931).

Die mögliche Erklärung, die hier für die seltsame Clairvaux-Episode angeboten wird, gründet sich hauptsächlich auf Übereinstimmungen mit der Untersuchung von Saint-Rémy-sur-Creuse, *Archives historiques du Poitou,* Bd. 8, S. 39–53, und auf das wenige, was wir über die frühere Geschichte von Clairvaux wissen: C. Chevalier, »Cartulair de l'abbaye de Noyers«, *Mémoires de la Société archéologique de Touraine 22* (1872), S. 402, 476, 486, 505/506, 528/529, 626; »Documents concernant le prieuré de St. Denis en Vaux«, *Archives historique du Poitou,* Bd. 7, S. 347. Geoffrey de Vigeois' Bericht über die Revolte von 1182/1183 findet sich in *Recueil des historiens des Gaules et de la France,* Bd. 18, S. 212–220.

5

Quellen, die über Alice von Frankreich berichten, wurden von L. Landon, *The Itinerary,* S. 223–233, zusammengestellt. Schädigend für den Ruf Heinrichs II. ist die Tatsache, daß nicht nur voreingenommene und unverläßliche Chronisten davon berichten, daß er Alice von Frankreich verführte, während sie sich in seiner Obhut befand. Siehe Howden, *Gesta* ii, S. 160, und *Chronica* iii, S. 99. Historiker haben dazu geneigt, Gerald von Wales' Bericht über Heinrichs II. letzte Tage *(Giraldi Cambrensis Opera,* Hg. J.S. Brewer u. G.F. Warner, R.S. 1861–1891, vol. i. S. 80ff.; iv, S. 369–372, viii, S. 286–305) mehr Glauben zu schenken, als er verdient, wohl in der Annahme, daß er, wie parteiisch auch immer, zumindest ein Augenzeuge war. Siehe als jüngstes Werk M. Richter, *Giraldus Cambrensis* (Aberystwyth 1972), S. 6, 88. Es ist jedoch eindeutig, daß Gerald Heinrichs Hof nach dem Brand von Le Mans verließ und dann nach Norden in die Normandie und nach England reiste, während der König sich nach Süden wandte.

6

Über Wilhelm Marshal siehe S. Painter, *William Marshal* (Baltimore 1933).

Über Baldwin von Béthune siehe *Histoire des ducs de Normandie et des rois d'Angleterre,* Hg. F. Michel (Paris 1840), S. 99/100.

Über Tours siehe J.C. Holt, »The End of the Anglo-Norman Realm«, *Proceedings of the British Academy* 61 (1975), S. 254–256.

Über Richards Brüder siehe W.L. Warren, *King John* (London 1961), und D.L. Douie, *Archbishop Geoffrey Plantagenet* (York 1960). Eine gute Studie über Wilhelm Longchamp ist überfällig. Nach der Meinung von F.J. West, *The Justiciarship in England 1066–1232* (Cambridge 1966), S. 69–74, war er »einfach ein tüchtiger Verwalter der königlichen Geschäfte«.

Die komplizierte Geschichte der Verhandlungen um Richards Heirat mit Berengaria basiert auf Howden, *Gesta* ii, 105/106; Landon *Itinerary,* S. 25, 32/33, 229–231; J. González, *El Reino de Castilla en la época de Alfonso VIII* (Madrid 1960), Bd. 1, S. 188–193; Bertrand de Borns Gedicht *S'ieu fos aissi* (siehe auch A. Thomas, *Poésies complètes de Bertran de Born* [Toulouse 1888], S. 73, und C. Appel, *Bertran von Born,* S. 60). Siehe auch P. Rassow, *Der Prinzgemahl* (Weimar 1950), S. 76–87. Berengarias Mitgiftregelung wurde abgedruckt in Martène et Durand, *Veterum scriptorum et monumentorum amplissima collectio,* Bd. 1 (Paris 1724), col. 995. Ihre Bedingungen verliehen dem Anspruch Alfons' VIII. Nachdruck, die Gascogne nach dem Tod der Eleonore von Aquitanien zu halten. Siehe auch C.R. Cheney und W.H. Semple, *Selected Letters of Innocent III. concerning England* (London 1953), S. 3. Siehe auch J. Gillingham, »Richard I. and Bengaria von Navarre«, *Bulletin of the Institute of Historical Research* (1980).

7

Vieles, was F. Brandel über Wetter, Meer und Schiffe in seinem klassischen Buch, *The Mediterranean and the Mediterranean World in the Age of Philip II.,* übers. S. Reynolds (London 1972), bes. S. 246–265, sagt, trifft auch für die Bedingungen im 12. Jahrhundert zu. Über die Genueser Flotte siehe E.H. Byrne, *Genoese Shipping in the 12th and 13th Centuries* (Cambridge, Mass., 1930). Eine äußerst wichtige Studie ist H.E. Mayer, *Marseille, Levantehandel und ein Akkonenisches Fälscheratelier des 13. Jahrhunderts* (Tübingen 1972), bes. Kapitel vier. D. Abulafia, *The Two Italies* (Cambridge 1977), hat die kommerziellen Bindungen zwischen Genua und dem normannischen Königreich von Sizilien untersucht. Über Sizilien selbst in dieser Periode siehe J.J. Norwich, *The Kingdom in the Sun* (London 1970), E.M. Jamison, *Admiral Eugenius of Sicily* (London 1957). D. Clementi »The circumstances of Count Tancred's accession to the Kingdom of Sicily«, *Mélanges Antonio Marongiu* (Palermo 1967), und »Some unnoticed aspects of the Emperor Henry VI's conquest of the Norman Kingdom of Sicily«, *Bulletin of the John Rylands Library 36* (1954), werfen Licht auf die Probleme, denen Tankred von Lecce gegenüberstand.

Über Richards Eroberung von Zypern siehe Sir George Hill, *A History of Cyprus,* Bd. 1 (Cambridge 1940).

Die ausführlichste Erörterung von Richards angeblicher Homosexualität findet sich in Brundage, *Richard Lionheart,* S. 88/89, 202 und 257/258, wo sie mit seiner »emotionalen Unreife« in Verbindung gebracht wird. Aber sie wird inzwischen generell als Tatsache akzeptiert, und häufig wird beiläufig darauf angespielt – als ob sie gesichert wäre –, z.B. von Historikern wie Runciman, Norwich, Warren, Mathew (*The Court of Richard II,* S. 139) und Barrow (in der *Encyclopaedia Britannica,* 1970). So ist es kaum überraschend, festzustellen, daß Richard jetzt in Geschichtswerken über die Homosexualität eine Rolle spielt, z.B. N.I. Garde, *Jonathan to Gide* (New York 1974), S. 191–195, und A.L. Rowse, *Homosexuals in History* (London 1977). Und in dieser Rolle erscheint er sogar in Filmen – z.B. *The Lion in Winter* – oder in populären historischen Romanen, z.B. Lofts, *The Lute Player* (London 1951). Aber solche Gedanken kamen früheren Generationen von Historikern nicht – obwohl sie mit Quellen sehr vertraut waren. Siehe zum Beispiel Stubbs' Einführung zu seiner Ausgabe von dem *Itinerarium Peregrinorum* (R.S. 1864), S. XX–XXI, in der er Richard als tugendhafter hinstellt als Heinrich II. oder Johann. Oder A. Cartellieri, »Richard Löwenherz«, *Probleme der englischen Sprache und Kultur: Festschrift Johannes Hoops zum 60. Geburtstag überreicht* (Heidelberg 1925), S. 136, welche die aufschlußreiche Formulierung enthält: » . . . gab er sich in Messina, dessen Frauen den nordischen Kriegern recht begehrenswert erschienen, ganz seinen Lüsten hin.« So pflegten historische Romanschriftsteller Richard zu sehen, z.B. M. Hewlett, *Richard Yea-and-Nay* (London 1900). Soweit ich weiß, war der erste Verfasser, der behauptete, daß Richard ein Homosexueller sei, J.H. Harvey, *The Plantagenets* (London 1948). Bis jetzt besteht das »Beweismaterial« für Richards Homosexualität aus zwei Passagen von Roger of Howden, *Gesta* ii, S. 7 und *Chronica* iv, S. 288–290. Über die erstere siehe zum Beispiel die *Histoire de Guillaume le Maréchal,* 1.8984. Die letztere enthält eine biblische Bezugnahme auf den Untergang von Sodom. Was dies bedeutet, kann durch einen Vergleich veranschaulicht werden, beispielsweise mit dem 5. Buch Mose 29, 23 (und siehe die ebendort 27, aufgeführten Vergehen), Jesaja 13, 19; Jeremia 49, 18 und 50, 40; Amos 4, 11. Die Vorstellung betreffend, der Ausschluß von Frauen vom Krönungsbankett sei ungewöhnlich gewesen, siehe *Memorials of St Dunstan*, Hg. W. Stubbs (R.S. 1874), S. 100, 190/191, 283/284; *The Historians of the Church of York*, Hg. J. Raine (R.S. 1879), S. 436–438; und Geoffrey of Monmouth, *The History of the Kings of Britain*, Übers. L. Thorpe (Harmondsworth 1966), S. 229. Kommentare des dreizehnten Jahrhunderts zu Richards sexuellen Neigungen finden sich in *Anecdotes historiques d'Etienne de Bourbon*, Hg. A. Lecoy de la Marche (Paris 1877), S. 211 u. 431; *The Chronicle of Walter of Guisborough*, Hg. H. Rothwell (London 1957), S. 142; sowie den bereits zitierten Versroman, Hg. Karl Brunner.

Über Richards illegitimen Sohn Philipp siehe *Archives historiques de Poitou*, Bd. 4, S. 21/22, und Howden, *Chronica* iv, S. 97 – obwohl aufgrund des Schweigens der Limousiner Quellen, Bernard Itier und Giraut de Bornelh, Howdens Behauptung, daß Philipp den Tod seines Vaters rächte, indem er den Vicomte von Limoges tötete, zweifelhaft ist. Zu einigen zeitgenössischen Darstellungen des Sachverhalts siehe Howden, *Gesta* i, S. 292, und Newburgh, *Historia* i, S. 346/347.

8

Der nützlichste historische Abriß der Kreuzzüge ist H.E. Mayer, *Geschichte der Kreuzzüge* (Stuttgart 1976). Über den dritten Kreuzzug im besonderen siehe S. Runciman, *A History of the Crusades*, Bd. 3 (Cambridge 1954), und das Kapitel von S. Painter in K.M. Setton, *A History of the Crusades*, Bd. 2 (Madison 1962). Über das Königreich von Jerusalem sind die wichtigsten der neueren Bücher J. Prawer, *The Latin Kingdom of Jerusalem* (London 1972), und *Histoire du royaume latin de Jérusalem*, 2 Bde. (Paris 1969/1970); J. Riley-Smith, *The Feudal Nobility and the Kingdom of Jerusalem 1174–1277* (London 1973); und M. Benvenisti, *The Crusaders in the Holy Land* (Jerusalem 1970). R.C. Smail, »The international status of the Latin Kingdom of Jerusalem« in *The Eastern Mediterranean Lands in the Period of the Crusades*, Hg. P.M. Holt (Warminster 1978), S. 23–44, hat die Umstände untersucht, unter welchen Richard und Philipp in *Outremer* die Regierungsgewalt ausübten.

Über Saladin siehe H.A.R. Gibb, »The Achievement of Saladin«, *Bulletin of the John Rylands Library* 35 (1952), und A.S. Ehrenkreutz, *Saladin*

(New York 1972). Eine englische Übersetzung von Baha ad-Dins *Life of Saladin* wurde von der Palestine Pilgrims' Text Society (London 1897) herausgegeben. Eine gute Auswahl von übersetzten Auszügen aus Baha ad-Din, Imad ad-Din und Ibn al-Athir enthält F. Gabrieli, *Arab Historians of the Crusades* (London 1969).

Ein Versuch, die außergewöhnlich komplexe Quellenlage der eng miteinander zusammenhängenden altfranzösischen Chroniken von *Outremer*, die *Estoire d'Eraclès* und die *Chronique d'Ernoul*, zu klären, wurde von M.R. Morgan, *The Chronicle of Ernoul and the Continuations of William of Tyre* (Oxford 1973), unternommen.

Über Richards Streit mit Leopold von Österreich siehe H. Fichtenau, »Akkon, Zypern und das Lösegeld für Richard Löwenherz«, *Archiv für österreichische Geschichte* 125 (1966). Besonders nützlich – und die beste Studie über Kriegführung im zwölften Jahrhundert überhaupt – ist R.C. Smail, *Crusading Warfare 1097–1193* (Cambridge 1956).

Als Richard erfuhr, daß Philipp nach Hause zurückkehren wollte, sandte er eine Gruppe von Gefolgsleuten nach Europa zurück. Sie trugen einen Brief, der einen Pisaner Bankier ermächtigte, in ihrem Auftrag große Geldsummen zusammenzuziehen. Da Richards zuverlässigster Söldnerhauptmann, Mercadier, unter ihnen war, scheint wenig Zweifel daran zu bestehen, daß sie vernünftigerweise zurückgeschickt wurden, um einen Angriff zu parieren, den Philipp sehr wahrscheinlich plante.

Darauf zumindest scheint ein Brief hinzudeuten, der mit dem 3. August 1191 datiert ist und von Landon in *Itinerary* n. 359 aufgeführt wird. Unglücklicherweise ist dieser Brief anscheinend nicht von Richard in Acre, sondern von einem Fälscher im Paris der 1840er Jahre geschrieben worden. 1840 eröffnete Louis-Philippe eine Galerie in Versailles, die den Anteil des französischen Volkes an der Geschichte der Kreuzzüge verherrlichte; die Wappen aristokratischer Familien mit Kreuzfahrerahnen wurden dort ausgestellt. Im folgenden Jahr aber mußte aufgrund stürmischer Proteste der Adligen, die nicht berücksichtigt worden waren, die Galerie geschlossen werden. Louis erklärte sich bereit, mehr Raum zur Verfügung zu stellen, um die Ausstellung zu erweitern. Die Folge war eine Flut von gefälschten Dokumenten – möglicherweise bis zu 2000 – die auf dem Markt von Paris zu haben waren und den Familien, die sie kauften, das »Anrecht« auf einen Platz in der Galerie verschaffen sollten, wo sie ihr Wappen ausstellen konnten. Ein solches Wappen war das der Familie Walsh – und unter den Männern, die als Begleiter von Mercadier genannt wurden, war Philip Walsh. Siehe Comte de Belley de Blancmesnil, *Notice sur quelques anciens titres suivie de considération sur les salles des croisades au musée de Versailles* (Paris 1866). Dreihundertfünfzig dieser technisch hervorragenden Fälschungen liegen jetzt in den Archiven Nationales in Paris: R. H. Bautier, »La Collection de chartes de croisade dite ›Collection Courtois‹«, *Comptes rendus des séances de l'Académie des Inscriptions et Belles-Lettres* (Paris 1956). Die Fälschung dieses Briefes mag eine akademische und eine kommerzielle Absicht verfolgt haben. 1841 veröffentlichte ein französischer Historiker einen Aufsatz über Mercadier, in dem er behauptete, daß Mercadier nicht mit Richard auf die Kreuzfahrt gegangen sei: H. Géraud, ›Mercadier: Les routiers au treizième siècle‹, *Bibliothèque de l'Ecole de Chartes,* 3 (1841). Dann »erschien« dieser Brief und wurde in der *Bibliothèque* de l'Ecole de Chartes, 5 (1843) abgedruckt. Da er der einzige Hinweis auf Mercadiers Anwesenheit im Heiligen Land ist (s. dazu Powicke, *The Loss of Normandy,* S. 232, Brundage, *op. cit.* S. 218) ist es deutlich klüger, auf Gérauds Sicht von 1841 zurückzugreifen.

9

Zu Richards Plan, Ägypten zu überfallen, siehe die am 11. Oktober 1191 in Jaffa ausgestellten writs (Landon, *Itinerary,* nos. 363, 364), abgedruckt in C. Imperiale di Sant'Angelo, *Codice diplomatico della repubblica di Genova,* Bd. 3 (Rom 1942), 19, no. 7; Ambroise, *The Crusade of Richard Lion-heart,* S. 379–381; und das *Itinerarium,* S. 381/382. Die zwei writs wurden von H.E. Mayer und M.L. Favreau diskutiert, »Das Diplom Balduins I. für Genua und Genuas Goldene Inschrift in der Grabeskirche«, *Quellen und Forschungen aus italienischen Archiven und Bibliotheken* 55/56 (1976), S. 89–92. Siehe auch H.E. Mayer, »Die Kanzlei Richards I. von England auf dem Dritten Kreuzzug«, *Mitteilungen des Instituts für österreichische Geschichtsforschung* 85 (1977).

Über die Assassinen siehe B. Lewis, *The Assassins* (London 1967), und C.E. Nowell, »The Old man of the Mountain«, *Speculum* 22 (1947).

Als ein Beispiel für Richards enge Zusammenarbeit mit einheimischen Hauptleuten siehe J. Riley-Smith, *The Knights of St. John in Jerusalem and Cyprus c. 1050–1310* (London 1967), S. 107–115.

10

Der lebendigste und ausführlichste Bericht über Richards Reise von Akkon nach Wien findet sich in Coggeshall, *Chronicon*, S. 52–56. Dieser Bericht ist jedoch problematisch. Eine Randnotiz scheint ihm die Autorität eines Augenzeugenberichts zu geben – aber mir ist der als Augenzeuge benannte Anselm, der Kaplan, aus keiner anderen Quelle bekannt. (Die Auffassung, daß Anselm der Autor oder zumindest Mitarbeiter einer verlorengegangenen Lebensbeschreibung Richards war – siehe *Itinerarium*, S. xxxiii, und Gransden, *Historical Writing in England c. 550–c. 1307* [London 1974], S. 228, 239, 330 –, ist ein Irrtum.) Es ist nicht klar, ob Coggeshall behauptet, daß er die ganze Geschichte von Anselm übernommen hat oder nur die zwei Anekdoten auf den Seiten 54/55, die nachträglich in eine ausradierte Stelle eingefügt wurden. Alternative Quellen für den Rest des Berichts von Coggeshall könnten sein: Hugh Neville, den er vorher als Quelle für seine lange und lebhafte Beschreibung des Kampfes um Jaffa (S. 41–51) zitiert, oder William de l'Etang, der sich in Jaffa ausgezeichnet hatte und einer von Richards Gefährten auf der Heimreise war. Die ganze Unsicherheit der Quellenlage macht es wohl notwendig, sich auf Roger of Howden zu verlassen, *Chronica* iii, 183–186, und Heinrichs VI. Brief an Philipp II. (ebenda, S. 195). Über diesen Brief – als Korrektur zu Landon, *Itinerary*, S. 71, n.1, siehe G. Baaken, *Die Regesten des Kaiserreiches unter Heinrich VI.* (Köln 1972), n. 271. Es ist möglich, daß Richard sich bereits auf normannischem Gebiet befand, als er Korfu erreichte: Abulafia, *The Two Italies*, S. 81, n. 58. Auf seinen Wunsch, durch Böhmen und Sachsen zu reisen, durch Fürstentümer also, die zu jener Zeit Heinrich VI. feindlich gegenüberstanden, weisen folgende Quellen hin: The Annal of Anchin (RHGF Bd. 18, S. 545) und *Continuatio Admuntensis* (MGH SS 9, S. 587).

Über Richards Verwicklung in deutsche Politik siehe: F. Trautz, *Die Könige von England und das Reich* (Heidelberg 1961); R.H. Schmandt, »The Election and Assassination of Albert of Louvain, Bishop of Liège 1191/1192«, *Speculum* 42 (1967); A.L. Poole, »Richard the First's Alliances with the German Princes in 1194«, *Studies in Medieval History presented to F.M. Powicke*, Hg. R.W. Hunt and others (Oxford 1948); W. Kienast, *Die deutschen Fürsten im Dienste der Westmächte* (Utrecht 1924); und H.J. Kirfel, *Weltherrschaftsidee und Bündnispolitik* (Bonn 1959).

Über Hubert Walter siehe C.R. Cheney, *Hubert Walter* (London 1967).

Bezüglich des Liedes, welches Richard komponierte, während er sich in

Gefangenschaft befand, habe ich Kate Norgates Übersetzung benutzt mit einigen Änderungen in der fünften Stanze.

Der Text von Johanns Vertrag mit Philipp im Januar 1194 ist in Rymer, *Foedera,* Bd. i, S. 57.

11

Über alle Probleme in Verbindung mit den Kriegen zwischen Richard und Philipp II. ist Sir Maurice Powicke, *The Loss of Normandy,* 2. Aufl. (Manchester 1961), eine unerläßliche Lektüre. Die wichtigsten Dokumente sind die Normannischen Schatzamtrollen, Hg. T. Stapleton, *Magni Rotuli Scaccarii Normanniae,* 2 Bde. (London 1840–1844). P.N. Lewis, *The Wars of Richard I. in the West* (unveröffentl. Dissertation, London 1977), enthält einige nützliche Zahlenangaben über Kriegskosten, über die die englischen und normannischen Rollen Aufschluß geben. Es ist augenfällig, daß ich J.C. Holts Deutung des Angevinischen Reichs als ein von 1180 an stetig sinkendes Schiff nicht akzeptieren kann, ebensowenig wie die Behauptung, daß Richards Rückkehr aus der Gefangenschaft »wenig Auswirkungen« hatte. »The End of the Anglo-Norman Realm«, *Proceedings of the British Academy 61* (1975), S. 223–265.

Möglicherweise hat Philipps Gefangennahme von Fontaine im Juni 1194 den Autor der *Histoire des ducs de Normandie* (S. 88) zu der Annahme verleitet, er habe Rouen zweimal belagert. Andererseits scheint trotz Powicke (S. 97, n. 16) kein definitives Belegmaterial für zwei Angriffe auf die Herzogstadt vorzuliegen. Siehe das *Chronicon Rotomagense* in P. Labbe, *Novae Bibliothecae,* Bd 1, S. 369, und L. Halphen, *Recueil d'Annales angevines* (Paris 1903), S. 26.

Über Richards Haltung zum Waffenstillstand von Tillières (Juli 1194) siehe Landon, *Itinerary,* S. 176/177. Powickes Ansicht, daß Arques und Drincourt bis Januar 1196 in Philipps Händen blieben (op. cit., S. 190, n. 77), scheint unhaltbar angesichts der Bedingungen des Waffenstillstands von Tillières und der in Stapleton, *Magni Rotuli I,* S. 137, verzeichneten Zahlungen für Bauarbeiten sowie für Soldzahlungen. Die Höhe der Zahlungen für in Bellencombre stationierte Soldaten (ebenda., S. 137, 236/237) legt nahe, daß diese Burg als eine Basis benutzt worden ist, von welcher Arques und Drincourt zurückerobert wurden.

Zu dem Vorfall in Vaudreuil vom Juli 1195 und zum Issoudun-Feldzug siehe Howden, *Chronica* III, 301; Newburgh, *Historia* II, 455–57; *Histoire de Guillaume de Maréchal,* 11.10534–58, *Gesta,* S. 130–33; Stapleton, *op. cit.* I, S. 136, 156; Landon, *Itinearary,* S. 100–103.

Ein früher Hinweis auf Spannungen zwischen Richard und Sancho von Navarra findet sich in J. A. Brutails, *Documents des archives de la Chambre des Comptes de Navarre 1196–1384* (Paris 1890), S. 1–3.

Der Bericht über Richards Tod stützt sich auf Coggeshall, *Chronicon,* S. 94–96, wobei wir annehmen, daß Coggeshalls Quelle der Abt Milo von Le Pin war.

12

Der vollständige Text von Bernard Itiers wichtigem Dokument zusammen mit den erhaltenen »charters« der Paris-Limoges-Angoulême-Allianz wurde vor hundert Jahren von F. Arbellot gedruckt, *La verité sur la mort de Richard Cœur-de-Lion* (Paris 1878). Leider hat das Werk dieses Limousiner Historikers nie die Aufmerksamkeit erhalten, die es verdient hätte. Infolgedessen haben Historiker Itiers Bericht nur in der verstümmelten – und anonymen – Form gekannt, die Labbe am Schluß seiner Edition des Werks des Geoffrey de Vigeois abdruckte. Doch die vollständige Version kann noch immer in verschiedenen Abschriften von Geoffreys Chronik aus dem sechzehnten und siebzehnten Jahrhundert gelesen werden, z.B. Paris, *Bibliothèque Nationale,* Ms. lat. 13894 f. 68, 13895 f. 108; *Archives Nationales,* MM 715, S. 39. Zu den Quellen, die zur Rekonstruktion der Umstände von Richards Tod und der sich daran knüpfenden Gerüchte dienlich sein können, gehören Adam of Eynsham, *Magna Vita Sancti Hugonis,* Hg. D.L. Douie und H. Farmer, Bd. 2 (Edinburgh 1962), und Gervase of Canterbury, *Historical Works,* Hg. W. Stubbs, Bd. 1 (R.S. 1879). Siehe auch J. Gillingham, »The Unromantic Death of Richard II.«, *Speculum* 54 (1979).

Es gibt bisher noch keine gründliche Studie über die Vicomtes von Limoges im zwölften Jahrhundert, obwohl eine ziemlich verwirrende Darstellung sich in G. Tenant de la Tour, *L'homme et la terre de Charlemagne à saint Louis* (Paris 1942), findet. Bezüglich des Grafen von Angoulême ist P. Boissonade, »*L'ascension, le déclin et la chute d'un grand état féodal du centre-ouest: Les Taillefers et les Lusignans, comtes de la Marche et d'Angoulême et leurs relations avec les Capétiens et les Plantagenêts 1137–1314*«, *Bulletins et mémoires de la Société archéologique et historique de la Charente* (1935), äußerst unzuverlässig, aber es ist zu hoffen, daß Rohan Watsons Doktorarbeit über die Urkunden der Grafen von Angoulême ein wenig Helligkeit in dieses Dunkel bringen wird.

13

Die Probleme, die sich aus den widersprüchlichen Quellen zu Johanns Herrschaft ergeben, werden sorgfältig dargelegt von J.C. Holt, *King John* (Historical Association Pamphlet G 53). Fraglos fühlten sich Richards Untertanen durch seine finanziellen Forderungen hart bedrängt. Dazu z.B. Coggeshall, *Chronicon,* S. 91: »Kein Zeitalter entsinnt sich eines Königs, keine Chronik berichtet von einem Herrscher – selbst einem, der lange auf dem Thron saß –, der so viel Geld forderte und seinem Königreich in den fünf Jahren nach seiner Freilassung so viel abpreßte.«

Nichtsdestoweniger gesteht auch Coggeshall zu, daß es gewisse Rechtfertigungen für Richards Forderungen gab. Ob die angevinischen Steuerzahler durch diese Politik so erschöpft waren, daß König Johann ein viel ärmerer König war als Philipp II. von Frankreich, ist aber eine ganz andere Frage. Der Historiker Holt kommt offensichtlich zu diesem Schluß, wenn er schreibt: »Letztlich scheiterten die angevinischen Könige an der Finanzierung der Verteidigung des Reiches.« Dem stellt Holt die »ungewöhnliche Steigerung der capetingischen Ressourcen« gegenüber. Er kommt zu seiner Schlußfolgerung durch einen Vergleich der angevinischen und capetingischen Einkünfte in dem Jahr 1202/1203: »1202/1203, dem ersten Jahr, aus dem uns die königlichen Steuerregister überliefert sind, beliefen sich die Einkünfte der französischen Krone auf 197 000 *livres parisis,* was etwa 73 000 Pfund entspricht. Die englischen Gesamteinkünfte des gleichen Jahres können nur geschätzt werden, betrugen aber wahrscheinlich kaum mehr als 30 000 Pfund ... In der Normandie selbst galten die Belege des Schatzamtes ausschließlich der Befestigung von Städten und Burgen und der Bezahlung von Truppen. Der Rest der Plantagenet-Besitzungen konnte nicht aushelfen.« (*The End of the Anglo-Norman Realm,* S. 237–239).

Diese Argumentation ist nicht aufrechtzuerhalten. Erstens stellt die genannte capetingische Gesamtsumme nicht etwa die Steuereinkunft eines Jahres dar, sondern ein *total des encaissements,* d.h. die Gesamtsumme des *vorhandenen* Geldes (vgl. F. Lot und R. Fawtier, *Le Premier Budget de la monarchie francaise. Le Compte général de 1202–1203* [Paris 1932], S. 51). Diese Gesamtsumme schließt aber einen Betrag von 59 375 *livres parisis* ein, den das französische Schatzamt im *Temple* den Kriegsschatzmeistern übertrug, deren Gelder in der Sektion registriert wurden, die mit *recepta marchiarum* überschrieben ist (ebenda, S. 22–32). Der Betrag mag aus einer Reserve stammen, die in den Jahren des Friedens nach 1198 aufgebaut wurde, oder auch aus Krediten, die Philipp II. aufnahm, aber sie darf sicherlich nicht in die Einkünfte des Jahres 1202/1203 aufgenommen werden. In jenem Jahre betrug das Steueraufkommen etwa 130 000 *livre parisis.*

Zweitens ist die Gesamtsumme der englischen Einkünfte in diesem Jahr wirklich nur zu schätzen. Eine unbekannte Summe muß den aus der Pipe Roll bekannten 24 000 Pfund hinzugefügt werden, da in dem Jahr noch ein Siebenter auf bewegliches Gut erhoben wurde. Vier Jahre später zog König Johann aus einem Dreizehnten 57 000 Pfund, und auf der Basis dieser Zahl schätzte Sir James Ramsay die Gesamteinkünfte des Jahres 1202/1203 in England auf 134 000 Pfund (*A History of the Revenues of the Kings of England 1066–1399* [Oxford 1939], Bd. I, S. 236–238). Wenn das zu hoch gegriffen ist, so mag Holts Einschätzung doch ebensowohl zu niedrig sein. Johann wiederholte die Besteuerung auf bewegliches Gut im Jahre 1207, was darauf hinweist, daß die Einkünfte dieser Steuer im Jahre 1202/1203 nicht enttäuschend gewesen sein können.

Drittens ist es unlogisch, die kontinentalen Einkünfte der Angeviner mit dem Argument zu vernachlässigen, daß diese vollkommen durch die Kriegskosten aufgezehrt wurden. Unter derselben Logik bliebe auch von König Philipps Einkünften wenig übrig: Die registrierten Kriegsaufwendungen des Jahres 1202/1203 lagen bei über 80 000 *livres parisis,* und Lot und Fawtier schätzen die »normalen« Aufwendungen für den Haushalt des Königs auf 60 000 *l.p.* (Lot und Fawtier, *op. cit.*, S. 43–47, 100, 128, 130/131).

Viertens ist es absurd, so reiche Länder wie Anjou, Poitou, Aunis, Saintonge und die Bordelais nicht zu berücksichtigen, nur weil wir keine Dokumente haben. Das erste, was Johann tat, als er von Richards Tod hörte, war die Übernahme von Chinon, wo sich der Schatz von Anjou befand. Sollen wir etwa annehmen, daß Richard und seine Vorgänger auf dem Herzogthron Aquitaniens einen der glänzendsten und kultiviertesten Höfe in Westeuropa mit einem Hungerleidereinkommen aufrechterhielten? Johanns erste Maßnahme nach seiner Rückkehr nach England war die Neufestsetzung der Steuer auf den Weinhandel, eine wichtige Einkommensquelle des Herrschers, der so blühende Handelshäfen wie Bayonne, Bordeaux, La Rochelle, Nantes, Rouen, Bristol, Southampton und London zu seinem Reich zählte. Diese Häfen und der Handel zur See müssen ihm große, wenn auch nicht genau zu schätzende Profite eingebracht haben. Philipp II. von Frankreich war ohne Zweifel reicher als sein Vater (siehe J. F. Benton, »The Revenues of Louis VII.«, *Speculum* 42, 1967), aber er war dennoch nicht in derselben Gewichtsklasse wie Richard. Während des dritten Kreuzzuges gab er eine ziemlich klägliche Figur ab, überstrahlt von seinem Vasallen Richard. Trotz seiner territorialen Gewinne – vor allem nach dem Tod des Philipp von Flandern – konnte er sich mit den angevinischen Ressourcen nicht messen. Der unbekannte Chronist von Béthune wußte genau, daß es eine ganz naheliegende Erklärung für Philipps Niederlagen in den Kriegen der Jahre 1194 bis 1198 gab: »*car li rois Richards estoit trop riches et de terre et d'avoir, asés plus que li rois de France n'estoit*«, was frei übersetzt heißt: »denn der König Richard war viel reicher an Land und Gut als der französische König.« (*Recueil des historiens des Gaules et de la France,* XXIV, pt 2, S. 758.) Wenn Johann Philipp II. nicht gewachsen war, so nicht, weil er von Richard unzureichende finanzielle Ressourcen geerbt hatte, sondern weil er ein schwacher Herrscher war.

Personen- und Sachregister

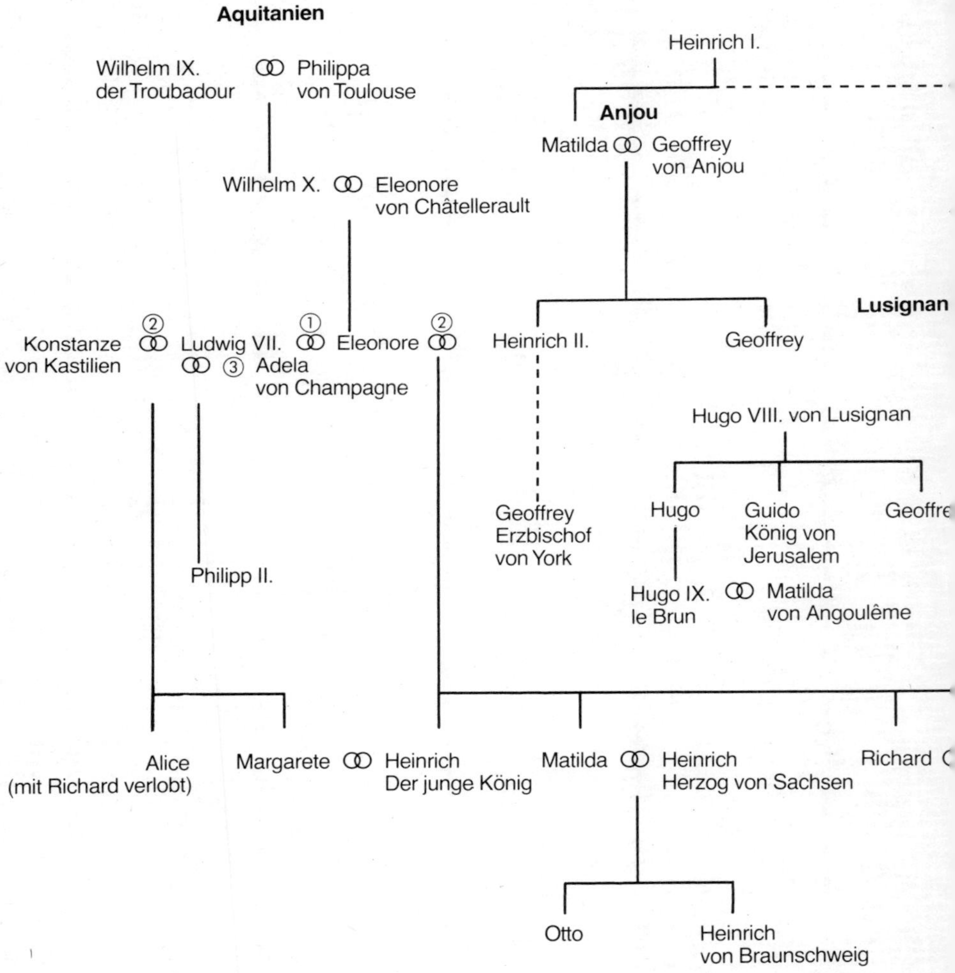

Anm.: Kinder sind nicht immer in der
Reihenfolge ihrer Geburt aufgeführt.